U0138016

中华文史名著精选精译精注

章培恒 安平秋 马樟根 ——————— 主编

二十四史
（附清史稿）

06

南史
北史

凤凰出版社

目　录

南史

北史

南史

漆泽邦　译注

安平秋　审阅

导　言

　　《南史》是唐代李延寿私人修撰的一部史书，他同时又修撰《北史》，自唐太宗贞观十七年（643）开始编写，至唐高宗显庆四年（659）完稿、上奏朝廷，前后历十七年。

　　《南史》和《北史》的编著，是从李延寿的父亲李大师开始的。李大师字君威，世居相州（今河北临漳西南邺城镇），学识渊博，《唐书》未予立传，据《北史·序传》，李大师十分好学，博览群书，善于写文章，对前代事迹也非常熟悉。隋末农民大起义后期，窦建德在河北地区建立夏政权，李大师被召为夏国的尚书礼部侍郎。唐高祖武德三年（620），窦建德派他入京与唐讲和，过后又违背和约，出兵助王世充袭击唐军。高祖大怒，扣留使节。王世充、窦建德相继被平定后，李大师被流放到西会州（今甘肃靖远），直到武德九年（626）才赦归长安（今陕西西安）。当时，尚书右仆射封德彝、中书令房玄龄都劝他留在京师做官，李大师不愿，整装东归，两年后（贞观二年，即628年）去世。

　　李大师流放会州时，抑郁不乐，曾著《羁思赋》抒发胸怀。时值杨恭仁镇守凉州，见到李大师之作，赞赏备至，将他接到河西，留在家中朝夕讲论。杨恭仁家富于藏书，李大师得以随意翻阅。两年以后，杨恭仁被调回京师任吏部尚书，李大师只得又回到会州。

　　李大师素有编著史书的志向，常认为南朝宋、齐、梁、陈和北朝魏、齐、周、隋八朝因南北分隔，南朝史书称北方为"索虏"，北朝史书指南方为"岛夷"。又各自记载本朝事迹周悉，对别国则不完备，同时往往失实。因此常想改正这种状况，仿效《吴越春秋》的体例编一部编年体的南北史书,叙述南、北八朝事迹。在河西杨恭仁家客居时,他已经开始搜集资料,撰写编年体的草稿。遇赦回京后,不愿留在朝廷做官,急着回家,他家里藏书也多,于是翻阅披览,继续编写。不幸的是他没有完成《南史》《北史》的编著,两年以后就含恨去世了。从李大师简略的身世可以看出,他对隋、唐时期已形成统一局面而南北仍沿用互相敌视的语言如"索虏""岛夷"一类的称呼很不满意。又因各自的国史都记载本国详细,记他国则不完备,而且往往失实,因而要打破南北朝代断限,通编南北各朝历史,这种见解是十分卓越的。

李延寿编著《南史》和《北史》,主要是子承父业,继续完成乃父之作。李延寿的生平事迹,史籍记载得十分简单。据《新唐书·李延寿传》,我们只知道他在唐太宗贞观年间担任过太子典膳丞,崇贤馆学士,以其修撰功绩转御史台主簿,并兼修国史。《南史》《北史》毕功后,又撰《太宗政典》三十卷进上高宗皇帝,升任符玺郎,不久即去世。正因史籍记载简单,我们无法弄清他的生卒年。唐太宗贞观三年(629)成立史馆,李延寿与敬播俱在中书侍郎颜师古、给事中孔颖达手下删削史料,这应是他正式参与政府修史工作的开端,时已成年。《南史》《北史》是唐高宗显庆四年(659)修成上奏的,这时他还活着。过后又编写了《太宗政典》三十卷。根据这个简略的记载,李延寿到底活了多大年纪,无从确切考知,但他参加修史的时间是唐太宗贞观年间到唐高宗显庆中,则可以肯定。

李延寿编修《南史》《北史》的过程相当艰苦。他的父亲在世时,父子间时常讲论,使他增加了不少知识。贞观三年(629)李延寿进史馆,欲继承父志编完南北朝的史书,但齐、梁、陈史料缺乏,于是利用编辑之暇和史馆的条件,昼夜抄录。贞观五年(631)母亲去世,李延寿丁忧在家,服丧期满后,入蜀为官,准备开始编著已搜集到的资料,但提起笔来,又深感材料缺乏,不能编写下去。直到贞观十五年(641)回京任东宫典膳丞时，史馆总监令狐德棻启奏太宗，命李延寿编写《晋书》，又进史馆，始见到宋、北齐、北魏三代史料。贞观十七年（643），尚书右仆射褚遂良奉诏修《隋书》十志，又命李延寿参与撰录，这才最后搜集全南北八朝正史的资料。李延寿家境贫困，不能雇人抄写，只得亲自动手，昼夜集录，自此正式开始编修《南史》《北史》。他充分利用父亲遗留下来的编年体草稿，在史馆又搜集到南北正史八书资料，另外还采集杂史一千多卷。李延寿对这些资料删烦去冗，将编年体进行改写，依据《史记》体例，写成纪传体的南、北两部通史。《南史》起自宋武帝刘裕永初元年（420），终于陈后主陈叔宝祯明三年（589），历时一百七十年，共八十卷。有帝王本纪和诸种列传而无志。这是因为他刚参加编完《隋书》十志，贯穿了南、北两朝的典章制度，如果再为《南史》立志，势必重复，没有必要。《南史》比《北史》先编成，进呈监国史、国子祭酒令狐德棻。令狐德棻读后，对乖误之处加以改正，然后上奏皇帝。

《南史》经李大师、李延寿父子两代，用了十多年的功夫，参阅了大量资料，进行严格的增删修正；编成后，又经当代著名史学家令狐德棻亲自修改，质量是相当高的，是一部很有价值的史书。但《新唐书·李延寿传》却说当时人见他年轻位卑，对他编写的《南史》《北史》不大称道。说明唐初门阀观念存在，对一个人的家世十分看重，何况李延寿的父亲李大师在窦建德的夏政权中任过尚书礼部侍郎，在唐朝的对立面，因此对他的后人有偏见，这是不足为怪的。实际上《南史》修成后，李延寿已经不能算是年轻了。

南朝时期，南方士族已开始没落。门阀制度在曹魏后期最终形成，经过西晋一代的巩固，到东晋充分发展，至南朝，已经历了一百多年。在这漫长的岁月中，高门士族凭借特权坐致高官厚禄，在长期养尊处优的生活中自行腐朽；在他们争权夺利的内部斗争中互相削弱；在农民起义的不断打击下被消灭。尤其是东晋末年的孙恩起义，将北府兵最后一个士族将领、谢安的儿子卫将军谢琰杀死。此后,北府兵就落入寒门手中,到南朝,士族已不再执掌兵权。因此,南方士族在南朝时开始没落,已成无法挽回的趋势。但越是日暮途穷,越要拼命维护他们的特权地位,尤其要保住世代相传的族望;士庶之间的界限也更加不可逾越。这种时代的特色在《南史》中得到充分反映。《南史》的一个显著特点,和《北史》一样,在列传中大多采用家传形式,按一个族的世系而不依某一历史人物的时代立传。凡是一个族的子孙都附在一个先祖名下,往往一个传附上许多人,有些人根本没有什么事迹可记,只有两三行字的记载。这样一来,不是这支望族的人,虽然同姓,也不致混入他们的行列,这就维系了他们本族的特殊地位。只有专传例外,如《儒林》《文学》《孝义》《恩幸》等,是按人物的特点集中在一起。

南朝是寒门庶族上升的时代,宋、齐、梁、陈四代皇族都出身寒门,寒门人士在各代政权中起着重要的作用。士族地主虽凭借家世族望蹑居高位,仍有特殊的社会地位,而其中具有真才实学,善于治国用兵的人虽不能说完全没有,然而已经不多了。在"世胄蹑高位,英俊沉下僚"的年代,寒门被长期压制,他们的本事得不到施展。如今一旦发展起来,成为一种新的力量,表现出卓越的才干,皇帝在治理国家方面不能不依靠他们。齐武帝时,有个寒门出身的刘系宗,非常能干,受到齐武帝的信任和重用。齐武帝曾说:"那些高门望族出身的学士们根本不会治理国家,只会读死书,治理国家,一个刘系宗就够了。"这代表了南朝皇帝对士族与寒门两个阶层的态度。《南史·恩幸传》较多地收录了受到皇帝宠信的极有才干的寒门人士,有些人的传是整篇补入的。这些人有的在中央担任中书通事舍人,典掌国家机要,又兼任高级官职,他们的权力比皇帝还大,如《戴法兴传》记载民间流传戴法兴是真天子,皇帝是假天子。还有一些寒门士人在地方上担任典签,亦称签帅,掌握州部大权,权力超过藩君,如《吕文显传》集中反映了这两个方面的情况,又如《萧子伦传》更突出叙述了典签权力之重，在诸州只听说有签帅，不知道有刺史。齐明帝萧鸾夺取皇位，大杀高帝、武帝一支子孙，诸王在各州纷纷被诛杀，都是典签干的，竟没有一个人反抗。看起来似乎令人痛心，但在这种现象的背后，突出表明了寒门势力上升的现实。李延寿对这一点是看得很清楚的，因此作了如实的记载。

南朝时期，受当时各种条件的制约，没有爆发过规模巨大的农民起义，《南史》也没有专门为农民领袖立传，但对南齐时富阳唐寓之因反对检籍扰民发动反抗的史料，分别在虞玩之、茹法亮、刘系宗等人的传记中保留下来。这些传记揭发政府在清查户籍中的弊端，因而"百姓怨望""百姓嗟怨"，说明唐寓之起义完全是官逼民反，流露出作者对人民的深切同情。这可能与李延寿的父亲参加过窦建德起义有着某种程度的联系。

《南史》删掉了宋、齐、梁、陈书中"索虏"一类民族间互相鄙视的字眼，因为编书时国家早已统一，经过三百多年的发展，这一时期的民族大融合已经完成，民族的界限和隔阂已基本消失。到唐代，我们只能从一些人的姓氏上知道他们是什么民族的后代，从文化上已看不出任何痕迹，正如陈寅恪先生在《唐代政治史述论稿》中所说的，在民族区别的看法上，文化重于血统。既然有了共同的文化，就没必要再有什么民族界限。李延寿将南、北两个政权看成平行的历史整体，没有因为南方是汉族就视为正统，这不仅是社会的客观存在对他的影响，也说明他在编写史书问题上，对多民族国家的态度是正确的。

《南史》的篇幅比起南朝四部正史少得多，必然有大量的选择和取舍。将四书与《南史》相对照，我们得知他删去了沈约《宋书》中大量的夹叙文字，同时也删了一些本纪中的册文诏令、列传中的奏议文章。但对齐、梁两代的史料却稍有增加。李延寿将一大堆史料删烦去冗，编辑连缀，文字颇有条理，突出了纪、传的叙事部分，读起来更为清楚醒目。

范文澜在《正史考略》中说,《南史》《北史》虽删节很多,但并未影响史料的削弱;卷数虽少于八书,但读起来反觉充实。这种评价是中肯的,说明李延寿具有优秀的史才。

《南史》文笔简练,行文流畅,并强劲有力,这是历代史学家所公认的。北宋司马光在《贻刘道元书》中,对李延寿作了高度评价,认为他编写的《南北史》是近世之"佳史",在史学家中,继陈寿之后,李延寿最有史才了。这评论公允恰当。《南史》通行后,阅读南朝四部正史的人反而少了,因为通编成一书,读起来比较方便;又因分量少,抄录容易,利于保存。到北宋时,正史多有散失,宋人即用《南史》《北史》相补正。

《南史》除了有上述特点,也有其不足之处。由于文字过分简练,因此在有些地方造成史实不连贯,阅读起来无法理解,如《谢灵运传》记载"宋武帝在长安",但接着又说谢灵运奉使"慰劳武帝于彭城"。阅读《宋书》,方知晋安帝义熙十二年(416)刘裕北伐后秦,派檀道济、王镇恶进军许、洛,他自己住在彭城,直到次年八月,王镇恶破长安,擒姚泓,九月,刘裕才到长安。如果只读《南史》,的确史实不明。从文字方面看,也有稍感文气不接、辞义晦涩的情况。赵翼就曾在《廿二史札记》中指出过"《南史》过求简净之失"。所以,这次选译时,不能不采用直译和意译相结合的方法,以求史实连缀,文意明畅,字句通顺。

《南史》共八十卷,纪、传人物包含家传在内有数千人,本书限于篇幅,只选译了三十九篇,有许多篇还必须节录。选文从时间上看,贯穿了宋、齐、梁、陈四代。在人物类型方面,南朝是文学和史学十分发达的时代,有些人既是文学家,又是史学家,故这一类人物的传记选得较多。也选了部分反映高门士族在没落过程中与寒门矛盾尖锐、士庶间等级界限森严的传记。《恩幸传》中的人物选的也较多。当时的自然科学家如祖冲之及陶弘景的传记同时选入。梁末的侯景之乱本是南朝的一个重大事件,与士族没落也有直接联系,但因文字过长,未予选入,只选了几篇与这个事件有关的传记，借以反映这个事件。

　　总之，由于篇幅和选译者水平的限制，难免存在挂一漏万和选文不当或译注欠妥之处，敬请专家学者不吝赐教。此外，本书在选译过程中，得李运益教授指导和校阅稿件，又得龙华、谢萌珍等同志大力协助，特此一并表示感谢。

漆泽邦

宋 文 帝 纪

导读

宋文帝刘义隆,彭城(今江苏徐州)人,宋武帝第三子。武帝死,太子刘义符即位(少帝),权臣傅亮、徐羡之把持朝政,公元 424 年,傅、徐废杀少帝,迎立刘义隆。文帝即位后,改年号为元嘉。

宋文帝是南朝时期较有作为的君主,他在位时,政治比较清明,狱讼得以申理,社会秩序安定。文帝也比较重视文化,任用何尚之、何承天、谢元等各立学馆,传授生徒,研讨学术。元嘉年间文化发达,人民受到教化,民俗敦厚。文帝出身寒素,养成了俭朴之风,以此教育诸皇子,要他们体会民间疾苦。经济上注意扶持自耕小农,他统治的时期,是南朝封建经济的小康时代,因此国力比较强盛,北魏太武帝率兵南侵,已进驻瓜步,犹不敢过江灭宋。历史上称这一时期为"元嘉之治"。(选自卷二)

原文

太祖文皇帝讳义隆①,小字车儿,武帝第三子也②。晋义熙三年生于京口③,十一年,封彭城县公。永初元年,封宜都郡王,位镇西将军、荆州刺史,加都督,时年十四。长七尺五寸④,博涉经史,善隶书。是岁来朝,

翻译

宋太祖文帝名义隆,小字车儿,宋武帝第三子。东晋安帝义熙三年(407)出生于京口。十一年(415)受封为彭城县公。宋朝建立后,武帝永初元年(420)封宜都郡王,进位镇西将军、荆州刺史,加都督衔,当时他只有十四岁。文帝身高七尺五寸,广泛涉猎经史典籍,又善写隶书。这年他从荆州到建康朝见他的父亲,正值武帝听讼,就命文

会武帝当听讼,仍遣上讯建康狱囚⑤,辩断称旨,武帝甚悦。……

帝审讯建康狱囚,辨析判断都中武帝之意,武帝很高兴。……

注释 ① 太祖文皇帝:皇帝死,神主入宗庙,必须定一庙号,如某祖某宗。同时还要加谥(shì),即将其一生行迹作一定论。刘义隆庙号太祖,谥为"文",故称"太祖文皇帝"。有地位的大臣死,也要加谥。 ② 武帝:宋武帝刘裕,彭城人,出身寒门,公元 420 年篡东晋建宋。 ③ 京口:今江苏镇江。 ④ 尺:中国古代尺度变化很大,各代都不尽相同。南朝时每尺合今 24.51 厘米。 ⑤ 建康:南朝历代都城,今江苏南京。

原文

其年少帝废①,百官议所立,徐羡之、傅亮等……备法驾奉迎②,入奉皇统③。行台至江陵④,尚书令傅亮奉表进玺绶⑤,州府佐吏并称臣,请题榜诸门,一依宫省,上皆不许。教州、府、国纲纪宥所统内见刑⑥。是时,司空徐羡之等新有弑害⑦,及銮驾西迎,人怀疑惧,惟长史王昙首、司马王华、南蛮校尉到彦之共期朝臣未有异志。帝曰:"诸公受遗,不容背贰;且劳臣旧

翻译

景平二年(424)少帝刘义符被权臣废杀,百官商议继立人选,徐羡之、傅亮等……整备天子仪仗去迎接刘义隆,入京继位。接驾的行台到达荆州治所江陵,尚书令傅亮上表奉进皇帝印玺,荆州公府官吏僚属皆称臣,众臣又请求将文帝继位之事张榜公布于州府诸门,一切都依皇宫仪制,文帝都不允许。又命州、府、封国主簿办理赦免统辖区内的罪犯。当时,司空徐羡之等新杀少帝,野心勃勃,当其派銮驾西迎文帝,荆州之人都怀着疑虑恐惧,只有长史王昙首、司马王华,南蛮校尉到彦之共认为朝臣决不会有异心。文帝说:"诸位先生受先帝遗命,不容许不听从;况且忠

将,内外充满,今兵力又足以制物,夫何所疑!"

于国家的劳臣旧将,里里外外不少,我们的兵力又足以控制局势,有什么可疑的!"

注释 ① 其年:少帝景平二年(424)。少帝废:少帝刘义符,小字车兵,武帝长子,公元 423 年即皇帝位,424 年为权臣徐羡之等废杀。 ② 法驾:天子出行时之仪仗。 ③ 入奉皇统:皇统为世代递嬗之帝系。入奉皇统为继承上一代做皇帝。 ④ 行台:台为中央政府代称,行台专为出兵征讨或迎立皇帝设立的台省机构,代中央行使权力。事后即撤掉,不常设。江陵:今湖北江陵,荆州治所。 ⑤ 玺绂(xǐ fú):天子之印称玺,系印之丝带称绂。玺绂即天子之印。 ⑥ 纲纪:州府主簿一类官吏。宥(yòu):宽容,饶恕。 ⑦ 弑(shì):臣杀君,下杀上皆称弑。

原文

甲戌①,乃发江陵,命王华知州府,留镇陕西②,令到彦之监襄阳③。……及至都,群臣迎拜于新亭④。先谒初宁陵,还次中堂⑤,百官奉玺绂,冲让未受⑥,劝请数四,乃从之。

翻译

七月甲戌日,从江陵出发,临行前,命王华管理州府,留镇荆州,又命到彦之监督襄阳郡,安排好后路,才动身入京。……文帝到达京都,群臣迎拜于新亭。文帝先祭扫父亲陵墓初宁陵,然后入住中堂,百官奉上印玺,文帝谦让说年轻无德而不敢受,群臣一再劝请,才同意接印。

注释 ① 甲戌:据《宋书》当为七月甲戌日。 ② 陕西:指荆州。东晋建立后,荆州、扬州最为重要,有荆为外阃,扬为内户之说,故效周成王时周公旦与召公奭分陕而治的办法,以荆州为陕西,扬州为陕东。昔周时分陕,以今河南陕州为中心,陕以东周公治之,陕以西召公治之。 ③ 襄阳:郡名,治所在今湖北襄阳。 ④ 新亭:位于今江苏南京南。 ⑤ 中堂:皇宫内建于南北之中的殿堂。 ⑥ 冲:古时皇帝自称冲人,意为年轻幼稚的人,谦辞。

原文

元嘉元年秋八月丁酉，皇帝即位于中堂，备法驾入宫，御太极前殿，大赦，改元，文武赐位二等。戊戌，拜太庙。……

（元嘉三年）夏五月……诏大使巡行四方，观省风俗。丙午，临延贤堂听讼，自是每岁三讯。秋，旱且蝗。……

（元嘉八年）闰六月乙巳，遣使省行狱讼，简息徭役。……

是岁（元嘉十六年），武都、河南、林邑、高丽等国并遣使朝贡。上好儒雅，又命丹阳尹何尚之立玄素学①，著作佐郎何承天立史学，司徒参军谢元立文学，各聚门徒，多就业者。江左风俗②，于斯为美，后言政化，称元嘉焉。……

翻译

元嘉元年（424 年）秋八月丁酉日，文帝即位于中堂，排着仪仗入宫，驾临太极前殿，宣布大赦天下，改年号为元嘉，文武百官皆晋升两级。戊戌日，拜太庙。……

（元嘉三年[426]）夏五月……文帝下诏，派使者巡行四方，观察审视民风习俗。丙午日，又亲临延贤堂审理诉讼，自此以后每年亲自审讯三次。秋天，发生旱灾和蝗灾。……

（元嘉八年[431]）闰六月乙巳日，遣使到各方了解狱讼情况，又简省兴建，减轻人民的徭役负担。……

这一年（元嘉十六年[439]），武都、河南、林邑、高丽等国都派遣使臣来朝贡。文帝重视学识渊博的儒士，又命丹阳尹何尚之设立玄学馆，著作佐郎何承天设立史学馆，司徒参军谢元设立文学馆，各学馆招收门徒，很多人入馆研读。江左的民风习俗，这时是最好的时候，以后谈及政治教化，都称道元嘉。……

注释 ① 丹阳：郡名，治所在今江苏南京东南。玄素学：据王懋竑《读书记疑》，玄素学应为玄学。 ② 江左：长江下游今江苏一带，古称江左。三国时吴国，东晋，南朝之宋、齐、梁、陈皆建都南京,故习惯以江左为六朝政权之代称。

原文

(元嘉二十二年)九月……癸酉,宴于武帐堂,上将行,敕诸子且勿食①,至会所赐馔。日旰②,食不至,有饥色。上诫之曰:"汝曹少长丰佚,不见百姓艰难,今使尔识有饥苦,知以节俭期物。"……

翻译

(元嘉二十二年[445])九月……癸酉日,文帝大宴群臣于武帐堂,皇上临走时,命令儿子们切勿吃饭,等宴会时赐给他们食物。等到晚上,食物还未送到,诸皇子都感饥饿。这时,文帝教训他们说:"你们从小生长在富裕的环境中,生活奢侈,不知民间疾苦,今天让你们体会一下饥饿的苦味,也好知道节俭用度。"……

注释 ① 敕(chì):皇帝的命令。 ② 日旰(gàn):天晚。

原文

(元嘉二十七年)十二月庚午,魏太武帝率大众至瓜步①,声欲渡江,都下震惧,咸荷担而立②。壬午,内外戒严,缘江六七百里舳舻相接③。始议北侵,朝士多有不同,至是,帝登烽火楼极望,不悦,谓江湛曰:"北伐之计,同议者少,今日士庶劳怨,不得无惭。贻大夫之忧,在予过矣。"甲申,使

翻译

(元嘉二十七年[450])十二月庚午日,北魏太武帝率领大军南下侵宋,已至瓜步,声称要渡江,建康震动,大家都收拾细软,挑着行李担子等着,随时准备逃跑。文帝面对强敌,壬午日,下令城内城外戒严,沿江布防六七百里,战舰首尾相连。起初与群臣商议北伐,大臣中多有不同意的,这时,文帝登上烽火楼极目远眺,心情十分沉重,对身边的江湛说:"北伐的计划,很少有人同意,如今人人怨苦,我不能不惭愧。使大夫为此担忧,都是我的过错。"甲申

馈百牢于魏。

日,派人送去猪羊百头,犒劳魏师。

注释 ① 魏太武帝:北魏第三代君主,名拓跋焘,小字狒(bì)狸,在位时统一北方,与南朝相对峙,多次发兵南下侵宋。瓜步:步亦作埠,山名,在今江苏六合东南,南临大江,南北朝时屡为军事争夺要地,北军隔江可威胁南都建康。 ② 荷担而立:荷,承受,肩挑。挑着行李什物站在那里等待着,即做好逃跑的一切准备。 ③ 舳舻(zhú lú)相接:舳,船后持舵处。舻,船头安棹处。言船只多,头尾相连不绝。

原文

二十八年春正月丁亥,魏太武帝自瓜步退归,俘广陵居人万余家以北①,徐、豫、青、冀、二兖六州杀略不可胜算,所过州郡,赤地无余。……

翻译

元嘉二十八年(451)春正月丁亥日,魏太武帝自瓜步退兵,俘虏广陵人万余家北归,魏兵一路烧杀抢掠,徐州、豫州、青州、冀州、南、北兖州六州之地,被杀者无可算计,经过的州郡,都被抢掠一空。……

注释 ① 广陵:今江苏扬州。

原文

(元嘉三十年)二月甲子,元凶劭构逆①,帝崩于合殿,时年四十七。谥景皇帝,庙号中宗。三月癸巳,葬长宁陵。孝武帝践阼②,追改谥曰文帝,庙号太祖。

翻译

(元嘉三十年[453])二月甲子日,太子刘劭发动政变,带领东宫兵入合殿杀文帝,当年文帝只有四十七岁,文帝死后,谥为"景",庙号"中宗"。三月癸巳日,葬于长宁陵。孝武帝平刘劭之乱即帝位,重新改谥为文,庙号太祖。

注释 ① 元凶劭构逆:刘劭,宋文帝长子,六岁立为太子,后又欲废之,刘劭不满,元嘉三十年(453)二月,率东宫兵入宫杀其父文帝,自立为帝,不久为刘骏讨灭。刘骏为文帝第三子,即位为孝武帝。 ② 践阼(zuò):新君即位称践阼。

原文

帝聪明仁厚,雅重文儒,躬勤政事,孜孜无怠,加以在位日久,惟简靖为心,于时政平讼理,朝野悦睦,自江左之政,所未有也。又性存俭约,不好奢侈。车府令尝以辇篣故①,请改易之;又辇席旧以乌皮缘故,欲代以紫皮,上以竹篣未至于坏,紫色贵,并不听改。其率素如此云。……

翻译

文帝聪明仁智,又很厚道,素来尊重有学问的儒士,亲身过问朝政,不以事烦而倦怠。他在位的时间长达三十年,惟以简朴安靖为治国之道。这时候政治上公允平和,狱讼得以申理,官场和民间都很欢悦,和睦相处,自在江左建国以来,像元嘉时的升平景象还不曾有过。文帝生性节俭,不好奢侈。管车的官员曾以御辇的顶篷旧了,请示另换新篷;又因车辇坐垫原是乌皮沿边的,准备换用紫皮,文帝以为竹篷还没有坏到不能使用的地步,紫色皮价值昂贵,都不准改换。他就是这样的俭朴。堪称人们的表率。……

注释 ① 辇(niǎn)篣故:皇帝所乘之车称辇。篣,同"篷",辇篷为车上篷盖,用竹作成穹形架于车上,覆以席布。故,旧。

谢 朓 传

导读

谢朓,陈郡(今河南淮阳)人,南朝时期的文学家。出身高门士族,从小受到良好的文化教养,成为南朝时期的重要诗人。他的五言诗在当时的文坛上有很大影响。也善文章,曾为齐明帝敬皇后撰写迁葬哀策,其文之精美,南齐一代无人可与之媲美。

谢朓生活在齐朝衰落的时代,统治集团在皇帝废立上明争暗斗,他不幸卷入政争漩流;又因生性高傲,鄙视寒门出身的官僚,对他们加以嘲弄,以致得罪执政大臣。他们牵强附会地构织罪名,谢朓被捕下狱,困死狱中,年仅三十六岁。(选自卷一九)

原文

朓字玄晖①,少好学,有美名,文章清丽。为齐随王子隆镇西功曹,转文学。子隆在荆州,好辞赋,朓尤被赏,不舍日夕。长史王秀之以朓年少相动,欲以启闻。朓知之,因事求还,道中为诗寄西府②……仍除新安王中军记室。……

翻译

谢朓字玄晖,从小喜爱读书,有美好的名声,文章清新明丽。谢朓在齐随王萧子隆府任镇西功曹,后调文学侍从。子隆为荆州刺史,喜好辞赋,谢朓最受赏识,不分昼夜地陪伴子隆谈论文学。随王长史王秀之见谢朓年少受宠而感到不满,准备到子隆面前去挑拨。谢朓得知,找一个理由请求还都,途中作诗一首寄给子隆,说明自己离开的原因。……到京后,又被委任为新安王中军记室。……

注释 ① 朓(tiǎo)。 ② 西府:荆州,因其在京师建康之西,故称。

原文

以本官兼尚书殿中郎。隆昌初,敕朓接北使①,朓自以口讷②,启让,见许。明帝辅政③,以为骠骑谘议,领记室,掌霸府文笔④。又掌中书诏诰,转中书郎。……

翻译

任中军记室的同时又兼任尚书殿中郎。齐郁林王隆昌初年,皇帝命谢朓去迎接北魏使臣,谢朓自称说话迟钝,请求另委他人,得到许可。明帝为宣城王辅政时,以谢朓为骠骑谘议,兼任记室,掌管宣城王府文案。他后来又掌管中书省诏令文诰,调职中书郎。……

注释 ① 敕:见《宋文帝纪》注。北使:北魏的使臣。 ② 讷(nè):说话迟钝。③ 明帝:齐明帝萧鸾,郁林王时为宰辅,后废海陵王即帝位。 ④ 霸府:南北朝时称专朝政的藩王或大臣的幕府为"霸府"。海陵王在位时,明帝封为宣城王,总专朝政,霸府即指宣城王府。宣城:郡名,治所在今安徽宣城。

原文

朓善草隶①,长五言诗,沈约常云"二百年来无此诗也"。敬皇后迁祔山陵②,朓撰哀策文,齐世莫有及者。

翻译

谢朓善写草书,又长于五言诗,沈约经常说"两百年来也找不到这样好的诗"。明帝死,敬皇后遗骨迁出与明帝合葬兴安陵,谢朓撰写迁葬的哀策文告,文辞之精美在南齐一代没有人比得上。

注释 ① 草隶:草书的一种,即初期的章草。 ② 敬皇后:齐明帝为宣城王时的妃子,早死,明帝即位,追尊为敬皇后。祔(fù):死者迁灵柩与亲人合葬。明帝死,迁敬皇后灵柩合葬于兴安陵。

原文

东昏失德^①，江祏欲立江夏王宝玄^②，末更回惑，与弟祀密谓朓曰："江夏年少，脱不堪，不可复行废立。始安年长入纂，不乖物望。非以此要富贵，只求安国家尔。"遥光又遣亲人刘沨致意于朓。朓自以受恩明帝，不肯答。少日，遥光以朓兼知卫尉事，朓惧见引，即以祏等谋告左兴盛，又说刘暄曰^③："始安一旦南面^④，则刘沨、刘晏居卿今地，但以卿为反复人尔。"暄阳惊，驰告始安王及江祏。始安欲出朓为东阳郡^⑤，祏固执不与。先是，朓常轻祏为人，祏常诣朓，朓因言有一诗，呼左右取，既而便停。祏问其故，云"定复不急"^⑥。祏以为轻己。后祏及弟祀、刘沨、刘晏俱候朓，朓谓祏曰："可谓带二江之双流"^⑦，以嘲弄之。祏转不堪，至是构

翻译

齐末，东昏侯在位，荒淫残暴，朝政废弛，权臣江祏意欲废东昏而另立江夏王萧宝玄为帝，后又失悔，与弟江祀一同去见谢朓，秘密地对他说："江夏王年纪太小，如果不能胜任，又不好再行废立。始安王遥光已经成年，由他入继帝位，当不负重望。我们并非以此贪求富贵，不过求国家安泰罢了。"萧遥光又派亲信刘沨向谢朓表达心意。因东昏侯是明帝亲子，谢朓自认为身受明帝重恩，故不肯回答。不久，遥光以谢朓兼任卫尉，谢朓害怕牵连，把江祏等人的阴谋告诉左兴盛，又对刘暄说："始安王有朝一日做了皇帝，刘沨、刘晏就会取代你的地位，还要说你是反复无常的人。"刘暄听后假作惊异，立即跑去把谢朓的话告诉始安王和江祏。始安王打算把谢朓排出京师去东阳郡任太守，江祏坚持不肯。最初，谢朓一直轻视江祏的为人。江祏经常去谢朓家，一次，谢朓说新作了一首诗请他欣赏，叫家人取来，立即又叫不取。江祏问是何故，谢朓说"不必着急"。江祏以为是轻视自己。后来江祏与弟江祀、刘沨、刘晏一同拜望谢朓，谢朓对江祏说："可谓带二江之双流"，以此嘲弄他们。江祏更加

而害之。诏暴其过恶，收付廷尉。又使御史中丞范岫奏收朓，下狱死，时年三十六。临终谓门宾曰："寄语沈公⑧，君方为三代史⑨，亦不得见没。"……

不可忍受，于是罗织谢朓罪名加以坑害。东昏侯就下诏揭示谢朓过恶，要将他拘捕到廷尉，又派御史中丞范岫去执行逮捕，谢朓死于狱中，年仅三十六岁。临终之时对门下宾客说："转告沈公，他正在修撰三代史书，我不能见到了。"……

注释 ① 东昏失德：东昏即齐东昏侯萧宝卷，在位时荒淫残暴，朝政废弛。② 祏：音 shí。 ③ 刘暄（xuān）：东昏侯时为散骑常侍，右卫将军，官位较高。④ 南面：古帝王之位向南，后以南面为皇帝代称。 ⑤ 东阳：郡名，治所在今浙江金华。 ⑥ 定复不急：意为不必着急。定，当时口语。 ⑦ 二江之双流：二江指江祏、江祀，流与刘谐音，双流指刘沨、刘晏。 ⑧ 沈公：沈约。 ⑨ 三代史：《晋书》《宋书》《齐纪》。

原文

朓好奖人才，会稽孔觊粗有才笔①，未为时知，孔珪尝令草让表以示朓②。朓嗟吟良久，手自折简写之③，谓珪曰："士子声名未立，应共奖成，无惜齿牙余论④。"其好善如此。……

翻译

谢朓喜欢褒奖人才，会稽孔觊粗通文笔，当时还不知名，孔珪命孔觊写一篇辞让官职的表章给谢朓看，谢朓反复吟诵，嗟叹不已，亲自裁纸作评，对孔珪说："这位书生尚未知名，我们应该共同鼓励他成才，不要吝惜赞扬奖励的言论。"他就是这样的与人为善。……

注释 ① 会（guì）稽：郡名。治所在今浙江绍兴。觊：音 jì。 ② 珪：音 guī。③ 折简：谓裁纸。 ④ 齿牙余论：赞扬奖励之言论。

谢 灵 运 传

　　谢灵运，陈郡（今河南淮阳）人，出身高门士族。进入南朝，士族开始没落，庶族兴起，朝政大权掌握在寒门手中。高门虽仍保持昔日的社会地位和高级官位，但在政治军事上并无实权，处处受到排抑。

　　谢灵运有高深的文学素养，在文坛上与大诗人颜延之齐名，他是山水诗的奠基者，辞赋也甚精美，书法亦佳。他的祖、父在会稽郡始宁县为他留下了一个庞大的田庄，家境殷富。士族家庭又赋予他傲视一切的性格，认为自己出身高贵，又有才华，应参掌国家权要。但在寒门掌机要的情况下，他始终没有得到重用，几次被排出京师为地方官，甚至罢职山居。

　　谢灵运酷爱山水，外调永嘉、临川及在始宁田庄居住时，遍览名山胜水，这对他山水诗的创作影响很大。后与会稽太守孟颛结怨，被诬谋反，流放广州。最后同党赵钦招供谢灵运私购兵器，准备叛乱，文帝下诏，斩于广州，时年四十九岁。

　　本传还反映东晋、南朝时大地主田庄的一般情况，谢灵运的始宁庄，有众多奴婢僮仆，义故门生。他还不满足，要求将会稽回踵湖放水为田，此请不果，又想霸占休崲湖，虽然都没达到目的，却说明当时大地主对土地贪求之无厌。（选自卷一九）

原文	翻译
谢灵运，安西将军弈之	谢灵运，是安西将军谢弈的曾孙，

曾孙而方明从子也。祖玄，晋车骑将军。父瑛，生而不慧，位秘书郎，早亡。灵运幼便颖悟，玄甚异之。谓亲知曰："我乃生瑛，瑛儿何为不及我。"①

也是谢方明的侄子。祖父谢玄，晋车骑将军。父亲谢瑛，天性迟钝，官只做到秘书郎，早年亡故。灵运自幼聪颖敏悟，谢玄感到他很不一样，对亲友说："我生瑛儿，瑛儿怎么会不生灵运。"

注释 ① 瑛儿何为不及我：此句《宋书》为"瑛那得生灵运"。"那得"下又掉"不"字。全句应为"瑛那得不生灵运"。《南史》改易为"瑛儿何为不及我"已失去原意。

原文

灵运少好学，博览群书，文章之美，与颜延之为江左第一①。纵横俊发过于延之，深密则不如也。从叔混特知爱之。袭封康乐公，以国公例除员外散骑侍郎，不就。为琅邪王大司马行参军。性豪侈，车服鲜丽，衣物多改旧形制，世共宗之，咸称谢康乐也。累迁秘书丞，坐事免②。

翻译

谢灵运从小好学，读了许多书，文章写得很美，与颜延之同为江左第一流文学家。灵运的作品，文笔奔放，辞藻丰茂，胜过延之，但深刻细密却不如。他的堂叔谢混对他特别爱重。他袭祖爵封康乐公。因为是国公，照例要任职员外散骑侍郎，谢灵运却不受命。他后来为琅邪王大司马行参军。性格豪放奢侈，车辆服饰都极鲜美华丽，衣着多爱改变旧样而制作新颖款式，当时大家都以他为标准，都称他为谢康乐。他不断升迁至秘书丞，后因犯法免职。

注释 ① 颜延之：字延年，南朝著名诗人，与谢灵运齐名。 ② 坐：因犯事入罪。

原文

宋武帝在长安①，灵运为世子中军谘议、黄门侍郎，奉使慰劳武帝于彭城②，作《撰征赋》。后为相国从事中郎，世子左卫率，坐辄杀门生免官③。宋受命④，降公爵为侯，又为太子左卫率。

翻译

宋武帝刘裕北伐后秦，攻下长安，谢灵运当时为宋王世子中军谘议、黄门侍郎，奉晋安帝命去彭城慰劳武帝，在那里作了一篇《撰征赋》。刘裕为晋相国，谢灵运在丞相府任从事中郎，宋王世子左卫率。后来他因为犯擅杀门生罪免官。宋朝建立，降他的公爵为侯，又起用为太子左卫率。

注释 ① 长安，今陕西西安。指晋安帝义熙十二年(416)刘裕北伐后秦，次年八月攻下秦都长安，灭后秦。谢灵运奉使慰问武帝时，武帝在彭城，不在长安。② 彭城：郡名，治所在今江苏徐州。③ 门生：本意为生徒，学生。魏晋以来，门阀制度形成，高门士族把持政权，各种依附关系强化，门生与座主间已不是单纯的师生关系而以私恩相结，成为当时的一种封建依附关系。一旦注册，终身依附，要为座主的公府或田庄服各种杂役乃至有服丧的制度。 ④ 宋受命：按儒家"君权天授"的思想，古人将建立政权说成受命于天。宋受命即刘裕建立宋政权。

原文

灵运多愆礼度①，朝廷唯以文义处之，不以应实相许。自谓才能宜参权要，既不见知，常怀愤惋。庐陵王义真少好文籍，与灵运情款异常。少帝即位，权在大臣②，灵运构扇异同③，非毁

翻译

谢灵运为人随时有失礼的行动，朝廷对他只以文士相待，没有从实际应该做到的去要求。谢灵运自以为才能足以执掌权要，既得不到皇上知遇，经常满腹愤怨。庐陵王刘义真从小就喜好文籍，与谢灵运感情异常密切。宋武帝刘裕死，其子少帝即位，权力掌握在大臣手中，谢灵运联合煽动一些有不同意

执政，司徒徐羡之等患之，出为永嘉太守④。郡有名山水，灵运素所爱好。出守既不得志，遂肆意游邀，遍历诸县，动逾旬朔⑤。理人听讼，不复关怀，所至辄为诗咏以致其意。

见的人，诽谤诋毁执政大臣，司徒徐羡之等以他为祸患，将他调出京师任永嘉太守。永嘉郡有著名山水，风景秀丽，这是谢灵运素来爱好的。调出为地方郡守既满足不了执掌权要的愿望，于是任性游玩，遍历永嘉郡属诸县，动辄超过十天或一月。治理郡县，受理诉讼都不关怀，有人来诉说，就作诗一首表达自己的意见。

注释　①愆(qiān)：差失，丧失之意。　②大臣：指傅亮、徐羡之等权臣。　③构扇：勾结煽动之意。　④永嘉：郡名，治所在今浙江温州。　⑤旬朔：十日或一月。

原文

　　在郡一周，称疾去职，从弟晦、曜、弘微等并与书止之，不从。灵运父祖并葬始宁县，并有故宅及墅①，遂移籍会稽，修营旧业。傍山带江，尽幽居之美。与隐士王弘之、孔淳之等放荡为娱，有终焉之志。每有一首诗至都下，贵贱莫不竞写，宿昔间士庶皆遍，名动都下。作《山居赋》，并自注以言其事。

翻译

　　谢灵运在永嘉郡一年，向朝廷称说有病离职，他的堂兄弟谢晦、谢曜、谢弘微都给他书信劝止，他不听从。谢灵运的父亲、祖父都葬在会稽郡始宁县，祖上在那里置有房舍田业，于是将户籍迁到会稽，修整经营旧日的家业。谢灵运的庄园侧靠青山，萦绕一带江水，居住在这样幽静的地方生活美极了。谢灵运与隐士王弘之、孔淳之等无拘无束地游乐，决定终老于此。谢灵运常作诗，每有一首诗传到京城，上上下下都争相抄录，一早晚间就在各种人中间传遍，他的诗名轰动了都城建康。在这期间，他创作了《山居赋》，并自己作注表述心志。

注释 ① 墅：东汉魏晋南北朝时，大地主田庄称墅，亦称别墅或别业。

原文

文帝诛徐羡之等①，征为秘书监，再召不起。使光禄大夫范泰与书敦奖，乃出。使整秘阁书遗阙②，又令撰晋书，粗立条流，书竟不就。寻迁侍中，赏遇甚厚。灵运诗书皆兼独绝，每文竟，手自写之，文帝称为二宝。既自以名辈，应参时政，至是唯以文义见接，每侍上宴，谈赏而已。王昙首、王华、殷景仁等名位素不逾之，并见任遇，意既不平，多称疾不朝直③。穿池植援④，种竹树果，驱课公役，无复期度。出郭游行，或一百六七十里，经旬不归。既无表闻，又不请急⑤。上不欲伤大臣，讽旨令自解。灵运表陈疾，赐假东归。将行，上书劝伐河北。而游娱宴集，以夜续昼。复

翻译

宋文帝即位，诛杀权臣徐羡之等，征谢灵运为秘书监，几次相召谢灵运都不应命。文帝派光禄大夫范泰送去书信敦促嘉奖，才离乡入京。文帝命他整理皇家图书馆的书籍，拾遗补阙，又使他修撰晋朝史书，他只粗略地分条立目，终于没有成书。谢灵运不久升迁为侍中，宋文帝对他赏识待遇非常深厚。谢灵运作诗和书法都极精绝，每作完一首诗或写完一篇文章，亲手誊正，文帝称之为"二宝"。谢灵运自以为是当时最有名望的人，应参与掌握朝政实权，但上面总以文士相待，每次陪侍皇帝饮宴，只是谈论赏析诗文而已。王昙首、王华、殷景仁等名声地位从来就超不过他，都受到重用，谢灵运心意既感不平，经常称说有病不去公府理事。他在家修整庭园，挖掘池塘，培植藩篱，种竹子，栽果树，驱使公府役吏去劳作，没完没了。他出城游历，有时远行一百六七十里，十天甚至一月都不回归。既不给皇帝上表说明，又不请假。文帝不便伤害大臣，从侧面批评并要他自行解释。谢灵运上表称说有病，皇帝给他假日让他东归

为御史中丞傅隆奏免官,是岁,元嘉五年也。

始宁休养。临行时,谢灵运上书请朝廷北伐。他回家后,仍然游赏宴乐,不分昼夜的集会饮宴。他又被御史中丞傅隆弹劾而罢官,这一年,正是元嘉五年(428)。

注释 ① 文帝诛徐羡之等:文帝,宋文帝刘义隆。少帝被废杀,傅亮、徐羡之等迎刘义隆继位,傅、徐仍擅专朝政,终为文帝诛杀。 ② 秘阁:皇宫内藏书之所,犹皇家图书馆,自汉以来皆由秘书监掌管。 ③ 朝直:在官府听事办公,犹今之上班。 ④ 援:篱笆。 ⑤ 请急:急为古代休假名称的一种,请急即请假。

原文

灵运既东,与族弟惠连、东海何长瑜①、颍川荀雍②、泰山羊璿之以文章赏会③,共为山泽之游,时人谓之四友。……

翻译

谢灵运东归后,与堂弟谢惠连、东海何长瑜、颍川荀雍、泰山羊璿之等时常聚会,赏析文章,共同游玩山水,当时人称他们为四友。……

注释 ① 东海:郡名,治所在今山东郯(tán)城北。 ② 颍(yǐng)川:郡名,治所在今河南禹县。 ③ 泰山:郡名,治所在今山东泰安。

原文

灵运因祖父之资,生业甚厚,奴僮既众,义故门生数百①,凿山浚湖,功役无已。寻山陟岭,必造幽峻,岩嶂数十重,莫不备尽。登

翻译

谢灵运继承父、祖遗下的资产,家业殷富,田庄里有众多的奴婢僮仆,还有义故门生几百人,他们开发山地,疏浚湖泊,在庄园里不停息地劳作。谢灵运每次游山登岭,一定要寻找山中最幽

蹑常着木屐②，上山则去其前齿，下山去其后齿。尝自始宁南山伐木开径，直至临海③，从者数百。临海太守王琇惊骇，谓为山贼，末知灵运乃安。又要琇更进，琇不肯。……在会稽亦多从众，惊动县邑。太守孟颉事佛精恳④，而为灵运所轻，尝谓颉曰："得道应须慧业⑤，丈人生天当在灵运前，成佛必在灵运后。"颉深恨此言。又与王弘之诸人出千秋亭饮酒，倮身大呼，颉深不堪，遣信相闻。灵运大怒曰："身自大呼，何关痴人事！"

静险峻的地方，高达数十重的岩嶂，也没有不遍游的。他登山常穿一种木制的钉鞋，上山取掉前面的齿钉，下山则取掉后面的齿钉，行走起来十分稳便。他曾经从始宁南山砍伐树木，开辟山径，一直游到临海，跟从数百人，声势浩大。临海太守王琇惊慌骇异，以为是山贼，最后知道是灵运，才安下心来。谢灵运请王琇一同游历，王琇不愿意。……谢灵运在会稽游山也带着大量随从，县邑为之惊动。会稽太守孟颉信奉佛教非常虔诚，却被谢灵运所轻视，他曾对孟颉说："成佛得道必须有慧业，您老升天当在灵运之前，成佛必在灵运之后。"孟颉对这种刻薄话十分痛恨。谢灵运又与王弘之等人出城到千秋亭饮酒，一时酣醉，脱衣倮身，狂呼大叫，孟颉实在忍受不了，派人去劝说。谢灵运大怒说："我自己大叫，关你糊涂人什么事。"

注释　①义故：即故吏。东汉后期至魏晋以来，公府以至州牧、刺史乃至郡太守，都可以不通过中央自己选拔人员为幕僚掾属，逐渐地，长官与僚属之间结成了私恩关系，被征人员就是长官的故吏。随着门阀制度的形成，各种隶属关系强化，故吏也成为封建依附关系，有如家臣，不能随便脱离主人，要在主人的公府和田庄内服各种杂役，与门生一样，还有服丧的规定。东晋南北朝时，故吏往往称义故或门附，有自愿以义气相接的意义。　②木屐(jī)：履，即鞋子。木屐，以木制成，鞋底前后各有一活动齿钉，行走稳便，雨天践泥不滑，如今之钉鞋。　③临海：郡名，治所在

今浙江临海。 ④颙:音 yǐ。 ⑤ 慧业:业,佛教语汇,有口业、身业、意业,并称三业。口业指语言,身业指行动,意业指思维。将智慧用于三业称慧业。

原文

会稽东郭有回踵湖①,灵运求决以为田,文帝令州郡履行。此湖去郭近,水物所出,百姓惜之,颙坚执不与。灵运既不得回踵,又求始宁休崲湖为田,颙又固执。灵运谓颙非存利人,政虑决湖多害生命,言论伤之。与颙遂隙。因灵运横恣,表其异志,发兵自防,露板上言②。灵运驰诣阙上表③,自陈本末。文帝知其见诬,不罪也。不欲复使东归,以为临川内史④。

翻译

会稽城东有回踵湖,谢灵运请求放水造田,文帝下令州郡办理。回踵湖距城较近,是水产的产地,百姓认为破坏了太可惜,太守孟颙坚决不同意。灵运既得不到回踵,又请求将始宁的休崲湖决水造田,孟颙又固执不与。灵运说孟颙不关心他的利益;官府则考虑决湖放水势必淹没村庄,会危及百姓生命,双方争执,说话伤害。从此灵运与孟颙结成仇怨。孟颙因灵运太骄横,揭发他有反叛朝廷的意思,并调兵自行防卫,又向皇帝上书。灵运知道后,赶紧奔赴建康给皇帝上表,陈述事态始末。文帝知道他是被诬陷,没有加罪。但不愿再让他东归会稽了,任他为临川郡内史。

注释 ① 踵:音 zhǒng。 ② 露板:上书不封口称露板。 ③ 阙:天子所居之地通称阙。 ④ 临川:郡名,治所在今江西南城东南。

原文

在郡游放,不异永嘉,为有司所纠。司徒遣使随州从事郑望生收灵运。灵

翻译

谢灵运在临川仍然放肆游荡,和在永嘉时一样,遂被当地官吏纠劾。司徒派使者随州从事郑望生去临川拘捕谢

运兴兵叛逸,遂有逆志。……追讨禽之,送廷尉,廷尉论正斩刑。上爱其才,欲免官而已。彭城王义康坚执,谓不宜恕。诏"以谢玄勋参微管①,宜宥及后嗣,降死徙广州"。

灵运。谢灵运兴兵叛逃,于是真有了反叛的意思。……官兵追讨,谢灵运被擒,解送廷尉,廷尉议论谢灵运罪情,定为处斩。文帝爱才,想罢官了事。彭城王义康坚持按法令办,说不宜赦免。文帝下诏"因谢灵运祖父谢玄的功绩与管仲一样显赫,对他的后人应该宽恕。可减去死罪,流放广州"。

注释 ① 谢玄勋参微管:勋,功绩。参,与。微管,语出《论语·宪问》。孔子曰:"微管仲,吾其被发左衽矣。"管仲为春秋时齐桓公宰相。当时,江汉流域的楚国强大起来,侵犯黄河流域的中原国家。楚国在中原人眼中是蛮族,称之为荆蛮。蛮族的习俗披发而不梳髻,衣服大襟左边交会,为华夏族所鄙视。公元前656年,管仲率诸侯军伐楚,在今河南郾城东面的召陵与楚订盟,阻止了楚国对中原的侵扰,故孔子说:如果没有管仲,楚国征服了中原,我们也要服从荆蛮的习俗而"被发左衽"了。孔子高度赞扬管仲的功绩。谢玄为东晋北府兵名将。公元383年,北方氐族建立的前秦攻晋。秦王苻坚调发百万大军南下寿阳,发生了著名的淝水之战。谢玄率北府兵打败秦军,阻止了氐族对南方汉人地区的征服,其功绩与管仲阻止楚国侵犯中原一样显赫。

原文

　　后秦郡府将宋齐受使至涂口①,行达桃墟村,见有七人下路聚语,疑非常人,还告郡县,遣兵随齐掩讨禽之。其一人姓赵名钦,云:"同村薛道双先与灵运共

翻译

　　后来秦郡的府将宋齐奉命出使到涂口,行抵桃墟村,见有七个人在路边聚谈,怀疑不是寻常之辈,回去报告郡县,郡县派兵随宋齐捕捉,全部擒获。其中有一人名赵钦,招供说:"同村薛道双先曾与谢灵运同事,薛道双通过同村

事,道双因同村成国报钦云:'灵运犯事徙广州,给钱令买弓箭刀楯等物,使道双要合乡里健儿于三江口篡之。若得志如意后,功劳是同。'遂合部党要谢不得,及还饥馑,缘路为劫。"有司奏收之,文帝诏于广州弃市②。……时元嘉十年,年四十九。所著文章传于世。

人成国对赵钦说:'谢灵运犯罪流放广州,出钱叫买弓箭刀楯诸般兵器,使道双会合乡里青壮夺取三江口,如果事成,大家的功劳都一样。'于是集合同党与谢灵运会合,最后未成,还乡途中,饥饿无食,不得不沿路抢劫。"官吏上奏皇帝逮捕灵运,文帝下诏在广州将他弃市。……是时为元嘉十年(433),谢灵运四十九岁。他的诗文流传于世。

注释 ① 秦郡:郡名。东晋侨治,治所在今江苏六合。 ② 弃市:斩首于闹市,有示众之意。

蔡 兴 宗 传

导读

蔡兴宗,济阳考城(今河南兰考)人,出身士族家庭,学识渊博,明晰事理,讲究礼法,性格刚直,累仕宋文帝、孝武帝、前废帝、宋明帝四朝,由此本传概括了刘宋一代的风云变幻。

宋自文帝以后,政权逐渐腐朽,君昏于上,臣暗于下,朝政废弛,政局动荡。蔡兴宗秉性刚直,不畏权贵,常批评朝政得失,主张选拔贤能之士进入政权。前废帝在位时,荒淫无道。蔡兴宗曾先后劝说沈庆之、王玄谟举兵废掉皇帝,虽因沈、王寡断,其事未成,却反映了蔡兴宗选择圣明君主执掌朝政的政治思想。又善于分析形势,在招抚叛将殷琰、薛安都问题上表现出精确的预见性。

本传还记载蔡兴宗在会稽打击豪强的事迹,说明南朝时期大地主封掠山湖,广占土地,开设邸舍,屯集山货,对人民进行高利贷剥削的历史事实。又记载右军将军王道隆在蔡兴宗面前不被呼坐,并追述宋文帝时中书舍人秋当谒王昙首,徐爰谒王球皆被拒绝,反映南朝时期士族与寒门之间更加森严的等级界限。(选自卷二九)

原文

兴宗字兴宗,幼为父廓所重,谓有己风。与亲故书曰:"小儿四岁,神气似可,不入非类室,不与小人游。"

翻译

蔡兴宗字兴宗,从小为父亲蔡廓所器重,认为与自己风采相似。给亲戚故旧书信说:"小儿才四岁,神情气质都很好,从不到门第不当的人家去,也不与

故以兴宗为之名，以兴宗为
之字^①。……

　　少好学，以业尚素立见
称，为中书侍郎。中书令建
平王宏、侍中王僧绰并与之
厚善。元凶弑立^②，僧绰被
诛，凶威方盛，亲故莫敢往，
兴宗独临哭尽哀。

品行不好的同辈游玩。"所以命名为兴
宗，又以兴宗为字，断定他日后能振兴
蔡氏宗族。……

　　蔡兴宗自小喜欢读书，以对待事业
注重朴质建树而受到人们称赞，为宋文帝
的中书侍郎。中书令建平王刘宏、侍中王
僧绰都与他亲善。宋文帝元嘉三十年
(453)，宋廷发生政变，文帝太子刘劭杀父
自立，王僧绰因文帝亲信被诛，刘劭正威
势嚣张，僧绰的亲戚故旧都不敢去吊唁，
独有兴宗前去哀哭尽礼。

注释　① 兴宗：振兴宗族之意。　② 元凶弑立：指刘劭轼宋文帝自立。

原文

　　孝武践阼，累迁尚书吏
部郎。时尚书何偃疾患，上
谓兴宗曰："卿详练清浊^①，
今以选事相付，便可开门当
之，无所让也。"

翻译

　　孝武帝平刘劭即位，蔡兴宗不断升
迁至尚书吏部郎。当时，尚书令何偃患
病，孝武帝对蔡兴宗说："卿很熟悉清、
浊人才的任用，现把选举的任务交付于
你，尽可放手去办，不要谦让。"

注释　① 清浊：当时官有清流、浊流之分，士族居清流高位，寒门浊流位低，反映
出士族和寒门的界限。

原文

　　后拜侍中，每正言得
失，无所顾惮。孝武新年拜

翻译

　　后官拜侍中，每直言朝政得失，没有
顾虑惧怕。孝武帝新年祭扫先帝陵墓，蔡

陵，兴宗负玺陪乘。及还，上欲因以射雉，兴宗正色曰："今致虔园陵，情敬兼重，从禽犹有余日^①，请待他辰。"上大怒，遣令下车，由是失旨。竟陵王诞据广陵为逆，事平，孝武舆驾出宣阳门，敕左右文武叫称万岁。兴宗时陪辇，帝顾曰："卿独不叫？"兴宗从容正色答曰："陛下今日政应涕泣行诛^②，岂得军中皆称万岁。"帝不悦。

兴宗怀抱印玺，陪帝同乘一车。回宫路上，孝武帝想顺便射猎野鸡，蔡兴宗严肃地说："今日虔诚地拜扫园陵，对祖上情意礼敬都很庄重，猎取飞禽以后还有时间，请等待他日罢。"孝武帝大怒，命令兴宗下车，因为在这件事上他违背了皇帝的心意。竟陵王刘诞据广陵起兵谋反，事平之后，孝武帝摆驾出宣阳门，命令左右文武大臣高呼万岁。蔡兴宗当时又陪帝乘车，孝武帝顾视他说："你为何独不呼叫？"蔡兴宗从容而又严正地回答说："竟陵王与陛下有骨肉之亲，今日诛杀，陛下应该伤心落泪才是，岂能命军士都呼万岁。"孝武帝又不高兴。

原文

兴宗奉旨慰劳广陵，州别驾范义与兴宗素善，在城内同诛。兴宗至，躬自收殡，致丧还豫章旧墓^①。上闻谓曰："卿何敢故尔触网？"^②兴宗抗言答曰："陛下自杀贼，臣自葬周旋，既犯严制，政当甘于斧钺耳。"帝有

翻译

蔡兴宗奉旨前去安抚广陵，州别驾范义与蔡兴宗素来亲善，在城内与谋反者同被诛杀。蔡兴宗到后，亲自收敛尸体，并将灵柩运回范义家乡豫章葬入祖墓，孝武帝听到后对蔡兴宗说："卿怎敢故意触犯法纪。"蔡兴宗厉声回答："陛下自是杀贼，臣则埋葬应酬我的朋友，既然犯了严厉的法制，我甘受斧钺之诛。"孝武帝表现出惭愧之色。又庐陵内史周

惭色。又庐陵内史周朗以正言得罪[3]，锁付宁州[4]，亲戚故人无敢瞻送，兴宗时在直，请急，诣朗别。上知尤怒。坐属疾多日[5]，白衣领职。……

朗因正直上言得罪，披枷带锁远配宁州，亲戚故旧都不敢去探望送行，蔡兴宗当时正在官署值班，请了假，前去和周朗作别。孝武帝知道后更加发怒。因患病时间太久，原职免除，在没有官衔的情况下承担职务。……

注释 ① 豫章：郡名，治所在今江西南昌。 ② 网：王法，法网。 ③ 庐陵：郡名，治所在今江西吉水东北。 ④ 宁州：州名，治所在今云南曲靖。 ⑤ 坐：因为。

原文

出为东阳太守，后为左户尚书，转掌吏部。时上方盛淫宴，虐侮群臣，自江夏王义恭以下咸加秽辱；唯兴宗以方直见惮，不被侵媟[1]。……

翻译

蔡兴宗调出京师任东阳郡太守，不久回京任左户尚书，接着掌管吏部职事。当时，孝武帝正极度骄奢，淫乐饮宴，常在席间侵害侮慢群臣，自江夏王刘义恭以下，都被污辱；唯有蔡兴宗刚直，孝武帝对他有几分惧怕，没有受到无礼的对待。……

注释 ① 媟（xiè）：轻慢无礼。

原文

大明末，前废帝即位[1]……

时义恭录尚书，受遗辅政[2]，阿衡幼主[3]，而引身避事，政归近习[4]。越骑校尉

翻译

大明末年，孝武帝死，前废帝即位……

当时刘义恭总领尚书职权，受遗诏辅政，辅佐年幼的皇帝，但处处引退回避，朝政大权掌握在皇帝亲信之手。越

戴法兴、中书舍人巢尚之专制朝权⑤，威行近远。兴宗职管九流⑥，铨衡所寄，每至上朝，辄与令录以下陈欲登贤进士之意⑦，又箴规得失⑧，博论朝政。义恭素性恇挠⑨，阿顺法兴，恒虑失旨，每闻兴宗言，辄战惧无计。

骑校尉戴法兴、中书舍人巢尚之专断朝政，威行全国。蔡兴宗既掌吏部，职管九品选事，有评量人才的权力，每当上朝，就和尚书令、中书令、录事以下官员陈说准备选贤举士的意思，又批评政事得失，从许多方面评议朝政。刘义恭本性怯懦，一切顺从戴法兴，总怕不如他的意，每听到蔡兴宗高谈阔论，就吓得战战兢兢，不知如何是好。

注释 ① 前废帝：孝武帝长子，名刘子业。公元 465 年即位，在位仅一年，为湘东王刘彧（yù）废。 ② 遗：指孝武帝临终时之遗命。 ③ 阿衡：官名，此作辅佐解。 ④ 近习：为帝王所宠任之亲信。 ⑤ 中书舍人：全称中书通事舍人，中书省中典掌机要的官职，南朝时主要由寒门人士担任，官位虽卑而权势极大。 ⑥ 职管九流：魏晋南北朝选举制度为九品中正制，九流即九品选人，蔡兴宗掌吏部，故称职管九流。 ⑦ 令录：尚书令、中书令、录事一类的重要职官。 ⑧ 箴（zhēn）规：箴与规意同，规劝批评之意。 ⑨ 恇（kuāng）挠：怯懦，软弱。

原文

先是，大明世奢侈无度，多所造立，赋调烦严，征役过苦，至是发诏悉皆削除。……

兴宗每奏选事，法兴、尚之等辄点定回换，仅有存者。兴宗于朝堂谓义恭及

翻译

早先，孝武帝大明年间极端奢侈，兴建许多工程，人民承担繁重的赋调，征发徭役过于苦重，这时下诏都予免除。……

蔡兴宗每向皇帝提出选举名单，戴法兴、巢尚之等动辄圈掉改换为他们的亲信，蔡兴宗的提名仅剩少数。蔡兴宗

师伯曰^①："主上谅暗^②，不亲万机^③，选举密事，多被删改，非复公笔迹，不知是何天子意。"王景文、谢庄等迁授失序，兴宗又欲改为美选。……由是大忤义恭及法兴等。出兴宗为吴郡太守^④，固辞；又转南东海太守^⑤，又不拜，苦求益州。义恭于是大怒，上表言兴宗之失。诏付外详议，义恭因使尚书令柳元景奏兴宗及尚书袁愍孙私相许与，自相选署，乱群害政，混秽大猷^⑥。于是除兴宗新昌太守，郡属交州^⑦。朝廷喧然，莫不嗟骇。……

在朝堂上对齐义恭和颜师伯说："皇上正在丧服之中，不理朝政，像选举这类机密大事，多被删改，又不是你们的笔迹，不知是哪个皇帝的意思。"王景文、谢庄都是高门士族，他们升迁授职不符合应得的清秩，蔡兴宗又准备改授符合他们身份的官职。……因为这些大大地得罪了刘义恭及戴法兴等人。他们调兴宗为吴郡太守，他坚决辞让；又另调南东海太守，又不受命，苦苦要求做益州刺史。刘义恭于是大怒，上表揭露蔡兴宗过失。皇帝下诏群臣详细讨论，刘义恭因此唆使尚书令柳元景上奏，说蔡兴宗与尚书袁愍孙私自许诺，自相选授美职，扰乱百官，有害政令，混淆伤害治国之礼法。于是任蔡兴宗为新昌郡太守，此郡远属交州。朝廷百官议论纷纷，莫不嗟叹惊骇。……

注释　① 师伯：即颜师伯，琅邪临沂人，宋孝武帝死，遗诏与江夏王刘义恭同辅前废帝。　② 谅暗：指帝王居丧。　③ 万机：古指皇帝日常处理的纷繁政务。　④ 吴郡：郡名，治所在今江苏苏州。　⑤ 南东海：侨郡名，治所在京口。　⑥ 大猷：猷，大道，此谓治国之礼法。　⑦ 交州：州名，治所在龙编，即今越南河内东。

原文

　　顷之，法兴见杀，尚之被系，义恭、师伯并诛，复起

翻译

　　不久，戴法兴被杀，巢尚之逮捕下狱，刘义恭、颜师伯皆诛死，复起用蔡兴

兴宗为临海王子顼前军长史①、南郡太守②，行荆州事，不行。时前废帝凶暴，兴宗外甥袁颚为雍州刺史，固劝兴宗行，曰："朝廷形势，人情所见，在内大臣，朝夕难保。舅今出居陕西，为八州行事③，颚在襄、沔④，地胜兵强，去江陵咫尺，水陆通便。若一朝有事，可共立桓、文之功⑤，岂与受制凶狂，祸难不测，同年而语乎。"兴宗曰："吾素门平进⑥，与主上甚疏，未容有患。宫省内外既人不自保，比者会应有变。若内难得弭⑦，外衅未必可量。汝欲在外求全，我欲居内免祸，各行所见，不亦善乎。"时士庶危惧，衣冠咸欲远徙⑧，后皆流离外难，百不一存。

宗为临海王刘子顼前军长史、南郡太守，兼摄荆州政事，不愿受命。当时前废帝凶横残暴，蔡兴宗外甥袁颚为雍州刺史驻襄阳，坚持劝兴宗出镇荆州，袁颚说："当前朝廷形势，大家都看得很清楚，在京大臣，朝不保夕。舅舅您今出镇荆州，可以左右八州的军事力量。外甥我在襄阳沔水之地，地势优越，兵力强盛，距荆州治所江陵很近，水路、陆路都极方便。一旦天下有事，我们可以起兵，共成霸业，岂能和那些受凶暴的皇帝挟制，不知哪一天祸到临头的人一齐蒙难。"蔡兴宗谦逊地说："我们出身于读书人家庭，凭学问进取做官，与皇上关系不密，容不得有何差错。朝内朝外既人人不能自保，近日定会发生事变。如果内乱得以止息，外部的叛乱尚未可估量。你准备在外求得保全，我准备在内设法免祸，各人按自己的心愿去办，不是很好的嘛。"当时，上下惶惧，士大夫都想离开京城远徙他乡，结果在流离中遇难，百人之中没有一个人免祸。

注释 ①顼：音 xū。 ②南郡：郡名，治所在今湖北荆州东北。 ③为八州行事：此时临海王子顼以本号都督荆、湘、雍、益、梁、宁、南秦、北秦八州诸军事，而蔡兴宗为其前军长史，故曰为八州行事。 ④沔（miǎn）：水名。在今陕西勉县境内，下游即汉水，故说与江陵相近咫尺。 ⑤桓、文之功：桓指齐桓公，文指晋文公，春秋时期相继创立霸业。　⑥素门：素为素士、儒士。素门即儒学之家，亦可作寒门解，此兴宗谦辞。　⑦弭（mǐ）：消除。　⑧衣冠：指贵族之家。

原文

　　重除吏部尚书。太尉沈庆之深虑危祸，闭门不通宾客，尝遣左右范羡诣兴宗属事。兴宗谓羡曰："公关门绝客，以避悠悠之请谒耳，身非有求，何为见拒？"羡复命，庆之使要兴宗。兴宗因说之曰："主上比者所行①，人伦道尽，今所忌惮，唯在于公。公威名素著，天下所服，今举朝惶惶，人怀危怖，指㧑之日②，谁不影从？如其不断，旦暮祸及。仆昔佐贵府，蒙眷异常，故敢尽言，愿思其计。"庆之曰："仆比日前虑不复自保，但尽忠奉国，始终以之，正当委天任命耳。加老罢私门③，兵力顿阙，虽有其意，事亦无从。"兴宗曰："当今怀谋思奋者，非复要富贵，

翻译

　　蔡兴宗又官拜吏部尚书。太尉沈庆之非常忧虑位高罹祸，闭门不与人相交往，他曾派亲信范羡到蔡兴宗处议事。蔡兴宗对范羡说："太尉闭门谢客，不过是回避与他无关之人的请托，我没有事要求他，为什么拒绝见我？"范羡回禀沈庆之，沈庆之使范羡邀蔡兴宗到府相见，蔡兴宗乘机劝说沈庆之："皇上近日来所作所为，做人的道理都丢尽了，现所畏惧的，只有太尉你了。太尉素有威名，为天下所折服，如今举朝上下，惶惧不安，人人都怀着危惧恐怖的心情，只要你举旗号召，谁不望影而从？如你还犹豫不决，一朝之间就会大祸临头了。在下以往曾在你府中，蒙你十分厚爱，所以敢把我的话全部说出，请你考虑好拿定主意。"沈庆之回答说："鄙人近日前也忧虑不能自保，只愿能为国尽忠，始终如一，如今只好听命于天了。加之我在家年老精疲，兵力不精不足，虽有举义之心，也无成功之望。"蔡兴宗说："现在策划起事，并非求取富贵，期望因功受赏，各自都是为了避免朝夕之

期功赏，各欲救死朝夕耳。殿内将帅，正听外间消息；若一人唱首，则俯仰可定。况公威风先著，统戎累朝，诸旧部曲④，布在宫省，谁敢不从？仆在尚书中，自当唱率百僚，案前世故事⑤，更简贤明，以奉社稷。又朝廷诸所行造，人间皆言公悉豫之，今若沉疑不决，当有先公起事者，公亦不免附恶之祸也。且车驾屡幸贵第⑥，酣醉弥留⑦。又闻斥屏左右，独入阁内。此万世一时，机不可失。仆荷眷深重，故吐去梯之言⑧，公宜详其祸福。"庆之曰："此事大，非仆所能行。事至，政当抱忠以没耳。"顷之，庆之果以见忌致祸。

间即将来临的祸患。殿内将帅，都在注意外间动向，只要一人倡议，他们就会行动起来，俯仰之间即可定大事。何况太尉早有威名，统兵已历几代，你的旧兵宿将，分布在朝内朝外，一声号令，谁敢不听从呢？在下今在尚书省，自然会倡议率领省中众多僚属，依据前世陈规先例，废掉当今皇上，另选贤君，统治天下。此外，朝廷所作的诸种坏事，外间都说太尉你全部参与了的，现在你还迟疑不决，一定会有先你起事的人，那时你也免不了助纣为虐之祸。况且皇上经常到你府中，饮酒作乐，醉得像死人一样。又听说皇上命左右回避，独自进入内室。这时起事是最恰当的时候，机不可失。在下受太尉深相爱重，故以心腹之言相告。太尉你要仔细考虑是祸是福啊。"沈庆之说："这是一件大事，不是鄙人所能办到的。如果事变发生，只有怀着一颗忠心死去罢了。"不久，沈庆之果然受皇帝猜忌，命他饮药自杀。

注释　①主上：指前废帝。　②指㧑(huī)：㧑即麾，旌旗之一种，指㧑即树旗起事。　③罢(pí)：同"疲"，倦怠。　④部曲：军队之代称。此指沈庆之的私兵。　⑤故事：前代已有之成规事例。　⑥车驾：皇帝之代称。幸：皇帝出行。　⑦弥留：病重临死，此处系指醉得要死。　⑧去梯之言：心腹密言。犹言二人在楼上讲话，撤去楼梯，所说之话第三者不能听见。

原文

时领军将军王玄谟大将有威名,邑里讹言玄谟当建大事①,或言已见诛。玄谟典签包法荣家在东阳②,兴宗故郡人也,为玄谟所信,使至兴宗间。兴宗谓曰:"领军比日殊当忧惧。"法荣曰:"顷者殆不复食,夜亦不眠,恒言收已在门,不保俄顷。"兴宗因法荣劝玄谟举事。玄谟又使法荣报曰:"此亦未易可行,其当不泄君语。"……

翻译

当时,领军将军王玄谟身为大将,威名在外,街坊谣传王玄谟要造反,有的人又说他已被诛杀。王玄谟典签包法荣家在东阳,是蔡兴宗曾任郡守那个地方的人,为王玄谟所亲信,王玄谟使包法荣到蔡兴宗那里。蔡兴宗对他说:"王将军近日一定很忧虑恐惧吧?"包法荣说:"目前他心情不好,吃不下饭,睡不着觉,经常说收捕他的差役已到门外,顷刻难保了。"蔡兴宗通过包法荣劝王玄谟起事。王玄谟又使包法荣回报蔡兴宗说:"这是不容易办到的,我一定不泄露你的话就是了。"……

注释 ①邑里:民间。讹(é)言:误传,谣传。 ②典签:官署中掌文案之吏,多由寒门担任。南朝时此官虽卑,但权力极大,称为"签帅"。

原文

顷之,明帝定大事①。玄谟责所亲故吏郭季产、女婿韦希真等曰:"当艰难时,周旋辈无一言相扣发者。"季产曰:"蔡尚书令包法荣所道,非不会机,但大事难

翻译

不久,湘东王刘彧起事,废刘子业称帝,即宋明帝。王玄谟责备亲信故吏郭季产、女婿韦希真等说:"当前世道艰难之时,我身边的人没有一句话提醒我。"郭季产回答说:"蔡尚书通过包法荣对你说的那些话,并非不是时机,只是大事难行罢了。我说了又有什么

行耳。季产言亦何益。"玄谟有惭色。……

时诸方并举兵反，朝廷所保丹阳、淮南数郡②，其间诸县或已应贼。东兵已至永世，宫省危惧，上集群臣以谋成败。兴宗曰："宜镇之以静，以至信待人。比者，逆徒亲戚布在宫省，若绳之以法，则土崩立至，宜明罪不相及之义。"上从之。……

用。"王玄谟深感惭恨。……

明帝即位之初，四方镇将发兵谋反，朝廷保有的丹阳、淮南几个郡，其中有些县已起兵响应叛军。从东路进攻建康的军队已达永世，城中内外恐惧，明帝召集群臣商议成败对策。蔡兴宗说："必须以镇静的态度来对待，尤其要诚信待人。现在，造反者的亲戚分布在宫内和各官署，如果将他们以法制裁，那么，朝廷立刻就要崩溃，应该明确宣布，造反者的罪与他们的亲戚各不相关。"明帝听从了这个意见。……

注释　① 明帝：宋明帝刘彧，前废帝时封湘东王，公元465年杀前废帝即帝位。② 淮南：东晋时侨治之郡名，治所在今安徽当涂南。

原文

时殷琰据寿阳为逆①，遣辅国将军刘勔攻围之。四方既平，琰婴城固守②。上使中书为诏譬琰③，兴宗曰："天下既定，是琰思顺之日，陛下宜赐手诏数行。今直使中书为诏，彼必疑非真。"不从。琰得诏，谓刘勔

翻译

当时，殷琰据寿阳起兵，反对朝廷，明帝派辅国将军刘勔进攻围剿。等到四方都已平定，殷琰仍调兵绕城固守寿阳。明帝使中书省草诏晓谕殷琰，劝他归顺，蔡兴宗说："天下已定，正是殷琰考虑归顺的时候，陛下只消亲手草一短短数行字的诏令，派人送去就行了。今直接叫中书省写诏，他定会怀疑不是真意。"明帝不听。殷琰得到中书省诏，以

诈造,果不敢降,久乃归顺。

为刘勔假造,果然不敢投降,过了很久才归顺朝廷。

注释 ① 殷琰(yǎn)据寿阳:寿阳,郡名,治所在今安徽寿县。 ② 婴城固守:绕城布兵坚守。 ③ 譬:谕。

原文

先是,徐州刺史薛安都据彭城反①,后遣使归款②,泰始二年冬,遣镇军将军张永率军迎之。兴宗曰:"安都遣使归顺,此诚不虚,今不过须单使一人,咫尺书耳。若以重兵迎之,势必疑惧,或能招引北虏③,为患不测。"时张永已行,不见信。安都闻大军过淮④,果引魏军。永战大败,遂失淮北四州。其先见如此。……

翻译

早先,徐州刺史薛安都据彭城起兵,后派使者上表归顺,泰始二年(466)冬,明帝派镇军将军张永带兵相迎。蔡兴宗说:"薛安都派使者上表归顺,是一片至诚,今不过只需派去一人,带上一纸书信就行了。如果发重兵相迎,必然使对方疑惧,或者去请求北魏发兵相助,后果之严重,就不堪估量了。"当时张永已经带兵出发,来不及书信相招。薛安都听说大军已渡淮水,果然招引魏军。张永与薛安都战,大败,淮北四州都被北魏占领。蔡兴宗善于分析形势,故能有如此的预见性。……

注释 ① 彭城:见《谢灵运传》注。 ② 归款:归顺,投降。 ③ 北虏:指北魏,鲜卑族建立的政权,汉人轻视少数民族,故称之为虏。 ④ 淮:淮河。

原文

三年,出为郢州刺史。……

翻译

泰始三年(467),蔡兴宗出任郢州刺史。……

迁会稽太守，领兵置佐，加都督。会稽多诸豪右①，不遵王宪②，幸臣近习，参半宫省。封略山湖，妨人害政，兴宗皆以法绳之。又以王公妃主多立邸舍③，子息滋长④，督责无穷，启罢省之，并陈原诸逋负⑤，解遣杂役，并见从。三吴旧有乡射礼⑥，元嘉中，羊玄保为吴郡行之，久不复修。兴宗行之，礼仪甚整。

后蔡兴宗调任会稽郡太守，给予领兵之权，署置僚属，加都督衔。会稽是豪强大族集中之地，一贯不守王法，他们多有人在京城做官，为皇帝宠幸之人分布在宫内皇帝左右或各个衙署，差不多占了半数。他们依仗权势占据山林湖泽，小民不得采薪渔钓，深受其害，政府法令也不能施行，蔡兴宗去后，对不法豪强依法制裁。同时，诸王、嫔妃及公主多在会稽设立屯集山货的邸舍，除经营买卖，还向人民放高利贷，利息越滚越多，人民无法偿还，货栈就派人没完没了地催督，蔡兴宗都启奏朝廷省除这种弊端，并请求将原来负债之人，全部解除杂役，这些，皇帝都同意了。三吴旧时有乡射礼，宋文帝元嘉年间，羊玄保为吴郡太守，每年都要举行，后很久不修此礼了。蔡兴宗在会稽恢复乡射，礼仪很是整肃。

注释 ①豪右：古以右为上，故世家大族亦称右族，右姓。豪右即豪强大族。②王宪：王法。 ③邸舍：当时诸王、嫔妃、公主等屯集山货的货栈。邸舍除经营山货买卖，还放高利贷。 ④子息：利息。 ⑤逋负：负债。 ⑥三吴：古地区名。据《水经注》，吴郡、吴兴、会稽为三吴。又据《元和郡县志》，吴郡、吴兴、丹阳为三吴。此二说较合原意。乡射礼：据匡衷《仪礼·释官》：乡射有二：一是州长会民习射；一是乡大夫举荐士人后，以此事谘讯众庶。两种情况都要先在乡中设宴行饮酒之礼。

原文

明帝崩，兴宗与尚书令袁粲、右仆射褚彦回①、中领军刘勔、镇军将军沈攸之同被顾命②。以兴宗为征西将军、开府仪同三司、都督、荆州刺史，加班剑二十人③，被征还都。时右军将军王道隆任参国政，权重一时，蹑履到兴宗前④，不敢就席，良久方去。竟不呼坐。元嘉初，中书舍人秋当诣太子詹事王昙首⑤，不敢坐。其后中书舍人弘兴宗为文帝所爱遇，上谓曰："卿欲作士人，得就王球坐⑥，乃当判耳。……若往诣球，可称旨就席。"及至，球举扇曰："君不得尔。"弘还，依事启闻。帝曰："我便无如此何。"至是，兴宗复尔。

翻译

宋明帝死，蔡兴宗与尚书令袁粲、右仆射褚彦回、中领军刘勔、镇军将军沈攸之同受先帝遗诏辅佐新帝，以蔡兴宗为征西将军、开府仪同三司、都督、荆州刺史，赐给佩带班剑二十人的仪仗，不久调回京城。当时，右将军王道隆执掌朝政，最有权势，但不敢傲视兴宗，他恭敬地走到蔡兴宗面前，不敢就坐，过了许久，只得离去。因蔡兴宗不命坐。宋文帝元嘉初年，中书舍人秋当，到太子詹事王昙首家，不敢坐。后来，中书舍人徐爰，受文帝宠信，文帝对他说："卿想成为士族，要得到王球命坐，才能决定。……如果到王球家，就说我命你去的，自己坐下就是了。"徐爰去后，王球举扇遮面，并说："你不能如此。"徐爰回去把这件事启奏文帝，文帝说："我也没有办法。"如今，蔡兴宗又这样对待王道隆。

注释 ①仆射(yè)：官名，魏晋南北朝时尚书省长官之一。 ②顾命：临终之言。明帝将死，遗言诸臣辅佐新帝。 ③班剑：木制之剑，无刃，上有虎文斑饰，位高之大臣随从佩带班剑之仪仗队，表示威仪。 ④蹑(niè)履：小步轻行。 ⑤王昙首：琅邪王氏，高门士族。 ⑥王球：与王昙首同族，亦为琅邪高门。

原文

道隆等以兴宗强正,不欲使拥兵上流,改为中书监、左光禄大夫、开府仪同三司,固辞不拜。

兴宗行己恭恪①,光禄大夫北地傅隆与父廓善②,兴宗常修父友之敬。又太原孙敬玉尝通兴宗侍儿,被禽反接,兴宗命与杖,敬玉了无怍容③。兴宗奇其言对,命释缚,试以伎能,高其笔札,因以侍儿赐之,为立室宇,位至尚书右丞。其遏恶扬善若此④。……

翻译

王道隆等因蔡兴宗强硬刚直,不愿他拥兵上流,改授中书监、左光禄大夫、开府仪同三司,蔡兴宗固辞不受命。

蔡兴宗一生行事,讲究礼数,恭敬谨慎,光禄大夫北地人傅隆与兴宗的父亲蔡廓友善,蔡兴宗以父辈师友之礼相敬。又有太原孙敬玉曾私通蔡兴宗侍女,事发被擒,反臂捆缚,蔡兴宗命左右施以杖击,孙敬玉面无惭色,直认不讳。蔡兴宗见他言辞慷慨,命左右松绑,试其技能,发现他文笔甚佳,于是把侍女赏赐给他,又为他修建房舍,后孙敬玉官至尚书右丞。蔡兴宗就是这样的隐恶扬善。……

注释 ① 恭恪(kè):恭敬谨慎。 ② 北地:郡名,治所在今甘肃镇原西南。 ③ 怍(zuò):惭愧而变色。 ④ 遏(è):止息。

原文

泰豫元年卒,年五十八。遗命薄葬,奉还封爵。……

翻译

明帝泰豫元年(472)末,蔡兴宗死,年五十八岁。临终遗嘱薄葬,并将自己的封爵归还朝廷,子嗣不得承袭。……

范 晔 传

导读

范晔字蔚宗,顺阳(今湖北老河口)人。南朝时期的史学家,出身士族家庭。少好学,善文章,长于隶书,又通晓音律,可谓才华横溢。宋文帝时先出仕秘书丞、新蔡太守、尚书吏部郎等职,后为彭城王刘义康僚属,因刘义康母彭城太妃死,在丧事中行为失礼,被刘义康贬为宣城太守。贬官后不得志,遂留心史学,删集众家后汉史籍,编著《后汉书》九十篇。范晔处世玩世不恭,多有怨言,因被孔熙先鼓动牵连,密谋参与弑杀文帝拥立刘义康的政变,事尚未成,即被文帝亲信徐湛之告发,与同党皆入狱,元嘉二十二年(445)处斩,子范蔼同时遇难。(选自卷三三)

原文

晔字蔚宗,母如厕产之,额为砖所伤,故以砖为小字。出继从伯弘之,后袭封武兴县五等侯。少好学,善为文章,能隶书,晓音律。为秘书丞,父忧去职①。服阕②,为征南大将军檀道济司马,领新蔡太守③。后为尚书吏部郎。

翻译

范晔字蔚宗,母亲上厕所时生下了他,由于坠地时额头被砖碰伤,故以砖为小名。后来被过继给他的堂伯范弘之,袭封武兴县五等侯。范晔年少好学,很会写文章,又会写隶书,通晓音律。他任秘书丞时,因父亲去世而离职归家服丧。服丧期满后,任征南大将军檀道济司马,兼新蔡太守。其后又任尚书吏部郎。

注释 ① 父忧:古时,父母死亡离职守丧称"丁忧"。父死离职称丁父忧,母死离职称丁内忧。父忧即丁父忧之意。 ② 服阕(què):阕,终了。古时父母去世守孝三年,期满脱孝服,称服阕。 ③ 新蔡:郡名,治所在今河南新蔡。

原文

　　元嘉九年,彭城太妃薨①,将葬,祖夕,僚故并集东府,晔与司徒左西属王深及弟司徒祭酒广夜中酣饮②,开北牖听挽歌为乐。彭城王义康大怒,左迁宣城太守。不得志,乃删众家《后汉书》为一家之作,至于屈伸荣辱之际,未尝不致意焉。

翻译

　　宋文帝元嘉九年(432),彭城王刘义康之母彭城太妃死,将要埋葬,头天晚上举行祭祀路神的仪式,刘义康的僚属故旧云集东府,范晔与司徒左西属王深及其弟司徒祭酒王广渊半夜还在饮酒,并打开北面的窗户听挽歌取乐。刘义康知道后,大为震怒,贬范晔为宣城太守。范晔仕途不得志,于是删集各家《后汉书》成一家之言,书中人物的屈伸荣辱,未尝不是隐喻范晔个人的心情状况。

注释 ① 彭城太妃薨(hōng):太妃,彭城王刘义康之母。薨,古代诸侯王及皇后王妃等死称薨。 ② 司徒祭酒广:"广",《宋书》作"广渊",《南史》避唐高祖李渊讳省"渊"字。

原文

　　迁长沙王义欣镇军长史。兄暠为宜都太守,嫡母随暠在官亡①,报之以疾,晔不时奔赴。及行,又携伎妾自随,为御史中丞刘损所

翻译

　　范晔后调任长沙王刘义欣镇军长史。其兄范暠为宜都太守,嫡母随范暠在宜都亡故,火速通知范晔,而范晔并不即时奔丧。临出发,又带妓妾同行,被御史中丞刘损弹劾。文帝爱其才华,

奏。文帝爱其才，不罪也。服阕，累迁左卫将军、太子詹事。

不治他的罪。服丧期满后，接连迁任左卫将军、太子詹事。

注释 ① 嫡母：古时候，妾生的子女称其父的正妻为"嫡母"。暠：音 hào。

原文

晔长不满七尺，肥黑，秃眉鬓，善弹琵琶，能为新声。上欲闻之，屡讽以微旨，晔伪若不晓，终不肯为。上尝宴饮劝适，谓晔曰："我欲歌，卿可弹。"① 晔乃奉旨。上歌既毕，晔亦止弦。

初，鲁国孔熙先博学有从横才志，文史星算，无不兼善，为员外散骑侍郎，不为时知，久不得调。初，熙先父默之为广州刺史，以赃货下廷尉，大将军彭城王义康保持之，故免。及义康被黜②，熙先密怀报效，以晔意志不满，欲引之，无因进说。晔甥谢综雅为晔所知，熙先藉岭南遗财③，家甚富足，乃

翻译

范晔身高不到七尺，躯体肥胖，皮肤黝黑，眉秃鬓疏，善弹琵琶，能作新曲。皇上想听他弹奏，多次委婉地向他暗示，他佯装不懂，始终不愿满足皇上的要求。皇上曾设酒宴请范晔参加，并对他说："我想放歌一曲，卿可为我伴奏。"范晔才奉旨而弹。皇上歌声一落，范晔的琴弦也戛然而止。

在此之前，鲁国孔熙先学识渊博，才华横溢，文史星算，无所不通，任员外散骑侍郎，不为时人所知，长期未能升迁。当初，孔熙先父亲孔默之任广州刺史，因为贪赃，交由执掌刑狱的廷尉处决，多亏大将军彭城王刘义康救护，才得以免罪。及至刘义康贬官，孔熙先一直密怀报恩之念，因范晔对朝廷不满，孔熙先就想拉拢他，但又无法向他披露心迹。范晔的外甥谢综很受范晔了解喜爱，孔熙先凭借父亲在广州时贪赃的遗产，家境富足，于是尽其所有，侍奉谢

倾身事综。始与综诸弟共博，故为拙行，以物输之，情意稍款。综乃引熙先与晔戏，熙先故为不敌，前后输晔物甚多。晔既利其财宝，又爱其文艺，遂与申莫逆之好。熙先始以微言动晔，晔不回。晔素有闺庭论议④，朝野所知，故门胄虽华，而国家不与姻，以此激之曰："丈人若谓朝廷相待厚者，何故不与丈人婚，为是门户不得邪？人作犬豕相遇，而丈人欲为之死，不亦惑乎。"晔默然不答，其意乃定。

综。孔熙先一开始与谢综诸弟赌博，故意表现出手艺不高，将财物输与对方，谢综与他的感情渐渐融洽。其后谢综就带着孔熙先与范晔赌博，又故意失败，先后输给范晔钱财很多。范晔既贪图孔熙先财宝，又爱他文才技艺，遂与孔熙先成为莫逆之交。孔熙先以暗示来打动范晔，范晔不回答。世上对范晔的家风不正素有议论，官场民间都知道，所以门第虽为大族，而皇族却不与他联姻，孔熙先又以此相激说："老先生自以为朝廷待你很不错，那为何不与先生联姻，是因为门户不相当吗？别人把你当成猪狗相待，而先生却想以死相报，岂不使人迷惑不解吗？"范晔默然不答，谋反之意就决定了。

注释 ①卿：古时君称臣。 ②义康被黜：宋文帝元嘉年间，彭城王刘义康总揽朝政，势倾内外，引起文帝猜忌，元嘉十七年（440）将其排出京师，贬为江州刺史，出镇豫章。 ③藉岭南遗财：藉，凭借。岭南，又称岭表、岭外，指五岭以南地区。孔熙先之父曾在岭南地区任广州刺史，贪赃很多资财。 ④闺庭：即指家门。

原文

时晔与沈演之并为上所知待，每被见多同，晔若先至，必待演之，演之先至，

翻译

当时范晔与沈演之同被皇上引为知己。皇上每每同时召见他们，范晔如先到，必定等沈演之，如沈演之先到，则

常独被引，晔又以此为怨。晔累经义康府佐，见待素厚，及宣城之授，意好乖离。综为义康大将军记室参军，随镇豫章。综还，申义康意于晔，求解晚隙，复敦往好。

晔既有逆谋，欲探时旨，乃言于上曰："臣历观前史二汉故事，诸藩王政以妖诅幸灾，便正大逆之罚①。况义康奸心衅迹②，彰著遐迩，而至今无恙，臣窃惑焉。且大梗常存③，将成乱阶④。"上不纳。……

常常被单独召见。范晔又因此有怨气。范晔长期为刘义康府僚佐，刘义康厚待于他，范晔贬官宣城太守后，两人的情谊出现了裂隙。谢综为大将军刘义康记室参军，随刘义康出镇豫章。谢综回家，向范晔转达刘义康的意思，希望范晔能和他摈弃前嫌，重修旧好。

范晔既有谋反之意，想试探一下皇上的意思，于是对皇上说："臣历览前史两汉陈规，那些藩王用巫术诅咒皇上使其遭受灾害，皆按大逆重罪处以刑罚。况且刘义康谋反的奸心已露痕迹，远近都很明白，而至今仍安然无恙，臣私下迷惑不解。何况大害不除，将成祸乱之端。"文帝没有介意。……

注释 ① 大逆：封建社会，凡反抗封建秩序，直接危害君父、宗庙、宫阙等行为，皆称为"大逆"。 ② 衅迹：衅，缝隙，破绽。衅迹，犹言已露痕迹。 ③ 梗：灾害，祸害。 ④ 乱阶：阶，道。乱阶犹言乱事由来之道。

原文

广州人周灵甫有家兵部曲，熙先以六十万钱与之，使于广州合兵。灵甫一去不返。大将军府史仲承祖，义康旧所信念，屡衔命下都，亦潜结腹心，规有异

翻译

广州人周灵甫有家兵部曲，孔熙先用六十万钱给他，让他在广州调集兵队。而周灵甫却一去不返。大将军府史仲承祖，原为刘义康所信重，多次奉命到京都，暗中结纳心腹，窥测不满朝廷的人士。听说孔熙先有谋反诚意，就

志。闻熙先有诚，密相结纳。丹阳尹徐湛之素为义康所爱，虽为舅甥，恩过子弟，承祖因此结事湛之，告以密计。……

熙先使弟休先豫为檄文①，言贼臣赵伯符肆兵犯跸②，祸流储宰③，乃奉戴义康。又以既为大事，宜须义康意旨，乃作义康与湛之书，宣示同党。

密相交结。丹阳尹徐湛之历来为刘义康喜爱，虽是甥舅关系，对待他胜过自己的儿子。仲承祖因而也结交徐湛之，告知谋反密计。……

孔熙先让弟孔休先预先准备好檄文，说贼臣赵伯符拥兵犯上，祸及朝廷，只得拥戴刘义康起事。又以为既然要行谋反大事，应该有刘义康的明确指示，于是又伪造刘义康给徐湛之的信，宣示同党。

注释 ① 檄(xí)文：古代用于晓谕、征召、声讨的文书，这里指声讨叛逆的文书。② 犯跸(bì)：跸，帝王的车驾。犯跸，喻犯上作乱。 ③ 储宰：储，储君，即皇位继承人太子，犹言储备之君主。宰，宰辅，政府最高长官。储宰为朝廷的代称。

原文

二十二年九月，征北将军衡阳王义季、右将军南平王铄出镇，上于武帐冈祖道①。晔等期以其日为乱，许耀侍上，扣刀以目晔，晔不敢视，俄而坐散，差互不得发。十一月，徐湛之上表告状，于是悉出檄书选事及

翻译

元嘉二十二年(445)九月，征北将军衡阳王刘义季、右将军南平王刘铄出镇封国，文帝在武帐冈为他们设宴饯行。范晔等人本来决定于这天作乱，一天，许耀侍奉皇上，用手敲击佩刀，目视范晔，范晔不敢正视，一会儿饯行席散，竟因配合失误而未发难。十一月，徐湛之上表告发，拿出全部谋反者的檄文书信及事成后人事安排与同伙人名单手

同恶人名手迹。诏收综等，并皆款服，唯晔不首②。上频使穷诘，乃曰："熙先苟诬引臣。"熙先闻晔不服，笑谓殿中将军沈邵之曰："凡诸处分、符檄书疏，皆晔所造及改定，云何方作此抵。"上示以晔墨迹，晔乃引罪。明日送晔付廷尉，入狱，然后知为湛之所发。……

迹。文帝下诏收捕谢综等人，都供认服罪，唯有范晔拒不承认。皇上频频派人追问，才说："孔熙先诬陷嫁祸于我。"孔熙先听说他不服罪，笑着对殿中将军沈邵之说："各事处置，兵符檄文，文件书信都出自范晔手笔或由他改定，为何还作这种抵赖。"皇上出示范晔手迹，方才认罪。第二天将他交付廷尉，入狱之后，才知是徐湛之告发。……

注释 ① 祖道：旧时为出行者在城郊设宴饯行的仪式。 ② 不首：即不自首，不认罪。

原文

晔后与谢综等得隔壁，遥问综曰："疑谁所告。"综曰："不知。"晔乃称徐湛之小名曰："乃是徐僮也。"……上有白团扇甚佳，送晔令书出诗赋美句。晔受旨援笔而书曰："去白日之炤炤，袭长夜之悠悠。"①上循览凄然。

翻译

范晔后来与谢综等关押在隔壁，隔墙而问谢综："你怀疑是谁告发的。"谢综："不知道。"范晔叫着徐湛之的小名说："就是徐僮。"……皇上有一白团扇非常精美，送到范晔处叫他题写美好的诗句。范晔受旨提笔写道："去白日之炤炤，袭长夜之悠悠。"皇上读后感到很凄楚。

注释 ① 去白日之炤炤，袭长夜之悠悠：炤炤，光明。悠悠，遥远，长久。这句诗以白日喻人世，以长夜喻幽冥，意为我就要告别人世而走向遥远的幽冥地府，反映范晔临死时渴望生存的心理状态。

原文

晔本谓入狱便死，而上穷其狱，遂经二旬，晔更有生望。狱吏因戏之曰："外传詹事或当长系。"晔闻之惊喜。综、熙先笑之曰："詹事尝共论事，无不攘袂瞋目，及在西池射堂上，跃马顾眄①，自以为一世之雄，而今扰攘纷纭，畏死乃尔。设令今时赐以性命，人臣图主，何颜可以生存。"……

翻译

范晔本认为一经入狱，必死无疑，不料皇上对这一案件深加调查，迟迟没有结果，入狱二十天不见动静，范晔更觉得有了活下去的希望。狱吏因而戏弄他说："外间风传詹事可能被长期关押。"范晔听到后很惊喜。谢综、孔熙先讥笑他说："詹事以往与我们共同论事，无不挽袖怒目，在西池射堂上，跃马四顾，自以为一世之英雄，而今如此纷乱，坐立不安，怕死到这般地步。假如皇上让你活命，为人之臣，而对主上图谋不轨，有何脸面偷生。"……

注释　① 眄(miàn)：斜视。

原文

及将诣市①，晔最在前，于狱门顾谓综曰："次第当以位邪？"综曰："贼帅当为先。"在道语笑，初无惭耻。至市问综曰："时欲至未？"综曰："势不复久。"晔既食，又苦劝综，综曰："此异疾笃，何事强饭。"晔家人悉至市，监刑职司问曰："须相见

翻译

将赴法场，范晔走在最前面，到监狱门口回顾谢综说："次序按官位排列吗？"谢综回答说："贼首应当在先。"范晔一路上欢声笑语，并不感到惭愧和羞耻。到刑场后他问谢综："行刑的时辰快到了吧？"谢综说："不会太久了。"范晔在法场上吃完酒饭，又苦劝谢综吃，谢综说："这和生病需要补养不同，为何强迫我吃。"范晔家人都到了法场，监刑官问："要不要相见？"范晔问谢综："家

不?"晔问综曰:"家人已来,幸得相见,将不暂别?"综曰:"别与不别,亦何所存,来必当号泣,正足乱人意。"晔曰:"号泣何关人,向见道边亲故相瞻望,吾意故欲相见。"于是呼前。晔妻先抚其子,回骂晔曰:"君不为百岁阿家[2],不感天子恩遇,身死固不足塞罪,奈何枉杀子孙。"晔干笑,云罪至而已。晔所生母对泣曰:"主上念汝无极,汝曾不能感恩,又不念我老,今日奈何!"仍以手击晔颈及颊。晔妻云:"罪人,阿家莫忆莫念。"妹及妓妾来别,晔乃悲泣流涟。……晔转醉,子蔼亦醉,取地土及果皮以掷晔,呼为别驾数十声[3]。晔问曰:"汝瞋我邪?"[4]蔼曰:"今日何缘复瞋,但父子同死,不能不悲耳。"……

人已经来了,有幸能见最后一面,你不与他们暂且作别吗?"谢综回答说:"别与不别,有何意义,他们一来必然哀号哭泣,只能扰乱我的心意。"范晔说:"哀号哭泣有何关系,刚才见亲朋故旧瞻望道旁,我就打定主意要与他们相见。"于是喊家人到面前。他的妻子先抚摸儿子,然后回头大骂范晔:"你不为百岁阿婆着想,不感激皇上恩遇,你死固然不足以抵罪,奈何使儿子也冤枉被杀。"范晔尴尬一笑,只好说自己罪大恶极。他的生母也哭着对他说:"皇上对你这样好,你不能感激恩德,又不体念我年老,今日叫我怎么办啊!"说着用手批打范晔面颊,范晔妻子劝解说:"他是罪人,阿婆莫要惦念他。"接着妹妹和妓妾们也来作别,范晔此时才止不住悲痛,泪流满面。……时间稍久,范晔渐渐有些醉了,儿子范蔼也有醉意,拾起地上泥土和果皮向范晔掷去,连呼"别驾"数十声。范晔问:"你恼怒我吗?"范蔼说:"今天还有什么恼怒不恼怒哩,不过父子同死,不能不伤感罢了。"……

注释 ①市:本指市场。这里代指法场,因为古时法场多设于闹市内。 ②阿家(gū):媳妇称丈夫之母为"家"。 ③呼为别驾数十声:范晔曾为荆州别驾从事。

④ 瞋(chēn):同"嗔",怒。

原文

晔及党与并伏诛,晔时年四十八。……

蔼幼而整洁,衣服竟岁未尝有尘点,死时年二十。晔少时,兄晏常云:"此儿进利,终破门户。"果如其言。

翻译

范晔及其党羽并被诛杀,时年四十八岁。……

范蔼自小就爱整齐清洁,衣服一年四季都没有污迹,死时年二十岁。范晔小时,其兄范晏常说:"这小子喜欢追逐名利,终究是要败坏家门的。"最后果然被他说中。

徐 广 传

徐广字野民，东莞(今山东莒县)人，南朝时期的史学家。家世好学，数传至徐广一代，尤其着意精研各家学派。家本清贫，但专心攻读，不留意增置产业，以致家道日衰，妻刘氏为此与之离异。

徐广生活在东晋末期，以其博学多闻，孝武帝时曾任秘书郎，校阅国家秘阁藏书。及刘裕建宋，再不愿出仕。徐广生长在京口(今江苏镇江)，时其子徐道玄在京口为官，徐广随子回乡，从此家居，潜心攻读，年过八旬，犹每年读《五经》一遍。宋文帝元嘉二年(425)死。所著《晋纪》四十二卷、《答礼问》百余条，皆流传于当世。(选自卷三三)

原文

徐广字野人①，东莞姑幕人也②。父藻，都水使者。兄邈③，太子前卫率。家世好学，至广尤精。百家数术④，无不研览。家贫，未尝以产业为意，妻中山刘谧之女忿之⑤，数以相让，广终不改。如此十数年，家道日弊，遂与广离。后晋孝武帝以广博学，除为秘书郎，校书秘阁，增置职僚。……

翻译

徐广字野民，东莞姑幕人。父徐藻，为都水使者。兄徐邈，为太子前卫率。其家世代崇尚学术，到徐广一代尤为精进。对百家数术的书，无不研读。家虽贫穷，却不留意增置产业，其妻中山刘谧之女为此十分忿恨，多次争吵责备，徐广终究不改变态度。像这样过了十多年，家道日趋衰落，妻子就与他离婚了。东晋孝武帝因徐广学问渊博，任命他为秘书郎，负责校勘秘阁藏书，并配备官员协助他工作。……

注释 ① 野人：徐广本字野民，宋书有传，唐修《南史》避唐太宗李世民讳，改为野人。 ② 东莞(guǎn)：郡名，治所在今山东莒(jǔ)县。 ③ 邈：音 miǎo。 ④ 百家数术：百家即诸子百家，指学术上的各种派别。数术，指天文、历谱、五行之类的学说。 ⑤ 中山：郡国名，治所在今河北定州。谧：音 mì。

原文

及会稽王世子元显录尚书，欲使百僚致敬，台内使广立议，由是内外并执下官礼①，广常为愧恨。

义熙初，宋武帝使撰《车服仪注》，仍除镇军谘议参军，领记室，封乐成县五等侯。转员外散骑常侍，领著作郎。二年，尚书奏广撰成晋史。六年，迁骁骑将军。时有风雹为灾，广献言武帝，多所劝勉。又转大司农，领著作郎，迁秘书监。

初，桓玄篡位②，安帝出宫，广陪列悲恸，哀动左右。及武帝受禅③，恭帝逊位④，广又哀感，涕泗交流。谢晦见之，谓曰："徐公将无小过。"广收泪答曰："身与君不同，君佐命兴王，逢千载

翻译

及至会稽王世子司马元显总领尚书省，想使百官都向他致敬，朝廷使徐广草拟制度，此后内外官属都向元显行下官礼，徐广常因此事而惭愧悔恨。

晋安帝义熙初年，宋武帝命徐广撰写《车服仪注》，授职镇军谘议参军，兼记室，封乐成县五等侯。调任为员外散骑常侍，领著作郎，义熙二年(406)，尚书启奏皇帝说由徐广修撰晋史。义熙六年(410)，提升为骁骑将军。当时遇上风雹灾害，徐广向宋武帝进言，多所劝告慰勉。又转为大司农，领著作郎，提拔为秘书监。

当初，桓玄篡晋自立，安帝被迫离开皇宫，徐广陪同出宫行列中悲恸欲绝，哀伤感动左右。到宋武帝受禅，晋恭帝让位，徐广又哀伤感叹，泪流满面。谢晦见到他，对他说："徐公将不会因此获罪吧。"徐广止泪回答说："我和你不同，你是辅佐新帝即位，真是千载难逢的好运气，我世代承蒙晋朝恩德，怎能不眷恋故

嘉运。身世荷晋德,眷恋故主。"因更歔欷⑤。

主。"语毕更加伤心,抽噎不已。

注释 ① 下官:属官。 ② 桓玄篡位:桓玄,桓温子,晋安帝时领荆州刺史,元兴元年(402),举兵东下,攻入建康,杀权臣司马元显,掌握朝政。次年底迫晋安帝禅位,自立为帝,国号楚。不久北府兵将领刘裕起兵声讨,退回江陵,兵败被杀。③ 受禅:以帝位让人叫"禅"。承受禅让为"受禅"。 ④ 恭帝:东晋最后一个皇帝。⑤ 歔欷(xū xī):哭泣时抽噎,哽咽。

原文

永初元年,诏除中散大夫。广言坟墓在晋陵丹徒①,又生长京口,息道玄忝宰此邑②,乞随之官,归终桑梓③。许之,赠赐甚厚。性好读书,年过八十,犹岁读《五经》一遍。元嘉二年卒。

翻译

宋武帝永初元年(420),皇帝下诏任命徐广为中散大夫。徐广谈到他的祖坟在晋陵丹徒,他又生长在京口,今儿子徐道玄在京口担任长官,请允许他随同儿子一道回去,老死于故乡。他的请求得到允许,并获得丰厚的赏赐。徐广生性嗜好读书,年过八十,仍每年读《五经》一遍。宋文帝元嘉二年(425)死。

注释 ① 晋陵:郡名,治所在今江苏常州。 ② 息:儿子。忝(tiǎn):辱。旧时谦辞。 ③ 桑梓:桑和梓是古代家宅旁边常栽之树木,后用作故乡的代称。

原文

广所撰《晋纪》四十二卷,义熙十二年成,表上之。又有《答礼问》百余条,行于世。

翻译

徐广著有《晋纪》四十二卷,晋安帝义熙十二年(416)书成,上表进献皇帝,又著有《答礼问》百余条,流行于世。

裴松之传

导读

裴松之,字世期,河东闻喜(今山西永济蒲州)人,南朝时期的史学家。自幼博览群书,立身简素,有干才,为宋武帝刘裕赏识。文帝即位后,历任各种官职,有治绩,受到吏民称颂。

文帝元嘉六年(429),命裴松之注陈寿《三国志》。裴松之搜集各种传记,大量增加新的资料,注文大大超过原著,开创了注史的一种专门体例,书成上奏,文帝读后称赞说:"裴世期将万世不朽了。"后又命他续成何承天尚未完成的国史(宋史),还未及开始修撰就去世了。生前所著论文及《晋记》当时皆行于世。

其子裴骃继承乃父史学事业注释《史记》,保存了许多现已失传的史料。(选自卷三三)

原文

裴松之字世期,河东闻喜人也①。祖昧,光禄大夫。父珪,正员外郎。

松之博览坟籍②,立身简素。年二十,拜殿中将军。此官直卫左右,晋孝武太元中,革选名家以参顾问,始用琅邪王茂之③、会稽

翻译

裴松之字世期,河东闻喜人。祖父裴昧,官至光禄大夫。父裴珪,曾任正员外郎。

裴松之博览群书,为人简洁质朴。二十岁,授官殿中将军。此官侍卫皇帝左右,晋孝武帝太元年间,选择名家以担任顾问,才开始用琅邪王茂之、会稽谢辎,此二人皆为南北望族,足见皇上

谢𫄤④，皆南北之望。……　　对裴松之的器重。……

注释　① 河东：郡名，治所在今山西永济蒲州镇。　② 坟籍：泛指古书。　③ 琅邪：郡名，治所在今山东临沂北。　④ 𫄤：音 yóu。

原文

武帝北伐，领司州刺史，以松之为州主簿，转中从事。既克洛阳，松之居州行事。宋国初建，毛德祖使洛阳，武帝敕之曰："裴松之廊庙之才①，不宜久居边务，今召为世子洗马，与殷景仁同，可令知之。"……

元嘉三年，诛司徒徐羡之等，分遣大使巡行天下，并兼散骑常侍，班宣二十四条诏书。松之使湘州，甚得奉使之义，论者美之。

转中书侍郎。上使注陈寿《三国志》，松之鸠集传记，广增异闻。既成奏之，上览之曰："裴世期为不朽矣。"

出为永嘉太守，勤恤百

翻译

宋武帝刘裕北伐后秦时，正领司州刺史，任命松之为州主簿，调任中从事。随军出征，刘裕攻克洛阳，松之就留州办事。宋国初建立，毛德祖奉命出使洛阳，宋武帝命令他说："裴松之是可在朝中任重要职务的人才，不宜长期留在边地任职，现召他回朝任宋王世子洗马，与殷景仁职位相同，可以告知他。"……

宋文帝元嘉三年（426），皇上诛杀司徒徐羡之等人后，分遣使者巡行全国，出使之人都兼任散骑常侍，负责颁布传达皇上的二十四条诏书。裴松之出使湘州，甚能领会皇帝差遣出巡的旨意，议论到此事的人都对他予以赞扬。

裴松之后来转任中书侍郎。皇上让他注释陈寿的《三国志》，松之搜集传记，广泛增加新的资料。书成上奏，皇上阅后说："裴世期将万世不朽了。"

裴松之外调永嘉太守，在任期间，勤于政事，体恤百姓，官民安适。后又调任南琅邪太守，不久辞职，另授中散姓,吏人便之②。后为南琅邪太守③,致仕④,拜中散大夫。寻为国子博士,进太中大夫。使续成何承天国史⑤,未及撰述,卒。

大夫。旋即征为国子监博士,进位太中大夫。皇上命他续完何承天未修成的本朝历史,但还未及动笔就去世了。

注释　①廊庙:庙堂,指朝廷。　②便(pián):安适。　③南琅邪:侨郡名,治所在今江苏句容北。　④致仕:旧谓交还官职,即辞官。　⑤何承天国史:何承天,南朝宋人,宋元嘉十六年(439)任著作佐郎,编撰本朝史书,即所谓国史。

原文

　　子骃,南中郎参军。松之所著文论及《晋记》,骃注司马迁《史记》,并行于世。

翻译

　　儿子裴骃,南中郎参军。裴松之所著之文论及《晋记》,裴骃注释的司马迁《史记》,都流行于世。

裴子野传

导读

　　裴子野,字几原,河东闻喜(山西永济蒲州)人,裴松之曾孙,出身于史学世家。少好学,善文章,先仕齐为江夏王行参军。入梁仕武帝。裴子野欲续成曾祖裴松之未完成的宋史,遂撰成《宋略》二十卷,时沈约修《宋书》已成,见裴子野著作后,自叹不如;兰陵萧琛赞扬其书中的史论与贾谊的《过秦论》和班彪的《王命论》不分高下。

　　裴子野博闻强识,以其丰富的学识文才为梁武帝所重,宫省符檄,皆命其草拟。裴子野为人静默自守,安贫乐道,唯以治学教子为乐,妻子难免饥寒。但一家大小包括子侄在内都无怨言,沛国刘显常以师表之道赞扬他。晚年信佛教,素食至终。梁武帝中大通二年(530)死,谥"贞子"。除《宋略》,著述甚多,皆行于当世。(选自卷三三)

原文

　　子野字几原,生而母魏氏亡,为祖母殷氏所养。殷柔明有文义,以章句授之。年九岁,殷氏亡,泣血哀恸,家人异之。

　　少好学,善属文,仕齐为江夏王行参军。遭父忧

翻译

　　裴子野字几原,出生时母亲魏氏就亡故了,由祖母殷氏抚养。殷氏性情温柔开朗,知书识文,教他学读文章。九岁时,殷氏亡故,裴子野万分悲痛,流着血泪大声号哭,家里的人都感到惊异。

　　裴子野年少好学,善做文章,出仕齐任江夏王行参军。这时父亲去世,去

去职。……

梁天监初,尚书仆射范云嘉其至行,将表奏之,会云卒不果。乐安任昉有盛名①,为后进所慕,游其门者,昉必推荐。子野于昉为从中表,独不至,昉亦恨焉,故不之善。

久之兼廷尉正,时三官通署狱②,子野尝不在,同僚辄署其名。奏有不允,子野从坐免职。……自此免黜久之,终无恨意。中书郎范缜与子野未遇③,闻其行业而善焉。……

职服丧。……

梁武帝天监初年,尚书仆射范云赞扬其超凡的品行,将要上表举荐,恰因范云去世而没有结果。乐安任昉有很大名望,为后生之辈所倾慕,游访其门下的人,任昉必向朝廷推荐。裴子野与任昉为中表兄弟,唯独不去求他,任昉对子野愤恨,故与他关系不好。

过了一段时间,裴子野兼任廷尉正,此时,廷尉三官共同签署一项管理监狱的法令,裴子野曾不在场,同僚就自作主张地将他名字签上,上奏后皇帝不同意,裴子野也受牵连获罪免官。……自这次免官后,长期没有官职,但他始终没有怨恨之意。中书郎范缜与裴子野并不相识,听闻其品德行事,深表赞许。……

注释 ① 乐安:郡名,治所在今山东广饶北。 ② 三官:梁时廷尉设廷尉监、廷尉正、廷尉平三官,称廷尉三官。 ③ 缜:音 zhěn。

原文

后为诸暨令,在县不行鞭罚,人有争者,示之以理,百姓称悦,合境无讼。

初,子野曾祖松之,宋

翻译

其后,裴子野出任诸暨县令,在任期间,不乱用刑罚,老百姓发生争执,他总是讲明道理,因而深得百姓的称颂和喜爱,辖境之内无官司诉讼。

先前,裴子野曾祖父裴松之,宋元

元嘉中受诏续修何承天宋史，未成而卒，子野常欲继成先业。及齐永明末，沈约所撰《宋书》称"松之已后无闻焉"。子野更撰为《宋略》二十卷，其叙事评论多善，而云"戮淮南太守沈璞，以其不从义师故也"①。约惧，徒跣谢之，请两释焉。叹其述作曰："吾弗逮也。"兰陵萧琛言其评论可与《过秦》《王命》分路扬镳②。于是吏部尚书徐勉言之于武帝③，以为著作郎，掌修国史及起居注④。顷之，兼中书通事舍人，寻除通直员外，著作、舍人如故。敕又掌中书诏诰。

嘉年间受诏续修何承天未完成的宋史，书未修成就死了，子野常想继续完成祖先遗业。齐武帝永明末年，沈约在他修撰的《宋书》中声称"松之以下，裴氏家族就再也没出过什么人才了"。子野接着修完《宋略》二十卷，其叙事评论颇为中肯，说"宋孝武帝杀淮南太守沈璞，是因他不响应讨逆义师"。沈约读后大为恐惧，赤着脚到子野处谢罪，请求双方都摈弃仇怨，互相谅解。沈约赞叹《宋略》说："我真不及他啊。"兰陵萧琛评价子野书中的史论，认为与《过秦论》《王命论》不分高下。于是吏部尚书徐勉将他的情况上奏梁武帝，任命他为著作郎，负责修撰国史和起居注。不久，又兼任中书通事舍人，随即又授职通直员外，而著作郎、中书舍人之职依然不变。还特命其负责中书省起草皇帝诏令的工作。

注释 ①"戮淮南太守沈璞，以其不从义师故也"：宋文帝晚年，太子刘劭杀父谋反，孝武帝刘骏起兵讨伐，时沈约父沈璞为淮南太守，对此持观望态度，未能及时响应孝武帝，孝武帝灭刘劭后，即以不迎义师而处以死罪，并罪及家人。沈约在《宋书》中对此事曲文掩饰。 ②兰陵萧琛言其评论可与《过秦》《王命》分路扬镳：兰陵，郡名，治所在今山东枣庄峄城。《过秦》，即《过秦论》，西汉贾谊著。《王命》，即《王命论》，东汉班彪著。分路扬镳，催马分路前进，比喻各奔前程，各干其事。这里则比喻双方才力相当，不分高下。 ③武帝：梁武帝萧衍。 ④起居注：史书分类名目之一,为帝王言行的记录。

原文

时西北远边有白题及滑国遣使由岷山道入贡,此二国历代弗宾,莫知所出。子野曰:"汉颍阴侯斩胡白题将一人。服虔注云:'白题,胡名也。'又汉定远侯击虏,八滑从之,此其后乎。"时人服其博识。敕仍使撰《方国使图》,广述怀来之盛①,自要服至于海表②,凡二十国。子野与沛国刘显③、南阳刘之遴④、陈郡殷芸⑤、陈留阮孝绪⑥、吴郡顾协、京兆韦棱皆博学⑦,深相赏好,显尤推重之。时吴平侯萧劢⑧,范阳张缵每讨论坟籍⑨,咸折衷于子野。

翻译

此时,西北边远之地有名为白题和滑国的两个国家遣使从岷山一路入朝贡献方物。这两国历代以来从无宾服关系,没人知道两国的由来。裴子野说:"汉颍阴侯斩杀胡人白题国将领一人。服虔在《汉书音义》中注释说:'白题,胡名也。'另外汉定远侯出击入侵之敌,八滑曾随从作战,现在的白题和滑国就是汉时白题、八滑的后代吧。"当时之人叹服其学识渊博。于是皇上命他撰成《方国使图》,广述各国使臣怀恩来朝的盛况,从要服至海表,总计二十国。裴子野与沛国刘显、南阳刘之遴、陈郡殷芸、陈留阮孝绪、吴郡顾协、京兆韦棱皆为博学之士,他们深相赏识交好,刘显对裴子野尤为推崇。其时吴平侯萧劢、范阳张缵每讨论典籍,莫不以裴子野的论断为准则。

注释 ①怀来:谓各族、各国感怀皇帝恩泽而遣使入朝拜谒。 ②要服:古代王畿外围的地方,以五百里为率,按距离远近分为五等,称为"五服"。其名称依次为甸服、侯服、绥服、要服、荒服。海表:古代指中国四境以外之地。 ③沛:郡国名,治所在今安徽濉(suī)溪西北。 ④南阳:郡名,治所在今河南南阳。 ⑤陈郡:郡名,治所在今河南淮阳。 ⑥陈留:郡国名,治所在今河南开封西北。 ⑦京兆:郡名,治所在今西安西北。 ⑧劢:音 mài。 ⑨范阳:郡名,治所在今河北涿州。

原文

继母曹氏亡,居丧过礼,服阕,再迁员外郎。普通七年,大举北侵,敕子野为《移魏文》,受诏立成。武帝以其事体大,召尚书仆射徐勉、太子詹事周舍、鸿胪卿刘之遴、中书侍郎朱异集寿光殿以观之,时并叹服。武帝目子野曰:"其形虽弱,其文甚壮。"俄又敕为书喻魏相元叉。其夜受旨,子野谓可待旦方奏,未之为也,及五鼓,敕催令速上。子野徐起操笔,昧爽便就①。乃奏,武帝深嘉焉。自是诸符檄皆令具草②。

子野为文典而速,不尚靡丽,制多法古,与今文体异③。当时或有诋诃者,及其末,翕然重之④。或问其为文速者,子野答云:"人皆成于手,我独成于心。"

翻译

继母曹氏亡故,裴子野服丧超过了丧礼的规定,服除之后,再次迁任员外郎。梁武帝普通七年(526),大举北伐,命裴子野作《移魏文》,他受诏之后,一挥而就。武帝认为此事关系重大,召集尚书仆射徐勉、太子詹事周舍、鸿胪卿刘之遴、中书侍郎朱异于寿光殿,共同观看文稿,当时都一并叹服。武帝看着裴子野对大家说:"他的外表虽有些单薄瘦弱,写的文章却气势豪壮。"接着又令裴子野作文晓谕魏相元叉。当夜受命,裴子野认为可以等到第二天早晨才上奏,因此没有动笔,及到五更时分,皇上即下诏催裴子野快速奏上。裴子野这才慢慢起身,提笔为文,拂晓时已写成。上奏之后,武帝深为嘉奖。从此,各类符书檄文都命他起草。

裴子野写文章既典雅又神速,不尚靡绮骈丽,文体效法古人,与当世风行的骈文体裁不同。起初还有人对他加以诋毁,但到后来,都一致推崇他的文章风格了。有人向他请教作文为什么如此神速,裴子野回答说:"写文章,别人是用手,唯独我是用心。"

注释 ① 昧爽:又称昧旦,古人将天亮时称为昧爽,犹今黎明、拂晓。 ② 檄:即檄文。 ③ 今文,指当时风行的骈体文。 ④ 翕(xī)然:形容一致。

原文

迁中书侍郎、鸿胪卿,领步兵校尉。子野在禁省十余年①,默静自守,未尝有所请谒。外家及中表贫乏,所得奉悉给之②。无宅,借官地二亩,起茅屋数间,妻子恒苦饥寒,唯以教诲为本,子侄祗畏,若奉严君。刘显常以师道推高之。末年深信释教③,终身饭麦食蔬。中大通二年卒。……赐谥贞子。

翻译

裴子野调任中书侍郎、鸿胪卿,兼步兵校尉。裴子野在皇宫十多年,沉静寡欲以自守,对皇上未曾有过什么要求。母、妻娘家及表兄弟家中贫乏,所得俸禄全部用来供给他们。没有住房,就借官家之地两亩,修筑茅屋数间,妻室儿女长期苦于饥寒,裴子野唯以教诲为本,而不从物质上满足他们,子侄之辈对他非常敬畏,像侍奉严厉的君主一般。刘显常以师表之道推崇他。裴子野晚年深信佛教,终生吃麦饭素菜。于梁武帝中大通二年(530)去世。……皇帝赐谥"贞子"。

注释 ① 禁省:亦称"禁中""省中",即皇宫。 ② 奉:同"俸",即俸禄,旧时官僚所得薪水。 ③ 释教:即佛教,因创始人为释迦牟尼,故称释教。

原文

子野少时集注《丧服》、续《裴氏家传》各二卷,抄合后汉事四十余卷。又敕撰

翻译

裴子野年轻时集注《丧服》、续成《裴氏家传》各二卷,抄集东汉史事四十余卷。又奉皇上之命撰成《众僧传》二

《众僧传》二十卷，《百官九品》二卷，《附益谥法》一卷，《方国使图》一卷，文集二十卷，并行于世。又欲撰《齐梁春秋》，始草创，未就而卒。及葬，湘东王为之墓志铭，陈于藏内①。邵陵王又立墓志，埋于羡道②。羡道列志，自此始焉。

十卷，《百官九品》二卷，《附益谥法》一卷，《方国使图》一卷，又有文集二十卷，并行于世。他还准备撰写《齐梁春秋》，刚开始编写草稿，就去世了。埋葬时，湘东王为裴子野写墓志铭，陈放在墓内。邵陵王又立一墓志，安放在墓道里。墓道里陈列墓志，就是从这时开始的。

注释 ① 藏：同"葬"，墓葬。 ② 羡（yán）道：墓道。

周　颙　传

周颙字彦伦，汝南安成（今河南汝南）人，为官有治绩。精于玄学、佛理，亦深通音韵，长于书法。虽常与达官贵人游息，并受文惠太子萧长懋的赏识，然生性恬淡寡欲，不慕名利，虽有妻室，常于山舍隐居，善清谈，辞采华丽，随机应变，与人畅谈玄言，终日不懈。齐武帝永明中曾著《四声切韵》，行于当世。（选自卷三四）

原文

颙字彦伦①，晋左光禄大夫颢七世孙也。祖虎头，员外常侍。父恂，归乡相。

翻译

周颙字彦伦，是晋左光禄大夫周颢七世孙。祖父周虎头，为员外常侍。父亲周恂，为归乡侯相。

注释　　① 颙：音 yóng。

原文

颙少为族祖朗所知，解褐海陵国侍郎①。益州刺史萧惠开赏异颙，携入蜀，为厉锋将军，带肥乡②、成都二县令，仍为府主簿。常谓惠开性太险，每致谏，惠开不

翻译

周颙小时就得到族祖周朗的器重，入仕为海陵国侍郎。益州刺史萧惠开很赏识他，带着他一道入蜀，拜官厉锋将军，出为肥乡、成都二县令，仍担任益州府主簿。周颙常言萧惠开性情太阴险，每每进言劝谏，萧惠开很不高兴，对

悦,答颙曰:"天险地险,王侯设险,但问用险何如耳。"随惠开还都。

周颙说:"天地自然之险,王侯有意设险,只看这些险用来做什么罢了。"不久,随萧惠开还建康。

注释 ① 解褐:出仕。平民以褐布为衣,做官后脱下褐衣换官服,故出仕称解褐。② 带肥乡:带,同"遞"(shì),往、出。肥乡,《宋书》《南齐书·州郡志》益州并无此县名。

原文

宋明帝颇好玄理,以颙有辞义①,引入殿内,亲近宿直。帝所为惨毒之事,颙不敢显谏,辄诵经中因缘罪福事,帝亦为之小止。元徽中,诏为剡令②,有恩惠,百姓思之。齐高帝辅政,为齐殿中郎。建元初,为长沙王后军参军、山阴令③。还为文惠太子中军录事参军④。文惠在东宫,颙迁正员郎,始兴王前军谘议,直侍殿省,深见赏遇。

翻译

宋明帝颇好玄理,因周颙善清谈,引入宫内,作为贴身侍卫。明帝做一些惨毒的事,周颙不敢明确进谏,就念诵佛经中因果报应获罪受福的词句,明帝亦因此稍有收敛。宋后废帝元徽年间,下诏周颙调任剡县令,在县布施恩惠,百姓都很怀念他。齐高帝辅政,周颙为齐王殿中郎。高帝篡宋建齐,建元初年,任周颙为长沙王后军参军、山阴令。他还都为文惠太子中军录事参军。文惠太子在东宫,周颙升迁为正员郎、始兴王前军谘议,在宫内值役,深得赏识和知遇。

注释 ① 辞义:清谈玄理。 ② 剡(tán):指剡县,东晋永和中侨置,治所在今江苏镇江。 ③ 山阴:县名,治所在今浙江绍兴,与会稽郡同治。 ④ 文惠太子:萧长懋,武帝长子,与萧子良为兄弟。

原文

顒音辞辩丽,长于佛理,著《三宗论》言空假义。西凉州智林道人遗顒书深相赞美①,言:"捉麈尾来四十余载②,颇见宗录,唯此涂白黑无一人得者,为之发病,非意此音猥来入耳。"其论见重如此。顒于钟山西立隐舍,休沐则归之。

翻译

周颙善于言谈,声音清朗,辞句绮丽,擅长佛理,著有《三宗论》论述空假之义。西凉州智林道人寄书信给周颙倍加赞赏,他说:"我出家当和尚四十多年来,所见论及佛理之书颇多,但像你这样写论的,还没见有其他人做到,拜读了你的大作,我竟然发病,没想到会有如此多的音响进入我的耳内。"评论中表现出如此看重的意思。周颙在钟山西构筑一间隐居的房舍,休假时就去隐舍居住。

注释 ① 遗(wèi):致,给予。 ② 麈(zhǔ)尾:和尚道士手中所执之云刷。

原文

转太子仆,兼著作,撰起居注。迁中书郎,兼著作如故。常游侍东宫。少从外氏车骑将军臧质家得卫恒散隶书法①,学之甚工。文惠太子使顒书玄圃茅斋壁②。国子祭酒何胤以倒薤书求就顒换之③。顒笑答曰:"天下有道,丘不与易也。"④

翻译

周颙后来调任为太子仆,兼著作郎,撰写起居注。后又升中书郎,仍兼著作郎,常到东宫侍奉。周颙年轻时从外祖父车骑将军臧质家得到卫恒的散隶书法,刻苦临摹。文惠太子让周颙书写在玄圃茅斋壁上。国子祭酒何胤欲以倒薤书交换周颙的笔迹。周颙笑答说:"孔子曰:'天下有道,丘不与易也。'"

注释　① 散隶书法：以散笔作隶书。　② 玄圃：昆仑山上神仙居住的地方。此借指宫苑。　③ 倒薤（xiè）书：书法之一种。　④ "天下有道，丘不与易也"：孔子语，意思是"如果天下太平，我就不会同你们一道来从事变革。"在此借用为周颙不愿交换之意。

原文

　　每宾友会同，颙虚席晤语，辞韵如流，听者忘倦。兼善《老》《易》，与张融相遇，辄以玄言相滞，弥日不解。清贫寡欲，终日长蔬，虽有妻子，独处山舍。甚机辩，卫将军王俭谓颙曰："卿山中何所食？"颙曰："赤米白盐，绿葵紫蓼。"① 文惠太子问颙菜食何味最胜，颙曰："春初早韭，秋末晚菘。"何胤亦精信佛法，无妻。太子又问颙："卿精进何如何胤？"颙曰："三涂八难②，共所未免，然各有累。"太子曰："累伊何？"对曰："周妻何肉。"其言辞应变如此。

翻译

　　每当亲朋好友聚会，周颙在席间与同坐人随意对话，他高谈阔论，词语流畅，听者入神忘倦。又兼通《老子》《周易》，曾与张融相遇，二人清谈辩论，整日不能见出高下，无法休止。周颙安于清贫生活，无所欲求，长年只食蔬菜，虽有妻室，仍独居山舍。很机灵，善于辩论，卫将军王俭问他说："你在山上吃什么？"周颙答："赤米白盐，绿葵紫蓼。"文惠太子问他什么菜味道最好，周颙说："初春的韭菜，晚秋的菘叶。"何胤也笃信佛教，无妻室。太子又问周颙："你与何胤对佛理谁更精明？"周颙说："三灾八难，我们都不能幸免，然而各有各的累赘。"太子问："累赘你们的是什么？"周颙回答说："我有妻室，何胤食肉。"周颙就是如此善于随机应变。

注释　① 蓼（liǎo）：一种可食用的草木植物。　② 三涂八难：佛家语汇，即俗谓之三灾八难。

原文

转国子博士,兼著作如故,太学诸生慕其风,争事华辩。始著《四声切韵》行于时①。后卒于官。

翻译

周颙后转为国子博士,仍兼著作郎。太学生仰慕他的清谈风度,争先恐后学习他精湛的辩论技能。他早先著的《四声切韵》流行于当世。周颙后来死于任所。

注释 ①《四声切韵》:此书主要内容为著诗声韵的一种声律说,即把当时语言中四种不同声调,定名为"平、上、去、入",著诗时有意把四种声调配入诗中。

萧 子 良 传

导读

　　萧子良,谥文宣,兰陵(今山东枣庄)人,齐武帝萧赜次子,武帝即位,封竟陵郡王。萧子良关心民瘼,高帝建齐,常劝帝革除宋末弊政,减轻赋税,省除徭役,实行轻徭薄赋的开明政治。他风格清尚,不乐政务,喜好古玩,礼才好士,天下博学之士多致之门下。又为人宽厚,多次开仓放赈,救济贫病不能自立者。专门修建房舍,收纳贫民,施衣送药。萧子良笃信佛教,京城附近鸡笼山在他的别墅西邸内,时常聚集名僧和信仰佛学的官吏,讲论佛法。武帝永明末年,曾在西邸举行过一次盛大的佛会。萧子良的仁厚思想,可能与他信仰佛教有直接联系。

　　齐武帝太子萧长懋早死,立长孙萧昭业为继承人,以皇太孙居东宫。武帝死,朝臣议论萧子良可能继位,因而受到萧昭业猜忌,表面上虽然对他特别礼遇,实际夺去宰相权力,命他监督南徐州军事,因而抑郁成疾,卒年三十五岁。(选自卷四四)

原文

　　竟陵文宣王子良字云英,武帝第二子也。幼聪敏。武帝为赣县时[①],与裴后不谐,遣人船送后还都,已登路,子良时年小,在庭前不悦。帝谓曰:"汝何不

翻译

　　竟陵文宣王萧子良,字云英,是齐武帝第二子。自幼聪明敏悟。武帝仕宋为赣县令时,与妻裴后感情不睦,派人用船送裴后回京,已经启程,当时萧子良年纪幼小,见母亲被送走,站在庭前很不高兴。武帝对他说:"你怎么不

读书?"子良曰:"娘今何处?何用读书。"帝异之,即召后还县。

> 去读书?"萧子良说:"我娘哪里去了?我还读什么书。"武帝听他说出这样的话,感到很惊异,立即派人将裴后召回赣县。

注释 ① 武帝:齐武帝萧赜(zé)。

原文

仕宋为邵陵王友。时宋道衰谢,诸王微弱,故不废此官。升明三年,为会稽太守,都督五郡①。封闻喜公。宋元嘉中,凡事皆责成郡县,孝武后,征求急速,以郡县迟缓,始遣台使②,自此公役劳扰。高帝践阼③,子良陈之,请息其弊。

翻译

萧子良仕宋为邵陵王友,因当时宋世已衰,分封到各地的宗室亲王势力薄弱,所以仍保留这种心腹官职。宋顺帝升明三年(479),萧子良为会稽太守,统领周围五郡军事。封闻喜公。宋文帝元嘉年间,凡收纳田租户调都责令郡县办理,孝武帝以后国用奢侈,征收急迫,认为郡县办理迟缓,开始由中央派出特使到各地催督,自此以后,公役转重,人民深受侵扰之苦。齐高帝即位,萧子良向帝陈说宋末情况,请罢除弊政。

注释 ① 五郡:据《南齐书》本传,五郡为会稽、东阳、临海、永嘉、新安。 ② 台使:中央政府派出的特使。 ③ 高帝践阼:高帝,萧道成,公元479年废宋顺帝即位,建立齐。

原文

子良敦义爱古,郡人朱百年有至行,先卒,赐其妻米百斛①,蠲一人②,给其薪

翻译

萧子良重礼义,尚古风,会稽郡人朱百年品行端正,早死,萧子良赐给其妻米百斛,免除朱家一人役调,并发给

苏。郡阁下有虞翻旧床③，罢任还，乃致以归。后于西邸起古斋④，多聚古人器服以充之。……

柴草。郡城楼房下面有一张虞翻用过的旧床，虞翻为一代经师，他用过的东西当然很珍贵，萧子良离任还都，将床带回。回京后，在他的别墅西邸专门修建一间存放古玩的房舍，收集许多古人用过的器具衣物陈列在内。……

注释　① 斛(hú)：容量单位。古代十斗为一斛。　② 蠲(juān)：免除。　③ 虞翻：三国时吴国余姚人，学识渊博，尤精《易经》，聚徒讲学，生徒常数百人，著有《周易注》，并注解《老子》《论语》《国语》。　④ 西邸：萧子良别墅。

原文

建元二年，穆妃薨①，去官，仍为丹阳尹，开私仓振属县贫人。……

武帝即位，封竟陵郡王、南徐州刺史，加都督。永明二年，为护军将军，兼司徒。四年，进号车骑将军。子良少有清尚，礼才好士，居不疑之地，倾意宾客，天下才学皆游集焉。善立胜事，夏月客至，为设瓜饮及甘果，著之文教。士子文章及朝贵辞翰，皆发教撰录。

翻译

齐高帝建元二年(480)，裴后死，萧子良因母丧离职，服丧期满，重任丹阳尹，打开自己的私仓，将储存的粮救济丹阳所属诸县穷人。……

齐武帝即位，封萧子良为竟陵郡王、南徐州刺史，加都督衔。武帝永明二年(484)，任护军将军，兼司徒。四年(486)，进号车骑将军。萧子良自幼就风格清高，礼遇才高学优之士，处于皇上信任的地位，无所顾忌，倾心招致宾客，天下才学之士都投到他的门下，聚集一堂。他喜欢热闹，夏天有客到府，常招待瓜果等清暑食品，然后命他们著文描述此情。士子文章和朝官著述，都命人抄录。

是时上新视政，水旱不时，子良密启请原除逋租②。又陈宽刑息役，轻赋省徭。……

五年，正位司徒，给班剑二十人，侍中如故。移居鸡笼山西邸③，集学士抄《五经》百家，依《皇览》例为《四部要略》千卷④。招致名僧，讲论佛法，造经呗新声⑤，道俗之盛，江左未有。

当时武帝新登皇位，正值水旱灾害不时发生，萧子良私下请求武帝免除人民所欠田租。又陈请朝廷放宽刑罚，停息兴建，减轻赋税，节省徭役。……

武帝永明五年（487），萧子良正式居司徒位，赐给佩带班剑二十人的仪仗队，仍为侍中。萧子良从城内移居到京城西北的鸡笼山西邸，召集学士抄录《五经》及诸子百家书，参照《皇览》的体例辑为《四部要略》千卷。又招请名僧，讲论佛法，用佛经中的偈颂造作新曲，这样的佛法盛事，自江左晋、宋以来还从没有过。

注释　① 穆妃薨：穆妃，齐武帝裴皇后，竟陵王生母，死谥"穆"。　② 逋租：拖欠的田租。　③ 鸡笼山：原名鸡鸣山，在南京西北，萧子良建西邸别墅于此。④《皇览》：我国最早的一部类书，魏文帝时编撰，今已不存。类书，分类辑录古籍资料而成。　⑤ 经呗（bài）：经指佛经。呗指梵（fàn）音的歌咏。经呗即用佛经偈颂创作的歌曲。

原文

武帝好射雉，子良启谏。先是左卫殿中将军邯郸超上书谏射雉，武帝为止，久之，超竟被诛。永明末，上将复射雉，子良复谏，前后所陈，上虽不尽纳，而深见宠爱。

又与文惠太子同好释

翻译

武帝喜好射猎野鸡，萧子良曾劝谏。早先，左卫殿中将军邯郸超上书劝谏武帝不要经常射猎野鸡，武帝不再出猎，过了一段时间，邯郸超竟被诛杀。永明末年，武帝又要射猎野鸡，萧子良又进谏，前后多次上书，武帝虽然没有完全接受，但认为萧子良对他忠诚而更加宠爱。

氏,甚相友悌^①。子良敬信尤笃,数于邸园营斋戒。大集朝臣众僧,至赋食行水,或躬亲其事,世颇以为失宰相体^②。劝人为善,未尝厌倦,以此终致盛名。

萧子良与其兄文惠太子萧长懋都信仰佛教,兄弟之间非常友爱。萧子良尤其诚信,经常在西邸庭园设立斋僧筵宴,召集许多朝臣和僧侣前来赴斋,甚至亲自给他们送食送水,民间以为有失宰相体统。萧子良劝人行善,从不厌倦,因此终于获得美名。

注释 ① 悌(tì):兄弟和睦友爱。 ② 宰相:萧子良时为侍中,门下省最高长官,相当于宰相。

原文

八年,给三望车。九年,都下大水,吴兴偏剧^①,子良开仓振救贫病不能立者,于第北立廨收养^②,给衣及药。十年,领尚书令、扬州刺史,本官如故。寻解尚书令,加中书监。

翻译

永明八年(490),赐给萧子良三望车。九年(491),都城周围发生水灾,吴兴郡受害最重,萧子良开仓分发粮食救济贫病无以为生的人,并在他的府第北面特建一房,收养他们,发给衣服和药品。永明十年(492),萧子良任尚书令、扬州刺史,原来的官职不变。不久解除尚书令,加任中书监。

注释 ① 吴兴:郡名,治所在今浙江吴兴。 ② 廨(xiè):公舍,公用之房舍。

原文

文惠太子薨,武帝检行东宫,见太子服御羽仪,多过制度,上大怒,以子良

翻译

文惠太子死,武帝派人去检查东宫,见太子服用仪仗,多超过他的身份应该享有的制度,皇上大怒,认为萧子良与太

与太子善,不启闻,颇加
嫌责。

武帝不豫①,诏子良甲仗
入延昌殿侍医药。……日夜
在殿内,太孙间日入参②。武
帝暴渐③,内外惶惧,百僚皆
已变服,物议疑立子良④。俄
顷而苏,问太孙所在,因召东
宫器甲皆入,遗诏使子良辅
政,明帝知尚书事⑤。子良素
仁厚,不乐时务,乃推明帝。
诏云:"事无大小,悉与鸾参
怀。"子良所志也。太孙少养
于子良妃袁氏,甚著慈爱,既
惧前不得立,自此深忌子
良。……

子友善,一定了解东宫情况,却不向皇帝
报告,对他有所怀疑和责备。

武帝患病,下诏命萧子良带领卫兵
入延昌殿侍奉医药。……萧子良日夜
都在殿内,皇太孙每隔一天才去参拜。
武帝的病突然加剧,内外惶惧不安,百官
僚属都已换上丧服,朝廷议论纷纷,怀疑
萧子良要继承帝位。顷刻之间,武帝又
苏醒过来,问皇太孙何在,于是派人至东
宫召太孙率卫队入殿,遗诏萧子良辅佐
新君,明帝萧鸾主持尚书省事务。萧子
良素来仁慈宽厚,不喜参与政事,推让明
帝辅政。武帝下诏说:"事无大小,都与
萧鸾共同商议。"这正是萧子良所愿意
的。皇太孙从小为萧子良妃袁氏鞠养,
袁氏对他非常慈爱,前次大臣议论萧子
良可能继位,他恐怕做不成皇帝,从此便
很猜忌萧子良。……

注释 ①不豫:帝王患病。 ②太孙:文惠太子长子萧昭业,太子死,封皇太孙,立
为继承人。即位不久即为萧鸾废杀,追赠郁林王。 ③渐:剧。 ④物议:众人的议
论,多为指责。因正式继承人应为皇太孙萧昭业,故称萧子良可能继位为物议。
⑤明帝:齐明帝。

原文

进位太傅,增班剑为三
十人,本官如故,解侍中。

翻译

皇太孙萧昭业即位后,即齐郁林
王,进封萧子良为太傅,增班剑仪仗为

隆昌元年，加殊礼，剑履上殿，入朝不趋，赞拜不名，进督南徐州。其年疾笃……寻薨，年三十五。

帝常虑子良异志，及薨，甚悦。……

所著内外文笔数十卷，虽无文采，多是劝戒。……

建武中，故吏范云上表为子良立碑，事不行。

三十人，并保留原来官位，只是罢除了侍中职权。隆昌元年（494），又赐给萧子良更特殊的礼遇，允许上朝时不摘除佩剑，不脱朝靴，可以从容慢步，朝拜皇帝时不用自称"臣某某"，然而却让他去监督南徐州军事。萧子良明白皇帝对他猜忌，心情沉重，抑郁成疾，随即病重……不久逝世，年仅三十五岁。

郁林王常恐萧子良有篡夺帝位的异志，及萧子良去世，十分高兴。……

萧子良著书数十卷，虽然没有文采，但多是劝人为善。……

齐明帝建武年间，萧子良故吏范云上表请求为萧子良立碑，最后也没能完成。

萧 子 伦 传

导读

　　巴陵王萧子伦,兰陵(今山东枣庄)人,齐武帝十三子。出镇南琅邪时,萧鸾即将篡夺政权,大杀高帝、武帝的子孙,派茹法亮杀萧子伦,萧子伦的典签用鸩酒将他毒杀,卒年仅十六岁。

　　本传后一大段非记巴陵王事,但记载了齐高帝、武帝为诸王出任各州刺史设典签辅佐的情况。典签一般由寒门担任,官卑职小,权力特大,诸王在他们手中有如囚犯,反映了南朝时期地方上寒门势力增大。本传是《南史》集中记载典签的典型史料之一,故全文附译于后。(选自卷四四)

原文

　　巴陵王子伦字云宗,武帝第十三子也。永明十年,为北中郎将、南琅邪彭城二郡太守①。郁林即位②,以南彭城禄力优厚,夺子伦与中书舍人綦母珍之③,更以南兰陵代之④。

翻译

　　巴陵王萧子伦字云宗,齐武帝第十三子。武帝永明十年(492),为北中郎将、南琅邪和南彭城二郡太守。齐郁林王即位,以南彭城俸禄优厚,夺去萧子伦郡太守之职,由中书舍人綦母珍之接替,更换萧子伦任南兰陵郡太守。

注释　　① 彭城:此指南彭城,侨郡名,治所在今江苏扬州、镇江一带。　② 郁林:齐郁林王。　③ 綦(qí)母:复姓。　④ 南兰陵:郡名,侨治,治所在今江苏武进西北。

原文

延兴元年,明帝遣中书舍人茹法亮杀子伦①,子伦时镇琅邪城,有守兵,子伦英果,明帝恐不即罪,以问典签华伯茂。伯茂曰:"公若遣兵取之,恐不即可办,若委伯茂,一小吏力耳。"既而伯茂手自执鸩逼之②,左右莫敢动者。子伦正衣冠,出受诏,谓法亮曰:"积不善之家,必有余殃。昔高皇帝残灭刘氏③;今日之事,理数固然。"举酒谓法亮曰:"君是身家旧人,今衔此命,当由事不获已。此酒差非劝酬之爵。"因仰之而死,时年十六,法亮及左右皆流涕。

翻译

齐恭帝延兴元年(494),齐明帝萧鸾派遣中书舍人茹法亮杀萧子伦,当时萧子伦镇守南琅邪,有兵守卫,萧子伦又英明果断,明帝恐怕他不服罪,便命茹法亮讯问萧子伦的典签华伯茂。华伯茂说:"你如果派兵去杀他,恐怕不能立即办到,如果让我华伯茂来办理,只需一小吏之力就够了。"不久,华伯茂亲自持毒酒逼萧子伦自杀,萧子伦手下之人都不敢动弹。萧子伦整理衣冠,出来受诏,对茹法亮说:"不积善德之家,必自食恶果。过去高帝为了篡宋诛灭刘氏;今萧鸾骨肉相残,从道理上说也是必然的报应。"他又举杯对茹法亮说:"你是我们萧家的故人,今日奉命杀我,也是身不由己啊。这杯酒非比寻常宴饮劝酬之酒。"语毕,饮酒而死,时年十六,茹法亮及左右之人都伤心落泪。

注释 ① 明帝:齐明帝萧鸾。 ② 鸩(zhèn):毒酒。 ③ 高皇帝:即齐高帝萧道成。刘氏:指刘宋。

原文

先是高帝、武帝为诸王置典签帅,一方之事,悉以

翻译

当初,高帝、武帝为诸王设置典签,亦称签帅,一方之事,全部委托典签,每

委之。每至觐接①，辄留心顾问，刺史行事之美恶，系于典签之口，莫不折节推奉，恒虑弗及，于是威行州部，权重藩君。武陵王晔为江州，性烈直不可忤，典签赵渥之曰："今出都易刺史。"及见武帝相诬，晔遂免还。南海王子罕戍琅邪，欲暂游东堂，典签姜秀不许而止。还泣谓母曰："儿欲移五步亦不得，与囚何异。"秀后辄取子罕屐、伞、饮器等供其儿昏②，武帝知之，鞭二百，系尚方③，然而擅命不改。邵陵王子贞尝求熊白④，厨人答典签不在，不敢与。西阳王子明欲送书参侍读鲍僎病⑤，典签吴脩之不许，曰："应谘行事。"乃止。言行举动，不得自专，征衣求食，必须谘访。

当典签回京城觐见皇帝时，皇帝则留心过问州部诸事，刺史行为的美恶，往往取决于典签之口，刺史无不卑躬屈节的敬奉这些位卑权重的人，还时常担心侍奉不周，于是典签威行州部，权力重于封君。武陵王萧晔为江州刺史，性格刚烈耿直不容侵犯，典签赵渥之说："现在要去皇帝面前告状，撤换新刺史。"及见到武帝，诬告一番，武陵王萧晔就被免职还都了。南海王萧子罕戍守琅邪，想去东堂一游，因典签姜秀不许而作罢。回来哭着对母亲说："儿欲行走五步都不能，与囚徒有何不同。"后来姜秀偷取萧子罕鞋子、伞、饮器等物与儿子办婚事，被齐武帝知道，鞭打姜秀二百，发配宫廷作坊服役，尽管如此，典签擅命专权依然如故。邵陵王萧子贞曾求食熊脂，厨师答典签不在，不敢给。西阳王萧子明想派人送信慰问侍读鲍僎的病情，典签吴脩之不准，并说："这类事应该问我后才能办。"只得作罢。诸王言行举止，都不能自己做主，征衣求食，务必询问典签，征得他们同意。

注释　①觐(jìn)：朝见君主。　②昏：同"婚"。　③尚方：制造皇家用具的作坊。④熊白：熊背的白脂，珍味之一。　⑤僎：音 zhuàn。

原文

永明中，巴东王子响杀行事刘寅等，武帝闻之，谓群臣曰："子响遂反。"戴僧静大言曰："诸王都自应反，岂唯巴东。"武帝问其故，答曰："天王无罪，而一时被囚，取一挺藕，一杯浆，皆咨签帅，不在则竟日忍渴。诸州唯闻有签帅，不闻有刺史。"

竟陵王子良尝问众曰："士大夫何意诣签帅？"参军范云答曰："诣长史以下皆无益，诣签帅便有倍本之价，不诣谓何！"子良有愧色。

及明帝诛异己者，诸王见害，悉典签所杀，竟无一人相抗。孔珪闻之流涕曰："齐之衡阳①、江夏最有意②，而复害之。若不立签帅，故当不至此。"

翻译

齐武帝永明年间，巴东王萧子响杀行事刘寅等，武帝听说后，对群臣说："子响造反了。"戴僧静大声回答说："诸王都应造反，岂止巴东王一人。"武帝问其缘故，答道："诸王无罪，但像囚犯一样，就连要一根藕、一杯水，都要请示签帅，如签帅不在，则终日忍饥受渴。诸州只知有签帅，不知有刺史。"

竟陵王萧子良曾问众人说："士大夫之辈为何要巴结签帅？"参军范云回答说："谄媚长史以下毫无益处，奉承签帅则有倍本之利，士大夫怎会不去巴结签帅呢！"萧子良感到很惭愧。

齐明帝时大量诛杀异己，高帝、武帝一支诸王纷纷被害，都是典签所为，竟无一人反抗。孔珪听说这些事后伤心落泪，感叹道："齐衡阳王萧子峻、江夏王萧锋是诸王中的佼佼者，也遭残害。假如不立签帅，恐怕不至于此吧。"

注释 ① 衡阳：即衡阳王萧子峻，齐武帝第十八子。 ② 江夏：即江夏王萧锋，齐高帝第十二子。

萧 统 传

萧统,南兰陵(江苏武进)人。梁武帝太子,谥"昭明",故称"昭明太子"。

萧统生性聪敏,好读书,博闻强记,善为诗文。特别喜爱书籍,留心收集,东宫藏书将近三万卷。常招纳文人学士于宫中,名士才人,济济一堂,纵谈诗文词赋,当时文章诗赋,是晋、宋以来最兴盛的时候。

太子有治国之才,自加冠以来,武帝常命他审理国家大事。他辨断明晰,处事公允,宽大为怀,天下人皆说太子仁厚。当时在达官贵人中奢靡成风,太子欲移风易俗,生活简朴,衣不着锦,食不兼肉,以为表率。对人民富于同情心,常向民间施舍衣服、粟米、棺木等物,却不让人知晓是他的恩惠。人民承担繁重的租赋,他常为此忧虑。

太子性爱山水,却不喜女乐,在东宫二十多年,从未畜养歌妓。武帝中大通三年(531)三月,在后宫池内荡舟采莲,不慎落水折股,因是病势日益加重,四月死,年仅三十一岁。武帝下诏以帝王礼服殡敛,朝野之人乃至边远地区少数民族人民闻太子死讯,皆为之哀悼。

太子一生著述文集二十卷,《正序》十卷,《英华集》二十卷,《文选》三十卷。(选自卷五三)

昭明太子统字德施,小字维摩,武帝长子也。以齐

昭明太子萧统字德施,小名维摩,梁武帝萧衍长子。齐和帝中兴元年

中兴元年九月生于襄阳。武帝既年垂强仕①，方有冢嗣；时徐元瑜降②；而续又荆州使至，云："萧颖胄暴卒。"③时人谓之三庆。少日而建邺平④，识者知天命所集。

(501)九月生于襄阳。梁武帝年近四旬，始得嫡子；灭齐兵围建康，又有徐元瑜开东府城归降；接着荆州使者来报，说："萧颖胄暴病而死。"当时称这三件喜事为"三庆"。不几天，建康平定，有识之士认为是天命所归。

注释 ① 年垂强仕：垂，将近。年四十称强仕。 ② 徐元瑜降：萧衍于齐东昏侯永元末起兵灭齐。三年(501)十月围建康，东昏侯守将徐元瑜开东府城降衍。 ③ 萧颖胄暴卒：颖胄齐宗室，东昏侯末，南康王萧宝融为荆州刺史，颖胄为荆州长史南郡太守，兼荆州府事。东昏侯永元三年(501)颖胄拥立南康王即位于江陵，改元中兴，即齐和帝。后萧衍平江州、郢州，兵围建康，颖胄闻知，怕萧衍兵取荆州，忧愧发病，暴死。 ④ 建邺：即建康。

原文

天监元年十一月，立为皇太子。时年幼，依旧居于内，拜东宫官属，文武皆入直永福省①。五年六月庚戌，出居东宫。

翻译

武帝天监元年(502)十一月，萧统立为皇太子。当时年甚幼小，依旧留在宫内母亲身边，武帝为他封拜了东宫各种官属，这些文武官员都到他居住的永福宫去侍奉，直到天监五年(506)六月庚戌日，才出居东宫。

注释 ① 永福省：萧统生母所居之宫。

原文

太子生而聪睿，三岁受

翻译

太子生性聪敏通达，三岁即读《孝

《孝经》《论语》，五岁遍读《五经》，悉通讽诵。性仁孝，自出宫，恒思恋不乐。帝知之，每五日一朝，多便留永福省，或五日三日乃还宫。八年九月，于寿安殿讲《孝经》，尽通大义。讲毕，亲临释奠于国学。……

十四年正月朔旦，帝临轩①，冠太子于太极殿②。旧制太子著远游冠、金蝉翠緌缨，至是诏加金博山。太子美姿容，善举止，读书数行并下，过目皆忆。每游宴祖道，赋诗至十数韵，或作剧韵③，皆属思便成，无所点易。……时俗稍奢，太子欲以己率物，服御朴素，身衣浣衣，膳不兼肉。……

经》《论语》，五岁时就读完了《五经》，全部能通顺地诵读。太子很讲孝道，自出居东宫，常因思恋母亲而心绪抑郁，武帝知道后，命他五天进宫去拜见一次，去后便留在永福宫，或五日或三日才回东宫。八年（509）九月，他在寿安殿讲《孝经》，已能通晓书中大义。讲罢，亲自到国学去设馔祭奠先师孔圣。……

十四年（515）正月初一早上，武帝亲临太极殿前，为太子举行加冠典礼。依据旧制，这天太子头戴远游冠，系金蝉翠緌的冠缨，这次下诏加上刻有山形的金冠。太子姿质容貌皆美，富有修养，举止合度，读书能一目数行，读过即能记忆。每当出游宴集或饯送亲友故旧，赋诗可长达几十韵，有时用险韵，也能一挥而就，无需点换字句，可见其诗才之高。……当时风俗尚奢侈，太子想以自己的行动为表率，凡动用之物都很简朴，身穿布衣，饭食不用两种荤菜。……

注释　①临轩：古时皇帝不坐正殿而在殿前平台上接见臣属，称临轩。　②冠（guān）：古代男子成年时加冠的典礼。　③剧韵：又称险韵。险韵即以生僻字为诗韵。

原文

七年十一月,贵嫔有疾①,太子还永福省,朝夕侍疾,衣不解带。及薨,步从丧还宫,至殡,水浆不入口,每哭辄恸绝。……虽屡奉敕劝逼,终丧日止一溢②,不尝菜果之味。体素壮,腰带十围,至是减削过半。每入朝,士庶见者莫不下泣。

翻译

梁武帝普通七年(526)十一月,生母丁贵嫔患病,太子回到永福宫,朝夕侍奉母病,睡觉没有脱过衣服。母亲去世时,徒步随母丧回宫,至殡殓入棺,伤心得水也没有喝一口,每每痛哭直到昏晕过去。……虽多次奉武帝之命逼他吃饭,而在服丧期间每天仍只食用一小碗白饭,未曾尝蔬菜水果之味。太子身体素来健壮,腰腹很粗,腰带颇长,至此减削过一半。每入朝,上下之人见到,没有不伤心落泪的。

注释 ①贵嫔:萧统生母丁贵嫔。 ②溢:一溢为粟米一升之二十四分之一,此言所食甚少。

原文

太子自加元服①,帝便使省万机,内外百司奏事者填塞于前。太子明于庶事,每所奏谬误巧妄,皆即辩析,示其可否,徐令改正,未尝弹纠一人。平断法狱,多所全宥,天下皆称仁。性宽和容众,喜愠不形于色。引纳才学之士,赏爱无倦。恒

翻译

太子自举行冠礼以来,武帝便命他审理国家大事,内外百官来奏事的很多,面前挤满了人。太子通晓行政事务,百官所奏有错,或故意巧言妄语,他都能辨别分析,说出谁是谁非,令他们慢慢改正,没去皇帝面前检举过一人。太子审理案件,公平断狱,有罪的多得到赦免或宽恕,天下人都说太子仁厚。太子秉性宽厚,有容人之量,喜怒都不表现在脸上,温和稳重。太子招纳有才

自讨论坟籍，或与学士商榷古今，继以文章著述，率以为常。于时东宫有书几三万卷，名才并集，文学之盛，晋、宋以来，未之有也。

性爱山水，于玄圃穿筑，更立亭馆，与朝士名素者游其中。尝泛舟后池，番禺侯轨盛称此中宜奏女乐。太子不答，咏左思《招隐诗》云："何必丝与竹，山水有清音。"②轨惭而止。出宫二十余年，不畜音声。未薨少时，敕赐太乐女伎一部，略非所好。

学的人士，对他们无限赏识爱重。经常自己研讨书籍，或者与学士们议论古今大事，接着命众人撰为文章诗赋，这是东宫常有的事。那时东宫藏书几乎三万卷，名士才人济济一堂，文章著述之盛，自晋、宋以来从未有过。

太子生性喜爱山水，在园林穿凿修筑，建亭台馆阁，常与名位通显的官吏畅游其中。一次在后园池中泛舟，番禺侯萧轨几番说舟中宜有歌伎演奏。太子不正面回答，只吟咏左思《招隐诗》说："何必丝与竹，山水有清音。"萧轨觉得惭愧，不再说歌伎之事。太子住东宫二十多年，从不畜养歌伎。他死前不久，武帝赐宫廷女乐一部，他并不十分喜好。

注释 ①元服：冠。元为头，冠戴在头上，好比头之衣服，故称元服。 ②"何必丝与竹，山水有清音"：丝为弦乐，竹为管乐。清音指山中鸟鸣和流水之潺潺声，有如乐曲。

原文

普通中，大军北侵，都下米贵。太子因命菲衣减膳①。每霖雨积雪，遣腹心左右周行间巷，视贫困家及有流离道路，以米密加振

翻译

梁武帝普通年间，调遣大军征伐北魏，造成京城粟米昂贵。为此，太子命薄衣缩食。每当久雨不停或下雪天气，即派心腹之人巡视民间，发现贫困之家和流亡道路的，就以米粮私下赐给，一

赐，人十石。又出主衣绢帛，年常多作襦袴②，各三千领，冬月以施寒者，不令人知。若死亡无可敛，则为备棺槥③。每闻远近百姓赋役勤苦，辄敛容变色。……

太子孝谨天至，每入朝，未五鼓便守城门开。东宫虽燕居内殿④，一坐一起，恒向西南面台⑤。宿被召当入，危坐达旦。

人十石。又拿出宫中存放的布匹绢帛，每年请成衣匠做成衣裤，各三千件，寒冬腊月时施舍给无衣寒冷之人，却不让人知晓是他的恩惠。如遇死亡无棺殡敛的，就施给棺木。每听说百姓们承受赋役而劳苦不息，太子则心情沉重，面色不欢。……

太子天性孝顺父母，每当入朝，未至五更便守在城边，等待开启宫门。东宫虽深处皇宫内殿，太子在宫内一起一坐，都面向西南对着父亲坐朝的大殿。如事先接到诏令相召，必须入宫见驾，则整衣端坐，直到天亮。

注释 ① 菲(fēi)衣：薄衣。 ② 襦袴(rú kù)：襦，短衣，缩袄。袴，即裤。 ③ 槥(huì)：小棺材之一种。 ④ 燕居：深居。内殿：指太子东宫。 ⑤ 台：借指皇帝坐朝之地。

原文

三年三月，游后池，乘雕文舸摘芙蓉①。姬人荡舟，没溺而得出，因动股，恐贻帝忧，深诫不言，以寝疾闻②。武帝敕看问，辄自力手书启。及稍笃，左右欲启闻，犹不许，曰："云何令至

翻译

梁武帝中大通三年(531)，太子在后宫池内泛舟，乘坐雕刻文饰的画船采莲。宫女摇船不慎，致太子落水，救起后股骨挫折，太子怕武帝知道为他担忧，严命告诫左右不准报告，只说他偶然患病。武帝命人来看问，太子忍着痛苦吃力地亲手书写奏札，表明他身体尚好。及至病情稍重，左右将前去报告武

尊知我如此恶。”因便呜咽。四月乙巳，暴恶，驰启武帝，比至已薨，时年三十一。帝临哭尽哀，诏敛以衮冕③，谥曰昭明。五月庚寅，葬安宁陵，诏司徒左长史王筠为哀册文。朝野恸愕，都下男女奔走宫门，号泣满路。四方甿庶及疆徼之人④，闻丧皆哀恸。

帝，太子仍不准许，说："为什么要父皇知道我病得这样严重？"言罢呜咽流涕。四月乙巳日，病势突然危急，宫监慌忙禀告武帝，武帝到达东宫时太子已死，年仅三十一岁。武帝守在他身边痛哭不已，下诏以帝王礼服殡敛，谥"昭明"。五月庚寅日，安葬于安宁陵，下诏令司徒左长史王筠为太子之死撰写哀册文。太子死讯传出，官场民间都深为惊叹，京城内男男女女跑到宫门表示哀悼，哭声盈路。各地庶民乃至边区少数民族，听到太子逝去都十分悲痛。

注释 ① 舸（gě）：船。芙蓉：荷花。 ② 寝疾：卧病。 ③ 衮（gǔn）冕：皇帝的礼服。 ④ 甿（méng）庶：农民。疆徼（jiào）：少数民族居住的边区。

原文

太子性仁恕，见在宫禁防捉荆子者，问之，云以清道驱人。太子恐复致痛，使捉手板代之。频食中得蝇虫之属，密置梡边①，恐厨人获罪，不令人知。又见后阁小儿摊戏②，后属有狱牒摊者法③，士人结流徒④，庶人结徒。太子曰："私钱自戏，

翻译

太子秉性仁德宽厚，曾在宫中遇见手执荆棍的巡逻者，问为何拿着荆棍，巡者回答是为了驱逐清除道路上的闲人。太子生怕荆棍打人过痛，使巡逻者用板子代替。他经常在饭食中发现苍蝇虫子之类的东西，总是悄悄拨到盘边，怕厨师因此获罪，不叫人知道。又见后门边有小儿博戏赌钱，后来政府制定了惩治赌博的法令，士人聚集赌博会被流放，一般老百姓聚集赌博则处以徒刑。太子

不犯公物，此科太重。"令注刑止三岁，士人免官。狱牒应死者必降长徒，自此以下莫不减半。

说："用自己的钱博戏，又不侵犯公家财物，这种刑罚太重。"令改法令，老百姓赌博判徒刑三年，士人有犯者免官而已。法令上规定处死的皆减为无期徒刑。自此以下皆减刑一半。

注释 ① 柈：同"盘"。 ② 摊戏：博戏，一种赌博。 ③ 狱牒摊者法：制定惩治赌博的法令。 ④ 徒：《通志》作"徙"，应是。

原文

所著文集二十卷，又撰古今典诰文言为《正序》十卷，五言诗之善者为《英华集》二十卷①，《文选》三十卷。……

翻译

太子一生著文集二十卷，又集古今典章诰命之文撰为《正序》十卷，选五言诗之精美者辑为《英华集》二十卷，《文选》三十卷。……

注释 ①《英华集》：《梁书》《册府元龟》并作《文章英华》。

邓 元 起 传

导读

邓元起,字仲居,南郡当阳(今湖北省当阳)人。梁武帝萧衍起兵灭齐,元起率众攻齐益州刺史刘季连,季连降,邓元起为益州刺史。在州,任用为政清廉的庚黔娄和足智多谋的蒋光济,颇有治绩,为蜀人所称颂。后因表兄弟梁矜孙挑拨,疏远庚黔娄,益州治绩稍衰。邓元起因母亲老迈,上表乞归养,梁武帝许诺,征邓元起回京为右卫将军,以西昌侯萧渊藻为益州刺史。邓元起动身时,将储备的米粮器械全部带走,萧渊藻入城向邓元起乞良马一匹,邓元起不给,说话讥刺,为萧渊藻所杀,并诬以谋反。邓元起故吏罗研上京申辩,始得昭雪。谥"忠侯"。(选自卷五五)

原文

邓元起字仲居,南郡当阳人也。少有胆干,性任侠,仕齐为武宁太守。梁武起兵,萧颖胄与书招之,即日上道,率众与武帝会于夏口[①]。齐和帝即位,拜广州刺史。中兴元年,为益州刺史,仍为前军。建康城平[②],进号征虏将军。天监初,封

翻译

邓元起字仲居,南郡当阳人。少时即有胆略才干,生性侠义,齐时出仕为武宁太守。梁武帝萧衍起兵灭齐,齐右卫将军萧颖胄去信相招,邓元起得信当天就动身,率部众与梁武帝在夏口会师。齐和帝萧宝融在荆州即位,封邓元起为广州刺史。和帝中兴元年(501),改任益州刺史,仍为前军将军。梁武帝攻克建康,为他进号为征虏将军。武帝天监初年,封邓元起为当阳县侯,他这时才正

为当阳县侯,始述职焉。　　‖　　式上任供职。

注释　　① 夏口:今湖北汉口。　② 建康城平:齐末,梁武帝萧衍起兵灭齐,齐东昏侯永元三年(501)十二月,攻克建康,官监杀东昏侯。是年三月,萧颖胄在荆州拥立齐和帝萧宝融。建康平后,齐和帝于次年三月东归,至姑孰,即禅位于萧衍。

原文

　　初,梁武之起,益州刺史刘季连持两端。及闻元起至,遂发兵拒守。元起至巴西①,巴西太守朱士略开门以待。先时蜀人多逃亡,至是竞出投元起,皆称起义应朝廷。元起在道久,军粮乏绝,或说之曰:"蜀郡政慢,若检巴西一郡籍注,因而罚之,所获必厚。"元起然之。涪令李膺谏曰②:"使君前有严敌③,后无继援,山人始附,于我观德。若纠以刻薄,人必不堪。众心一离,虽悔无及。膺请出图之,不患资粮不足也。"元起曰:"善,一以委卿。"膺退,率富人上军资米,俄得三万斛。

翻译

　　早先,当梁武帝起兵之时,齐益州刺史刘季连拿不定主意。及至听说邓元起率兵入益州,就发兵抗拒。邓元起兵至巴西,巴西太守朱士略开门迎降。当初,蜀地兵乱,蜀郡人士多逃亡山中,这时都争相出山投奔邓元起,尽都说是参加起义军响应朝廷平益州。邓元起大兵在路途行军时间很长,如今军粮缺乏将至断绝,有人献计说:"蜀郡政令松弛,户口不实,如检查巴西一郡户籍,对隐籍的人加以惩罚,命他们交纳资粮,一定能得到不少的粮米钱财。"邓元起同意这个办法。这时,涪县令李膺起身劝说:"使君前有严阵以待之敌,后面又无继援之兵,蜀人刚刚归附,正要观察我们的德政,如果过分苛刻,他们必然不能忍受,人心离散,后悔莫及。请你允许我去设法,不怕军资粮草不足。"邓元起说:"很好,就全部委托你了。"李膺退出,率领富实之家捐纳军资米粮,不久就得到三万斛。

注释 ①巴西：郡名，治所在今四川绵阳东。 ②涪：县名，今四川绵阳。 ③使君：古时下属称州郡长官为使君。

原文

元起进屯西平，季连始婴城自守。时益州兵乱既久，人废耕农，内外苦饥，人多相食，道路断绝。季连计穷。会明年武帝使赦季连罪，许之降，季连即日开城纳元起，元起送季连于建康。

元起以乡人庾黔娄为录事参军，又得荆州刺史萧遥欣故客蒋光济，并厚待之，任以州事。黔娄甚清洁，光济多计谋，并劝为善政。元起之克季连也，城内财宝无所私，勤恤人事，口不论财色。性能饮酒，至一斛不乱，及是绝之，为蜀土所称。元起舅子梁矜孙性轻脱，与庾黔娄志行不同，乃言于元起曰："城中称有三刺史，节下何以堪之①。"

翻译

邓元起进兵屯驻西平，刘季连才急忙调兵绕城守卫成都。这时，益州兵乱已很久了，人民流亡，农业生产停滞，内外之人，苦于饥饿，出现人吃人的惨状，乱兵盗贼，断绝道路。刘季连已得不到任何援助，无计可施。恰好第二年梁武帝派使者到益州，赦免刘季连之罪，准许投降，刘季连当日即开城迎邓元起入成都。邓元起送季连于建康。

邓元起任用同乡人庾黔娄为录事参军，又得到荆州刺史萧遥欣的旧客蒋光济，都加以厚待，将州府公事委托他们办理。庾黔娄为人廉洁，蒋光济足智多谋，都劝邓元起施行德政。邓元起攻克刘季连时，城内财宝都不据为私有，勤于政事，抚恤百姓，从不说钱财女色之事。他生性能饮酒，饮至一斛也不醉乱，这时完全戒绝，受到蜀土上下人士的称赞。后邓元起舅舅的儿子梁矜孙性情轻佻，与庾黔娄志气行为不合，于是对邓元起挑拨说："城中之人都说益州有三个刺史，节下受得了吗。"元起由此疏远庾黔娄，蜀土政绩稍不如前。

元起由此疏黔娄而政迹稍损。

原文

在政二年，以母老乞归供养，诏许焉。征为右卫将军，以西昌侯萧藻代之①。时梁州长史夏侯道迁以南郑叛，引魏将王景胤、孔陵，攻东、西晋寿②，并遣告急。众劝元起急救之。元起曰："朝廷万里，军不卒至，若寇贼浸淫，方须扑讨，董督之任，非我而谁？何事匆匆便相催督。"黔娄等苦谏之，皆不从。武帝亦假元起节、都督征讨诸军，将救汉中③。比是，魏已攻克两晋寿。

翻译

邓元起在益州任刺史两年，因母亲年老，向武帝上表请求回乡奉养，武帝下诏准许。于是征邓元起为右卫将军，以西昌侯萧渊藻接替益州刺史。正当此时，梁州长史夏侯道迁据南郑举兵叛乱，招引北魏将领王景胤、孔陵，攻东、西晋寿，两晋寿告急。众人都劝邓元起急速发兵救援。邓元起说："朝廷距益州万里，军队不能很快到达，若是贼寇势力不断扩大，那时必须出兵征讨，督军的任务，除了我还有谁呢？现在何必急急忙忙的催促我。"庾黔娄等苦苦相劝，都不听。后梁武帝派人送来诏令兵符，命邓元起统领征讨诸军，正当要发兵救汉中，这时，北魏已攻克东、西晋寿。

原文

萧藻将至，元起颇营还

翻译

萧渊藻将到益州，邓元起大肆打点

装,粮储器械略无遗者。萧
藻入城,求其良马。元起
曰:"年少郎子,何用马为。"
藻恚,醉而杀之。元起麾下
围城,哭且问其故。藻惧
曰:"天子有诏。"众乃散。
遂诬以反,帝疑焉。有司追
劾削爵土,诏减邑之半,封
松滋县侯。故吏广汉罗研
诣阙讼之①,帝曰:"果如我
所量也。"使让藻曰:"元起
为汝报仇,汝为仇报仇,忠
孝之道如何?"乃贬藻号为
冠军将军。赠元起征西将
军,给鼓吹,谥忠侯。

行装,将储备的粮食器械全部收拾起来,都准备带走。萧渊藻到达城内,只向邓元起要一匹好马。邓元起讥刺地说:"少年郎君,用马做什么?"萧渊藻大怒,乘邓元起大醉时将他杀死。邓元起的部下包围成都,嚎啕大哭,并问为什么杀他们的长官。萧渊藻惧怕,赶快说:"天子有诏。"邓元起部众才散去。于是萧渊藻上奏,诬邓元起谋反,梁武帝表示怀疑。有关官员追加弹劾,削邓元起爵位封土。武帝下诏,减去封邑之半,改封松滋县侯。邓元起故吏广汉罗研到建康奏明事实原委,为邓元起辩冤,武帝说:"果不出我之所料。"派使者入益州责备萧渊藻说:"邓元起平益州为你报仇,你杀邓元起即是为仇人报仇,还有忠孝之道吗?"于是贬萧渊藻官号为冠军将军。追赠邓元起为征西将军,给鼓吹仪仗一部,厚葬,赐谥"忠侯"。

注释　①广汉:郡名,治所在今四川广汉北。

罗　研　传

导读

　　罗研字深微，广汉人，有才干卓识，长期任益州主簿别驾一类官职。梁武帝大通二年(528)，江阳(郡治泸州)人齐苟儿率众起义，临汝侯萧渊猷讥刺罗研，说蜀人"乐祸贪乱"，罗研的一段答词，反映了当时蜀中积弊之深，也说明罗研对蜀中形势了解的透彻。(选自卷五五)

原文

　　罗研字深微，少有材辩。元起平蜀，辟为主簿，后为信安令。故事置观农谒者，围桑度田，劳扰百姓。研请除其弊，帝从之。鄱阳忠烈王恢临蜀，闻其名，请为别驾。及西昌侯藻重为刺史，州人为之惧，研举止自若。侯谓曰："非我无以容卿，非卿无以事我。"齐苟儿之役①，临汝侯嘲之曰："卿蜀人乐祸贪乱，一至于此。"对曰："蜀中积弊，实非一朝。百家为村，不过数家

翻译

　　罗研字深微，年轻时即具有办事才干而又能言善辩。邓元起平定蜀中，征辟他为主簿，后为信安县令。当时按以往陈规设置观农谒者，负责丈量土地和围度桑树，田增一亩，桑长一寸，都要增加赋税，百姓不得安生。罗研上奏梁武帝，请求废除这种弊政，皇上同意了他的请求。鄱阳忠烈王萧恢任益州刺史，闻其声名，请他担任别驾。及至西昌侯萧渊藻再出任益州刺史，益州之人都惶惧不安，只有罗研举止自如，无所畏惧。西昌侯对他说："除我之外，无人能容纳你；除你之外，无人能为我办事。"齐苟儿农民起义爆发后，萧渊藻之弟临汝侯萧渊猷嘲讽罗研说："你们蜀人喜欢叛

有食,穷迫之人,什有八九,束缚之使,旬有二三。贪乱乐祸,无足多怪。若令家畜五母之鸡,一母之豕,床上有百钱布被,甑中有数升麦饭②,虽苏、张巧说于前③,韩、白按剑于后④,将不能使一夫为盗,况贪乱乎?"

乱,达到如此地步。"罗研回答说:"蜀中积累的弊政太多,非一朝一夕,由来已久了。百家人为一村,不过几家人有饭吃,穷困窘迫之家,十户中占八九户,催督赋役的公使,一旬之中要来两三次。喜欢骚乱,不足为怪。如果使家家户户都能养上五只母鸡,一只母猪,床上能有一百钱就能买到的最简陋的布被,甑中装着几升麦做的饭,能免于饥寒,即使是巧舌如簧的苏秦、张仪在前游说哄骗,威震敌胆的韩信、白起在后按剑驱赶,也不能使一人为盗,哪里还谈得上贪乱呢?"

注释 ① 齐苟儿之役:齐苟儿领导的农民起义。梁武帝大通二年(528)以前,江阳郡齐苟儿起义,有众十万,攻成都,为益州刺史萧渊藻所镇压。 ② 甑(zèng):古人用以做饭的一种陶器。 ③ 苏、张:即苏秦、张仪。战国纵横家,以擅长辞令而著名。 ④ 韩、白:韩即韩信,西汉名将。白即白起,战国时秦国名将。

原文

大通二年,为散骑侍郎。嗣王范将西①,忠烈王恢谓曰:"吾昔在蜀,每事委罗研,汝遵而勿失。"范至,复以为别驾,升堂拜母,蜀人荣之。数年卒官。蜀土

翻译

梁武帝大通二年(528),罗研为散骑侍郎。忠烈王萧恢世子萧范将西去蜀中任职。萧恢对他说:"我过去在蜀中,任何事都委任罗研去办,你也应该遵循,切记勿忘。"萧范到任,又请罗研担任别驾,并去罗研家中的堂上拜候他的母亲,蜀中之人都认为罗研荣耀无

以文达者，唯研与同郡李膺。

比。几年后他死于任上。蜀地凭文才而显达的，只有罗研和同郡李膺。

注释 ① 嗣王：继承王位的世子。

沈　约　传

导读

　　沈约字休文，吴兴（今浙江吴兴）人，南朝时期的史学家和文学家。宋文帝元嘉三十年（453），父沈璞获罪，全家被诛，沈约年十三，逃匿得免。孝武即位，大赦天下，才与母亲定居下来。沈约历仕宋、齐、梁三代，齐武帝时，与兰陵萧琛、琅邪王融、陈郡谢朓、乐安任昉、南乡范云及萧衍等同在竟陵王萧子良西邸为幕僚，与萧衍有旧情。齐末，助萧衍建立梁朝，受到武帝的特别恩宠。沈约笃志好学，昼夜攻读，收藏书籍达两万卷。兼精文章诗赋，又因三代老臣，通晓历代典章制度，见多识广。沈约虽居各种高位，但仍留心治学，著述甚多，宋时撰《晋书》一百卷；齐武帝永明五年（487）至六年（488）修《宋书》一百卷，又撰《齐纪》二十卷。梁武帝天监中，撰《梁武帝纪》十四卷、《迩言》十卷、《谥例》十卷、《文章志》三十卷、文集一百卷，皆行于当世。齐武帝永明中，与谢朓、周颙等人提倡四声说，撰《四声谱》，开创了古体诗走向格律严整的近体诗的过渡阶段。梁武帝天监十二年（513）死于任上，终年七十三，谥隐侯。（选自卷五七）

原文

　　沈约字休文，吴兴武康人也。……

　　约十三而遭家难[①]，潜窜，会赦乃免。既而流寓孤

翻译

　　沈约字休文，吴兴武康人。……

　　沈约十三岁时，父亲被诛，举家蒙难，他逃走躲藏，宋孝武帝即位，大赦天下，才与母亲定居下来。此后，沈约又

贫，笃志好学，昼夜不释卷。母恐其以劳生疾，常遣减油灭火。而昼之所读，夜辄诵之，遂博通群籍，善属文。济阳蔡兴宗闻其才而善之②，及为郢州，引为安西外兵参军，兼记室。兴宗常谓其诸子曰："沈记室人伦师表③，宜善师之。"及为荆州，又为征西记室，带厥西令。

流寓异乡，孤贫无靠，但他立志好学，昼夜手不释卷。母亲担心他劳累过度生病，常派人去沈约房里减油灭灯，限制他的夜读。于是沈约就白天读书，夜间背诵，终于通晓许多书籍，擅长文章。济阳蔡兴宗听说他有才华，对他印象很好，及至蔡兴宗任郢州刺史，引用为安西外兵参军，兼记室。蔡兴宗常对诸子弟说："沈记室为人师表，你们要像对师傅一样好好尊敬他。"蔡兴宗任荆州刺史后，又任用沈约为征西记室，出任厥西县令。

注释 ① 约十三而遭家难：见《裴子野传》"戮淮南太守沈璞，以其不从义师故也"条注。 ② 济阳：郡名，治所在今河南兰考。 ③ 人伦：儒家所宣扬的人与人之间关系的准则。

原文

齐初为征虏记室，带襄阳令，所奉主即齐文惠太子。太子入居东宫，为步兵校尉，管书记，直永寿省①，校四部图书②。时东宫多士，约特被亲遇，每旦入见，景斜方出③。……时竟陵王招士，约与兰陵萧琛，琅邪王融、陈郡谢朓、南乡范

翻译

齐初沈约任征虏记室，出为襄阳县令，他所侍奉的主君是齐武帝萧赜的长子文惠太子萧长懋。太子入居东宫，他又任步兵校尉，主管文书，在永寿省上班，校理四部图书。当时东宫多文士，而沈约特为太子所赏识，每每天刚亮即入见，日影西斜才离去。……当时竟陵王萧子良招贤纳士，沈约与兰陵萧琛、琅邪王融、陈郡谢朓、南乡范云、乐安任昉等人皆交游于竟陵王府。萧子良也

云④、乐安任昉等皆游焉。当世号为得人。……

因此而获得善纳人才的美誉。……

注释 ① 直:即朝直。 ② 四部图书:古时分书籍为四类,称为四部。曹魏时按书的内容将书分为甲、乙、丙、丁四部,到唐初,又以甲、乙、丙、丁为序将书列为经、史、子、集四部,又称"四库"。 ③ 景(yǐng):日影。 ④ 南乡:县名,今河南淅川。

原文

初,梁武在西邸,与约游旧。建康城平,引为骠骑司马。时帝勋业既就,天人允属。约尝扣其端,帝默然而不应。佗日又进曰①:"……天心不可违,人情不可失。"帝曰:"吾方思之。"约曰:"公初起兵樊、沔②,此时应思。今日王业已就,何所复思。……若天子还都③,公卿在位,则君臣分定,无复异图。君明于上,臣忠于下,岂复有人方更同公作贼。"帝然之。约出,召范云告之,云对略同约旨。帝曰:"智者乃尔暗同,卿明早将休文更来。"云出语约,

翻译

当初,梁武帝也在竟陵王西邸,与沈约有旧交情。武帝与萧颖胄在荆州拥立齐和帝,攻克建康,诛杀东昏侯后,任用他为骠骑司马。此时梁武帝功勋事业已经成就,当皇帝已是天意民心所在。沈约曾向他提出这个问题,梁武帝默然不答。另一天,沈约又进言说:"……天意不可违,民心不可失。"梁武帝回答说:"我正在考虑。"沈约说:"明公起兵于樊城、沔水之间时,才应有所考虑。今日帝业已成,还有什么值得考虑的。……如果萧颖胄在荆州拥立的天子一旦返回建康,公卿各归其位,君臣名分一定,就不可能再有异谋了。如果国君圣明,居位于上,大臣忠心,尽职于下,岂有人再对明公造反?"梁武帝认为很对。沈约告退后,武帝又召见范云,告知沈约意图。范云的回答与沈约大致相同。梁武帝对范云说:"智者所

约曰："卿必待我。"云许诺。而约先期入，帝令草其事。约乃出怀中诏书并诸选置，帝初无所改。俄而云自外来，至殿门不得入，徘徊寿光阁外，但云"咄咄"。约出，云问曰："何以见处？"约举手向左，云笑曰："不乖所望。"有顷，帝召云谓曰："生平与沈休文群居，不觉有异人处，今日才智纵横，可谓明识。"云曰："公今知约，不异约今知公。"帝曰："我起兵于今三年矣，功臣诸将实有其劳，然成帝业者乃卿二人也。"

见竟然如此不谋而合，卿明早约沈休文一同来。"范云出外告诉沈约，沈约忙说："先生一定等我。"范云许诺。第二天，沈约却先行入宫，武帝命他草拟篡位的文告诏令，沈约立即从怀中拿出他预先已准备好的诏书和各方面的人选名单，武帝一看就同意了，完全没有改动。不一会范云亦到，在殿门外不能入内，徘徊于寿光阁外，若有所失地"咄咄"叹息。一会沈约出来，范云立即问道："结果如何？"沈约举手向左，示意大事已定，范云高兴地笑着说："不负所望。"一会，梁武帝召见范云说："生平与沈休文等人一起相处，不觉得他有什么与人不同之处，今日见其才智纵横，可称贤明卓识。"范云回禀说："明公今日才了解沈约，和沈约今日才了解明公一样。"武帝感慨地说："我起兵至今已三年了，大臣将领确有功劳，然而，帮助我建帝王之业的，唯有你们两人而已。"

注释　①佗(tuō)：同"他"。　②樊：县名，今湖北襄阳。　③天子还都：天子即齐和帝，他称帝后一直在江陵。

原文

梁台建，为散骑常侍、吏部尚书，兼右仆射。及受

翻译

梁武帝受封梁王，建立王府，沈约任梁国的散骑常侍、吏部尚书，兼右仆

禅,为尚书仆射,封建昌县侯。又拜约母谢为建昌国太夫人。奉策之日,吏部尚书范云等二十余人咸来致拜,朝野以为荣。俄迁左仆射。天监二年,遭母忧,舆驾亲出临吊,以约年衰,不宜致毁,遣中书舍人断客节哭。起为镇军将军、丹阳尹,置佐史。服阕。迁侍中、右光禄大夫,领太子詹事,奏尚书八条事。迁尚书令,累表陈让,改授左仆射,领中书令。寻迁尚书令,领太子少傅。九年,转左光禄大夫。

初,约久处端揆①,有志台司,论者咸谓为宜。而帝终不用,乃求外出,又不见许。与徐勉素善,遂以书陈情于勉,言己老病,"百日数旬,革带常应移孔;以手握臂,率计月小半分"。欲谢事,求归老之秩②。勉为言于帝,请三司之仪③,弗许,

射。梁武帝受禅登基后,任命沈约为尚书仆射,受封建昌县侯。封拜沈约母亲谢氏为建昌国太夫人。受命之日,吏部尚书范云等二十余人都来恭贺拜见,官场民间都认为沈约无比荣耀。不久又升迁左仆射。梁武帝天监二年(503),沈约母亲去世,皇上亲临吊唁,武帝因沈约年事已高,不宜过于悲伤,遣中书舍人去沈约家阻挡客人,劝沈约节哀。起任沈约为镇军将军、丹阳尹、设置佐史。沈约服丧期满后,又升迁为侍中、右光禄大夫,兼太子詹事,以尚书八条事上奏皇上。升任尚书令,累次进表辞让,改授左仆射,兼中书令。不久还是迁任为尚书令,兼太子少傅。九年(510),调任左光禄大夫。

起初,沈约久居宰相之职,常向往三公之位,朝廷舆论也都认为他的声名威望宜居此位。但武帝始终不满足他的愿望,于是他要求外出任职,皇上也不允许。沈约与徐勉素来友善,就以书信向徐勉陈述自己的心情,称说年老多病,"百日数旬间,体质消瘦,腰带常要移动孔眼,用手握臂,大致每月萎缩半分"。他想辞去官职,告老还乡。徐勉为其进言皇上,请赐给他三公仪仗,武帝不同意,仅赐鼓吹一部而已。

但加鼓吹而已。

注释 ①端揆:指宰相。因宰相居百官之首,总领朝政,故称。 ②秩:官吏的俸禄。 ③三司:即三公。

原文

约性不饮酒,少嗜欲,虽时遇隆重,而居处俭素。立宅东田,瞩望郊阜,常为《郊居赋》以序其事。寻加特进,迁中军将军、丹阳尹,侍中、特进如故。十二年卒官,年七十三,谥曰隐。

约左目重瞳子,腰有紫志,聪明过人,好坟籍,聚书至二万卷,都下无比。……约历仕三代,该悉旧章,博物洽闻,当世取则。谢玄晖善为诗①,任彦升工于笔②,约兼而有之,然不能过也。自负高才,昧于荣利,乘时射势,颇累清谈。及居端揆,稍弘止足,每进一官,辄殷勤请退,而终不能去,论者方之山涛③。用事十余

翻译

沈约生性不喜饮酒,没有什么嗜好,虽皇上对他恩宠隆重,但他的生活却非常节俭朴素。他在东田修建了一所房舍,住在乡间,放眼郊外山野,曾作《郊居赋》抒发情怀。不久又加封特进,进位中军将军、丹阳尹、侍中、特进依然不变。十二年(513)沈约死于任上,享年七十三岁,谥为隐侯。

沈约左眼有两个瞳仁,腰有紫痣,聪明过人,好读书,收藏书籍达二万卷,都城无人能比。……他历任宋、齐、梁三朝官职,通晓往昔的典章制度,见识广博,当时朝廷要制定什么制度,都要以他的意见为准则。谢玄晖擅长作诗,任彦升精于写文,沈约诗文兼善,但都不能超过他们。他自负才高,醉心功名利禄,凭借时运,追逐权势,世间对他颇有议论。及位居宰相之后,渐渐有些知足,每进一官,就恳请退让,而最终又不能离位,评论他的人都将他比着魏晋之际的山涛。沈约当权十多年,未曾荐举

年,未常有所荐达,政之得失,唯唯而已。……

过人才,至于国政的得失,都不愿加以褒贬,仅唯唯诺诺而已。……

注释 ① 谢玄晖:即谢朓。 ② 任彦升:即任昉。 ③ 山涛:魏晋时人,为"竹林七贤"之一,晋时任太子少傅、尚书仆射、司徒等显职,晚年屡求告退,皇帝坚持不许。

原文

约少时常以晋氏一代竟无全书,年二十许,便有撰述之意。宋泰始初,征西将军蔡兴宗为启,明帝有敕许焉。自此逾二十年,所撰之书方就,凡一百余卷。条流虽举,而采缀未周。永明初遇盗,失第五帙①。又齐建元四年被敕撰国史,永明二年又兼著作郎,撰次起居注。五年春又被敕撰《宋书》,六年二月毕功,表上之。其所撰国史为《齐纪》二十卷。天监中,又撰《梁武纪》十四卷,又撰《迩言》十卷,《谥例》十卷,《文章志》三十卷,文集一百卷,皆行于世。又撰《四声

翻译

沈约年少时因晋朝没有完整的史书,二十来岁便有撰写晋史之意。宋明帝泰始初年,征西将军蔡兴宗为他启请皇上,宋明帝下诏同意。自此以后,经历二十余年,撰著完成,共一百余卷。但该书主干线索虽已完备,而具体史实的采择还不周全。齐武帝永明初年遇盗,丢失第五套。又在齐高帝建元四年(482)受命撰写本朝史,齐武帝永明二年(484)兼任著作郎,编撰皇帝的起居注。五年(487)春又受命撰《宋书》,六年(488)二月完稿,进奏皇上。其所撰国史即《齐纪》二十卷。梁武帝天监年间,他又撰写了《梁武纪》十四卷,并撰《迩言》十卷,《谥例》十卷,《文章志》三十卷,文集一百卷,都流行于当世。早在齐武帝永明中,沈约撰有《四声谱》……自以为已达到神妙的境界。梁武帝颇不喜爱,曾问周舍说:"什么是四声?"周舍回答说:"'天子圣哲'此四字

谱》……自谓入神之作。武帝雅不好焉,尝问周舍曰:"何谓四声②?"舍曰:"'天子圣哲'是也。"然帝竟不甚遵用约也。

就是四声。"但是武帝还是不太遵循和使用沈约的《四声谱》。

注释 ① 帙(zhì):包书的套子,用布帛制成。因此谓书一套为一帙。② 四声:所举"天子圣哲"四个字,便分别为平、上、去、入四声的例子。

范 云 传

导读

　　范云字彦龙,南乡(今河南淅川)人,出身于官僚世家,性机警,有见识,善为文章,下笔即成,陈郡殷琰赞之为公辅才。齐初入仕,事竟陵王萧子良,初不为所知,后因读秦望山石刻,始为萧子良器重,随萧子良辗转仕于各地,也曾为地方郡守,有德政,为官民及当地少数民族所知爱。在竟陵王西邸,与梁武帝萧衍及沈约情谊深厚。齐末,萧衍在雍州起兵灭齐。502年建梁,范云与沈约推心相辅,对梁朝建立和梁初的政治起了重大作用。范云有政治才干,当时人们都钦佩他聪敏明鉴。梁朝即将建立,百废待兴,范云突然发病中风,医师徐文伯说慢慢治疗一月可愈,如要立刻见效,两年后必然再发,那时则不可救药。范云助梁武帝成功的心情十分迫切,宁愿只活两年,请速治愈。徐文伯为之艾灸,病即除。两年后果然发病死。武帝悲痛流涕,下诏谥为"文"。作文集三十卷。(选自卷五七)

原文

　　范云字彦龙,南乡舞阴人①,晋平北将军汪六世孙也。祖璩之,宋中书侍郎。云六岁就其姑夫袁叔明读《毛诗》②,日诵九纸。陈郡殷琰名知人,候叔明见之,

翻译

　　范云字彦龙,南乡舞阴人,晋平北将军范汪六世孙。祖父范璩之,宋中书侍郎。范云六岁就跟随姑父袁叔明读《毛诗》,每日诵读九页。陈郡殷琰有知人之明,一天,殷琰去袁叔明家见到范云,对袁叔明说:"此儿是三公等辅弼大

曰："公辅才也。"

臣的人才啊。"

注释 ① 舞阴：县名。故城在今河南泌阳西北。 ②《毛诗》：汉初为《诗》作传的共有齐、鲁、韩、毛四家，鲁人毛亨和赵人毛苌所传称《毛诗》。现今通行的《诗经》即《毛诗》。

原文

云性机警，有识具，善属文，下笔辄成，时人每疑其宿构。父抗为郢府参军，云随在郢。时吴兴沈约、新野庾杲之与抗同府①，见而友之。……

后除员外散骑郎。齐建元初，竟陵王子良为会稽太守，云为府主簿。王未之知。后克日登秦望山，乃命云。云以山上有秦始皇刻石，此文三句一韵，人多作两句读之，并不得韵；又皆大篆，人多不识，乃夜取《史记》读之令上口。明日登山，子良令宾僚读之，皆茫然不识。末问云，云曰："下官尝读《史记》，见此刻石

翻译

范云生性机警，颇有见地，擅长文章，下笔即成，当时之人常怀疑他预为构思。其父范抗任郢州府参军，范云随父在郢州。其时吴兴沈约、新野庾杲之与范抗同为府中僚属，范云与他们相见后立即成为朋友。……

范云后官拜员外散骑郎。齐高帝建元初年，竟陵王萧子良为会稽太守，范云任府主簿。竟陵王对他还不甚了解。后来萧子良约定日子登秦望山，命范云随行。范云因山上有秦始皇刻石，此文三句一韵，人们多按两句一韵读，因而读不出韵味；文字又全是大篆，很多人不认识，于是他夜间取出《史记》反复诵读，直至朗朗上口。次日登山，萧子良让宾客属僚们读石刻，这些人都茫然不知。最后问范云能否，范云说："卑职曾读《史记》，见到此刻石文。"说完进前读文，畅达如流。萧子良大喜，因而将范云待如上宾。从此受到的宠幸居

文。"乃进读之如流。子良大悦,因以为上宾。自是宠冠府朝。王为丹阳尹,复为主簿,深相亲任。……

子良为南徐州②、南兖州③,云并随府迁,每陈朝政得失于子良。寻除尚书殿中郎。子良为云求禄,齐武帝曰:"闻范云谄事汝,政当流之。"子良对曰:"云之事臣,动相箴谏,谏书存者百有余纸。"帝索视之,言皆切至,咨嗟良久,曰:"不意范云乃尔,方令弼汝。"④……

竟陵王府第一。竟陵王为丹阳尹,范云又任主簿,深得萧子良亲信重用。……

其后萧子良辗转任南徐州、南兖州刺史,范云都随州府迁任,经常向萧子良陈说朝政得失。不久拜官尚书殿中郎。萧子良为范云向皇帝求俸禄,齐武帝说:"听说范云对你阿谀奉承,应当流放他。"萧子良回禀说:"范云侍奉臣下,常相规劝,现还存有他的谏书百余张。"武帝索取观看,其言皆恳切备至,嗟叹许久,对萧子良说:"想不到范云竟然如此,还是让他辅佐你吧。"……

注释　①新野:郡名,治所在今河南新野。　②南徐州:侨治州名,治所在今江苏镇江。　③南兖州:侨治州名,治所在今江苏扬州西北。　④弼(bì):辅助。

原文

文惠太子尝幸东田观获稻,云时从。文惠顾云曰:"此刈甚快。①"云曰:"三时之务,亦甚勤劳,愿殿下知稼穑之艰难,无徇一朝之宴逸也。"文惠改容谢之。

翻译

文惠太子曾到东田观看收获稻谷,范云当时随行。文惠太子回头对他说:"看他们割得多快啊。"范云道:"春、夏、秋三个农忙时节的农事,确很辛劳,希望殿下能体察农活的艰难,不要安于一朝之逸乐。"文惠听后神情肃然,并向范云致歉。及至从东田出来,侍中萧缅先及出,侍中萧缅先不相识,就车握云手曰:"不谓今日复见谠言②。"

前不认识范云,此时走近范云的车旁,握着他的手说:"想不到今天又听到如此刚直的言论。"

注释 ① 刈(yì):割。 ② 谠(dǎng)言:正直的言论。

原文

永明十年使魏……使还,再迁零陵内史①。初,零陵旧政,公田奉米之外,别杂调四千石。及云至郡,止其半,百姓悦之。深为齐明帝所知,还除正员郎。……

翻译

齐武帝永明十年(492)范云出使北魏……归国,又迁任零陵内史。原先,依零陵旧政,官吏俸禄除公田俸米外,还另收杂调四千石。范云到零陵后,只收杂调一半,百姓欢悦。因此,深为齐明帝所知遇,调还京都任正员郎。……

注释 ① 零陵:郡名,治所在今湖南零陵。

原文

又为始兴内史①,旧郡界得亡奴婢,悉付作②;部曲即货去,买银输官。云乃先听百姓志之,若百日无主,依判送台。又郡相承后堂有杂工作,云悉省还役,并为帝所赏。郡多豪猾大姓,二千石有不善者③,辄共杀害,不则逐之。边带蛮俚④,

翻译

范云后又出任始兴内史。按始兴旧例,郡界百姓捕获逃亡奴婢,全部没入官营作坊。若是部曲,即卖掉,将换得的银钱缴纳官府。范云到任后,先听百姓给捕获的逃亡者打上标记,若百日内无主人认领,就依法押送中央政府做奴婢。同时始兴郡府的后堂相沿设有官营杂役作坊,范云全数罢省,遣散服役者,这些都为皇上所赞赏。始兴郡内豪

尤多盗贼,前内史皆以兵刃
自卫。云入境,抚以恩德,
罢亭候,商贾露宿⑤,郡中称
为神明。……

强奸猾的大族不少,郡守待之不善,就共
谋杀害,杀害不成,就加以驱逐。始兴边
郡,有蛮人和俚人聚居,这些地区盗贼尤
其多,以前诸任内史都携带兵器自卫。
范云入境后,对他们都以恩德安抚,撤去
监视他们的哨所,因而郡内无事,往来客
商能安心露宿,郡中官民都称其神明。
……

注释 ① 始兴:郡名,治所在今广东曲江。 ② 作(zuō):作坊,这里指官营作坊。
③ 二千石:汉以来郡守俸禄为二千石,故用以代称郡守。 ④ 蛮俚:蛮即蛮人,俚即
俚人。指代汉魏至隋唐时少数民族。 ⑤ 贾:音 gǔ。

原文

　　初,梁武为司徒祭酒,
与云俱在竟陵王西邸,情好
欢甚。……及帝起兵,将至
都,云虽无官,自以与帝素
款,虑为昏主所疑①,将求入
城,……及入城,除国子博
士,未拜,而东昏遇弑。侍
中张稷使云衔命至石头②,
梁武恩待如旧,遂参赞谟
谋,毗佐大业③。仍拜黄门
侍郎,与沈约同心翊赞④。
俄迁大司马谘议参军,领

翻译

　　往昔,梁武帝萧衍为司徒祭酒,与
范云同在竟陵王西邸,情投意合,亲密
无间。……梁武帝起兵讨伐东昏侯,将
至建康石头城,此时范云虽没有在朝廷
做官,但自认为与梁武帝素来交谊深
厚,顾虑昏君猜疑,于是要求进入都城
之内,表示他与梁武帝起兵没有什么关
系。……入城后,范云被授官国子监博
士,还未就职,东昏侯就被诛杀。侍中
张稷派范云带着使命去石头城见梁武
帝,梁武帝待他仍然像往日一样,于是
他又效力于武帝,参与运筹帷幄,辅佐
武帝建帝王之业。范云就任黄门侍郎,

录事。

与沈约同心协力，尽心赞辅。不久又迁大司马谘议参军，并兼录尚书事。

注释　① 昏主：指东昏侯萧宝卷。　② 石头：即石头城，建康城的一部分。　③ 毗（pí）：辅助。　④ 翊（yì）赞：辅佐赞助。

原文

梁台建，迁侍中。……及帝受禅，柴燎南郊①，云以侍中参乘。礼毕，帝升辇谓云曰："朕之今日，所谓懔乎若朽索之驭六马。"云对曰："亦愿陛下日慎一日。"帝善其言，即日迁散骑常侍、吏部尚书。以佐命功，封霄城县侯。

云以旧恩，超居佐命，尽诚翊亮，知无不为。帝亦推心仗之，所奏多允。云本大武帝十三岁，尝侍宴，帝谓临川王宏、鄱阳王恢曰："我与范尚书少亲善，申四海之敬②。今为天下主，此礼既革，汝宜代我呼范为兄。"二王下席拜，与云同车

翻译

梁武帝受封梁王，范云迁任侍中。……梁武帝受禅登基，南郊祭天，范云以侍中身份陪武帝共乘一车。祭祀典礼完毕，武帝上车对范云说："朕今日感到很惶恐，像用朽坏的绳索驾驭六匹马一样。"范云回答说："我也希望陛下一日比一日更加谨慎。"梁武帝认为他说得很对，当天升范云任散骑常侍、吏部尚书。以辅佐皇上创业之功，受封霄城县侯。

范云凭着旧日的情谊，超居于辅佐武帝创业诸臣之上，他尽忠竭力，佐助皇上，凡是他能想到的，无所不为。武帝也推心置腹地依仗他，凡他所奏，无不依允。范云本大武帝十三岁，有一次陪侍武帝饮宴，武帝对其弟临川王萧宏、鄱阳王萧恢说："我和范尚书年轻时就交谊深厚，情同兄弟。现我为天下之主，不能再以兄弟之礼相待，你们应替我称范云为兄。"二王离坐下拜，并与范

还尚书下省，时人荣之。……

云同车回尚书省，当时之人以为荣宠无比。……

① 柴燎南郊：古代天子于南郊祭天，举行烧柴仪式，使烟达天廷。 ② 四海之敬：犹言兄弟之情。《论语·颜渊》："四海之内，皆兄弟也。"

原文

云性笃睦，事寡嫂尽礼，家事必先谘而后行。好节尚奇，专趋人之急。少与领军长史王畟善①，云起宅新成，移家始毕，畟亡于官舍，尸无所归，云以东厢给之。移尸自门入，躬自营唅②，招复如礼③，时人以为难。及居选官，任寄隆重，书牍盈案，宾客满门，云应答如流，无所壅滞，官曹文墨，发摘若神，时人咸服其明赡。性颇激厉，少威重，有所是非，形于造次，士或以此少之。初，云为郡号廉洁，及贵重，颇通馈遗；然家无蓄积，随散之亲友。

翻译

范云生性忠厚和蔼，对寡居的嫂嫂以小弟之礼相敬，家内之事一定要先问后行。讲气节，行动好奇伟，专门在人急难之时加以救助。年轻时与领军长史王畟友善，范云建新宅落成，搬家刚完毕，王畟恰于此时死于官舍，尸体无停放之处，范云就让出东厢房供停尸之用。让尸体从大门移入，亲自料理殡殓之事，将一块玉放入死者口中，按丧礼为其招魂，当时人都认为实在难得。担任吏部尚书掌管选举事宜后，皇上对他寄托非常隆重，他每日文书盈案，宾客满门，然范云应对如流，口无阻滞，官府文书，处理如神，当时人们都钦佩他聪敏明鉴。范云言行率直，缺乏稳重严肃的风度。对于是非关系，往往流于轻率，有的人士就有点看不起他。当初，范云治郡被称廉洁，位高权重后，也颇收受贿赂，然而家无积蓄，每有收入，随即散给亲友。

① 晐：音 gāi。 ② 营唅：营，料理。唅，同"含"。古代殡殓时把玉放入死人口中称为"含"。 ③ 招复：古人初死，生人要上屋面向北方为死者招魂，称为"招复"，意思是召唤死者的灵魂回到身体。招复而不醒，然后办理丧事。

原文

武帝九锡之出①，云忽中疾，居二日半，召医徐文伯视之。文伯曰："缓之一月乃复，欲速即时愈，政恐二年不复可救。"云曰："朝闻夕死②，而况二年。"文伯乃下火而壮焉③，重衣以覆之。有顷，汗流于背即起。二年果卒。帝为流涕，即日舆驾临殡，诏赠侍中卫将军，礼官请谥曰宣，敕赐谥曰文。有集三十卷。

翻译

当初梁武帝受九锡，即将称帝，范云突然发病中风，过了两天半才召医生徐文伯诊断。徐文伯说："缓治则一月可完全康复；如欲今日治愈，恐怕两年之后发病就无可救药了。"范云迫切地说："早上得知真理，要我晚上就死都可以，何况两年。"于是徐文伯点火为他艾灸，重叠的盖上几件衣服。不一会，汗流满背，病情即刻消失，可以起床了。但两年之后果然去世。闻其死讯，皇上悲泣流泪，当天亲临观看殡殓，下诏追赠为侍中、卫将军，礼官奏请谥为"宣"，皇上下诏赐其谥号为"文"。范云著有文集三十卷。

① 九锡：古代帝王赐给功高势显的诸侯大臣的九种物品，以表彰其功勋盖世和显示皇上对他特别恩宠。 ② 朝闻夕死：孔子语，原意为：早晨得知真理，要我当晚死去都可以。范云借用此语，以表达他急于康复，辅佐梁武帝建国的迫切心情。 ③ 壮：中医艾灸，一灼称一壮。

江 淹 传

导读

江淹字文通,济阳(河南兰考)人,南朝时期的文学家。出身寒门,早年不事章句之学,留心文章辞赋,有才名。历仕宋、齐、梁三朝,以其才气得到皇帝赏识,曾受封醴陵伯,官高爵显。自以寒门入仕以至显赫,遂将全部精力投入政治活动,较少致力文学,故虽年少时以文章显名,晚年才思减退,写诗已无精丽词句,世谓"江郎才尽"。江淹将一生著述辑为前后两集,并撰有《齐史》十志,行于当世。又曾打算著《赤县经》,以补《山海经》之阙漏,终竟未成。梁初逝,谥为"宪"。(选自卷五九)

原文

江淹字文通,济阳考城人也。父康之,南沙令,雅有才思。淹少孤贫,常慕司马长卿①、梁伯鸾之为人②,不事章句之学③,留情于文章。早为高平檀超所知④,常升以上席,甚加礼焉。

翻译

江淹字文通,济阳考城人。父江康之,曾任南沙县令,很有才气,文思敏捷。江淹少小丧父,家境贫寒,常倾慕司马长卿、梁伯鸾为人,不喜研讨句读训诂之学,而寄情于文章诗赋。早年为高平檀超所知遇,常请他坐于上席,礼遇颇高。

注释

① 司马长卿:司马相如,字长卿,西汉著名文学家。 ② 梁伯鸾:梁鸿字伯鸾,东汉文学家。 ③ 章句之学:即句读训诂之学。 ④ 高平:郡名,治所在今山东邹城西南。

原文

起家南徐州从事,转奉朝请。宋建平王景素好士,淹随景素在南兖州。广陵令郭彦文得罪,辞连淹,言受金,淹被系狱。自狱中上书……景素览书,即日出之。寻举南徐州秀才①,对策上第,再迁府主簿。……

及齐高帝辅政,闻其才,召为尚书驾部郎、骠骑参军事。俄而荆州刺史沈攸之作乱,高帝谓淹曰:"天下纷纷若是,君谓何如?"淹曰:"昔项强而刘弱②、袁众而曹寡③,羽卒受一剑之辱,绍终为奔北之虏④,此所谓'在德不在鼎'⑤,公何疑哉。"帝曰:"试为我言之。"淹曰:"公雄武有奇略,一胜也;宽容而仁恕,二胜也;贤能毕力,三胜也;人望所归,四胜也;奉天子而伐叛逆,五胜也。彼志锐而器小,一败也;有威无恩,二败也;士

翻译

江淹最初出仕为南徐州从事,后又转任奉朝请。宋建平王刘景素好结纳文士,江淹随刘景素居南兖州。广陵县令郭彦文获罪,供词牵连江淹,说他收受贿赂,因此下狱。江淹在狱中上书自辩……刘景素见书,当天就将他释放。不久,举江淹为南徐州秀才,在皇帝面前对答策问,名列优等,又迁任建平王府主簿。……

至宋末,齐高帝萧道成辅政,闻其才华,召为尚书驾部郎、骠骑参军事。不久荆州刺史沈攸之犯上作乱,齐高帝问江淹说:"天下如此纷乱,先生对此局势有何高见?"江淹回答说:"往昔项羽强而刘邦弱、袁绍兵众而曹操兵寡,然结果项羽蒙受自杀之耻辱,袁绍成为败逃之亡虏,这正是古人所说的'在德不在鼎',明公有何值得疑惑呢?"高帝又说:"请先生为我详细分析。"江淹说:"明公雄壮威武,有奇谋大略,这是取胜的保障之一;心胸宽广,仁义忠恕,这是取胜的保障之二;贤士能臣,尽忠竭力,这是取胜的保障之三;明公得天下归心,这是取胜的保障之四;奉天子之命而讨伐叛逆,名正言顺,这是取胜的保障之五。敌方看起来十分强大,然器量

卒解体，三败也；搢绅不怀⑥，四败也；悬兵数千里、而无同恶相济，五败也。虽豺狼十万，而终为我获焉。"帝笑曰："君谈过矣。"

狭小，这是必败的根据之一；威严有余，恩德不足，这是必败的根据之二；兵无斗志，军纪涣散，这是必败的根据之三；得不到官僚贵族的支持，这是必败的根据之四；孤军深入数千里，而没有共同为乱的人接应救援，这是必败的根据之五。由此看来，敌人就是十万凶恶的大军，也终必为我所败。"高帝听后笑着说："先生说得有些过分了。"

注释　①秀才：汉以来荐举人才科目之一，南北朝时最重此科。　②项强而刘弱：项即项羽，刘指刘邦。秦朝灭亡后，爆发刘邦与项羽争夺天下的楚汉战争，战争初期，项羽兵力强大屡胜刘邦，但到后期，刘邦反败为胜，垓下一役，取得决定性胜利，项羽战败自杀。　③袁众而曹寡：袁即袁绍，曹即曹操。东汉末年，袁绍据有冀、青、幽、并四州，公元199年率兵十万南下进攻曹操，曹操兵少粮缺，以劣势与袁军相持于官渡，最后出奇制胜，击败袁绍，取得官渡之战的胜利。　④虏：战争中称敌方为虏。　⑤在德不在鼎：古代曾以九鼎作为政权的象征，认为有鼎就有天下。此言有鼎不一定有天下，天下为有德者居之。　⑥搢绅：亦作"缙绅""荐绅"。古时贵族及高级官吏的代称。

原文

　　桂阳之役①，朝廷周章②，诏檄久之未就③。齐高帝引淹入中书省，先赐酒食，淹素能饮啖④，食鹅炙垂尽，进酒数升讫，文诰亦办。相府建，补记室参军。高帝让九锡及诸章表，皆淹制

翻译

　　桂阳王叛乱，朝廷惊恐，诏令檄文许久都还不曾制定好。齐高帝请江淹入中书省，先赏赐酒食，然后命他起草诏令檄文，江淹素来能食善饮，边吃边写，烤鹅将吃完，酒喝了数升，文告也完成了。齐高帝封宰相后，江淹又补为宰相府记室参军。齐高帝让九锡及诸种

也。齐受禅，复为骠骑豫章
王嶷记室参军。……

表章，都是江淹撰写。齐高帝即帝位，又任骠骑豫章王嶷记室参军。……

注释 ① 桂阳之役：公元474年刘宋江州刺史桂阳王刘休范在寻阳举兵反叛，后为萧道成平定。 ② 周章：惊恐貌。 ③ 檄：即檄文。 ④ 啖(dàn)：食。

原文

永明三年，兼尚书左丞。时襄阳人开古冢，得玉镜及竹简古书，字不可识。王僧虔善识字体，亦不能谙，直云似是科斗书。淹以科斗字推之，则周宣王之前也。简殆如新。

少帝初①，兼御史中丞。明帝作相，谓淹曰："君昔在尚书中，非公事不妄行，在官宽猛能折衷。今为南司②，足以振肃百僚也。"淹曰："今日之事，可谓当官而行，更恐不足仰称明旨尔。"于是弹中书令谢朓③、司徒左长史王缋、护军长史庾弘远，并以托疾不预山陵公事④。又奏收前益州刺史刘

翻译

齐武帝永明三年(485)，江淹兼任尚书左丞。其时襄阳有人开古墓，发掘出玉镜和竹简，简上有古文字，其字无人能识。王僧虔善于识别各类字体，对此也无把握，只说像是科斗文。江淹以科斗文推究，认为应是周宣王以前的东西。然而竹简几乎像新的一样。

齐少帝郁林王萧昭业初年，江淹兼任御史中丞。齐明帝萧鸾为宰相，对江淹说："先生昔日在尚书省，除执行公务外从不轻举妄动，任官能刚柔相济。现为御史中丞，一定足以整治官场风气。"江淹回答说："今日之事，可说是尽职而已，恐怕还不能尽如明公旨意。"于是弹劾中书令谢朓、司徒左长史王缋、护军长史庾弘远，并说他们以患病为借口不参加祭扫先帝陵墓。江淹又上奏收捕前益州刺史刘悛、梁州刺史阴智伯，二人皆贪赃巨万，奏书一上，二人都被收捕到廷尉下狱。临海太守沈昭略、永嘉

悛、梁州刺史阴智伯，并赃
货巨万，辄收付廷尉。临海
太守沈昭略、永嘉太守庾昙
隆及诸郡二千石并大县官
长，多被劾，内外肃然。明
帝谓曰："自宋以来，不复有
严明中丞，君今日可谓近世
独步。"……

太守庾昙隆以及诸郡太守与大县之长，
多被弹劾，这样一来，朝廷内外，百官肃
然。明帝对江淹说："自刘宋以来，再没
有出现过严明的御史中丞，先生可算是
近世唯一的了。"……

注释　①少帝：即齐郁林王萧昭业。　②南司：南北朝时称御史台为南台，御史
中丞为南台之长，故称南司。　③胐：音 fěi。　④山陵：古称帝王坟墓为山陵。

原文

　　东昏末，淹以秘书监兼
卫尉，又副领军王莹。及梁
武至新林①，淹微服来奔，位
相国右长史。天监元年，为
散骑常侍、左卫将军，封临
沮县伯。淹乃谓子弟曰：
"吾本素宦，不求富贵，今之
忝窃，遂至于此。平生言止
足之事，亦以备矣。人生行
乐，须富贵何时。吾功名既
立，正欲归身草莱耳。"以疾
迁金紫光禄大夫，改封醴陵

翻译

　　齐东昏侯末年，江淹以秘书监的身
份兼任卫尉，又为领军王莹之副。梁武
帝萧衍举兵讨伐东昏侯，大军到达建康
附近的新林，江淹为避人耳目，穿着庶
民的衣服前去投奔，梁武帝任命他为相
国右长史。梁武帝天监元年(502)，任
散骑常侍、左卫将军，受封临沮县伯。
这时江淹对子弟们说："我本出身素族，
安分做官，并不贪图富贵，现惭愧地升
任高位，达到如此显赫的地步，我一生
经常说应该知足，已经完全够了。人生
在世，不过及时行乐，何须毕生致力于
追求富贵。我功名既已成就，正打算辞

伯^②,卒。武帝为素服举哀,谥曰宪。

官归隐乡里。"江淹因病迁位高职闲的金紫光禄大夫,改封醴陵伯,不久去世。武帝身穿白色素衣亲为举哀,谥为"宪"。

注释 ①及梁武至新林:新林,今江苏南京西南。此句即梁武帝起兵讨东昏侯事。②醴:音lǐ。

原文

淹少以文章显,晚节才思微退……尔后为诗绝无美句,时人谓之才尽。凡所著述,自撰为前后集,并《齐史》十志,并行于世。尝欲为《赤县经》以补《山海》之阙^①,竟不成。

翻译

江淹少时以擅长文辞而著名,晚年才思稍有减退……以后作诗已完全没有佳句,当时人称江郎才尽。一生著述,自己编为前后集,又撰《齐史》十志,并行于世。他曾打算写《赤县经》以补《山海经》之阙漏,最终没有写成。

注释 ①《山海》:即《山海经》,我国古代神话著作,约成书于战国至西汉初年。

任 昉 传

导读

　　任昉字彦升,乐安(今山东广饶北)人,南朝时期的文学家。自幼诵诗作文,八岁时即撰《月仪》,文词精丽,叔父任晷称赞他为"我家的千里马"。任昉长于文章,诗则逊于沈约,世有"任笔沈诗"的评论。南齐时琅邪王融自以为文章举世无比,及见昉文,恍惚若有所失。东海王僧孺评价他以为超过董仲舒、扬雄。任昉历仕齐、梁,为官清正,勤恤百姓,生性简朴,常以所得周济平民及亲故。梁时出任新安太守,死于任所,百姓为之立祠,岁时祭祀。梁武帝下诏追赠太常,谥敬子。(选自卷五九)

原文

　　任昉字彦升,乐安博昌人也。父遥,齐中散大夫。……

　　遥妻河东裴氏,高明有德行……及生昉,身长七尺五寸,幼而聪敏,早称神悟。四岁诵诗数十篇,八岁能属文,自制《月仪》,辞义甚美。褚彦回尝谓遥曰:"闻卿有令子,相为喜之。所谓百不为多,一不为少。"由是闻声

翻译

　　任昉字彦升,乐安博昌人。父任遥,齐中散大夫。……

　　任遥妻为河东裴氏,出身望族,有识见德行……后来生下的任昉,身高七尺五寸,自幼聪明敏悟,被人称为神童。四岁时能诵诗几十篇,八岁就能作文,自撰《月仪》,文章辞义很美。褚彦回曾对任遥说:"听说先生有个好儿子,真为你高兴,有这样的儿子,真可谓百个不嫌多,一个不嫌少。"由此声名日盛。十二岁时,他的堂叔任晷善于识人,见到任昉就叫着他的小名说:"阿堆,你是我

藉甚。年十二，从叔暠有知人之量①，见而称其小名曰："阿堆，吾家千里驹也。"昉孝友纯至，每侍亲疾，衣不解带，言与泪并，汤药饮食必先经口。

们家的千里马啊。"任昉非常孝敬父母，诚挚地友爱兄弟，每遇父母生病，他总是日夜侍候，从不脱衣休息，言及病状，声泪俱下，汤药饮食，必先经他亲口尝试。

注释　①暠：音 guǐ。

原文

初为奉朝请，举兖州秀才，拜太学博士。永明初，卫将军王俭领丹阳尹，复引为主簿。俭每见其文，必三复殷勤，以为当时无辈，曰："自傅季友以来①，始复见于任子。若孔门是用，其入室升堂。"于是令昉作一文，及见，曰："正得吾腹中之欲。"乃出自作文，令昉点正，昉因定数字。俭拊几叹曰："后世谁知子定吾文！"其见知如此。

后为司徒竟陵王记室参军。时琅邪王融有才俊，

翻译

任昉起初任职奉朝请，后被举荐为兖州秀才，授太学博士。齐武帝永明初年，卫将军王俭兼任丹阳尹，又用任昉为主簿。王俭每见其文，必反复阅读数遍，认为当时天下再没有人能和他相比了，王俭说："自傅季友以来，数十年沉寂，今日才又有任子复出。若以孔门而论，他已升堂入室了。"于是叫任昉作文一篇，阅后说："正是我心中的意思。"于是拿出自己作的文章，让任昉修改指正，任昉改定几字。王俭拍着小几连声赞叹说："后代谁知先生修改过我的文章！"王俭对任昉就是这样看重。

后来又任司徒竟陵王萧子良的记室参军。其时，琅邪王融才智出众，自以为当世无人可与他相比，见到任昉的文

自谓无对当时,见昉之文,恍然自失。以父丧去官,泣血三年,杖而后起。……昉素强壮,腰带甚充,服阕后不复可识。……

昉尤长为笔,颇慕傅亮才思无穷,当时王公表奏无不请焉。昉起草即成,不加点窜。沈约一代辞宗②,深所推挹。……

章后,恍惚如有所失。任昉因父去世而离职服丧,极度悲哀竟达三年,因悲哀过度,身体虚弱,靠扶杖而行。……任昉的身体素来强壮,所系腰带很长。服丧期满后形容枯槁,别人都认不出他来了。……

任昉尤其擅长文章,对傅亮才思无穷深为倾慕,当时王公的表章奏疏多请他代笔。他下笔即成,不加修改。沈约被奉为一代辞宗,也对他十分推重。……

注释 ① 傅季友:即傅亮,字季友,晋末宋初人,博涉文史,擅长文辞。② 辞宗:亦作"词宗",为文人所宗仰之人。

原文

梁武帝克建邺①,霸府初开,以为骠骑记室参军,专主文翰。……

梁台建,禅让文诰,多昉所具。

奉世叔父母不异严亲,事兄嫂恭谨。外氏贫阙,恒营奉供养。禄奉所收,四方馈遗,皆班之亲戚,即日便尽。性通脱,不事仪形,喜

翻译

梁武帝攻克建邺,建立梁王府之初,任命任昉为骠骑记室参军,专门负责文书的拟制。……

梁王府建立后,梁武帝谋划夺取齐朝,按齐帝口吻草拟有关禅位的文书告谕,多由任昉执笔。

任昉侍奉叔父母与侍奉父母无异,对待兄嫂恭敬谨慎。外祖父家贫乏,常照顾供养。俸禄收入,四方赠送,分别散给亲戚,当天就完全散尽。他生性放达不拘小节,不注重仪表,喜怒从不挂

惋未尝形于色，车服亦不鲜明。

在脸上，车骑服饰也不讲究鲜丽。

注释 ① 梁武帝克建邺：建邺即建康。

原文

武帝践阼，历给事黄门侍郎、吏部郎。出为义兴太守①。岁荒民散，以私奉米豆为粥，活三千余人。时产子者不举，昉严其制，罪同杀人。孕者供其资费，济者千室。在郡所得公田奉秩八百余石，昉五分督一，余者悉原，儿妾食麦而已。友人彭城到溉、溉弟洽从昉共为山泽游。及被代登舟，止有绢七匹，米五石。至都无衣，镇军将军沈约遣裙衫迎之。

翻译

梁武帝即位，任昉历任给事黄门侍郎、吏部郎。外调义兴太守。恰逢荒年，人民流散，他用私俸米豆熬粥，赈济百姓，救活三千多人。当时有人因贫困生子不养，任昉严格规定，生子不养，罪同杀人。怀孕者供给费用，受到救济的达千家。任昉在郡所得公田俸禄八百多石，他仅取用其中的五分之一，其余全部留存，以备急需，儿女妻妾食麦饭而已。任昉在义兴，常与好友彭城到溉和到溉弟到洽游览山泽。及至任满，朝廷另委官吏替代，离郡上船时，只有绢七匹，米五石。任昉回到都城，连换洗衣物都没有，镇军将军沈约曾派人送去裙衫相迎。

注释 ① 义兴：郡名，治所在今江苏宜兴。

原文

重除吏部郎，参掌大

翻译

任昉被重新任命为吏部尚书，参与

选,居职不称。寻转御史中丞、秘书监。自齐永元以来,秘阁四部,篇卷纷杂,昉手自雠校①,由是篇目定焉。

选举大事,但不称职。不久调任御史中丞、秘书监。从齐东昏侯永元年间以来,宫中藏书处所藏四部图书,篇目混乱,卷帙繁杂,任昉亲自校勘,由此篇目才得以清楚地拟定。

注释 ① 雠校(chóu jiào):即校雠,校勘。

原文

出为新安太守①,在郡不事边幅,率然曳杖,徒行邑郭。人通辞讼者,就路决焉。为政清省,吏人便之。卒于官,唯有桃花米二十石,无以为敛。遗言不许以新安一物还都,杂木为棺,浣衣为敛。阖境痛惜,百姓共立祠堂于城南,岁时祠之。武帝闻问②,方食西苑绿沈瓜,投之于盘,悲不自胜。因屈指曰:"昉少时常恐不满五十,今四十九,可谓知命。"即日举哀,哭之甚恸。追赠太常,谥曰敬子。……

翻译

不久,任昉出任新安太守,在郡为官,不修边幅,随便拄杖出行,徒步巡视城邑。有人告状,就于路中裁决。任昉为官,清静简约,官吏百姓都感到很方便,不觉烦扰。他后来死于任所,遗产唯有桃花米二十石,无法安排后事。留下遗言,不许家人还都时带走新安一物,最后以杂木为棺,布衣殡殓。任昉去世,全郡哀伤,百姓在城南为他立祠,年年按时祭祀。武帝得悉任昉死讯时,正在吃西苑所产绿沈瓜,帝投瓜盘中,悲不自胜。屈指算了算任昉的年龄说:"任昉年轻时常怕活不到五十岁,现在恰好四十九岁,可见他能认识事物的终始,自知性命。"当天即为他举哀,梁武帝痛哭不止,追赠为太常,谥"敬子"。……

注释 ① 新安:郡名,治所在今浙江淳安西。 ② 问:凶问,噩耗。

原文

昉不事生产,至乃居无室宅。时或讥其多乞贷,亦随复散之亲故……既以文才见知,时人云"任笔沈诗"。昉闻甚以为病。晚节转好著诗,欲以倾沈,用事过多,属辞不得流便,自尔都下士子慕之,转为穿凿,于是有才尽之谈矣。博学,于书无所不见,家虽贫,聚书至万余卷,率多异本。及卒后,武帝使学士贺纵共沈约勘其书目,官无者就其家取之。所著文章数十万言,盛行于时。东海王僧孺尝论之,以为"过于董生、扬子。昉乐人之乐,忧人之忧,虚往实归,忘贫去吝,行可以厉风俗,义可以厚人伦,能使贪夫不取,懦夫有立"。其见重如此。

有子东里、西华、南容、

翻译

任昉不留心聚敛财产,连住宅也没有。当时有人讥笑他常乞讨借贷,但钱粮一到手,又随即散给亲朋故旧……任昉以擅长文章而知名于世,当时有"任笔沈诗"的说法。他对这种说法颇为不满。任昉晚年转好作诗,想在这方面超过沈约,却因用典过多,文辞不能流畅,而都城的文人却争相效仿,不久就发展为穿凿附会,这样一来,人们对他就有"才尽"的议论了。任昉学识广博,世上的书没有不曾读过的,虽家境贫寒,却收藏图书万余卷,其中有大量异本。去世之后,武帝派学士贺纵与沈约核对他的藏书目录,官家所没有的就去他家取来补上。他一生所著文章数十万字,盛行于当世。东海王僧孺曾评价任昉,认为他"已超过董仲舒、扬雄。他以天下人之乐为乐,以天下人之忧为忧,视往昔的荣耀为过眼烟云,对未来的事业踏实有为,不计较生活清贫,仍然乐善好施,毫不吝啬,他的行为可以激励风俗,他的品行足以加深人与人的关系,他的表率作用可使贪夫不取非分之财,懦夫得树自立之志"。王僧孺对他是如此的看重。

北叟,并无术业,坠其家声。兄弟流离不能自振,生平旧交莫有收邮。西华冬月著葛帔练裙①,道逢平原刘孝标②,泫然矜之,谓曰:"我当为卿作计。"乃著《广绝交论》以讥其旧交……到溉见其论,抵几于地,终身恨之。

任昉有四个儿子,名东里、西华、南容、北叟,都没有才干事业,败坏了任氏家声。兄弟因无业而流离困顿,无法自救,任昉生平的旧交没有人收留救济他们。任西华在冬天穿着一身单薄的衣服,葛布为帔肩,练布为下裙,在路上遇见平原刘孝标,刘孝标见状感到可怜,凄然下泪,对任西华说:"我为你想办法。"于是著《广绝交论》讥刺任昉的旧交……到溉见到这篇论著,愤怒得把小几都推倒在地上,终生痛恨刘孝标。

注释 ① 练(shū):一种草本植物,开花的称花练,茎皮纤维可供纺织之用。
② 平原:郡名,治所在今山东平原西南。

原文

昉撰杂传二百四十七卷,《地记》二百五十二卷,文章三十三卷。

翻译

任昉一生撰有杂传二百四十七卷,《地记》二百五十二卷,文章三十三卷。

沈 炯 传

导读

沈炯字初明，吴兴（今浙江吴兴）人，少时即有才辩，为时人赏识。梁末出仕，正值侯景之乱，几乎被杀。梁元帝萧绎在江陵即位，沈炯仕元帝。公元554年，西魏宇文泰命大将于谨及其侄宇文护偕投降西魏的梁宗室萧詧（chá）攻破江陵，占据荆州，杀萧绎，扶植萧詧建立后梁。沈炯在此役中被俘，但思念江东老母，不愿留在北方，上表请求东归，终于获得允准，回到南方。陈霸先建立陈朝，沈炯为陈武帝所赏识。文帝时，他回乡收聚徒众平定王琳、留异之叛，病死吴中，谥恭子，有文集二十卷行于当世。（选自卷六九）

原文

沈炯字初明①，吴兴武康人也。祖瑀，梁寻阳太守②。父续，王府记室参军。

翻译

沈炯字初明，吴兴武康人。祖父沈瑀，为梁寻阳太守。父亲沈续，为王府记室参军。

注释 ① 炯：音 jiǒng。 ② 寻阳：郡名，治所在今江西九江。

原文

炯少有俊才，为当时所重。仕梁为尚书左户侍郎、吴令。侯景之难①，吴郡太

翻译

沈炯少年时就才智超群，为当时人所器重。他出仕梁为尚书左户侍郎、吴县令。侯景叛乱，吴郡太守袁君正率兵

守袁君正入援建邺，以炯监郡。台城陷②，景将宋子仙据吴兴，使召炯，方委以书记，炯辞以疾，子仙怒，命斩之。炯解衣将就戮，碍于路间桑树，乃更牵往他所，或救之，仅而获免。子仙爱其才，终逼之令掌书记。及子仙败，王僧辩素闻其名③，军中购得之，酬所获者钱十万，自是羽檄军书④，皆出于炯。及简文遇害⑤，四方岳牧上表劝进⑥，僧辩令炯制表，当时莫有逮者。陈武帝南下⑦，与僧辩会白茅湾，登坛设盟，炯为其文。及景东奔，至吴郡，获炯妻虞氏及子行简，并杀之，炯弟携其母逃免。侯景平，梁元帝愍其妻子婴戮，特封原乡侯。僧辩为司徒，以炯为从事中郎。梁元帝征为给事黄门侍郎，领尚书左丞。

增援建邺，留沈炯监督郡中公事。台城陷落，侯景部将宋子仙占据吴兴，派人召沈炯，将委托他负责文书工作，沈炯以有病推辞，宋子仙大怒，令手下推出斩首。沈炯从容不迫，解衣将待斩，由于路边桑树阻碍，宋子仙叫将他押去别处，幸亏有人相救，才免遭杀害。宋子仙爱沈炯才华，终于迫使他主管文案。荆州刺史萧绎命王僧辩讨侯景，宋子仙失败，王僧辩久闻沈炯大名，在军中搜求到他，并以十万钱奖赏找到他的人，从此军中征兵的书信急件和军事文书，都出于沈炯手笔。及至简文帝为侯景杀害，四方州郡官吏纷纷上表劝萧绎即帝位，王僧辩令沈炯写劝进表，表文之精美当时没有人比得上。陈武帝率兵南下，与王僧辩会师于白茅湾，登坛盟誓，沈炯撰写誓文。侯景东逃，至吴郡，捕获沈炯妻虞氏及儿子沈行简，一并杀害，沈炯弟携其母亲逃走，侥幸免死。侯景之乱平，梁元帝怜悯他的妻儿被杀，特封原乡侯。王僧辩为司徒，以沈炯担任从事中郎。梁元帝又征召他做给事黄门侍郎，兼尚书左丞。

注释 ① 侯景之难：侯景，朔方人，字万景，初为尔朱荣将。高欢势力兴起，归附欢。不久降西魏，又请归附梁，武帝封他为河南王。后来举兵反叛，攻入建康，围攻台城，梁武帝忧愤饥饿而死。侯景立太子萧纲为简文帝，不久篡梁自立，称汉帝。时湘东王萧绎为荆州刺史，派王僧辩发兵征讨侯景，陈霸先兴兵与之合力平定了侯景之乱。　②台城：南朝皇城，在今南京大行宫附近。　③王僧辩：字君才，梁末，萧绎为荆州刺史，王僧辩为竟陵太守，侯景之乱，萧绎命王僧辩发兵征讨。　④羽檄：犹羽书。羽书，古时征调军队的文书，上插鸟羽，表示紧急必须速递。　⑤简文：即梁简文帝萧纲。梁武帝太子，后为侯景所杀。　⑥劝进：上表请有权势的人当皇帝，此指劝萧绎即帝位，萧绎即帝位后，即梁元帝。　⑦陈武帝：即陈霸先，陈朝开国皇帝。

原文

魏克荆州①，被虏，甚见礼遇，授仪同三司。以母在东，恒思归国，恐以文才被留，闭门却扫②，无所交接。时有文章，随即弃毁，不令流布。

尝独行经汉武通天台③，为表奏之，陈己思乡之意。……少日，便与王克等并获东归。历司农卿，御史中丞。

翻译

西魏攻克荆州，沈炯被俘，西魏对他甚加礼遇，授予仪同三司。因为母亲在江东，他时常思念归国，又担心因有文才而被扣留，于是闭门谢客，不与外人交往。他偶尔写了文章，也随即焚毁，不让流传。

沈炯曾独自出行，经汉武帝修筑的通天台，有所感触，上表启奏，陈述自己思念故乡的心情。……不久，他就与王克等获得准允东归，历任司农卿，御史中丞。

注释　①魏克荆州：指侯景乱后，投降西魏的梁宗室萧詧带西魏兵占领荆州，杀梁元帝。　②却扫：谢客。　③通天台：西汉武帝所筑以候神仙降临，上有承露盘，以承云表之露。沈炯为汉人，不愿留在西魏鲜卑政权中，故见汉武帝之台而思乡。

原文

陈武帝受禅,加通直散骑常侍。表求归养,诏不许。文帝嗣位,又表求去,诏答曰:"当敕所由①,相迎尊累,使卿公私无废也。"

初,武帝尝称炯宜居王佐,军国大政,多预谋谟。文帝又重其才,欲宠贵之。会王琳入寇大雷,留异拥据东境,帝欲使炯因是立功,乃解中丞,加明威将军,遣还乡里,收徒众。以疾卒于吴中②,赠侍中,谥恭子,有集二十卷行于世。

翻译

陈武帝建立陈朝,下诏加沈炯通直散骑常侍。沈炯上表请求还乡,奉养母亲,武帝下诏不许。陈文帝继位,又上表要求辞官,文帝下诏答复他说:"我当即命手下人,将你母亲迎来京城,你既可奉养母亲,亦可共商国事,使你公私兼顾。"

当初,陈武帝曾经赞许沈炯,说他应居辅佐大臣的职位,军国大事,多参与筹划。陈文帝也很赏识他的才干,想使他受到宠幸而荣耀显贵。时值王琳骚扰大雷地区,刺史留异割据东境,文帝欲乘机让沈炯建立大功,遂解除他的中丞职位,另加明威将军,遣他回乡,收聚部众,平定叛乱。后沈炯因病死于吴中,追赠侍中,谥"恭子"。著有文集二十卷流行于世。

注释　①由:使用之人。②吴中:旧时对吴郡一带的别称。

顾 野 王 传

导读

顾野王,字希冯,吴郡(今江苏苏州)人,家世儒学。顾野王博学多能,善为文赋,乃至天文地理,占卜吉凶,虫篆奇字,无不通晓。仕陈,曾修国史及五礼事宜,平生撰著颇丰,有《玉篇》《舆地志》等多种书籍,皆流传于世。又撰《通史要略》《国史纪传》,未就而卒。有文集二十卷。(选自卷六九)

原文

顾野王字希冯,吴郡吴人也。祖子乔,梁东中郎武陵王府参军事。父烜①,信威临贺王记室,兼本郡五官掾,以儒术知名。

野王幼好学,七岁读《五经》,略知大旨。九岁能属文。尝制《日赋》,领军朱异见而奇之。十二,随父之建安②,撰《建安地记》二篇。长而遍观经史,精记默识,天文地理,蓍龟占候③,虫篆奇字④,无所不通。为临贺王府记室。宣

翻译

顾野王字希冯,吴郡吴县人。祖父顾子乔,为梁东中郎武陵王府参军事。父亲顾烜,为信威临贺王记室,兼吴郡五官掾,因精通儒学而知名。

顾野王自幼喜好读书,七岁开始习读《五经》,略知大意。九岁就能写文章。曾作《日赋》,领军将军朱异见到后十分惊异。十二岁,顾野王随父到建安,撰写《建安地记》二篇。成年后,他遍读经史,都能准确地记住,天文地理,蓍龟占卜,虫篆奇字,无不通晓。顾野王后为临贺王府记室。宣城王为扬州刺史,召引顾野王及琅邪王褒为宾客,宣城王非常器重他们的才华。顾野王

城王为扬州刺史,野王及琅邪王褒并为宾客,王甚爱其才。野王又善丹青,王于东府起斋,令野王画古贤,命王褒书赞,时人称为二绝。

还长于绘画,宣城王在东府建学馆,令顾野王画古代圣贤,命王褒题赞词,画与题词被当时人称为二绝。

注释 ① 烜:音 xuǎn。 ② 建安:郡名。治所在今福建建瓯。 ③ 蓍(shī)龟:蓍,草名。其茎古代常用以占卜吉凶。龟,龟甲,亦用以占卜。 ④ 虫篆:即虫书。秦文字八体之一,因像鸟虫之形,故名,用于旗帜和符信。

原文

及侯景之乱,野王丁父忧,归本郡,乃召募乡党,随义军援都。野王体素清羸①,裁长六尺,又居丧过毁,殆不胜哀。及杖戈被甲,陈君臣之义,逆顺之理,抗辞作色,见者莫不壮之。城陷,逃归会稽。

翻译

侯景作乱时,顾野王正遇父死服丧,回归本郡,招募乡里青壮,随义军增援都城。顾野王的身体素来清瘦,身高仅六尺,加之服丧期间过分悲伤,哀不自胜。及至执戈被甲,陈述君臣大义,逆顺之理时,辞语高亢激昂,声色俱厉,此情此景,目睹者无不以为豪壮。建康城被侯景攻破,顾野王逃回会稽。

注释 ① 羸(léi):因患病消瘦,此指体弱。

原文

陈天嘉中,敕补撰史学士。太建中,为太子**率更**令,寻领大著作,掌国史,知梁史事。后为黄门侍郎、光禄卿,

翻译

陈文帝天嘉年间,皇帝诏令他补撰史学士。陈宣帝太建年间,为太子率更令,不久又兼大著作,负责修撰国史,主管梁朝史事。顾野王后任黄门侍郎、光禄卿,

知五礼事。卒,赠秘书监,右卫将军。

野王少以笃学至性知名,在物无过辞失色。观其容貌,似不能言,其厉精力行,皆人所莫及。所撰《玉篇》三十卷,《舆地志》三十卷,《符瑞图》十卷,《顾氏谱传》十卷,《分野枢要》一卷,《续洞冥记》一卷,《玄象表》一卷,并行于时。又撰《通史要略》一百卷,《国史纪传》二百卷,未就而卒。有文集二十卷。

主管五礼事宜。死后追赠秘书监,右卫将军。

顾野王从小就以嗜好学习,性情纯厚而知名,对事物的评价从不言过其实,使之失去本色。单从外表看,他好像不善谈吐,但办起事来认真尽力,一丝不苟,都为常人所不及。所著《玉篇》三十卷,《舆地志》三十卷,《符瑞图》十卷,《顾氏谱传》十卷,《分野枢要》一卷,《续洞冥记》一卷,《玄象表》一卷,都流传于时。又撰写《通史要略》一百卷,《国史纪传》二百卷,但是书未写成他就去世了。他还有文集二十卷。

姚　察　传

导读

　　姚察,字伯审,吴兴(今浙江吴兴)人,南朝时期的史学家。自幼励精学业,十二岁即能作文,学识渊博。姚察一生主要致力于编修史籍,在陈即任史官之职。陈宣帝时受命撰修梁史。陈亡入隋,深受隋文帝赏识,对朝臣说:"我灭陈只得到姚察一个人才罢了。"文帝开皇年间,姚察受命编写梁、陈两代国史,在朱华阁长期负责修撰工作,未毕而卒,临终命其子姚思廉继续完成,姚思廉不负父命,最终撰成梁、陈两部史书。姚察专志著书,直到白头,除修史外,著述甚多,有《汉书训纂》三十卷,《说林》十卷,《西聘》《玉玺》《建康三钟》等记各一卷,还有文集二十卷。(选自卷六九)

原文

　　姚察字伯审,吴兴武康人,吴太常卿信之九世孙也。父僧垣,梁太医正。及元帝在荆州,为晋安王谘议参军。后入周①,位遇甚重。

翻译

　　姚察字伯审,吴兴武康人,东吴太常卿姚信九世孙。父亲姚僧垣,梁太医正。梁元帝在荆州时,为晋安王谘议参军。后至北周,给予姚僧垣很高的职位,备受器重。

注释　　① 入周:西魏破江陵,姚僧垣被俘入北周。

原文

　　察幼有至性,六岁诵书万

翻译

　　姚察自幼性情淳厚,六岁已诵读文章

余言。不好戏弄,励精学业,十二能属文。僧垣精医术,知名梁代,二宫所得供赐①,皆回给察兄弟,为游学之资。察并用聚蓄图书,由是闻见日博。年十三,梁简文帝时在东宫,盛修文义,即引于宣猷堂听讲论难,为儒者所称。及简文嗣位,尤加礼接。起家南海王国左常侍,兼司文侍郎。后兼尚书驾部郎。遇梁室丧乱,随二亲还乡里。在乱离间,笃学不废。元帝于荆州即位,授察原乡令。后为佐著作,撰史。

达万余言。他不贪玩耍,勤勉于学业,十二岁便能写文章。其父姚僧垣精通医术,为梁代名医,常把宫中的赏赐,带回给姚察兄弟,作为求学的费用。姚察用这些钱购置图书,潜心攻读,因此他的知识日渐渊博。十三岁时,梁简文帝在东宫,大力提倡研究文章学问,招引姚察到宣猷堂,听他讲解和讨论疑难问题,姚察见地精到,深得儒士称颂。简文帝即位后,尤其受到礼遇。初次入仕为南海王国左常侍,兼司文侍郎。后兼尚书驾部郎。时正值梁室遭侯景之难,随同双亲归还乡里。在离乱之间,依旧发愤攻读,不荒废学业。梁元帝在荆州即位,授任姚察为原乡县令。后调任佐著作,负责撰写史书。

注释　①二宫:一般指皇帝所居宫及太子东宫,总言皇宫内院。

原文

陈永定中,吏部尚书徐陵领大著作,复引为史佐。太建初,补宣明殿学士。寻为通直散骑常侍,报聘于周①。江左耆旧先在关右者②,咸相倾慕。沛国刘臻窃于公馆访《汉

翻译

陈武帝永定年间,吏部尚书徐陵兼大著作,招引姚察为史佐。陈宣帝太建初年,增补为宣明殿学士。不久又为通直散骑常侍,为使节回聘北周。江左士大夫居于关右的,对他都十分倾慕。沛国刘臻私下到姚察所居公馆访问,请教有关《汉书》中疑难问题十余条,姚察一

书》疑事十余条③，并为剖析，皆有经据。臻谓所亲曰："名下定无虚士。"著《西聘道里记》。使还，补东宫学士，迁尚书祠部侍郎。……

一分析解答，都有经典依据。刘臻对所亲近的人说："姚察很有学问，真是名不虚传啊。"姚察就此著《西聘道里记》。完成报聘使命归国，补为东宫学士，升迁尚书祠部侍郎。……

注释 ①周：指北周。 ②耆(qí)旧：指年高而有声望的士大夫。关右：古地区名，即关西。泛指函谷关或潼关以西地区。 ③臻：音 zhēn。

原文

后历仁威淮南王、平南建安王二府谘议参军。丁内忧去职。俄起为戎昭将军，知撰梁史，后主立，兼东宫通事舍人，知撰史。至德元年，除中书侍郎，转太子仆，余并如故。……

察自居显要，一不交通。尝有私门生不敢厚饷，送南布一端①，花絁一匹。察谓曰："吾所衣著，止是麻布蒲絁，此物于吾无用。既欲相款接，幸不烦尔。"此人逊请，察厉色驱出，自是莫敢馈遗。

翻译

姚察后历任仁威淮南王、平南建安王二府谘议参军。遭母丧而辞官。不久又起用为戎昭将军，主持撰写梁史。陈后主即位，姚察兼东宫通事舍人，仍负责撰史工作。陈后主至德元年(583)，他被授职中书侍郎，转太子仆，原职如故。……

姚察自从位居显职，一律不与人相交往。曾经有自己的门生想赠送一点东西给他，又不敢用重礼，仅送去南布一端，花絁一匹。姚察说："我的衣裳服饰，只是麻布蒲絁，你送的东西对我毫无用处。既然想和我真诚相交，就不烦馈送礼物。"这个门生谦逊地请他收下，姚察大怒，严厉斥责，并把他驱逐出去，从此以后无人再敢馈送任何东西给他。

注释 ① 端：量词。布帛的长度单位，一说两丈为一端，一说六丈为一端。一说一丈六尺为一端。

原文

陈亡入隋，诏授秘书丞，别敕成梁、陈二史。又敕于朱华阁长参。文帝知察蔬菲，别日独召入内殿，赐果菜，指谓朝臣曰："闻姚察学行当今无比，我平陈唯得此一人。"……

仁寿二年，诏除员外散骑常侍、晋王侍读①。炀帝即位，授太子内舍人。及改易衣冠，删定朝式，预参对问。大业二年，终于东都②。……

翻译

陈灭亡，入仕隋，皇帝下诏授职姚察秘书丞，再令撰写梁、陈二朝历史。又命他在朱华阁长期负责修史工作。隋文帝知道姚察生活简朴，仅食一般蔬菜，一天，单独召他入内殿，赏赐水果美食，并指着姚察对众位朝臣说："听说姚察学识品行当世无人可比，我灭陈仅仅得到这一个人才啊。"……

隋文帝仁寿二年(602)，下诏封姚察为员外散骑常侍、晋王侍读。隋炀帝即位，授职太子内舍人。隋朝变更衣冠，删定朝仪一切事务，姚察参与顾问。隋炀帝大业二年（606），姚察死于东都洛阳。……

注释 ① 晋王：杨广，即后之隋炀帝。 ② 东都：洛阳。

原文

察至孝，有人伦鉴识①，冲虚谦逊②，不以所长矜人。专志著书，白首不倦。所著《汉书训纂》三十卷，《说林》十卷，《西聘》《玉玺》《建康

翻译

姚察十分孝顺，能遵守儒家的人际准则，并有精辟的识鉴能力，怀抱淡泊虚静，不求名利，谦虚恭顺，不以自己之所长傲视别人。他专心致志著书立说，直至年老白头，从不倦怠。平生著述有

三钟》等记各一卷,文集二十卷。所撰梁、陈史,虽未毕功,隋开皇中,文帝遣中书舍人虞世基索本,且进。临亡,戒子思廉撰续。思廉在陈为衡阳王府法曹参军、会稽王主簿。

《汉书训纂》三十卷、《说林》十卷,以及《西聘》《玉玺》《建康三钟》等记各一卷,另有文集二十卷。所撰梁、陈二史,虽未完稿,隋文帝开皇年间,仍派中书舍人虞世基索取稿本,进献朝廷。临终,嘱咐儿子姚思廉继续完成。姚思廉在陈朝为衡阳王府法曹参军、会稽王主簿。

注释 ① 鉴识:精辟的见识,多指识别人物。 ② 冲虚:淡泊虚静,不计较功名利禄。

丘 迟 传

导读

　　丘迟字希范，吴兴（今浙江吴兴）人，南朝时期的文学家。仕梁，为官不称职，以文学见称，钟嵘《诗品》对他有很高的评价。（选自卷七二）

原文

　　迟字希范，八岁便属文。灵鞠常谓"气骨似我"[1]。黄门郎谢超宗、征士何点并见而异之[2]。在齐，以秀才累迁殿中郎。梁武帝平建邺，引为骠骑主簿，甚被礼遇。时劝进梁王及殊礼，皆迟文也。及践阼，迁中书郎，待诏文德殿。时帝著《连珠》[3]，诏群臣继作者数十人，迟文最美。坐事免，乃献《责躬诗》，上优辞答之。

翻译

　　丘迟字希范，八岁便能作文。其父丘灵鞠常说我儿子"气韵和风骨像我"。黄门郎谢超宗、征士何点见到丘迟的文章十分惊叹。南齐时，丘迟以秀才不断升迁到殿中郎。梁武帝平建邺后，引其为骠骑主簿，深得武帝礼遇。当时劝梁武帝进爵梁王和享受特殊礼数的表文，均为丘迟所作。及武帝即位，升迁中书郎，待诏文德殿。当时武帝著《连珠》，下令群臣数十人继续作，以丘迟文辞最美。后丘迟因获罪免官，于是向皇上呈献《责躬诗》，表示悔悟，武帝用美言安慰他。

注释　①灵鞠：丘迟之父。气骨：气韵与风骨。　②征士：旧称经朝廷征聘而不肯受职的隐士。　③《连珠》：文体之一。用假喻的手法表达文意，合乎古诗之讽喻,大多骈偶有韵,辞丽言约,历历如贯珠,容易朗读。

原文

　　后出为永嘉太守,在郡不称职,为有司所纠。帝爱其才,寝其奏。天监四年,中军将军临川王宏北侵魏,以为谘议参军,领记室。时陈伯之在北,与魏军来拒,迟以书喻之,伯之遂降。还拜中书侍郎,迁司空从事中郎,卒官。

　　迟辞采丽逸,时有钟嵘著《诗评》云①:"范云婉转清便,如流风回雪。迟点缀映媚,似落花依草。虽取贱文通②,而秀于敬子。"③其见称如此。

翻译

　　过后丘迟调任为永嘉太守,但在郡做官不称职,被有关官吏纠劾。武帝爱其才华,搁置弹劾的表章,不予过问。梁武帝天监四年(505),中军将军临川王萧宏北伐魏,以丘迟为谘议参军,兼记室。当时陈伯之在北边,与北魏军队一道抵抗梁军,丘迟写信劝喻他,陈伯之遂降梁。回京后授丘迟中书侍郎,又调任司空从事中郎,死于任所。

　　丘迟行文,辞藻华丽奔放,钟嵘曾著《诗评》品评历代诗人,他认为:"范云的诗婉约清便,就像雪花在流风中回旋。丘迟的诗以景物互相映衬,悦目可观,就如落花依附小草。虽不如江淹深远,却比任昉秀逸。"他被钟嵘如此称赞。

注释　①《诗评》:即《诗品》。　②取贱文通:文通,江淹字。《诗品》卷中作"浅于江淹"。　③敬子:任昉谥。

祖 冲 之 传

导读

　　祖冲之,范阳(河北涿州)人,南朝时期的自然科学家。精于历法,宋孝武帝时曾修改何承天之元嘉历。特别长于机械制造,是三国马钧以来的第一个能工巧匠。学识渊博,著有《易老庄义》,注释《论语》《孝经》。他长于算术,注释汉代的《九章算术》,又编撰了计算日月五星运行天度的《缀术》,在文化方面有很大贡献。(选自卷七二)

原文

　　祖冲之字文远,范阳遒人也。曾祖台之,晋侍中。祖昌,宋大匠卿。父朔之,奉朝请。

　　冲之稽古,有机思,宋孝武使直华林学省,赐宅宇车服。解褐南徐州从事、公府参军。

　　始元嘉中,用何承天所制历,比古十一家为密。冲之以为尚疏,乃更造新法,上表言之。孝武令朝士善历者难之,不能屈。会帝崩

翻译

　　祖冲之字文远,范阳遒人。曾祖父祖台之,为晋侍中。祖父祖昌,为宋大匠卿。父祖朔之,为奉朝请。

　　祖冲之好稽考古事,机智灵巧,宋武帝派他担任华林学宫侍从,赐予房宅车服。他入仕为南徐州从事、公府参军。

　　宋文帝元嘉年间,用何承天制定的历书,此历书较之古代十一家都精密。但祖冲之仍以为还有疏漏,就重新修定制为新历法,并向皇帝上表说明。宋孝武帝下令朝廷精通历法的人和他辩论,最终都没能驳倒他。正值此时,孝武帝死,新历书因而未能颁行。

不施行。

历位为娄县令①、谒者仆射。初，宋武平关中，得姚兴指南车，有外形而无机杼②，每行，使人于内转之。升明中，齐高帝辅政，使冲之追修古法。冲之改造铜机，圆转不穷，而司方如一，马钧以来未之有也③。时有北人索驭驎者亦云能造指南车，高帝使与冲之各造，使于乐游苑对共校试，而颇有差僻，乃毁而焚之。晋时杜预有巧思，造欹器④，三改不成。永明中，竟陵王子良好古，冲之造欹器献之，与周庙不异。文惠太子在东宫，见冲之历法，启武帝施行。文惠寻薨又寝。

祖冲之历任娄县令、谒者仆射。当初，宋武帝灭后秦，获得姚兴的指南车，只有外形，内部没有机械，每当行驶，必须用人在里面转动。宋顺帝升明年间，齐高帝辅政，命祖冲之研究古代指南车制造法。祖冲之改造了铜机械，指南车就能不停地运转，和用人力转动的方法完全一样，自马钧以来还没有过像他这样的能工巧匠。当时北方有位名叫索驭驎的人，自称会造指南车，齐高帝命索驭驎和祖冲之分别制造，造好后，在乐游苑进行比试，判其优劣，结果索驭驎大大不如，他感到惭愧，烧毁了自己造的指南车。晋朝杜预亦有制作技巧，制造欹器，三次改造都没有成功。齐武帝永明年间，竟陵王萧子良嗜好古玩，祖冲之造欹器进献，他制成的欹器与周代太庙中的完全一样。文惠太子在东宫，曾见到祖冲之修定的历法，启奏齐武帝施行。不久，太子死，颁布新历法之事又暂被搁置。

注释 ① 娄县：县名，今江苏昆山东北。 ② 机杼(zhù)：此指指南车机械。 ③ 马钧：三国时机械制造家。 ④ 欹(qī)器：古代巧变之器皿，周时已发明制造。

原文

转长水校尉，领本职。冲之造《安边论》，欲开屯

翻译

祖冲之调任为长水校尉，仍保留原职。他著有《安边论》，打算大兴屯田，

田，广农殖。建武中，明帝欲使冲之巡行四方，兴造大业，可以利百姓者，会连有军事，事竟不行。

冲之解钟律博塞^①，当时独绝，莫能对者。以诸葛亮有木牛流马，乃造一器，不因风水，施机自运，不劳人力。又造千里船，于新亭江试之，日行百余里。于乐游苑造水碓磨^②，武帝亲自临视。又特善算^③。永元二年卒，年七十二。著《易老庄义》，释《论语》《孝经》，注《九章》，造《缀述》数十篇。

扩大耕地，增殖农产品。齐明帝建武年间，明帝准备派他巡行天下，兴造各种可以便利百姓的事业，正值当时战争频繁，此举又未实行。

祖冲之精通黄钟音律和博戏，技艺盖世，当时无人能与之匹敌。因诸葛亮制造有木牛流马，他另造一种机械，不借助风力、水力，只扳动机关，就能自动运行，无需用人力推动。他又造千里船，在新亭江试航，一日行一百多里。在乐游苑制水转磨，齐武帝亲临观看。祖冲之不仅长于机械制造，而且也特别精于计算。祖冲之死于齐东昏侯永元二年(500)，终年七十二岁。平生著述颇多，有《易老庄义》，注释《论语》《孝经》，又注《九章》，编撰《缀述》几十篇。

注释 ① 博塞：本作"簙簺"，古代的博戏。 ② 碓：音 duì。 ③ 算：计算术。

钟 嵘 传

导读

钟嵘字仲伟,颍川(今河南禹州)人,南朝时期的文学家。历仕齐、梁。齐武帝永明五年(487)为国子生,好学,通《周易》,喜读诗。曾著品评古今诗歌的《诗品》,是我国古代诗歌评论的第一本专著,在文学史上有重要地位。(选自卷七二)

原文

钟嵘字仲伟,颍川长社人,晋侍中雅七世孙也。父蹈,齐中军参军。

嵘与兄岏[1]、弟屿并好学,有思理。嵘齐永明中为国子生,明《周易》。卫将军王俭领祭酒,颇赏接之。建武初,为南康王侍郎。……

注释 ① 岏:音 wán。

翻译

钟嵘字仲伟,颍川长社人,晋侍中钟雅七世孙。父亲钟蹈,为齐中军参军。

钟嵘与兄钟岏、弟钟屿都很好学,思维严密。钟嵘于齐武帝永明年间为国子生,通晓《周易》。当时卫将军王俭为国学的最高长官,对他非常赏识,时常和他亲近。齐明帝建武初年,又为南康王萧宝融侍郎。……

原文

永元末,除司徒行参军。梁天监初,制度虽革,

翻译

齐东昏侯永元末年,任命钟嵘为司徒代理参军。梁武帝天监初年,虽然变

而未能尽改前弊，嵘上言曰："永元肇乱，坐弄天爵①，勋非即戎②，官以贿就。挥一金而取九列，寄片札以招六校。骑都塞市，郎将填街。服既缨组③，尚为臧获之事④，职虽黄散⑤，犹躬胥徒之役⑥。名实淆紊，兹焉莫甚。臣愚谓永元诸军官是素族士人，自有清贯⑦，因而斯受爵，一宜削除，以惩浇竞⑧。若吏姓寒人，听极其门品，不当因军遂滥清级。若侨杂伧楚⑨，应在绥抚，正宜严断禄力，绝其妨正，直乞虚号而已。"敕付尚书行之。

革制度，但未能完全纠正从前弊政，于是钟嵘上表议论时弊，他说："自齐东昏侯永元以来，天下骚乱，滥设冗官，当时之人无半点功绩就坐得爵位，无一戈一矛之劳就升任将领，通过贿赂就可谋取官职。向权贵奉献金帛就能位至九卿，一封谀书就能官居校尉。骑都郎将都填塞街市，这些人是用不正当的手段位居显职的，所以，虽然为官为宦，仍要替主子做奴婢之事，尽管有黄散之位，仍要为主子服胥徒之役。名实之混淆紊乱，没有比现在更为严重的了。我私下认为，齐东昏侯永元年间的军事将领均系寒门庶族，这般人从前是地位低下的侍从，就因接近皇帝获得爵位，对于这些人应该全部罢除，以此惩罚那些轻浮躁进之辈。如果出身府吏的寒人，应当依据他们的门第授官，不能因军功就随意提拔，使之位居高门士族的官职。如北来侨人中混杂有寒人，应该安抚，严格限制他们的俸禄，以杜绝不良因素侵害正常制度，给予虚职就行了。"皇帝下令交付尚书省实行。

注释 ① 坐弄天爵：无功受爵位封赏。 ② 即戎：犹言用兵。 ③ 缨组：组，绶类，丝条。缨，冠系。缨组为结冠之丝带。用以区别官吏等级，在此指官宦。 ④ 臧获：奴婢。 ⑤ 黄散：即黄门侍郎、散骑常侍一类的官。 ⑥ 胥(xū)徒：旧时官府中办理文书的小吏。 ⑦ 清贯：侍从之官，接近皇帝。 ⑧ 浇竞：轻浮躁进。 ⑨ 伧楚：当时南方对北方过江人士的贱称,亦称伧士。

原文

衡阳王元简出守会稽,引为宁朔记室,专掌文翰。时居士何胤筑室若邪山①,山发洪水,漂拔树石,此室独存。元简令嵘作《瑞室颂》以旌表之,辞甚典丽。迁西中郎晋安王记室。

嵘尝求誉于沈约,约拒之。及约卒,嵘品古今诗为评,言其优劣,云"观休文众制,五言最优。齐永明中,相王爱文②,王元长等皆宗附约③。于时谢朓未遒④,江淹才尽,范云名级又微,故称独步。故当辞密于范,意浅于江"。盖追宿憾,以此报约也。顷之卒官。

翻译

衡阳王萧元简出镇会稽,召引钟嵘为宁朔记室,专掌文墨之事。当时隐士何胤在若邪山筑室隐居,忽然山洪暴发,树木为之拔起,山石亦被洪水漂流,唯独何胤的房屋还完好存在。萧元简即令钟嵘作《瑞室颂》表彰何胤,言辞典雅华丽。后钟嵘又升迁为西中郎晋安王记室。

钟嵘曾经请求沈约为他赞扬,以此提高身价,沈约拒绝了。到沈约死的时候,钟嵘将古今之诗分成品级加以评价,论其优劣,说"纵观沈休文各体诗作,以五言为最佳。齐武帝永明年间,竟陵王萧子良爱好文学,文学家王元长等人也都尊崇依附沈约。当时谢朓的诗还不够强劲,尚未发展成名,江淹又年老才尽,范云名声地位也还低微,所以沈约能在文坛独占鳌头。其实,他的文辞虽比范云严密,但意蕴不如江淹深广"。对沈约如此评价,是为了追念昔日的仇怨,以此报复。钟嵘不久死于任所。

注释 ① 若邪山:在浙江绍兴南。 ② 相王:即齐竟陵王萧子良。 ③ 王元长:即王融,南朝齐文学家。 ④ 遒(qiú):强劲。

吴 均 传

导读

　　吴均字叔庠，吴兴（今浙江吴兴）人，南朝时期的文学家和史学家。出身寒门，家中人至吴均时方始读书。善作诗，风格清新挺拔而古朴，时人称为"吴均体"，多为学诗者仿效。吴均欲修史以成名，撰《齐春秋》，因实录而得罪梁武帝。后又命修上起三代，下讫齐代的《通史》，只撰写了本纪和世家，列传未就而死。吴均学识博渊，著述甚多。（选自卷七二）

原文

　　吴均字叔庠，吴兴故鄣人也。家世寒贱，至均好学有俊才，沈约尝见均文，颇相称赏。梁天监初，柳恽为吴兴[①]，召补主簿，日引与赋诗。均文体清拔，有古气，好事者或效之[②]，谓为"吴均体"。均尝不得意，赠恽诗而去，久之复来，恽遇之如故，弗之憾也。荐之临川靖惠王，王称之于武帝，即日召入赋诗，悦焉。待诏著

翻译

　　吴均字叔庠，是吴兴故鄣人。出身寒门，至吴均时才喜好读书，并有高才，沈约曾见到他的文章，备加赞赏。梁武帝天监初年，柳恽为吴兴太守，召吴均补主簿，每日都在一起赋诗。吴均的文体清新挺拔，有古风，好事之辈皆仿效他的风格，称为"吴均体"。吴均在吴兴，感到不满意，写诗赠柳恽，不辞而别。过了一段时间后，又回到柳恽府中，柳恽待他依然如故，没有因他前次离去而不高兴。柳恽把他推荐给临川靖惠王萧宏，萧宏在梁武帝面前赞扬他，当日就召吴均入宫赋诗，武帝很高

作,累迁奉朝请。

兴。吴均先待诏著作,后又多次升迁直至奉朝请。

注释　① 恽:音 yùn。　② 敩(xué):同"学",学习,仿效。

原文

　　先是,均将著史以自名,欲撰齐书,求借齐起居注及群臣行状①,武帝不许,遂私撰《齐春秋》奏之。书称帝为齐明帝佐命,帝恶其实录,以其书不实,使中书舍人刘之遴诘问数十条,竟支离无对。敕付省焚之,坐免职。寻有敕召见,使撰《通史》,起三皇讫齐代。均草本纪、世家已毕,唯列传未就,卒。

　　均注范晔《后汉书》九十卷,著《齐春秋》三十卷,《庙记》十卷,《十二州记》十六卷,《钱唐先贤传》五卷,《续文释》五卷,文集二十卷。

翻译

　　当初,吴均意欲修史成名,准备撰写齐代史书,请求朝廷借给他齐诸帝起居注和群臣行状,武帝不同意,他就私自撰写《齐春秋》,书成进奏武帝。书中说武帝曾为齐明帝辅佐之臣,武帝憎恨他如实记录,反说吴均的书不符合史实,派遣中书舍人刘之遴责问他数十条,吴均竟支支吾吾对答不出。武帝命将书交付官署焚毁,因为这件事吴均被免职。不久皇帝又下令召见他,让他写《通史》,上起三皇,下讫齐代。吴均草拟好本纪、世家,列传还未脱稿,就去世了。

　　吴均注范晔《后汉书》九十卷,著《齐春秋》三十卷,《庙记》十卷,《十二州记》十六卷,《钱唐先贤传》五卷,《续文释》五卷,文集二十卷。

注释　① 行状:述死者一生行为及爵位、籍贯、生卒年月等的文书。

刘 勰 传

导读

　　刘勰字彦和,东莞(今山东莒县)人,南朝时期的文学家。早年丧父,孤贫无靠,无以妻娶,遂投靠定林寺沙门僧祐,在庙整理佛教经籍,故又精通佛理。所著《文心雕龙》五十篇,评论古今文体,深得沈约赞赏,为我国文学史上文论的名著。最后出家为僧,法名慧地。(选自卷七二)

原文

　　刘勰字彦和[①],东莞莒人也。父尚,越骑校尉。勰早孤,笃志好学。家贫不婚娶,依沙门僧祐居[②],遂博通经论[③],因区别部类,录而序之。定林寺经藏,勰所定也。

翻译

　　刘勰字彦和,东莞莒人。父亲刘尚,越骑校尉。刘勰幼年丧父,立志攻读。家境贫寒,无法娶妻,只得去寺庙与沙门僧祐一起生活,因此精通佛教经典,他将佛经分门别类,登录目次,定出顺序。定林寺的藏经,都是刘勰刊定的。

注释　　① 勰:音 xié。　② 沙门:佛教对僧侣的称谓。　③ 经论:佛教经典包括经、律、论三藏。此以经论统括佛教经典。

原文

　　梁天监中,兼东宫通事舍人,时七庙飨荐已用蔬

翻译

　　梁武帝天监年间,兼任东宫通事舍人,当时七庙祭祀已用蔬果为祭品,春

果①，而二郊农社犹有牺牲②，勰乃表言二郊宜与七庙同改。诏付尚书议，依勰所陈。迁步兵校尉，兼舍人如故，深被昭明太子爱接。

秋两季郊祀农神犹用牲畜为祭品，刘勰于是上表建议二郊农社应与七庙祭祀同时改祭品为蔬果。皇帝下诏将他的表章交付尚书省讨论，最后采纳了他的建议。刘勰后迁为步兵校尉，仍保留舍人职务，深受昭明太子萧统的宠爱。

注释 ① 七庙飨荐：古代宗法制度，天子有七庙，以太祖庙居中，左右三昭三穆，共为七庙。昭穆：宗庙次序。父曰昭，子曰穆，左昭右穆。飨（xiǎng）荐：祭献。② 二郊农社：春秋两季郊祀农神。

原文

初，勰撰《文心雕龙》五十篇，论古今文体……既成，未为时流所称。勰欲取定于沈约，无由自达，乃负书候约于车前，状若货鬻者①。约取读，大重之，谓深得文理，常陈诸几案。

勰为文长于佛理，都下寺塔及名僧碑志，必请勰制文。敕与慧震沙门于定林寺撰经证。功毕，遂求出家，先燔须发自誓，敕许之。乃变服改名慧地云。

翻译

起初，刘勰撰写《文心雕龙》五十篇，评论古今文体……书成，没有得到当时名流的称扬。刘勰想请沈约评定，但又无法接近他，于是就带上他的作品等候在沈约车前，假装成售货的小贩。沈约取过刘勰的书阅读后，非常重视，说《文心雕龙》深得文章义理，常把此书放置案头。

刘勰为文擅长佛学原理，京城寺塔和名僧碑志都请他撰写。皇帝下令他与慧震沙门在定林寺编撰经证。编撰完后，刘勰请求出家为僧，先用火烧去胡须头发表示已下定决心，皇帝下令允许。于是他脱下官服换上僧衣，改法名为慧地。

注释 ① 鬻（yù）：卖。

陶 潜 传

导读

陶潜字渊明，寻阳柴桑(今江西九江)人，南朝时期的重要诗人。陶潜自幼有高士之风，虽其曾祖陶侃在东晋初年为大司马，但他对功名利禄十分淡漠，只因亲老家贫，做过州祭酒、将军府参军或县令一类的小官。朝廷多次征召，不应命；江州刺史檀道济亲临劝驾，也为之拒绝。在彭泽为县令时，寻阳郡遣督邮至县检查治绩，县吏禀明要顶冠束带，穿戴官服迎接参见，陶潜不愿为区区官俸向乡里小人卑躬屈节，立即挂印归去，从此不仕。隐居乡里，不与官场交往，与妻翟氏躬耕自给。性爱菊，嗜酒，精诗赋。归隐后常在醉乡，亦作了许多精美的诗。陶潜重骨气，因其曾祖父陶侃在东晋初年官高位显，到宋即完全不仕。自以为是晋朝遗民，只承认晋朝的正统，所著文章，晋安帝义熙以前题署年月为晋帝年号，宋武帝永初以后，只以甲子年为题署，不用宋帝年号。

宋文帝元嘉四年(427)，朝廷又征召他入仕，正值此时，陶潜去世，世号靖节先生。(选自卷七五)

原文

陶潜字渊明，或云字深明①，名元亮。寻阳柴桑人，晋大司马侃之曾孙也。少有高趣，宅边有五柳树，故常著《五柳先生传》……盖

翻译

陶潜字渊明，或者说字深明，名元亮。寻阳郡柴桑县人，东晋大司马陶侃的曾孙。自小即有高士之风，他家屋边有五棵柳树，因此写作《五柳先生传》……用以比况自己的生活情趣，当

以自况,时人谓之实录。

时人称此传为实录。

注释 ① 或云字深明:《宋书》本传仍称"字渊明",《南史》修于唐,避高祖李渊讳,改"渊明"为"深明"。

原文

　　亲老家贫,起为州祭酒①,不堪吏职,少日自解而归。州召主簿,不就,躬耕自资,遂抱羸疾。江州刺史檀道济往候之,偃卧瘠馁有日矣,道济谓曰:"夫贤者处世,天下无道则隐,有道则至。今子生文明之世②,奈何自苦如此。"对曰:"潜也何敢望贤,志不及也。"道济馈以粱肉,麾而去之。

翻译

　　陶潜父母年老,家境贫寒,被举荐为江州祭酒,但过不惯在长官面前低三下四的生活,不久就辞职归家了。江州政府又来聘请他去做主簿,他没有应命,在田园亲自耕稼以自给,因劳累过度而体弱多病。江州刺史檀道济前去探视,他已卧床多日,瘦弱不堪了。檀道济对他说:"有才有德之士处于世上,天下混乱就隐居避乱,清平之时就出而为政,今你处元嘉盛世,为什么如此自找苦吃。"陶渊明回答说:"我哪里谈得上才德之士,志趣也没有达到那样的境界。"檀道济送给他粮米肉食,陶渊明不受,挥手请他离去。

注释 ① 州:指江州,治所亦在寻阳。　② 文明之世:指宋文帝元嘉年间。

原文

　　后为镇军、建威参军,谓亲朋曰:"聊欲弦歌①,以为三径之资②,可乎?"执事者闻之,以为彭泽令。不以

翻译

　　后陶潜为镇军将军、建威将军参军,对亲朋故旧说:"我想不受上司节制,自由自在地做个小官,得点薪俸作为隐居的费用,你们说可以吗?"将军府

家累自随,送一力给其子③,书曰:"汝旦夕之费,自给为难,今遣此力,助汝薪水之劳。此亦人子也,可善遇之。"公田悉令吏种秫稻④,妻子固请种粳⑤,乃使二顷五十亩种秫,五十亩种粳。

办事人员听说后,禀告上司调陶潜为彭泽县令。陶潜赴任,不带眷属,他送了一个僮仆给家乡的儿子,并带去书信一封,信中说:"你的生活费用,自己一人劳动恐有困难,现派此人,助你耕稼之劳。此虽僮仆,也是父母养育的人,你要好生对待他。"县府的公田全部命种秫稻,以作酿酒之用,妻子坚决要求种粳稻,用作饭食,才命四百五十亩种秫,五十亩种粳。

注释 ① 弦歌:礼乐教化,此指做官。 ② 三径:据《三辅决录》,隐士蒋诩,在其园中竹下开三径,只有同隐者求仲、羊仲可以在其中游玩。后人以三径称隐者所居之地。 ③ 力:僮仆,即一个劳动力。 ④ 秫(shú)稻:稻之一种。性糯,北方人称为黄糯,用以酿酒。 ⑤ 粳(jīng):稻之一种,用以做饭。

原文

郡遣督邮至县,吏白应束带见之。潜叹曰:"我不能为五斗米折腰向乡里小人。"①即日解印绶去职,赋《归去来》以遂其志……

义熙末,征为著作佐郎,不就。江州刺史王弘欲识之,不能致也。潜尝往庐山,弘令潜故人庞通之赍酒

翻译

寻阳郡派管理属县的佐吏督邮至彭泽检查治绩,县吏禀明陶潜应穿戴官服参见。陶潜叹气说:"我不能为区区官俸向乡里小人卑躬屈节。"当天就留下官印离职而去,去时作《归去来》以表明心志……

东晋安帝义熙末年,朝廷征陶潜为著作佐郎,没有受命。江州刺史王弘想结识他,找不到机会。陶潜曾去庐山,王弘命陶潜故友庞通之带着酒食在半

具于半道栗里要之②。潜有脚疾，使一门生二儿举篮舆③。及至，欣然便共饮酌，俄顷弘至，亦无忤也。

先是，颜延之为刘柳后军功曹，在寻阳与潜情款。后为始安郡④，经过潜，每往必酣饮致醉。弘欲要延之一坐，弥日不得。延之临去，留二万钱与潜，潜悉送酒家稍就取酒。尝九月九日无酒，出宅边菊丛中坐久之。逢弘送酒至，即便就酌，醉而后归。

路上的栗里等待。陶潜腿脚有病，行走不便，由一个门生两个儿子用轿子抬着上山。及至栗里，见酒食，高兴地与庞通之共饮，一会儿王弘来到，陶潜也没有不快之意，由是王弘得结识陶潜。

早先，颜延之为刘柳后军功曹，在寻阳与陶潜志趣相投，情感至深。后调任始安郡守，时时经过陶潜居住处，每去必留下畅饮，直至酣醉。王弘想请颜延之去坐谈一会，守候终日竟不得一见。颜延之临走，留下二万钱给陶潜，陶潜全部送存酒家，日沽一壶，以博一醉。曾经在九月九日家中无酒，陶潜心情抑郁，到宅边菊花丛中闷坐许久。正当此时，王弘送酒到。立即对菊畅饮，直到酣醉才回到屋中。

注释　①折腰：弯腰，指卑躬屈节。　②赍(jī)：送东西给人，携带。　③篮舆(yú)：轿子。④始安：郡名，治所在今广西桂林。

原文

潜不解音声，而畜素琴一张。每有酒适，辄抚弄以寄其意。贵贱造之者，有酒辄设。潜若先醉，便语客："我醉欲眠卿可去。"其真率如此。郡将候潜，逢其酒

翻译

陶潜虽不通音乐，却藏有一张素琴。每喝酒至酣畅之际，就抚弄寄托心意。无论达官贵人或村民百姓去拜望他，家中有酒就摆设同饮。陶潜如先醉，就对客人说："我醉了，想去睡觉，你们可以离开了。"他就是这样的真诚率

熟,取头上葛巾漉酒,毕,还复著之。潜弱年薄宦,不洁去就之迹。自以曾祖晋世宰辅①,耻复屈身后代,自宋武帝王业渐隆,不复肯仕。所著文章,皆题其年月。义熙以前,明书晋氏年号,自永初以来,唯云甲子而已②。与子书以言其志,并为训戒……

寻阳郡官员将去探望陶潜,正当他酿酒成熟,只见他取下包头的葛巾,漉去酒糟,漉毕,又将头巾包在头上。陶潜年纪尚轻,官卑职小,仍不在乎官场去就的行迹。自以曾祖陶侃在东晋初年为大司马,朝廷宰辅之臣,因此深以后代屈辱的做点小官为耻,自宋武帝刘裕篡晋建宋,就不再出仕了。他所著的文章诗赋,后面皆注明年月。晋安帝义熙以前,陶潜署年月为东晋皇帝年号,自宋武帝永初以后,就只用甲子纪年而不用宋代皇帝年号。他与儿子寄书信谈说自己的志向,并以此教训其子……

注释 ① 曾祖:陶侃,东晋大司马。 ② 甲子:以干支纪年之法。

原文

元嘉四年,将复征命,会卒。世号靖节先生。其妻翟氏①,志趣亦同,能安苦节,夫耕于前,妻锄于后云。

翻译

宋文帝元嘉四年(427),朝廷又将征他做官,正值此时,陶潜病逝。世人称他为靖节先生。他的妻子翟氏,与陶潜志同道合,安于贫苦,注重节操,跟随陶潜务农耕稼,丈夫在前面耕地,妻子在后面锄草。

注释 ① 翟(zhái):姓。

雷 次 宗 传

导读

　　雷次宗,字仲伦,豫章(今江西南昌)人,南朝时期的经学家。元嘉十五年(438)被征入京,在建康城外的鸡笼山设立学馆,讲授儒学。后又为皇太子及诸王讲《丧服经》,元嘉二十五年(448)死于钟山。(选自卷七五)

原文

　　雷次宗字仲伦,豫章南昌人也。少入庐山,事沙门释慧远,笃志好学,尤明《三礼》《毛诗》①。隐退不受征辟。

　　宋元嘉十五年,征至都,开馆于鸡笼山,聚徒教授,置生百余人。会稽朱膺之、颍川庾蔚之并以儒学总监诸生。时国子学未立,上留意艺文,使丹阳尹何尚之立玄学,太子率更令何承天立史学,司徒参军谢元立文学,凡四学并建。车驾数至

翻译

　　雷次宗字仲伦,豫章南昌人。年轻时到庐山,侍奉僧人释慧远,雷次宗意志坚定,勤奋好学,尤其精通《三礼》和《毛诗》。他隐居深山,不受朝廷征辟。

　　宋文帝元嘉十五年(438),雷次宗被朝廷征辟到建康,在鸡笼山设立学馆,招收生徒教授学术,有学生百余人。会稽朱膺之、颍川庾蔚之都以精通儒学总管监督诸生。当时国子学尚未建立,宋文帝很留心学术,令丹阳尹何尚之设立玄学馆,太子率更令何承天设立史学馆,司徒参军谢元设立文学馆,至此儒学馆、玄学馆、史学馆、文学馆四种学馆都一并建立。皇帝多次去雷次宗学馆,赏赐资财非常丰厚。过了许久,雷次宗

次宗馆②，资给甚厚。久之，还庐山，公卿以下并设祖道。后又征诣都，为筑室于钟山西岩下，谓之招隐馆，使为皇太子、诸王讲《丧服经》。次宗不入公门，乃使自华林东门入延贤堂就业。二十五年，卒于钟山。子肃之颇传其业。

又回到庐山，公卿以下都为他设宴饯行。后再次被征辟来建康，朝廷为他在钟山岩下修筑房舍，称为招隐馆，让他为皇太子、诸王讲解《丧服经》。雷次宗不走宫室正门，于是让他从华林东门入延贤堂授业。元嘉二十五年(448)，雷次宗死于钟山。其子雷肃之继承和传授他的学业。

注释　①《三礼》:《周礼》《仪礼》《礼记》。　②数(shuò):屡次，经常。

臧荣绪传

导读

臧荣绪,东莞(今山东莒县)人,南朝时期的史学家,曾撰《晋书》一百一十卷。亦通经学,宋时隐居京口,教授生徒。齐高帝时,入秘阁整理《五经》,著《拜五经序论》。齐武帝永明六年(488)死。(选自卷七六)

原文

臧荣绪,东莞莒人也。祖奉先,建陵令。父庸人,国子助教。

荣绪幼孤,躬自灌园,以供祭祀。母丧后,乃著《嫡寝论》,扫洒堂宇,置筵席,朔望辄拜荐焉①,甘珍未尝先食。纯笃好学,括东、西晋为一书,纪录志传百一十卷。隐居京口教授。

翻译

臧荣绪,东莞莒人。祖父臧奉先,为建陵令。父臧庸人,为国子助教。

臧荣绪早年丧父,孤苦贫困,亲自耕作,用来供祭祀之用。母亲去世后,臧荣绪著《嫡寝论》,打扫厅堂,设置筵席,每月初一、十五进献祭品,拜祭双亲。美味佳肴他从不先尝,都用来祭祀父母。臧荣绪忠诚厚道,勤奋好学,总括东晋、西晋事迹为一书,纪录志传共一百一十卷。他后来隐居京口教授生徒。

注释 ① 朔望:朔,阴历每月初一。望,阴历每月十五。

原文

齐高帝为扬州刺史,征

翻译

齐高帝为扬州刺史,征臧荣绪为主

荣绪为主簿,不到。建元中,司徒褚彦回启高帝称述其美,以置秘阁。荣绪惇爱《五经》,谓人曰:"昔吕尚奉丹书[1],武王致斋降位[2],李[3]、释教诫[4],并有礼敬之仪,因甄明至道。"[5]乃著《拜五经序论》。常以宣尼庚子日生[6],其日陈《五经》拜之。自号披褐先生。又以饮酒乱德,言常为诫。永明六年卒。

簿,不到任。齐高帝建元年间,司徒褚彦回启奏高帝赞扬他的美德,高帝安置他于秘阁工作。臧荣绪深爱《五经》,曾对人说:"过去吕尚奉丹书,行黄帝、颛顼之道,周武王为他设斋,降位相敬,道教、佛教的戒律,都有礼敬之仪,我则要阐明儒家之道。"臧荣绪于是著《拜五经序论》。常以为孔子庚子日生,每逢此日,则陈设《五经》而拜之。他自号披褐先生,又认为饮酒会乱德行,言谈中常引以为戒,齐武帝永明六年(488)臧荣绪去世。

注释　① 吕尚奉丹书:吕尚,西周时齐国始祖,姜姓,西周初年被尊为师尚父,辅佐文王、武王,通称姜太公。丹书:记录传说中黄帝、颛顼(zhuān xū)之道的书,传说为赤雀所衔,故称丹书。　② 武王:即周武王。　③ 李:道教徒附会的创始人老聃,姓李名耳。此指道教。　④ 释:即释教。　⑤ 甄(zhēn)明:表明。　⑥ 宣尼:孔子。

原文　　初,荣绪与关康之俱隐在京口,时号为二隐。

翻译　　当初,臧荣绪与关康之都隐居于京口,时人称为"二隐"。

阮 孝 绪 传

导读

阮孝绪,字士宗,陈留(今河南开封东)人。德行高尚,不慕名利。终生隐居,潜心研究学问。不与达官贵人来往,朝廷征辟也不受命。所著《七录》是一部重要的古代目录学名著。又撰《高隐传》《削繁》等书,全部达一百八十一卷。梁武帝大同二年(536)死,终年五十八岁,谥"文贞处士"。(选自卷七六)

原文

阮孝绪字士宗,陈留尉氏人也。父彦之,宋太尉从事中郎,以清干流誉。

孝绪七岁出继从伯胤之,胤之母周氏卒,遗财百余万应归孝绪,孝绪一无所纳,尽以归胤之姊琅邪王晏之母,闻者咸叹异之。……

年十六,父丧不服绵纩①,虽蔬菜有味亦吐之。外兄王晏贵显,屡至其门,孝绪度之必至颠覆,闻其笳管②,穿篱逃匿,不与相见。

翻译

阮孝绪字士宗,陈留尉氏人。父亲阮彦之,宋太尉从事中郎,因清廉干练而声誉流播。

阮孝绪七岁就过继给他堂伯阮胤之,阮胤之的母亲周氏去世,遗产百余万应归阮孝绪继承,阮孝绪一无所取,全部给了阮胤之的姐姐琅邪王晏的母亲,听到此事的人都十分惊异。……

十六岁时,阮孝绪的父亲去世,他服丧期间不穿丝絮之物,尝到味美的蔬菜也要吐掉。表兄王晏显贵,多次来阮孝绪家,阮孝绪估计他必遭大祸,一听到王晏仪仗的吹奏声,就钻篱逃避躲藏起来,不愿和他相见。有一次阮孝绪吃酱觉

曾食酱美，问之，云是王家所得，便吐餐覆酱。及晏诛，亲戚咸为之惧。孝绪曰："亲而不党，何坐之及。"竟获免。

得味道很美，就问酱从何来，听说得自王晏家，便吐出已吃的东西，并把酱倒掉。及至王晏被诛，亲戚都怕他受牵连为他恐惧，阮孝绪说："虽是亲戚，但不是同党，怎么会被连坐。"最终他果然免罪。

注释 ① 绵纩(kuàng)：绵，丝棉。纩，絮。 ② 笳管：即胡笳，一种乐器，类似笛子，比喻王晏的仪仗。

原文

梁武起兵围建邺，家贫无以爨①，僮妾窃邻人墓樵以继火。孝绪知之，乃不食，更令撤屋而炊。所居以一鹿床为精舍②，以树环绕。天监初，御史中丞任昉寻其兄履之，欲造而不敢，望而叹曰："其室虽迩，其人甚远。"其为名流所钦尚如此。自是钦慕风誉者，莫不怀刺敛衽③，望尘而息。……

翻译

齐末，梁武帝起兵围攻建邺，阮孝绪家境贫困，没有柴草烧饭，奴婢就偷掘邻人墓中棺木烧火。阮孝绪知道后，遂不吃，更下令撤掉住房来烧饭。他所居学舍，仅有鹿床之类简陋的陈设，并以四周环绕之树为墙垣。梁武帝天监初年，御史中丞任昉寻访他的兄弟阮履之，想造访阮孝绪又不敢入门，望着阮孝绪的家门叹息说："他的家虽离我们很近，他本人却离我们很远啊。"他受名流所钦佩达到如此地步。从此，钦慕他风采和声誉的人，莫不身藏名片，整肃衣冠而来，但看到他的家门，就只得止步叹息。……

注释 ① 爨(cuàn)：烧水煮饭。 ② 以一鹿床为精舍：鹿床，隐士所用的粗陋的床。精舍，学舍。 ③ 怀刺：刺，即今之名片。怀刺，怀中藏着名片。

原文

天监十二年,诏公卿举士,秘书监傅照上疏荐之,与吴郡范元琰俱征,并不到。陈郡袁峻谓曰:"往者天地闭,贤人隐。今世路已清,而子犹遁,可乎?"答曰:"昔周德虽兴,夷、齐不厌薇蕨①。汉道方盛,黄、绮无闷山林②。为仁由己,何关人世?况仆非往贤之类邪?"……

翻译

梁武帝天监十二年(513),皇帝下诏命公卿举士,秘书监傅照上疏推荐阮孝绪,他和吴郡的范元琰一起被征聘,但都拒不受命。陈郡袁峻对他说:"过去天下混乱,贤人隐居,现在世道已经清平,而你还要逃避世外,这合适吗?"阮孝绪回答说:"往昔周朝虽已兴起,伯夷、叔齐却不食周粟,而以野菜充饥为乐。汉朝正值盛隆,夏黄公、绮里季却不仕朝廷,而以隐居山林为快。人各有志,与世道的清浊治乱有什么关系?何况鄙人怎能与以往的贤德之辈相比呢?"……

注释 ① 夷、齐不厌薇蕨(wēi jué):夷,伯夷。齐,叔齐。商末孤竹君的两个儿子。武王灭商后,耻食周粟,逃入首阳山隐居,以薇、蕨一类野菜为食,最后饿死。② 黄、绮无闷山林:黄,夏黄公;绮,绮里季。秦末汉初,与东园公、甪(lù)里先生隐居商山,四人年皆八十有余,须眉皆白,时称"商山四皓"。

原文

著《高隐传》,上自炎皇①,终于天监末,斟酌分为三品:言行超逸,名氏弗传,为上篇;始终不耗,姓名可录,为中篇;挂冠人世,栖心尘表,为下篇。……

翻译

阮孝绪曾著《高隐传》,记述古往今来的隐士,上起炎帝、黄帝之世,下止天监末年,斟酌其事迹德行分为三品:言行超脱俊逸,姓名不传于世的为上篇;隐逸之志始终不渝,姓名有记载的为中篇;在人世做官,却寄心尘世之外的为大同二年正月,孝绪自筮卦②:"吾寿与刘著作同年。"③及刘杳卒,孝绪曰:"刘侯逝矣,吾其几何。"其年十月卒,年五十八。……门徒追论德行,谥曰文贞处士。所著《七录》《削繁》等一百八十一卷,并行于世。

下篇。……

梁武帝大同二年(536)正月,阮孝绪自己占卜算卦后说:"我的寿数将与刘著作同年。"及至刘杳去世,阮孝绪又说:"刘侯已经死了,我的日子也不多了。"这年十月他也去世了,享年五十八岁。……他的门徒追论其品德行为,谥为文贞处士。所著《七录》《削繁》等书,达一百八十一卷,都流传于世。

注释 ① 炎皇:炎,炎帝;皇,黄帝。都为传说中的上古帝王。 ② 筮卦:占卜,算命。 ③ 吾寿与刘著作同年:刘著作即刘杳。按《刘杳传》,刘杳死于大同二年(536),时年五十。此谓与刘杳同年死。

陶 弘 景 传

导读

　　陶弘景,字通明,丹阳(今江苏南京东南)人。生而相貌奇伟,博览群书,善琴棋,工草隶。曾得葛洪《神仙传》,又因父为妾所害,遂终身不娶,潜心修道。喜爱山水,常于山间采药,每至山涧幽谷,徘徊吟咏,不忍离去。齐东昏侯永元初年,在句曲山筑三层楼,自居于最上层,谢绝宾客,从此隐居,唯听吹笙及山间松涛以为乐。梁武帝平建康,因与陶弘景有旧情,陶弘景始派弟子上表迎候。欲炼丹药,得到武帝资助,炼丹是一种化学反应,故陶弘景是我国历史上原始化学的研究者之一。他虽然远居山中,然武帝对他非常敬重,每有军国大事,必先询问方略,一月之间,信使数次往返。去探望他的达官贵人也不少,冠盖车服,相望于道。世人称为"山中宰相"。梁武帝大同二年(536)死,终年八十一岁。武帝下诏追赠太中大夫,谥贞白先生。平生著述甚多,皆秘而不传,只有未脱稿的十余部,为其弟子所得。(选自卷七六)

原文

　　陶弘景字通明,丹阳秣陵人也。祖隆,王府参军。父贞,孝昌令。……

翻译

　　陶弘景字通明,丹阳秣陵人。祖父陶隆,为王府参军。父亲陶贞,孝昌县令。……

原文

以宋孝建三年丙申岁

翻译

陶弘景于宋孝武帝孝建三年(456)

夏至日生。幼有异操，年四五岁，恒以荻为笔①，画灰中学书。至十岁，得葛洪《神仙传》②，昼夜研寻，便有养生之志。谓人曰："仰青云，睹白日，不觉为远矣。"父为妾所害，弘景终身不娶。及长，身长七尺七寸，神仪明秀，朗目疏眉，细形长额耸耳，耳孔各有十余毛出外二寸许，右膝有数十黑子作七星文。读书万余卷，一事不知，以为深耻。善琴棋，工草隶。未弱冠③，齐高帝作相，引为诸王侍读，除奉朝请。虽在朱门，闭影不交外物，唯以批阅为务。朝仪故事，多所取焉。

即丙申年的夏至日出生，小时候就有特异的操守言行，年仅四五岁时，就常用荻杆作笔，在灰中学习写字。到了十岁时，得到葛洪《神仙传》，不分昼夜地研读，遂有学道家养生之法的志向。陶弘景对人说："我面向青云，看见太阳，也不觉得相距很远了。"他的父亲是被妾害死的，陶弘景因此终身不娶妻。成年后，陶弘景身长七尺七寸，神态仪表爽朗清秀，眉目疏朗明亮，身材细长，额头甚高，耳朵上耸，两个耳孔各有毛十余根露于耳外约两寸，右膝有数十颗黑子排列为北斗星的形状。他读书万余卷，哪怕只有一件事不清楚，也深以为耻。擅长琴棋，工于草书，还不到二十岁，齐高帝为相，就召引陶弘景为诸王侍读，拜官奉朝请。他虽在官府，闭门不露形迹，不与外人结交，专务批阅诸王文章。朝廷仪礼及参照前代陈规制定典章，多从他那里得到咨询。

注释　① 荻（dí）：植物名，多年生草本。　② 葛洪：东晋道教理论家、医学家、炼丹术家。著《神仙传》十卷，今存。　③ 弱冠：古代男子二十岁行冠礼，因此"弱冠"泛指男子二十岁左右的年纪。

原文

家贫，求宰县不遂。永

翻译

陶弘景家境贫寒，求为县令而没有

明十年,脱朝服挂神武门,上表辞禄。诏许之,赐以束帛,敕所在月给伏苓五斤①,白蜜二升,以供服饵。及发,公卿祖之征虏亭②,供帐甚盛,车马填咽,咸云宋、齐以来未有斯事。于是止于句容之句曲山。恒曰:"此山下是第八洞宫,名金坛华阳之天,周回一百五十里。昔汉有咸阳三茅君得道来掌此山,故谓之茅山。"乃中山立馆,自号华阳陶隐居。人间书札,即以隐居代名。

得到。齐武帝永明十年(492),他就脱下官服,挂于神武门,上表辞职。帝下诏准许,并赏赐束帛,下令住地官府每月供给茯苓五斤,白蜜二升,供陶弘景做饼食用。临行时,公卿在征虏亭为他饯行,筵席丰盛,车马填塞道路,都说如此隆重的饯送,宋、齐以来还没有过。于是陶弘景去到句容的句曲山居住,常说:"这座山下面是第八洞宫,称为金坛华阳之天,周围一百五十里。相传过去汉代有一位咸阳三茅君修炼得道后来掌管此山,故称这座山为茅山。"于是他在山中建筑馆舍,自号华阳陶隐居。与人书信,也用隐居代替真名。

注释 ①苓:音 líng。 ②祖:即祖道,古人出行前要祭祀路神祈求平安。

原文

始从东阳孙游岳受符图经法,遍历名山,寻访仙药。身既轻捷,性爱山水,每经涧谷,必坐卧其间,吟咏盘桓,不能已已。……沈约为东阳郡守,高其志节,累书要之,不至。

翻译

起初陶弘景从东阳孙游岳那里获得符图经法,遍游名山寻求仙药。因身段轻便,故行动敏捷,又酷爱山水,每经山涧幽谷,都必定坐卧其间,吟咏徘徊,久久不愿离去。……沈约为东阳郡太守,崇尚他的志向和节操,多次寄书信相邀,陶弘景都不赴约。

弘景为人员通谦谨,出处冥会,心如明镜,遇物便了。言无烦舛①,有亦随觉。永元初,更筑三层楼,弘景处其上,弟子居其中,宾客至其下。与物遂绝,唯一家僮得至其所。本便马善射,晚皆不为,唯听吹笙而已。特爱松风,庭院皆植松,每闻其响,欣然为乐。有时独游泉石,望见者以为仙人。

陶弘景为人便通,谦逊谨慎,无论出仕或隐退都自然合理,心底犹如一面明镜,对事物一见便知。他言谈简洁而无差错,有错亦能立即觉察。齐东昏侯永元初年,为他新建三层楼房,陶弘景居上,弟子居中,宾客置于底楼。从此他与外界隔绝,仅一家僮能到他的住所。陶弘景早年长于骑马射箭,晚年就不再习武了,只听听吹笙而已。他特别喜欢听松树被风摇动的声音,所居庭院遍植松树,每每闻松涛之声,欣然以此为乐。他有时独自漫步泉边石畔,看见他的人都以为是神仙。

注释 ① 舛(chuǎn):差错。

原文

性好著述,尚奇异,顾惜光景,老而弥笃。尤明阴阳五行、风角星算①、山川地理、方图产物、医术本草,著《帝代年历》。……又尝造浑天象,高三尺许,地居中央,天转而地不动,以机动之,悉与天相会。云"修道

翻译

陶弘景嗜好著述,崇尚世间奇伟诡怪之事,非常珍惜光阴,年老更是如此。他尤其熟练阴阳五行、风角星算、山川地理、地方物产、医术本草,著有《帝代年历》。……他又曾制造浑天象,高三尺左右,地居中央,四周为天象,天转而地不动,以机械带动时,就和天象相合,非常精致。陶弘景说:"这些东西是修道所必需的,不只是史官才有用。"他仰慕

所须，非止史官是用"。深慕张良为人②，云："古贤无比。"

张良的为人，赞赏道："古之贤人没有能和他相比的。"

注释 ①风角星算：风角，指我国古代根据风向观察以卜吉凶的一种迷信方术。星算，天文算术。 ②张良：字子房。祖先五代为韩国相，战国时韩贵族。秦灭韩后，为韩报仇，于博浪沙狙击秦始皇未中。刘邦起兵，聚众归之，为刘邦谋士。汉朝建立，封留侯。后云游修道。

原文

齐末为歌曰"水丑木"为"梁"字。及梁武兵至新林，遣弟子戴猛之假道奉表。及闻议禅代，弘景援引图谶①，数处皆成"梁"字，令弟子进之。武帝既早与之游，及即位后，恩礼愈笃，书问不绝，冠盖相望。

弘景既得神符秘诀，以为神丹可成，而苦无药物。帝给黄金、朱砂、曾青②、雄黄等。后合飞丹，色如霜雪，服之体轻。及帝服飞丹有验，益敬重之。每得其书，烧香虔受。……国家每

翻译

齐末有歌谣称"水丑木"为"梁"字。梁武帝平建康，兵至新林，陶弘景派弟子戴猛之取小道上表迎候。及至听说朝廷在议论禅位之事，立即引用图谶，结果处处出现"梁"字，命弟子进上梁武帝。武帝和陶弘景早有交情，即位后，对他备加关怀，恩礼更为厚重，书信不断，前去看望他的官员很多，车服冠盖，相望于道。

陶弘景既得神仙的符录秘诀，认为神丹可以炼成，但苦于无药物。武帝赐予黄金、朱砂、曾青、雄黄等物。最后炼成飞丹，颜色白如霜雪，服用之后，身体轻捷。武帝觉得服飞丹颇有效验，对他更加敬重了。每当陶弘景书信到来，武帝必洗手焚香，虔诚接受。……国家每有吉凶征讨一类军国大事，都要先去询

有吉凶征讨大事，无不前以咨询。月中常有数信，时人谓为山中宰相。二宫及公王贵要参候相继，赠遗未尝脱时。多不纳受，纵留者即作功德。

问方略。一月中常有书信来往好几次，当时人称陶弘景为"山中宰相"。武帝及太子以及王公贵要都相继去拜访，赠送东西从来没有间断。但陶弘景多不接受，纵有留下来的也作为功德之用。

注释 ① 图谶：图，河图，即八卦。谶（chèn），应验。图谶为帝王受命之征验。
② 曾青：即铜矿砂，用以炼丹的一种原料，亦作空青。

原文

天监四年，移居积金东涧。弘景善辟谷导引之法①，自隐处四十许年，年逾八十而有壮容。……后简文临南徐州，钦其风素，召至后堂，以葛巾进见，与谈论数日而去，简文甚敬异之。天监中，献丹于武帝。中大通初，又献二刀，其一名善胜，一名威胜，并为佳宝。

翻译

梁武帝天监四年（505），陶弘景移居于积金东涧，他擅长道家的辟谷导引之法，自从隐居四十来年，年过八十，看起来仍旧像壮年人的容貌一样。……后来简文帝出任南徐州刺史，敬重他的风采素养，将他请至后堂，简文帝头戴葛巾，身穿便服接见陶弘景，表示对他尊重，简文帝和他谈论好几天方才离去，从此对陶弘景更加敬仰了。梁武帝天监年间，陶弘景献丹药于武帝。中大通初年，又献两刀，一名"善胜"，一名"威胜"，都是稀世珍宝。

注释 ① 辟谷导引：辟谷，不食五谷，道家修炼之法。导引，道家养生之法，谓摇筋骨动支节的一种运动。

原文

无疾,自知应逝,逆克亡日,仍为《告逝诗》。大同二年卒,时年八十一。颜色不变,屈伸如常,香气累日,氛氲满山。……诏赠太中大夫,谥曰贞白先生。

弘景妙解术数①,逆知梁祚覆没,预制诗云:"夷甫任散诞②,平叔坐论空③。岂悟昭阳殿,遂作单于宫。"④诗秘在箧里,化后⑤,门人方稍出之。大同末,人士竞谈玄理,不习武事,后侯景篡,果在昭阳殿。……

翻译

陶弘景没有患病,但自己知道就要逝去,便预先算定死期,并作《告逝诗》。梁武帝大同二年(536)去世,时年八十一岁。他死后尸体颜色不变,屈伸仍如常人,香气整日不散,弥漫山间。……武帝下诏赠太中大夫,谥"贞白先生"。

陶弘景精通术数,预料梁朝统治即将倾覆,预先写了一首诗云:"夷甫任散诞,平叔坐论空,岂悟昭阳殿,遂作单于宫。"诗秘藏在一个箧子中,他死后,门人才打开箧子取出来。梁武帝大同末年以来,朝中官僚士大夫竞相空谈玄理,不习武事,后侯景篡位,果然进入了昭阳殿。……

注释 ① 术数:一称数术。术指方法,数指气数命运。即以种种方法观察自然或社会的现象。 ② 夷甫任散诞:王衍字夷甫,西晋清谈家。散诞,散漫放诞,不理政务。 ③ 平叔坐论空:何晏字平叔,曹魏正始年间的玄学家,只知坐谈空洞的玄理。 ④ 单(chán)于:少数民族首领的称谓,此处借指侯景,梁末侯景之乱,侯景篡位,坐上了汉家天子的昭阳殿。 ⑤ 化:道家、佛家称死为化。

原文

所著《学苑》百卷,《孝经》《论语集注》《帝代年历》《本草集注》《效验方》《肘后

翻译

陶弘景平生著述颇多,有《学苑》一百卷,《孝经》《论语集注》《帝代年历》《本草集注》《效验方》《肘后百一方》《古

百一方》《古今州郡记》《图像集要》及《玉匮记》《七曜新旧术疏》《占候》《合丹法式》,共秘密不传,及撰而未讫又十部,唯弟子得之。

今州郡记》《图像集要》及《玉匮记》《七曜新旧术疏》《占候》《合丹法式》,皆秘而不传,开始撰写而未脱稿的又有十多部,只有弟子们得到。

戴 法 兴 传

导读

戴法兴,会稽(今浙江绍兴)人,出身寒门,曾任典签、中书通事舍人等职。这类官职在南朝时期,均由寒人担任,官职虽然低微,权力却非常大,是士族没落、寒门势力发展的标志。戴法兴历仕宋孝武、前废帝两代,皇帝对他言听计从,求官之人多重贿戴法兴,以至家产累至千金。前废帝初即位,权力更大,一切诏令的颁布施行,皆决于戴法兴,民间流传戴法兴是真天子,废帝是假天子。废帝知后,将其远徙,不久又赐死于家。(选自卷七七)

原文

戴法兴,会稽山阴人也。家贫,父硕子以贩纻为业。法兴二兄延寿、延兴并修立,延寿善书,法兴好学。山阴有陈戴者①,家富有钱三千万,乡人或云:"戴硕子三儿敌陈戴三千万钱。"

翻译

戴法兴,会稽山阴人。家境贫寒,父亲戴硕子靠贩卖麻布为业。戴法兴与两个哥哥戴延寿、戴延兴都很成器,戴延寿擅长书法,戴法兴勤奋好学。山阴有一个名叫陈戴的人,家境殷富,财产有钱三千万,乡里有人说:"戴硕子的三个儿子比得上陈戴的三千万钱。"

注释 ① 陈戴:《宋书》作"陈载"。

原文

法兴少卖葛山阴市，后为尚书仓部令史。大将军彭城王义康于尚书中觅了了令史①，得法兴等五人，以法兴为记室令史。义康败②，仍为孝武征虏抚军记室掾及徙江州，仍补南中郎典签。帝于巴口建义，法兴与典签戴明宝、蔡闲俱转参军督护。上即位，并为南台侍御史，同兼中书通事舍人。法兴等专管内务，权重当时。孝建元年，为南鲁郡太守③，解舍人，侍太子于东宫。大明二年，以南下预密谋④，封法兴吴昌县男，明宝湘乡县男。闲时已卒，追加爵封。法兴转太子旅贲中郎将。

翻译

戴法兴年少时曾在山阴市场上卖葛布，后来做了尚书仓部令史。大将军彭城王刘义康在尚书省挑选聪明能干的令史。选中戴法兴等五人，任命戴法兴为记室令史。刘义康被疑谋反，罢官赐死，戴法兴仍担任孝武帝征虏抚军记室掾。后戴法兴调江州，补南中郎典签。孝武帝在巴口起兵讨伐刘劭时，戴法兴与典签戴明宝、蔡闲一起转任参军督护。孝武帝即位后，又一同任职南台侍御史，同时兼任中书通事舍人。戴法兴等人专门主管内政，接近皇帝，所以在当时握有重权。宋孝武帝孝建元年（454），戴法兴为南鲁郡太守，解去舍人之职，在东宫侍奉太子。孝武帝大明二年（458），戴法兴因曾从建康南下江州参与过孝武平乱和即位的密谋，受封为吴昌县男，戴明宝受封湘乡县男。蔡闲此时已死，也追加封爵。戴法兴转任太子旅贲中郎将。

注释 ①了了：犹言聪明，智慧。 ②义康败：宋文帝元嘉二十二年（445）彭城王刘义康因孔熙先、范晔谋废文帝立刘义康，事败后，被免为庶人，两年后胡诞世、袁恽（yùn）等人又谋拥戴刘义康。元嘉二十七年（450）十二月北魏大军南犯，攻至瓜步，天下扰动，文帝担心刘义康再为乱，赐其死。 ③南鲁郡：宋置侨郡，属南徐州管辖。 ④ 以南下预密谋:宋文帝末年,长子刘劭弑君僭位,文帝第三子刘骏454年起兵平乱,即帝位,是为孝武帝,其时戴法兴等正从建康南下江州,参与孝武帝平乱活动和即位的密谋。

原文

孝武亲览朝政,不任大臣,而腹心耳目不得无所委寄。法兴颇知古今,素见亲待,虽出侍东宫,而意任隆密。鲁郡巢尚之①,人士之末,元嘉中,侍始兴王濬读书②,亦涉猎文史,为上所知。孝建初,补东海国侍郎,仍兼中书通事舍人。凡选授迁转诛赏大处分,上皆与法兴、尚之参怀。内外诸杂事多委明宝。上性严暴,睚眦之间③,动至罪戮。尚之每临事解释,多得全免,殿省甚赖之。而法兴、明宝大通人事,多纳货贿,凡所荐达,言无不行,天下辐凑,门外成市,家产并累千金。明宝骄纵尤甚,长子敬为扬州从事,与上争买御物。六

翻译

孝武帝亲自执掌朝政,不信任大臣,但出谋划策,监视群臣的事,却不能没有心腹耳目之人。戴法兴通晓古今,一向为皇上特别亲信。他虽出任东宫官职,而皇上对他的信任重用仍非常隆重亲密。鲁郡巢尚之,出身寒门,地位低下,宋文帝元嘉年间,陪侍始兴王刘濬读书,因而对文史也有涉猎,为皇上所知遇。孝武帝孝建初年,巢尚之补东海王国侍郎,仍兼中书通事舍人。凡官吏选拔授职调任赏罚等重大处置,皇上都与戴法兴、巢尚之商议。朝廷内外的各类杂事则多委任戴明宝办理。孝武帝性格严厉粗暴,一点小事就狂怒不息,动辄杀人。每遇到这种情况,巢尚之就想法来排解平息他的怒气,许多人因此而得以保全免罪,宫中和各官署中人多亏他的庇护。戴法兴、戴明宝非常精通为人处世之道,广收贿赂,凡是他们推荐的人,皇帝无不任用,于是天下之人纷纷而至,戴法兴、戴明宝之家,门外像市场一样热闹,家产累积竟达千

宫尝出④，敬盛服骑马，于车左右驰骤去来。上大怒，赐敬死，系明宝尚方。寻被原释，委任如初。

全。戴明宝骄横放纵更甚，长子戴敬任扬州刺史从事，与皇上争买御用物品。皇后曾出宫，戴敬盛装骑马，故意在皇后车驾左右来往驰骋。皇上大怒，赐戴敬死，囚戴明宝于皇家作坊做苦役。不久被释放，仍和原来一样委任重用。

注释 ①鲁郡：郡名，治所在今山东曲阜。 ②濬：音 jùn。 ③睚眦(yá zì)：本意为怒目而视貌，此指事情很小，或一点小事解。 ④六宫：古代皇后的寝宫，也指皇后。后来统指皇后妃嫔或其住处。此指皇后。

原文

孝武崩，前废帝即位，法兴迁越骑校尉。时太宰江夏王义恭录尚书事，任同总己，而法兴、尚之执权日久，威行内外，义恭积相畏服，至是慑惮尤甚。废帝未亲万机，凡诏敕施为，悉决法兴之手，尚书中事无大小专断之，颜师伯、义恭守空名而已。尚之甚聪敏，时百姓欲为孝武立寺，疑其名。尚之应声曰："宜名天保。《诗》云：'《天保》，下报上也。'"①时服其机速。

翻译

孝武帝去世，前废帝即位，戴法兴升迁越骑校尉。当时太宰江夏王刘义恭统领尚书省事务，总揽朝政，但戴法兴、巢尚之执掌大权已久，威名风靡朝廷内外，刘义恭对他们早已畏惧折服，至此就更为害怕。前废帝未亲理朝政，凡皇上诏令的颁布施行，全部取决于戴法兴之手，尚书省中事无大小都由他专断，颜师伯、刘义恭官位虽高，不过徒具虚名罢了。巢尚之非常聪明敏锐，当时百姓想为孝武建寺，寺的名称犹豫不能决定，巢尚之应声回答说："应命名'天保'。《诗经》说：'《天保》，下报上也。'"时人佩服他机智敏捷。

原文

　　废帝年已渐长,凶志转成,欲有所为,法兴每相禁制。谓帝曰:"官所为如此①,欲作营阳邪?"②帝意稍不能平。所爱幸阉人华愿儿有盛宠,赐与金帛无算。法兴常加裁减,愿儿甚恨之。帝尝使愿儿出入市里,察听风谣,而道路之言,谓法兴为真天子,帝为赝天子③。愿儿因此告帝曰:"外间云宫中有两天子,官是一人,戴法兴是一人。官在深宫中,人物不相接,法兴与太宰、颜、柳一体,往来门客恒有数百,内外士庶无不畏服之。法兴是孝武左右,复久在宫闱④,今将他人作一家,深恐此坐席非复官许。"帝遂免法兴官,徙付远郡,寻于家赐死。法兴临死,封

翻译

　　前废帝渐渐长大成人,凶狠的性格暴露出来,常想胡作非为,戴法兴每每予以禁止限制。他对废帝说:"皇上这样行为不轨,想做营阳王吗?"废帝很不满意。废帝很宠爱一个叫华愿儿的宦官,赏赐给他的金帛不可数计。戴法兴常常加以裁减,华愿儿因此十分痛恨。废帝曾使华愿儿出入市井里巷,察听民谣,道路上百姓传言,说戴法兴是真天子,废帝是假天子。华愿儿将此话告诉废帝说:"外面传说宫中有两个天子,皇上是一个,戴法兴是一个。皇上居深宫之内,与外面的人事不相接触,戴法兴与太宰刘义恭、颜师伯、柳元景结为一伙,往来他们家中的门客常有数百人,朝廷内外无论贵贱没有不怕他们的。戴法兴是孝武帝左右心腹之人,加上久在宫中,皇上现将他人当作自家人,我深为担心宝座不再为皇上所有。"于是废帝罢免戴法兴官职,迁徙到边远地区。不久又赐戴法兴在家中自杀。戴法兴临死,封存库藏,让家人谨慎收藏钥匙。戴法兴死后一夜,废帝又杀了他

闭库藏,使家人谨录籥牡⑤。死一宿,又杀其二子,截法兴棺两和⑥,籍没财物。法兴能为文章,颇行于世。

的两个儿子,截断戴法兴棺木两头,没收其家财。戴法兴善于写文章,在世上颇为流行。

注释 ① 官:此对皇上的称呼。 ② 菅阳:指菅阳王,即宋少帝刘义符。宋武帝时立为太子,武帝死,即帝位,在位时多有不轨之行,辅政大臣徐羡之、傅亮等欲废之,逼皇太后下诏,废为菅阳王。 ③ 赝(yàn):假。 ④ 官闱:谓帝王与后妃所居之处。 ⑤ 籥(yuè)牡:籥,同"钥",锁钥。牡,锁簧。 ⑥ 两和:和指棺材头,截断棺木两头,故曰"两和"。

徐 爱 传

导读

徐爱字长玉,南琅邪(今江苏句容北)人,本名瑗,因触及傅亮父名,遂改为爱。徐爱是南朝时期的史学家,曾长期任著作郎,宋孝武帝大明六年(462)奉命修宋史。时何承天、山谦之、苏宝生已有部分稿件,徐爱虽参考前著,但欲成一家之言,最终撰成《宋书》六十五卷,上起晋安帝义熙之初,下限至宋孝武帝大明之末,虽然没有修完全部宋代历史,但体例完备,是后来沈约修《宋书》的重要参考材料。徐爱博览群书,尤熟悉朝仪典章,但善于阿谀逢迎,以此博得皇帝亲信,专断朝政于宋文帝、孝武帝、前废帝三代,为宋明帝刘彧所不满。刘彧篡夺政权后,立即加以报复,将其远徙交州,明帝死后才返回京城建康。宋后废帝元徽三年(475)死,终年八十二岁。(选自卷七七)

原文

徐爱字长玉,南琅邪开阳人也。本名瑗,后以与傅亮父同名,亮启改为爱。初为晋琅邪王大司马府中典军,从北征,微密有意理,为武帝所知。少帝在东宫,入侍左右。文帝初,又见亲任,遂至殿中侍御史。元嘉

翻译

徐爱字长玉,南琅邪开阳人。本名瑗,后因与傅亮的父亲同名,傅亮启奏皇上,令他改名为爱。徐爱早先为晋琅邪王大司马府中典军,随军北征,以思虑精微细密,为宋武帝赏识。宋少帝刘义符在东宫为太子时,徐爱入宫侍奉左右。宋文帝即位初,徐爱又得到皇上的亲近信任,官至殿中侍御史。宋文帝元嘉十二年(435),徐爱调任南台御史,始

十二年，转南台御史，始兴王濬后军行参军。复侍太子于东宫，迁员外散骑侍郎。文帝每出军，常悬授兵略。二十九年，重遣王玄谟等北侵，配爰五百人，随军碻磝^①，衔中旨临时宣示。孝武至新亭，江夏王义恭南奔，爰时在殿内，诈劝追义恭，因即得南走。时孝武将即大位，军府造次，不晓朝章，爰素谙其事，及至，莫不喜悦，以兼太常丞撰立仪注。后兼尚书右丞，迁左丞。

兴王濬后军行参军。他又在东宫侍奉文帝太子刘劭，升迁为员外散骑侍郎。宋文帝每调兵出征，常遣使者与他联系，授以用兵谋略。元嘉二十九年（452），宋文帝又派王玄谟等北伐，给徐爰配备五百兵力，随同北伐大军到达碻磝，徐爰带着皇上的圣旨临时在军中宣示。刘劭杀文帝，孝武帝讨刘劭，兵抵新亭，江夏王刘义恭南逃，徐爰当时在殿内，骗刘劭说追捕刘义恭，趁机南奔孝武帝。时值孝武帝将即位，军中仓卒，不通晓登基大典及朝仪制度，徐爰素来就熟练这类事务，他的到来，人人喜悦，孝武帝当即任命他兼太常丞修撰仪注。后徐爰兼尚书右丞，又升迁左丞。

注释 ① 碻磝（qiāo áo）：今山东东阿。

原文

先是，元嘉中使著作郎何承天草创国史，孝武初又使奉朝请山谦之、南台御史苏宝生踵成之。孝建六年^①，又以爰领著作郎，使终其业。爰虽因前作，而专为

翻译

当初，文帝元嘉年间命著作郎何承天起草国史，孝武帝初年又令奉朝请山谦之、南台御史苏宝生继续修撰完成。宋孝武帝大明六年（462），又以徐爰任著作郎，让他完成宋史的撰写工作。徐爰虽然参阅前人著述，但欲专为一家之言。徐爰上表说："国史上限宜起自晋

一家之书。上表"起元义熙，为王业之始，载序宣力，为功臣之断"。于是内外博议。太宰江夏王义恭等三十五人同爱，宜以义熙元年为断。散骑常侍巴陵王休若、尚书金部郎檀道鸾二人谓宜以元兴三年为始。太学博士虞龢谓宜以开国为宋公元年②。诏曰："项籍③、圣公④，编录二汉，前史已有成例。桓玄传宜在宋典，余如爱议。"

安帝义熙年间，因宋朝帝业是从义熙开始的，为帝业出大力的功臣，也要从此时开始记载。"于是孝武帝交付朝廷内外广泛议论。太宰江夏王刘义恭等三十五人赞同徐爱的意见，认为应以义熙元年为上限。散骑常侍巴陵王刘休若、尚书金部郎檀道鸾二人认为应以晋安帝元兴三年(404)为起点。太学博士虞龢认为应以武帝封宋公元年为始。皇帝下诏说："项羽、刘玄的事迹，编录在两汉史籍中，前史已有先例，除桓玄传应在宋史中外，其余的一依徐爱所议。"

注释　① 孝建六年：孝建只有三年，《宋书·自叙》谓徐爱、苏宝生撰《宋书》在大明中，此孝建六年当为大明六年。　② 龢：即"和"字。　③ 项籍：即项羽，参加秦末农民起义。　④ 圣公：即刘玄，参加西汉末绿林起义。

原文

　　孝武崩，营景宁陵，以本官兼将作大匠。爱便僻善事人①，能得人主微旨，颇涉书传，尤悉朝仪。元嘉初，便入侍左右，预参顾问。长于附会，又饰以典文，故

翻译

　　宋孝武帝死，营建景宁陵，徐爱以原职兼将作大匠。徐爱长于奉迎谄媚，很能体会皇帝意旨，又广涉书传典籍，尤熟悉朝仪。宋文帝元嘉初年就已在皇帝左右，参与顾问。他既善于迎合附会，又据经典文辞以为粉饰，所以为文帝所信任和厚待。宋孝武帝大明年间，

为文帝所任遇。大明世，委寄尤重，朝廷大礼仪，非爱议不行。虽复当时硕学所解过之者，既不敢立异义，所言亦不见从。孝武崩，公除后②，晋安王子勋侍读博士谘爱宜习业与不？爱答曰："居丧读丧礼，习业何嫌。"少日，始安王子真博士谘爱，爱曰："小功废业③，三年丧何容读书。"其专断乖谬皆如此。

对他委任寄托更重，朝廷重大礼仪，不是徐爱的意见就不执行。虽然当时博学之士对于礼仪理解有超过徐爱的，也不敢提出异议，即使提出建议也不会被采用。孝武帝驾崩，百官除丧服后，晋安王刘子勋的侍读博士问徐爱是否可以开始教授学业？徐爱回答："居丧读丧礼，授业有何不可。"不久，始安王刘子真的博士也问徐爱，徐爱说："小功服尚且停止学习，何况三年居丧，怎能容许读书。"他就是如此的专断荒谬。

注释 ① 便僻：善于逢迎谄媚。 ② 公除：除，除去孝服。谓帝王死，官吏因公务在身而提前除孝。 ③ 小功：旧时丧服名，为五服之一。其服用较细的熟麻布做成，服期为五个月，不属于重孝。

原文

前废帝凶暴无道，殿省旧人多见罪黜，唯爱巧于将迎，始终无忤，诛群公后，以爱为黄门侍郎，领射声校尉，著作如故，封吴平县子。宠待隆密，群臣莫二。帝每出行，常与沈庆之、山阴公

翻译

前废帝凶残无道，朝廷故臣多被罗织罪名而废黜，只有徐爱巧于奉迎，始终没有违背皇帝意旨。诛灭群臣后，前废帝任徐爱为黄门侍郎，兼射声校尉，仍为著作郎，封吴平县子。宠任恩遇日益加重，群臣中再没有第二个能与他相比。皇帝每外出，常与沈庆之、山阴公主同车，徐爱亦参与同行。

主同辈,爰亦预焉。

明帝即位,以黄门侍郎,改领长水校尉,兼尚书左丞。明年,除太中大夫,著作并如故。爰执权日久,上在藩素所不悦,及景和世,屈辱卑约,爰礼敬甚简,益衔之。泰始三年,诏暴其罪,徙交州。及行,又诏除广州统内郡。有司奏以为宋隆太守。除命既下,爰已至交州。久之听还,仍除南康郡丞。明帝崩,还都,以爰为济南太守[1],复除中散大夫。元徽三年卒,年八十二。

宋明帝即位,徐爰以黄门侍郎,改任长水校尉,兼尚书左丞。明帝泰始二年(466),为他授官太中大夫,著作郎等职衔仍然如故。徐爰掌权日久,明帝做藩王时就素来对他不满,前废帝景和时,明帝屈辱卑躬,徐爰待他礼数简慢,因而更怀恨在心。明帝泰始三年(467),下诏揭发他的罪状,将他迁徙到边远的交州。及至徐爰已经动身,又下诏任命在广州统领内郡。有关职司建议授宋隆太守。任命下达时,徐爰已到交州。过了很久,才让他归还,仍授官南康郡丞。明帝死后,徐爰回到京城建康,被任命为济南太守,又授职中散大夫。宋后废帝元徽三年(475)去世,终年八十二岁。

注释　① 济南:郡名,治所在今山东济南。

刘 系 宗 传

导读

　　刘系宗，丹阳(今江苏南京东南)人，出身寒门。刘系宗历仕宋、齐，担任中书通事舍人，典掌机要。宋时，做过东宫侍读；入齐，曾为建康令、宁朔将军、宣城太守等职，任中书舍人如故。故称"以寒官累至勋品"。他的权力大，且熟悉吏治，深得齐武帝赏识，齐武帝认为士大夫只会读书，不会治国，治国只要一个刘系宗就足够了。刘系宗在齐明帝建武二年(495)死于宣城。(选自卷七七)

原文

　　刘系宗，丹阳人也。少便书画，为宋竟陵王诞子景粹侍书。诞举兵，广陵城内皆死，敕沈庆之赦系宗，以为东宫侍书。泰始中，为主书，以寒官累至勋品①。元徽初，为奉朝请，兼中书通事舍人、员外郎，封始兴南亭侯，带秣陵令。

翻译

　　刘系宗，丹阳人。年轻时即擅长书画，曾为宋竟陵王刘诞之子刘景粹侍书。刘诞在广陵举兵反叛，广陵城内跟随作乱的人都被诛杀，宋孝武帝命沈庆之传令赦免刘系宗，任为东宫侍书。宋明帝泰始年间，又为主书，从寒门担任的官职不断升迁到高级官僚。宋后废帝元徽初年，刘系宗任奉朝请，兼中书通事舍人、员外郎，封始兴南亭侯，出任秣陵县令。

注释　①寒官：寒门所能担任的官职。

原文

齐高帝废苍梧①，明旦呼正直舍人虞整，醉不能起，系宗欢喜奉敕。高帝曰："今天地重开，是卿尽力之日。"使写诸处分敕令及四方书疏。使主书十人、书吏二十人配之，事皆称旨。高帝即位，除龙骧将军、建康令。永明初，为右军将军、淮陵太守，兼中书通事舍人。母丧自解，起复本职。

翻译

齐高帝萧道成废苍梧王，篡夺政权，次日早晨呼唤当值的舍人虞整，当时虞整大醉不起，刘系宗得此机会惊喜不已，立即恭敬地接受命令。齐高帝说："现在我重建江山，正是你效力之日。"叫刘系宗撰写各种文告命令及申谕四方的文书。配给他主书十人，书吏二十人协助工作，他所做的一切，皇帝都很满意。齐高帝即位，任命刘系宗为龙骧将军、建康令。齐武帝永明初年，刘系宗担任右军将军、淮陵太守，兼中书通事舍人。他后来因母亲去世服丧，求解职去官，服丧期满，又复原职。

注释　① 苍梧：即苍梧王。宋后废帝刘昱，明帝长子，473 年即位，477 年被齐高帝萧道成废为苍梧王。

原文

四年，白贼唐寓之起①，宿卫兵东讨，遣系宗随军慰劳。遍至遭贼郡县，百姓被驱逼者，悉无所问，还复人伍②。系宗还，上曰："此段有征无战，以时平荡，百姓安帖③，甚快也。"赐

翻译

齐武帝永明四年(486)，白贼唐寓之起义，宿卫兵奉命东征，派刘系宗随军慰劳四方。他走遍起义军经过的郡县，对于受义军驱使逼迫造反的老百姓，一律不予追究，皆免罪，恢复本来的良民户籍。刘系宗回到京城，武帝说："这段时间虽有征讨，但没有经过多少战争，很快就平定了白贼，百姓得以安

系宗钱帛。

居顺服，使人十分快意。"因此赏赐刘系宗很多钱帛。

注释 ① 白贼：当时北来侨民的户籍用白纸书写，唐寓之是北来侨民，因称白贼。② 人伍：良民户籍。 ③ 怗(tiē)：服。

原文

　　上欲修白下城①，难于动役。系宗启谪役在东人丁随寓之为逆者②，上从之。后车驾出讲武，上履行白下城曰："刘系宗为国家得此一城。"永明中，魏使书常令系宗题答，秘书局皆隶之。再为少府。郁林即位③，除宁朔将军、宣城太守。

翻译

　　齐武帝想修复白下城，难以调动民力服役。刘系宗建议征集东边随唐寓之作乱而谪戍边境的罪人充筑城劳役，武帝当即采纳。后来武帝出宫习武事，行至白下城，不禁慨然而叹说："这是刘系宗为国家建立的一座城啊。"齐武帝永明年间，北魏派使臣送来的书信常叫刘系宗作答，秘书局也隶属刘系宗。又任命为少府。郁林王即位，授职宁朔将军、宣城太守。

注释 ① 白下城：位于东晋南朝时建康附近，本名白石陂，后人在此筑城称白下城。 ② 谪(zhé)：犯罪被发往边境做苦役。 ③ 郁林：齐郁林王。

原文

　　系宗久在朝省，闲于职事，武帝常云："学士辈不堪经国①，唯大读书耳。经国，一刘系宗足矣。沈约、王融数百人，于事何用。"其重吏

翻译

　　刘系宗在官署长期任职，熟悉各种官吏的职责，齐武帝常说："那些有学问的士大夫是不会治理国家的，他们只会读死书。治理国家，只要一个刘系宗就足够了。沈约、王融之辈几百人，对国

事如此。建武二年,卒官。

家有什么用。"可见武帝对能干的官吏治国是何等重视。齐明帝建武二年(495)死于任所。

注释 ① 学士辈:指高门出身的文人,当时的士大夫。

茹 法 亮 传

导读

本传与虞玩之传,均保留南齐唐寓之起义的史料,可以互相参证。唐寓之起义始源于虞玩之建议检籍;茹法亮与吕文度、吕文显同以奸佞诐事齐武帝,权重当时,大收货贿,刻剥百姓,吕文度并建议将检籍中查出来的伪冒民户悉充远戍,引起百姓嗟怨是导火索,以此爆发了富阳人唐寓之领导的农民起义。(选自卷七七)

原文

茹法亮,吴兴武康人也。宋大明中,出身为小史。……结事阮佃夫,累至齐高帝冠军府行参军。及武帝镇盆城,须旧驱使人,法亮求留为武帝江州典签,除南台御史,带松滋令。

法亮便僻解事,善于承奉,稍见委信。建元初,度东宫主书,除奉朝请,补东宫通事舍人。武帝即位,仍为中书通事舍人,除员外郎,带南济阴太守[①]。与会

翻译

茹法亮,吴兴武康人。宋孝武帝大明年间,初入仕为官府小吏。……因结交侍奉权臣阮佃夫,不断升官至齐高帝冠军府行参军。及齐武帝萧赜出镇盆城,须用原来使用过的人,茹法亮请求留下为武帝江州典签,授职南台御史,出为松滋县令。

茹法亮巧便知事故,善于奉承上司,逐渐受到委任信用。齐高帝建元初年,破例提升茹法亮为东宫主书,官拜奉朝请,补东宫通事舍人。齐武帝即位,茹法亮仍为中书通事舍人,授任员外郎,出为南济阴太守。他与会稽吕文度、临海吕文显都以奸诈诐媚侍奉武

稽吕文度、临海吕文显并以奸佞诣事武帝。文度为外监,专制兵权,领军将军守虚位而已。……

帝。吕文度担任外监,专制兵权,领军将军徒有虚名而已。……

注释 ① 南济阴:南朝侨治郡名,属南徐州统辖。

原文

文度既见委用,大纳财贿,广开宅宇,盛起土山,奇禽怪树,皆聚其中,后房罗绮,王侯不能及。又启上籍被却者悉充远戍①,百姓嗟怨,或逃亡避咎。富阳人唐寓之因此聚党为乱,鼓行而东,乃于钱唐县僭号,以新城戍为伪宫,以钱唐县为伪太子宫,置百官皆备。三吴却籍者奔之,众至三万。窃称吴国,伪年号兴平。其源始于虞玩之,而成于文度,事见《虞玩之传》。

翻译

吕文度既已受到委任重用,便大肆接受贿赂,广营住宅,修筑土山,天下奇禽怪树,都聚集其中,内室姬妾所穿用的绫罗绸缎,王侯府第中也赶不上。又启奏皇上将却籍的人全部发配边远地区戍守,百姓嗟叹怨恨,有的人逃亡他乡以避祸。在这种情况下,富阳人唐寓之利用百姓的不满情绪,聚集党徒为乱,大张声势向东进发,在钱唐县称天子,以新城戍为皇宫,钱唐县为太子宫,完整地设置了百官。三吴地区却籍民户都去参加义军,众至三万人,建国号为吴,年号兴平。唐寓之起义祸源始于虞玩之,最终酿成大祸则在于吕文度,事见《虞玩之传》。

注释 ① 籍被却者:从户籍中清查出伪冒的户籍称为却籍。籍被却者,指被清查出来的民户。

吕 文 显 传

导读

　　吕文显传分为两大段,第一段记载中书通事舍人在南朝时势倾天下的情况;第二段记载南朝宋、齐在州镇设置典签的始末,以及典签在地方上权重藩君的情况。南朝时期寒门庶族势力发展,在中央机构体现为他们担任中书通事舍人,典掌国家机要;在地方上则体现为他们担任典签,执掌州部各种大权。本传是《南史》中反映寒门势力上升的典型材料之一。(选自卷七七)

原文

　　吕文显,临海人也。升明初,为齐高帝录尚书省事,累迁殿中侍御史。后为秣陵令,封刘阳县男。永明元年,为中书通事舍人。文显临事以刻核被知[①]。三年,带南清河太守[②],与茹法亮等迭出入为舍人,并见亲幸。多四方馈遗,并造大宅,聚山开池。时中书舍人四人各住一省[③],世谓之四户。既总重权,势倾天下。

翻译

　　吕文显,临海人。宋顺帝升明初年,为齐高帝录尚书省事,不断升迁至殿中侍御史,后为秣陵县令,受封刘阳县男。齐武帝永明元年(483),任中书通事舍人。吕文显处理公事以刻意求实而闻名。永明三年(485),出任南清河太守,与茹法亮等人轮流出入担任舍人,并为皇上亲信宠爱。他们得到四方很多的馈赠财物,都建有规模宏大的宅院,并在院中营造假山,开凿水池。当时中书舍人四人分住尚书、中书、门下、秘书四省,世人称为"四户"。他们既总揽朝政重权,其势力之大足以倾覆天晋、宋旧制，宰人之官④，以六年为限，近世以六年过久，又以三周为期，谓之小满。而迁换去来，又不依三周之制，送故迎新，吏人疲于道路。四方守宰饷遗，一年咸数百万。舍人茹法亮于众中语人曰："何须觅外禄，此一户内年办百万。"盖约言之也。其后玄象失度⑤，史官奏宜修祈禳之礼⑥。王俭闻之，谓上曰："天文乖忤⑦，此祸由四户。"仍奏文显等专擅恩和，极言其事。上虽纳之而不能改也。文显累迁左中郎将，南东莞太守⑧。

下。晋、宋旧制，地方官员，任期以六年为限，齐时认为六年期限过久，又以三年为期，称之为"小满"。但官员的迁调替换，又没有执行三年一换的制度，所以官吏忙于送旧迎新，往来道上，疲于奔命。四方官员为调换至肥差，纷纷向吕文显、茹法亮等馈赠财物，一年总计有数百万。中书舍人茹法亮在大庭广众中对人说："何须出任地方官，就在一户之内一年也能收入百万。"这还是概约的估计。此后天象失常，史官上奏应祭祀上天，祈祷消灾弭祸。王俭听说后，对皇上说："天象反常是人世将要发生灾祸的征兆，而祸患的根源在于四户。"于是上奏吕文显等人专制朝权，丧失人心，奏文极其详尽地揭露其过恶。皇上虽接纳了奏文，但对吕文显等人的宠信仍不改变。吕文显屡屡升迁，官至左中郎将、南东莞太守。

注释　①核：核实，核办。　②带南清河太守：南清河，南朝侨治郡名，属南徐州统辖。　③时中书舍人四人各住一省：四省即尚书省、中书省、门下省、秘书省。④宰人之官：即宰官，泛指地方官。　⑤玄象：天象，古时指天文、气象方面的现象。⑥祈禳(qí ráng)：向神祈祷消灾弭祸。　⑦乖忤：悖逆，违背。　⑧南东莞：南朝侨治郡名，治所在今江苏常州。

原文

故事，府州部内论事，皆签前直叙所论之事，后云谨签，日月下又云某官某签，故府州置典签以典之。本五品吏，宋初改为七职。宋氏晚运，多以幼少皇子为方镇，时主皆以亲近左右领典签，典签之权稍重。大明、泰始，长王临藩，素族出镇，莫不皆出内教命①，刺史不得专其任也。宗悫为豫州②，吴喜公为典签。悫刑政所施，喜公每多违执。悫大怒曰："宗悫年将六十，为国竭命，政得一州如斗大，不能复与典签共临！"喜公稽颡流血乃止③。自此以后，权寄弥隆，典签递互还都，一岁数返，时主辄与闲言，访以方事。刺史行事之美恶，系于典签之口，莫不折节推奉，恒虑不及。于是威行州郡，权重藩君。刘道济、柯孟孙等奸匿发露④，虽

翻译

按旧日成例，府州部内讨论政事，都记录在一种叫作"签"的小牌上，前头直接写上所论之事，写完正文又在文末写上"谨签"，日月下又注明某官某签，所以府州专设典签一职来典掌这些签牌。典签本为五品官，宋初改为七品。宋朝末期，多以年少皇子出任各州刺史，当时皇上都用左右亲近之人担任他们的典签，典签的权力日渐加重。宋孝武帝大明年间、明帝泰始年间，成年王子出镇封国，或是庶族将领出任刺史，各种教命莫不由皇帝指派的典签负责出纳，刺史不得专任。宗悫为豫州刺史，吴喜公任典签。宗悫施行的刑法政令，吴喜公在执行时多擅自违背。宗悫大怒说："我宗悫年近六十，为国竭忠效命，才得到一州如斗大，岂能再与典签共治！"吴喜公见宗悫发怒，行礼稽颡直到额头出血才作罢。从此以后，皇上给他们的权力越来越大，典签轮流回都城，一年几次往返，皇上常与他们闲谈，询问一方之事。刺史行为的好坏，都由典签报告，因而诸王刺史在他们面前莫不卑躬屈节，恭敬奉承，常常担心奉承得不周到。这样一来，典签威行州郡，权力之重超过了诸王刺史。典签刘道

即显戮⑤，而权任之重不异。明帝辅政，深知之，始制诸州急事宜密有所论，不得遣典签还都，而典签之任轻矣。后以文显守少府，见任使，历建武、永元之世，至尚书右丞，少府卿，卒官。

济、柯孟孙的邪恶行为暴露，虽被当众处死，然而典签权力之大仍与旧日无异。明帝辅政，深知典签之弊，才开始规定诸州紧急事宜应秘密议论，直接上奏，不得派典签回都城。自此而后，典签的权力逐渐减轻了。后来又以文显守少府，颇受重用。历仕齐明帝建武、东昏侯永元之世，官至尚书右丞，少府卿，死于任上。

注释　①内(nà)：同"纳"，纳入。　②愍：音 què。　③稽颡：古时一种跪拜礼，屈膝下拜，以额触地。　④奸慝(tè)：邪恶的心术或行为。　⑤显戮：明正典刑，当众处决。

周 石 珍 传

导读

周石珍，建康平民，家世贩绢为业，出身微贱。周石珍善钻营，逐渐进入宫廷，侍奉皇帝。梁武帝末年发生"侯景之乱"，周石珍与中书舍人严亶俱降侯景，内外勾结。驻守江陵的荆州刺史湘东王萧绎派王僧辩讨侯景，陈霸先也于岭南起兵，平定了这场大乱，周石珍、严亶俱押送江陵，腰斩于市。（选自卷七七）

原文

周石珍，建康之厮隶也，世以贩绢为业。梁天监中，稍迁至宣传左右。身长七尺，颇闲应对，后遂至制局监，带开阳令。历位直阁将军。太清三年，封南丰县侯，犹领制局。台城未陷，已射书与侯景相结，门初开，石珍犹侍左右。时贼遣其徒入直殿门，或驱驴马出入殿庭。武帝方坐文德殿，怪问之，石珍曰："皆丞相甲士。"上曰："何物丞相？"对

翻译

周石珍，建康城内的平民，世代贩绢为业。梁武帝天监年间，稍微有点升迁，做了宣传左右一类的小官。他身高七尺，善于随机应对，遂钻营至制局监，出为开阳令。周石珍逐渐升官，位至直阁将军。梁武帝太清三年（549），他被封为南丰县侯，仍兼领制局监。侯景作乱，兵入建康，围困皇宫，台城还没有攻陷时，周石珍已从城内射书贼营和侯景勾结，宫城打破之初，他还在假惺惺地侍奉梁武帝。当时贼军派党徒进入殿内守卫，有的人还驱赶驴马随便出入宫殿。武帝刚坐在文德殿，奇怪地问周石珍是怎么回事，周石珍说："都是丞相的

曰："侯丞相。"上怒叱之曰："是名侯景，何谓丞相！"石珍求媚于贼，乃养其党田迁以为己子，迁亦父事之。景篡位，制度羽仪皆石珍自出。景平后，及中书舍人严亶等送于江陵①。

军队。"武帝问："什么丞相？"周石珍回答道："侯丞相。"武帝愤怒地斥责他说："他名侯景，怎么叫丞相！"周石珍对侯景奴颜婢膝，收养侯景同党田迁为自己的儿子，田迁也把他当作父亲侍奉。侯景废简文帝篡位，即位的典章朝仪都出自周石珍之手。"侯景之乱"平定后，周石珍和中书舍人严亶等被俘押送江陵。

注释 ① 及中书舍人严亶(dǎn)等送于江陵：时湘东王萧绎为荆州刺史，命王僧辩发兵讨侯景，故将俘虏周石珍及严亶等押送荆州治所江陵。

原文

亶本为斋监，居台省积久，多闲故实。在贼居要，亚于石珍。及简文见立，亶学北人著靴上殿，无肃恭之礼。有怪之者，亶曰："吾岂畏刘禅乎。"①从景围巴陵郡②，叫曰："荆州那不送降！"及至江陵，将刑于市，泣谓石珍曰："吾等死亦是罪盈。"石珍与其子升相抱哭。亶谓监刑人曰："倩语湘东王，不有废也，君何以兴？"俱腰斩。自是更杀贼

翻译

严亶本来是管理房舍的斋监，在皇宫的时间很长，熟悉各种成规。侯景控制梁政权后，他在侯景部下担任显职，地位仅次于周石珍。及简文帝继，严亶仿效北方人习惯，穿着靴子上殿，没有一点儿肃敬和谦恭的礼节。有人责怪他，严亶说："我岂会惧怕刘禅。"后随从侯景围攻巴陵郡，严亶气焰嚣张，在城外大声叫喊："荆州还不快投降！"及至他被押解到江陵，将在闹市受刑，才哭着对周石珍说："我们要被处死，也是恶贯满盈。"周石珍和儿子周升相抱痛哭。严亶对监刑官说："请你代我告诉湘东王，没有破坏，他湘东王又怎么能够兴

党,以板枂舌③,钉钉之,不
复得语。

起呢?"严亶、周石珍都被腰斩。此后再
杀贼党,都以木板夹住舌头,并钉上钉
子,使这些人不能讲话。

注释 ① 刘禅:三国时蜀国皇帝,一切大权皆执掌于诸葛亮,故后称无权之君为
刘禅。此指控制在侯景手中的梁简文帝。 ② 巴陵:郡名,治所在今湖南岳阳。
③ 枂(xiá):此可作"夹"解。

孔 范 传

导读

　　孔范字法言，会稽(今浙江绍兴)人。仕陈后主。后主荒淫愚狠，孔范为狎客谄事之，并与后主孔贵人结为兄妹，权重当时。孔范品行恶劣，为一代佞人，常挑拨谗害武将。时北方隋已强大，发兵南下，攻取建康，无法抵御。后主出金帛募兵，除城中轻薄少年，竟无人投效。时任蛮奴、司马消难请利用长江天堑，坚守不战。孔范欲因此立功，在后主面前诋毁司马消难，必欲出战，因是大败。隋兵攻入建康，灭陈，孔范与后主及公卿俱被俘，送往隋都长安。随即罪恶暴露，与王瑳、王仪、沈瓘一并流放边远地区，称为"四罪人"。(选自卷七七)

原文

　　孔范字法言，会稽山阴人也。曾祖景伟，齐散骑常侍。祖滔，梁海盐令。父岱，历职清显。

　　范少好学，博涉书史。陈太建中，位宣惠江夏王长史。后主即位[1]，为都官尚书，与江总等并为狎客[2]。范容止都雅，文章赡丽，又善五言诗，尤见亲爱。后主

翻译

　　孔范字法言，会稽山阴人。曾祖孔景伟，齐散骑常侍。祖父孔滔，梁海盐令。父亲孔岱，历任清显之职。

　　孔范年少时即好学，广博地涉猎经书史籍。陈宣帝太建年间，任宣惠将军江夏王陈伯义长史。陈后主即位后，为都官尚书，与江总等人都是皇上的狎客。孔范仪容举止高雅无俗态，所写文章内容丰富，文采华丽，又擅长五言诗，后主对他尤其宠爱。后主生性愚昧狠毒，不愿听自己的过失，每做了坏事，孔

性愚狠，恶闻过失，每有恶事，范必曲为文饰，称扬赞美。时孔贵人绝爱幸③，范与孔氏结为兄妹，宠遇优渥④，言听计从。朝廷公卿咸畏范，范因骄矜，以为文武才能举朝莫及。从容白后主曰⑤："外间诸将，起自行伍，匹夫敌耳。深见远虑，岂其所知。"后主以问施文庆，文庆畏范，益以为然。自是将帅微有过失，即夺其兵，分配文吏。

范必歪曲事实，文过饰非，反而加以称扬赞美。当时孔贵人在后宫最受宠爱，孔范就与她结为兄妹，因而宠荣更加优厚，后主对他言听计从。朝廷公卿都畏惧他，孔范因此而骄矜自大，认为自己的文才武略，满朝文武都比不上。孔范曾怂恿后主说："外面的将领，都是行伍出身，徒有匹夫之勇，深谋远虑，岂是他们懂得的。"后主以他所说的话问施文庆，施文庆惧怕孔范，就说孔范说得很对。从此以后，将帅稍有过失，就夺去兵权，分配公府担任文吏。

注释　①后主：即陈后主陈叔宝。　②狎（xiá）客：狎，亲近而不庄重。狎客即陪伴权贵游乐的人。　③贵人：妃嫔的称号，地位次于皇后。　④优渥（wò）：丰足，优厚。　⑤从容：此作怂恿解。

原文

隋师将济江，群官请为备防，文庆沮坏之，后主未决。范奏曰："长江天堑，古来限隔，虏军岂能飞渡？边将欲作功劳，妄言事急。臣自恨位卑，虏若能来，定作

翻译

隋朝的军队即将渡过长江，群臣请后主早做防御准备，施文庆从中阻挠，使后主迟疑不决。孔范上奏说："长江天堑，从古以来就阻隔两岸，北虏之军岂能从天飞渡？边防将领贪图功绩，伪称边境危急。我遗憾自己地位卑下，敌军若敢来犯，我一定立功疆场，争取进

太尉公矣。"或妄言北军马死，范曰："此是我马，何因死去。"后主笑以为然，故不深备。

寻而隋将贺若弼陷南徐州①，执城主庄元始，韩擒陷南豫州②，败水军都督高文泰。范与中领军鲁广达顿于白塔寺。后主多出金帛，募人立功，范素于武士不接，莫有至者，唯负贩轻薄多从之③，高丽、百济、昆仑诸夷并受督。时任蛮奴请不战，而己渡江攻其大军。又司马消难言于后主曰："弼若登高举烽，与韩擒相应，鼓声交震，人情必离。请急遣兵北据蒋山④，南断淮水，质其妻子，重其赏赐。陛下以精兵万人，守城莫出。不过十日，食尽，二将之头可致阙下。"范冀欲立功，志在于战，乃曰："司马消难狼子野心，任蛮奴淮南伧士，语并不可信。"事遂不行。

位太尉公。"有人说见到北军的马死了，孔范怕后主知道大敌临江的消息，忙说："这是我们的马，怎么死了。"后主听后高兴地笑了，认为他说的是真情，所以不严密设防。

不久隋将贺若弼攻陷南徐州，俘虏城主庄元始，韩擒虎攻陷南豫州，击败水军都督高文泰。此时孔范与中领军鲁广达屯兵白塔寺。后主拿出大量金帛，招募士兵，保卫建康，孔范素来不与武士接交相识，没有人来投军，追随他的多是一些商贩或不务正业的轻薄之徒，只得以高丽、百济、昆仑等外国军队让他指挥。当时任蛮奴劝孔范不要出战，由他单独率兵渡江攻敌大军。又有司马消难对后主说："贺若弼如果登上高地，燃起烽火，与韩擒虎遥相呼应，金鼓齐鸣，震天动地，人心必然离散。请皇上火速发兵，北据钟山，南断淮水，扣留将士的妻室儿女作为人质，并给他们以重赏。陛下亲率精兵万人，坚守城内不要出战。不过十天，敌军粮草用尽，两个敌将之头就可献到你的面前。"孔范急于立功显名，决心要与隋军决战，于是对后主说："司马消难狼子野心，任蛮奴淮南伧士，他们的话都不可信。"于是他们的建议都没有被采纳。

注释 ① 弼：音 bì。 ② 韩擒陷南豫州：韩擒，《资治通鉴》作韩擒虎。唐人避讳省"虎"字。南豫州，南朝侨治州名，治所在今湖北黄冈西北。 ③ 负贩轻薄：负贩，指商贩。轻薄，轻佻浮薄。 ④ 蒋山：即南京钟山。

原文

隋军既逼，蛮奴又欲为持久计，范又奏："请作一决，当为官勒石燕然。"①后主从之。明日，范以其徒居中，以抗隋师，未阵而北，范脱身遁免。寻与后主俱入长安②。

翻译

隋军已经逼近，任蛮奴又想提出持久抗敌之计，孔范又上奏说："请皇上让我决一死战，我必定会为你建立大功，像东汉窦宪击败北匈奴一样。"后主听从了他的话，同意一战。次日，孔范率其徒众居于队伍中间，抗击隋军，尚未摆好阵势，就仓皇败退了，孔范也脱身逃走。不久，建康城破，孔范与后主一起被俘入隋都长安。

注释 ① 当为官勒石燕然：勒，雕刻。燕然，山名，即今蒙古境内杭爱山。东汉永元元年(89)窦宪大举进攻北匈奴，与北单于大战于稽落山，连战皆捷，北单于兵败溃逃。窦宪取胜后登燕然山刻石记功。 ② 寻与后主俱入长安：589 年隋晋王杨广攻克建邺，灭陈。后主及王公百官被俘，俱被带入隋都长安。长安，今陕西西安。

原文

初，晋王广所戮陈五佞人，范与散骑常侍王瑳、王仪、御史中丞沈瓘，过恶未彰，故免。及至长安，事并露，隋文帝以其奸佞诡惑，并暴其过恶，名为四罪人，

翻译

起初，晋王杨广平建康，诛杀陈朝的五个佞臣，孔范与散骑常侍王瑳、王仪、御史中丞沈瓘，罪恶还未暴露，故免于诛杀。入长安后，事情一齐暴露，隋文帝因他们奸佞诡媚，迷惑后主，宣布其罪恶，称为"四罪人"，流放边远之地，

流之远裔，以谢吴、越之人①。瑒、仪并琅邪人。瑒刻薄贪鄙，忌害才能。仪候意承颜，倾巧侧媚，又献其二女，以求亲昵。瓛险惨苛酷，发言邪诣，故同罪焉。

以此来向吴、越之人谢罪。王瑒、王仪都是琅邪人。王瑒刻薄贪鄙，忌才害能。王仪常揣摸皇帝心意，察颜观色，媚主求荣，又向后主贡献自己的两个女儿，以求取得皇上的亲昵。沈瓛阴险毒辣，苛暴残酷，谄媚君主，所以将他们一同治罪。

注释　①　吴、越：此泛指南朝所辖南方地区。

周 迪 传

导读

周迪,临川(今江西南城东南)人。少居山谷,以射猎为业。侯景之乱时,与宗人周续起兵讨侯景,后军中豪帅杀周续而拥周迪为主,受梁元帝、梁敬帝封赏。陈朝建立后,四方兵起,周迪又助陈讨伐。后因朝廷赏赐不公平,周迪被激反,率兵越岭表入晋安,朝廷派兵征讨,周迪又率兵越东兴岭回到临川藏匿山谷。周迪为人好周济贫困,临川百姓皆感其恩德,朝廷虽派兵搜捕,却无人出卖他。陈文帝时,周迪派人入市买鱼,被临川太守骆文牙捉获,逼其诱捕周迪。周迪受骗出猎,为伏兵所杀。本传反映了南朝后期社会动乱的情况。(选自卷八〇)

原文

周迪,临川南城人也。少居山谷,有膂力①,能挽强弩②,以弋猎为事③。侯景之乱,迪宗人周续起兵于临川,梁始兴王萧毅以郡让续,迪占募乡人从之,每战勇冠诸军。续所部渠帅,皆郡中豪族,稍骄横,续颇禁之,渠帅等乃杀续推迪为主。梁元帝授迪高州刺史,

翻译

周迪,临川南城人。少时居住山谷,力大无比,能挽强弩,以狩猎为业。侯景作乱,周迪同宗之人周续在临川起兵讨伐侯景,梁始兴王萧毅把自己所辖的郡让予周续,周迪招募乡人加入周续军,每次作战,他在诸将中最为英勇。周续所统领的将领都是郡中豪族,这种人总有点骄横,周续时常加以禁止,诸将因此不满,杀周续而拥戴周迪为主。梁元帝在江陵即位后,授周迪高州刺史,封临汝县侯。梁敬帝绍泰二年

封临汝县侯。绍泰二年，为衡州刺史④，领临川内史。周文育之讨萧勃也⑤，迪按甲保境，以观成败。

(556)，周迪为衡州刺史，兼临川内史。周文育讨伐萧勃时，周迪按兵不动，保境安民，坐观成败。

注释 ①膂(lǚ)力：谓体力。 ②弩(nǔ)：弓有臂者，弓之一种。 ③弋(yì)猎：打猎。 ④衡州：州名，治所在今湖南衡阳。 ⑤周文育之讨萧勃：周文育，陈霸先部将。时梁广州刺史萧勃兵强位重，梁元帝深以为患。侯景之乱平定后，为争夺政权，萧勃派兵越岭，元帝命周文育发兵征讨，时萧勃已逾岭至南康(今江西赣州)，为周文育所败。萧勃部将谭世远杀萧勃欲降周文育，为人所害，世远军主夏侯明彻持勃头降周文育。

原文

陈武帝受禅，王琳东下，迪欲自据南川，乃总召所部八郡守宰结盟，声言入赴，朝廷恐其为变，因厚抚之。琳至盆城，新吴洞主余孝顷举兵应琳。琳以为南川诸郡可传檄而定，乃遣其将李孝钦、樊猛等南征粮饷。孝钦等与余孝顷逼迪，迪大败之，禽孝钦、猛、孝顷送建邺。以功加平南将军，开府仪同三司。

翻译

陈武帝篡梁建陈朝，王琳率兵东下反陈，周迪欲独自保据南川，便全部召集所统领的八郡长官结盟，声称亦将举兵入建康，朝廷担心他作乱，因而加以优厚的抚慰。王琳抵达盆城，新吴蛮人头领余孝顷举兵响应王琳。王琳以为南川诸郡只要传去一纸檄文就会归附，便遣将领李孝钦、樊猛等南去征集粮饷。李孝钦等和余孝顷合力威逼周迪，被周迪打得大败，擒获李孝钦、樊猛、余孝顷，押送建康。周迪以此次功劳加平南将军、开府仪同三司。

原文

文帝嗣位，熊昙朗反，迪与周敷、黄法氍等围昙朗[1]，屠之。王琳败后，文帝征迪出镇盆口，又征其子入朝，迪趑趄顾望并不至[2]。豫章太守周敷本属迪，至是与法氍率其部诣阙，文帝录其破熊昙朗功，并加官赏。迪闻之不平，乃阴与留异相结。及王师讨异，迪疑惧，乃使其弟方兴袭周敷，敷与战，破之。又别使兵袭华皎于盆城，事觉，尽为皎禽。

翻译

陈文帝继位，熊昙朗起兵反陈，周迪与周敷、黄法氍等围攻熊昙朗，屠杀熊昙朗叛军。王琳失败后，文帝征周迪出镇盆口，又召他的儿子入朝为官，周迪犹豫观望，父子迟迟不到任。豫章太守周敷本为周迪部下，这时和黄法氍都率其部众进入都城，朝见皇帝，文帝采录他们平定熊昙朗的功绩，并加官赏赐。周迪闻知后，愤愤不平，于是，暗地里和留异勾结。及至官兵讨伐留异，周迪才有所疑惧，于是使弟周方兴袭击周敷，周敷和周方兴交战，大败方兴。周迪又另派兵偷袭华皎于盆城，被发觉，全部被皎擒获。

注释　① 氍：音 qú。　② 趑趄(zī jū)：犹豫。

原文

天嘉三年，文帝乃使江州刺史吴明彻都督众军，与高州刺史黄法氍、豫章太守周敷讨迪，不能克。文帝乃遣宣帝总督讨之[1]，迪众溃，脱身逾岭之晋安[2]，依陈宝应。宝应以兵资迪，留异又

翻译

陈文帝天嘉三年(562)，文帝派江州刺史吴明彻统领众军，和高州刺史黄法氍、豫章太守周敷共同讨伐周迪，不能攻破。文帝又遣宣帝陈顼总督诸军讨伐周迪，周迪部众溃散，周迪侥幸脱身，翻越岭表到达晋安，依附陈宝应。陈宝应以兵资助他，留异又派遣次子忠臣跟随周迪。次年秋天，周迪又率兵越

遣第二子忠臣随之。明年秋,复越东兴岭。文帝遣都督章昭达征迪,迪又散于山谷。

过东兴岭回到临川。文帝派都督章昭达征讨周迪,周迪分散诸军,隐匿山谷。

注释 ① 宣帝:即陈宣帝陈顼。 ② 晋安:郡名,治所在今福建福州。

原文

初,侯景之乱,百姓皆弃本为盗^①,唯迪所部独不侵扰,耕作肆业,各有赢储,政令严明,征敛必至。性质朴,不事威仪。冬则短身布袍,夏则紫纱袜腹。居常徒跣,虽外列兵卫,内有女伎,挼绳破篾^②,傍若无人。然轻财好施,凡所周赡,毫厘必均。讷于语言,而衿怀信实,临川人皆德之。至是并藏匿,虽加诛戮,无肯言者。

翻译

当初,侯景作乱,百姓不能农耕,转为盗贼,只有周迪军纪严明,不侵扰百姓,专事农业或经营商业,各自都能自给并有积蓄。他政令严明,朝廷有所征敛,立即交纳。周迪性情质朴,不故作威严仪态,衣着朴素,冬天则穿短身布袍,夏天还穿紫纱厚袜。在家时常赤脚,虽然帐外布置兵卫,帐内有女伎歌舞,他依然搓绳索、破篾条,好像旁边没有人一样。然而轻财好施,凡周济人,没有偏心,毫厘都要均平。虽不善辞令,却胸怀厚道,讲究信用,临川人都很感激他。这时,朝廷差人追捕他,临川百姓把周迪藏匿起来,即使用杀人为威胁,也没有人出卖他。

注释 ① 本:指农业。 ② 挼(ruó)绳:搓绳。

原文

昭达仍度岭与陈宝应相抗。迪复收合出东兴,文帝遣都督程灵洗破之。迪又与十余人窜山穴中。后遣人潜出临川郡市鱼鲑,临川太守骆文牙执之,令取迪自效。诱迪出猎,伏兵斩之。传首建邺,枭于朱雀航三日①。

翻译

章昭达翻越岭表和陈宝应相对抗。周迪又收合部众出东兴,文帝遣都督程灵洗击败周迪军。周迪退回临川,又与十多人逃匿入山,躲于岩穴中。后周迪派人秘密去临川郡市上买鱼鲑,被临川太守骆文牙捉住,令他捕捉周迪,将功赎罪。买鱼人就引诱周迪出外打猎,为临川太守埋伏的兵士所杀。周迪被斩后,首级传送到建邺,并在朱雀航悬挂示众三天。

注释　①朱雀航:古浮桥名,今名朱雀桥。故址在今南京镇淮桥稍东,跨秦淮河上。枭(xiāo):斩首后,悬头示众。

北史

刁忠民　译注

段文桂　审阅

导　言

一

　　唐代史学家李延寿所撰《北史》是一部著名史书,后人把它列入"正史",为"二十四史"之一。

　　《北史》主要记载了北朝和隋朝的历史。所谓北朝,一般是指公元439年北魏政权灭掉北凉,结束"五胡十六国"纷争,统一中国北部之后,南北政权对峙时期北魏、东魏、西魏、北齐、北周五朝的历史。但我们讲述这一段历史,总是要上溯北魏之初,下讫隋朝统一之际(即含隋前期历史)。

　　公元386年,鲜卑族拓跋部首领拓跋珪在牛川(今内蒙古锡拉木林河)即代王位,同年改国号为魏,史称北魏,亦称后魏,以别于三国时期的曹魏。公元398年,拓跋珪定都平城(今山西大同),即皇帝位,他就是北魏王朝的始祖道武帝。北魏王朝的初期历史是和"五胡十六国"历史交织在一起的,当时在我国北方还先后存在和建立过前秦、后秦、西秦、夏等十多个政权,相互间不断地进行着兼并战争。在数十年的混战中,北魏不断拓展势力,到太武帝拓跋焘时,摧毁夏国,兼并北燕,并于公元439年灭掉北方最后一个分立政权北凉,统一了黄河流域。

　　拓跋部虽以武功显赫于世,但内部社会结构却是落后的。家长奴隶制下的生产方式、胡汉杂糅且不健全的国家机构、疯狂屠杀掠夺的野蛮习俗,都不利于对中原地区实施统治。所以必须改弦更张,谋求新的途径,而完成这项历史使命的就是北魏中期的孝文帝。

孝文帝针对北方统一后民族矛盾渐趋缓和而阶级矛盾日益上升的情况,首先进行了吏治整顿,严格禁止官吏鱼肉百姓。接着又推行三长制、均田制,对战后农业生产的恢复和中央集权的加强起了积极作用。为了实行进一步的改革和增强对中原地区的控制,孝文帝于公元494年迁都洛阳。随后又进行了多方面的改革,包括改定官制并确立新的姓族门第序列,改鲜卑复姓为汉姓,禁断胡语、胡服,取缔荒诞不经的迷信活动等。这些改革加速了拓跋部自身的文明发展进程,促进了北方各民族的大融合,具有深远的历史意义。

北魏王朝虽经过孝文帝的改革而走向极盛,但封建社会内部潜在的矛盾是不可避免的。孝文帝死后,这些矛盾便日趋尖锐激烈。这主要表现在两个方面。一方面,由于北魏统治者长期对南方进行战争,沉重的赋税、兵役、劳役压得人民喘不过气来;而统治阶级又日益奢淫,"帝族王侯、外戚公主,擅山海之富,居川林之饶,争修园宅,互相夸竞","高台芳榭,家家而筑;花林曲池,园园而有",这就必然加深阶级矛盾。另一方面,统治阶级内部的分化也日趋明显。随孝文帝迁都洛阳的鲜卑贵族和汉族士人的地位有了很大提高,而原为鲜卑拓跋部基本力量的部族武士却受到扼制。尤其是戍守北方六镇的兵士,"一生推迁,不过军主",而兵员的补充,往往是犯罪流配的囚徒。因此地位低落的鲜卑部族武人对汉化政权怀有仇恨。北魏后期的统治者不但未能调解各种矛盾,反而骄奢淫逸,争权夺利,卖官鬻爵,贿赂公行,愈趋腐败。山雨欲来风满楼,一场反抗北魏王朝统治的斗争不可避免地展开了。

公元524年,爆发了以破六韩拔陵为首的六镇起义。随后,各地义军风起云涌,会集成以葛荣为代表的各族人民大起义。这次起义最后虽被镇压,但它也动摇了北魏统治。在镇压起义过程中发家的尔朱荣、高欢先后把持朝政，手握重兵，废立皇帝，北魏朝廷形同虚设，名存实亡。

公元 534 年，拥兵晋阳的高欢挥师南下，逼走孝武帝，拥立元善见为帝，并迁都邺城，史称东魏。次年，占据关中的宇文泰拥戴元宝炬为帝，史称西魏。至此，东、西魏与南朝形成了三足鼎立之势。

公元 550 年，高欢之子高洋代东魏称帝，建立齐国，史称北齐、后齐或高齐。公元 557 年，宇文泰之子宇文觉取代西魏，国号为周，史称北周或后周。北周到了武帝宇文邕执政时期，他励精图治，采取许多有效措施，发展了经济，加强了军力，于公元 577 年灭掉北齐。接着周武帝又大败南方陈国的军队，把势力发展到长江沿岸，并立志北扫突厥，南定江南，完成统一大业。可惜他壮志未酬，便于 578 年病逝。其后因后人不肖，大权旁落，终被隋文帝杨坚取代。公元 589 年，隋文帝灭陈，历经战乱的中国才重新得到统一。

从汉末军阀割据到隋统一，历时四百年，其间除西晋二十余年的短期统一，都是分裂动乱的年代，故被人们称作"乱世"。而北方尤因民族关系十分复杂，充满着矛盾、斗争和更迭，所以读者对北朝史大都不甚了解。其实只要我们客观地来观察整个历史进程，就会发现在那些动乱之中往往孕育着新的因素，为盛世的出现准备了条件，北朝时期正是如此。从制度来讲，北魏的均田制、赋役制，西魏、北周的府兵制都一直沿用到唐代中叶，再如唐代的职官制度、礼乐典章、刑书法令，也多取法北朝。至于科技文化方面，贾思勰的《齐民要术》、郦道元的《水经注》、杨衒之的《洛阳伽蓝记》，在农学、地志学等方面都具有重大价值和深刻影响，特别是以云冈、龙门、敦煌为代表的石窟艺术和这一时期盛行的魏碑书法，更是中华民族文化宝库的璀璨明珠。更应着重指出的是，这一时期北方各族人民的大融合，为中华民族增添了新的血液，成为隋唐号称盛世的一个重要因素。据专家考证，隋唐时期许多有贡献的宰相、名将、文化名人，都有非汉族群的血统。如宰相中的高颎、长孙无忌、元稹、白敏中等，名将中的尉迟敬德、高仙芝、哥舒翰、李光弼、浑瑊等，诗人中的元结、元稹、白居易、刘禹锡等。以上所引只是其中少数。我们试想，如果隋唐史中没有这些人物，这段历史岂不大大减色吗！

以上略述北朝脉络，下面我们再介绍李延寿和《北史》。

二

李延寿字遐龄，大约生于隋开皇中（581—600），死于唐仪凤中（676—679）。其先祖为陇西狄道（今甘肃临洮）人，后移居相州（治邺，今河北临漳西南）。祖名仲举，博涉经史，父亲李大师，更以史学见长。李大师生活于隋代、唐初。当时已是“海内为家，国靡爱憎，人无彼我”的大一统局面。旧有的南北朝史书，大多详己略彼，甚至互相诋毁；当代所修之史，又往往曲笔回护，褒贬任情；而后人撰著之书，也常常美言近代而诋诬前朝。这些做法都是不公允的，已不符合时代的需要。李大师卓有识见，“常以宋、齐、梁、陈、魏、齐、周、隋，南北分隔，南书谓北为‘索虏’，北书指南为‘岛夷’。又各以其本国周悉，书别国并不能备，亦往往失实”。所以他立意加以改正，改撰成一部编年体的南北朝史书。他弃官不仕，专以修史为务，惜书未完成，就于贞观二年（628）病逝，临终以此为恨。

李延寿从小受其父亲影响，受到史学熏陶，成年后便立志撰史，并颇具史才。他开始做官，便担任史职，参与多种史书的编撰。贞观三年（629），李延寿佐颜师古、孔颖达修隋史；贞观十五年（641），又以崇贤馆学士预修《晋书》；贞观十七年（643），又参与《五代史志》的修撰。以修史有功，转任御史台主簿、兼直国史，后又升任符玺郎、兼修国史。在参与修撰各书的过程中，李延寿有机会接触到大量秘阁图籍,遂于编撰之暇,不分昼夜地抄录有关南北史实之书,为完成其父遗志做准备。这时官修的《梁书》《陈书》《北齐书》《周书》《隋书》虽已完成,但李延寿对前四种不大满意,对先已流行的《魏书》《宋书》《南齐书》,更认为有必要改修。于是就以上述八书为基础,参考其他典籍一千余卷,删繁就简,补充订正,又改变其父原拟编年史体例,撰成纪传体南北二史。前后历时十七载,始成其事。唐高宗对此二史很看重,于显庆四年(659)亲为作序颁行。

此外,李延寿还参与初唐史的修撰,成书八十一卷,并独立完成《太宗政典》三十卷。这部《政典》得到了唐高宗的赏识。李延寿死后,唐高宗还曾下诏褒扬他"艺文该洽,材兼良史,撰《政典》一部,词殚直笔"。下面我们主要介绍他修撰的《北史》。

三

《北史》一百卷,其中本纪十二卷,列传八十八卷。叙事上起北魏立国之初,下讫隋朝灭亡,包括北魏、北齐(含东魏)、北周(含西魏)、隋四朝二百三十三年史事,其范围比我们常说的北朝广一些。据说,李延寿把《隋书》列入《北史》,含有尊崇唐朝、贬低隋朝大一统的意思。《北史》在体例上是把通史和国别史编组合一,很有特色。它既把各个政权的历史做贯通叙述,使其具有《史记》通史的体例;又把各个政权做分别叙述,互相照应,使其具有《三国志》那样的国别史体例。这种方法很适宜于叙述多国分立时期的历史,所以宋代薛居正修《旧五代史》、欧阳修撰《新五代史》,大都采用这种办法。

除了体例创新,《北史》还以文笔简洁见长。是否文略事详,是我国传统史学判断一部史著优劣的重要标准。《北史》能做到这一点,主要是通过大量删削来实现的。在旧史之中,往往详载官样文字和文学作品。如政权禅让之际,常有让位皇帝的九锡文、告册文、告天下文和受位皇帝的三让表、告天文、告宗庙文、大赦文以及群臣的劝进表等,《北史》对这些内容略存一二,其余全都删掉,文学作品也不载入。至于其他诏令、朝臣奏疏,则根据情况,有关大政者或一字不改,无关事要者或一文不取,对大多数则撮其精义而弃其杂言。这样就省略不少篇幅,使叙事部分更加突出,读起来事情连贯,清晰醒目。

参考别史、杂传,增补实质内容,这是《北史》的又一个贡献。李延寿撰《北史》时,其所依据的除几部史书,还有多种北朝的断代史和其他杂史。他将其中珍贵材料都选入《北史》,故能增加不少内容。如魏收所编《魏书》不载西魏史事,《北史》则补充了西魏三帝本纪、帝后传,还增加了不少列传。对于原来已有的纪传,也补充了不少有价值的材料。如在卷六十的传论后,补充了大段府兵制材料,对我们研究中古时期的兵制至为重要。又如《斛律光传》中描述东、西双方守河插冰事,虽仅增寥寥数语,却生动地反映了双方实力的消长。

除了删削、增补,李延寿还对诸书异同、记事不实、曲笔回护之处,做了一些考订补正,这也是应予肯定的。

因为《北史》有以上长处,所以后人多褒扬它,甚至认为它远远超过所参考的诸书;但它确也存在不少缺陷,所以又有人贬低它,甚至认为它的作者是“无学术之陋儒”“强操史笔”。这两种认识都有其片面性。平心而论,《北史》的上述贡献是不可磨灭的,而它的缺陷也不容否认。首先,它删削不尽恰当,漏掉了一些有关政治、经济等制度的重要内容。有时还因删削一语数字而使时间、地点不明,文气不接,词义晦涩,甚至直接出错或容易造成理解错误。其次,在增补方面,加入了相当多的谣言、谶语、因果报应、神灵鬼怪等内容。如在高欢的一篇本纪中,这类文字竟出现十余次,累计近千言,这连封建文人都认为是“殊属可厌”的。再次,在史实的考订方面也不够精审,尤其对前史曲笔回护之处,仍多沿用。如尔朱荣意欲称帝,《周书·贺拔岳传》称是高欢怂恿，贺拔岳劝谏，并要求杀掉高欢以谢天下，因左右说情才作罢。李延寿却取《魏书》《北齐书》回护之说，记作高欢劝阻尔朱荣称帝，并在《北史·贺拔岳传》中删去他进谏和要求杀掉高欢的内容，仅称"岳乃从容致谏，荣寻亦自悟"。对如此重大的是非问题都未加详考，不能不说是失误。至于学者们还有其他批评意见，这里就不一一详述了。

从上述情况看，《北史》在删削、增补、考订三个方面既有重大贡献，也有严重失误，加以它只有纪、传，而无表、志，更不可能取代前史。我们研究北朝史，可以把它视作一部重要史籍而与诸史相互印证，斟酌取舍。

四

《北史》流传较广，但为它作补注的却不多。清末汪士铎曾作《南北史补志》三十卷，仅存残本。明代李清曾以八书（书名见前）注《南史》《北史》，撰成《南北史合注》一百八十卷。其书从未刊行，仅存一全一残两抄本，分藏故宫博物院和北京大学图书馆。至于对《北史》的考订、纠谬、评述，则清人用力甚勤，成绩不小。他们的研究成果，大都为中华书局标点本《北史》所吸收。但总的来说，历代对《北史》的整理研究，较《史记》《汉书》《三国志》等远为逊色，普及读物更为罕见。所以可资本书借鉴的材料不多，且限于水平，疏误不免，尚祈专家学者及广大读者不吝赐教。

为了便于读者阅读，我们这个选本未依原书卷次排列，而是按北魏、北齐（含东魏）、北周（含西魏）、文化名人四个部分各选数篇，大致以人物活动时代先后为序。文中涉及年号、官称、地名处很多，凡前后互见者，一般只在首见处作注。又李延寿作史，避讳改字太多，如避唐先祖李虎讳，改"虎"为"武""彪"等；避高祖李渊讳，改"渊"为"深"；避太宗李世民讳,改"民"为"人";避高宗李治讳,改"治"为"理""修""政"等。这些字有时可作同义词看,有时含义差别也较大,我们在译文中都按原字释义,为省篇幅,一般未加说明,读者自当留意。

习忠民

崔 浩 传

导读

公元 386 年到 451 年,是北魏王朝历史发展的前期,其间经历了道武帝、明元帝和太武帝的统治。在此时期,北魏王朝一方面凭借武力统一了黄河流域而与南朝政权对峙,一方面又联合汉族士人而进行胡汉杂糅的统治。崔浩即是这一时期最具代表性的汉族人士。崔浩出自清河崔氏,是北方的第一高门。他历仕道武、明元、太武三朝,由近侍到宰相,处于清要显赫的地位。他博学多才,通晓百家,为北魏王朝制订典章、创立法制;他长于谋划,智略过人,运筹帷幄之中而决胜千里之外,为北魏王朝累建勋劳。他的政治理想是要实现西周的五等分封贵族政治,为此他汲引了见解相似的道教首领寇谦之,并提拔了许多有儒学修养的汉族人士担任重要职位。但是他的理想未能实现,太平真君十一年(450),被太武帝满门抄斩。崔浩的死因,传记中说是他修国史,直书鲜卑人丑事,并把国史刻在石碑上立于路旁,触怒鲜卑贵族。近现代史学家们认为这只是一种假象,崔浩真正的死因,在于他的政治施为损害了鲜卑贵族的利益。这是颇具真知灼见的。也有记载说,崔浩在当年太武帝南征时,联络北方人士,暗通南朝,企图颠覆北魏政权。是否真有其事呢?通览本传,凡是魏帝南征,他都极力劝阻,凡是北伐西讨其他地域的民族,他都竭力鼓动并出谋划策。这是全心全意地替北魏做先北后南的战略考虑呢,还是出自暗存华夏一脉的民族意识呢?这些问题都颇令人玩味。(选自卷二一)

原文

浩字伯深①，少好学，博览精史，玄象阴阳百家之言，无不该览，研精义理，时人莫及。弱冠为通直郎②，稍迁著作郎③。道武以其工书，常置左右。道武季年，威严颇峻，宫省左右，多以微过得罪，莫不逃隐，避目下之变。浩独恭勤不怠，或终日不归。帝知之，辄命赐以御粥。其砥直任时，不为穷通改节若此。……

翻译

崔浩字伯渊，从小好学。他广泛地阅读了儒学和史学著作，对于天文、阴阳以及诸子百家的著作，也无不涉猎。在精心研讨各家宗旨和深刻含义方面，当时没人能和他相比。在他二十岁时，就出任了通直散骑侍郎，随后又升任著作郎。道武皇帝因他擅长书法，常把他安排在自己身边。道武帝晚年用法很严，许多内廷亲近的人，都因细小的过失而受到惩处，于是大家无不逃走躲了起来，以避免眼前的不测之祸。只有崔浩一人慎守职事，努力不懈，有时还成天不回家。道武帝知道后，就派人把自用的饭食赏给他。崔浩就是这样心胸坦荡，任凭时势变化，不因仕途的阻滞或顺利而改变节操。……

注释 ①伯深：按《魏书·崔浩传》，崔浩字伯渊，《北史》避唐高祖李渊讳改。又崔浩为清河东武人，《北史》仿家传，籍贯只列传首，崔浩籍贯见其父《崔宏传》。清河：郡名，治甘陵，今山东临清东。东武：县名，今山东武城西。 ②通直郎：侍从官名，即员外散骑侍郎。因与散骑郎通直（换班侍奉皇帝），故称通直散骑侍郎，简称通直郎。 ③著作郎：官名，掌国史资料和撰述。

原文

神瑞二年①，秋谷不登，太史令王亮、苏坦因华阴公

翻译

神瑞二年（415），京都平城地区秋季庄稼无收，太史令王亮、苏坦通过华

主等言②："谶书云③：国家当都邺④，大乐五十年。"劝帝迁都于邺，可救今年之饥。帝以问浩，浩曰："非长久策也。东州之人⑤，常谓国家居广漠之地，人畜无算，号称牛毛之众。今留守旧都，分家南徙，恐不满诸州之地。参居郡县，处榛林之下，不便水土，疾疫死伤。情见事露，则百姓意阻。四方闻之，有轻侮之意，屈丐及蠕蠕必提挈而来⑥。云中、平城则有危殆之事⑦，阻隔恒、代⑧，千里之际，须欲救援，赴之甚难。如此，则声实俱损矣。今居北方，假令山东有变⑨，轻骑南出，耀威桑梓之中，谁知多少？百姓见之，望尘震伏。此是国家威制诸夏之长策也。至春草生，乳酪将出，兼有菜果，足接来秋。若得中熟，事则济矣。"帝深然之。……

阴公主等进言说："谶书上说国家应该建都邺城，可以康乐五十年。"劝明元帝迁都邺城，说这样可以拯救今年的饥荒。明元帝以这事征求崔浩的意见，崔浩说："这不是长远的打算。山东各州的人，常认为国家占有着广阔无边的土地，人口牲畜难以计数，常夸称和牛毛一样多。现在除留守旧都外，只能分出一部分人畜迁移到南方去，这样恐怕充实不了山东各州。且杂居郡县之中，处于丛林之下，不习水土，会因疾病瘟疫而出现死伤。这种人口不多的真情暴露、因病死伤的事情发生，那么各州百姓敬畏朝廷的心便会减退。四方外国知道后，就会产生轻视怠慢之心，夏国和柔然国必会相约统兵来犯。那么云中、平城就会发生危急的战争，而中间隔着恒山、代郡，相距千里，就算朝廷打算救援，也很难赶到。这样一来，就会使威望实利都受到损失。今居于北方，即便是山东地区有叛乱，派骑兵轻装南下，显耀武威于民众居处之间，谁能知道有多少兵马呢？百姓见到强大的兵马往来，必定望尘畏惧，顺服听命。这才是国家以武威制服中原的远大策略啊。等到明年春天草长，乳制品将可生产出来，加上蔬菜果类，足以维持到来年秋天。假如来秋获得中等收成,难关就算渡过,事情就好办了。"明元帝认为崔浩的意见非常正确。……

注释 ① 神瑞:北魏明元帝年号。 ② 太史令:官名,掌观天象、修改历法等。华阴:县名,今陕西华阴。 ③ 谶书:一种收集预言性歌谣的书籍,多为方士所编造。 ④ 邺:邺城,今河北临漳西南。 ⑤ 东州:指当时北魏已占有的太行山以东各州。 ⑥ 屈丐:指夏国主匈奴人赫连勃勃。蠕蠕:即柔然,亦译作芮芮,是5世纪初叶亚洲东北部强盛的游牧国家,族属当为鲜卑一支。 ⑦ 云中:今内蒙古托克托东北之云中古城。平城:今山西大同北。 ⑧ 恒:指恒山一带。代:代郡,治平城。 ⑨ 山东:指太行山以东地区。

原文

泰常元年①,晋将刘裕伐姚泓②,欲溯河西上,求假道。诏群臣议之。外朝公卿咸曰③:"函谷天险④,裕何能西入?扬言伐姚,意或难测。宜先发军断河上流,勿令西过。"内朝咸同外计⑤,帝将从之。浩曰:"此非上策也。司马休之之徒扰其荆州⑥,刘裕切齿久矣。今兴死子幼⑦,乘其危亡而伐之,臣观其意,必自入关。劲躁之人,不顾后患。今若

翻译

泰常元年(416),东晋将领刘裕征伐姚泓,打算由黄河逆流西上,向北魏请求借路。明元帝令群臣议论可否。外朝的公卿大臣都说:"函谷关是天险之地,刘裕怎么能破关西入?他声言征伐姚泓,真实的意图还难以预料。我们应该抢先发兵在黄河上游加以阻截,不要让他得以西去。"内廷的官员和外廷大臣意见一致,明元帝打算采纳。崔浩说:"这不是最好的策略。司马休之等人侵扰刘裕镇守的荆州,刘裕对他们恨得咬牙切齿已是很长时间的事了。现在姚兴已死,其子年幼,趁姚泓危急存亡的关头兴兵去征伐,我看刘裕的心

塞其西路,裕必上岸北侵。如此则姚无事而我受敌矣。蠕蠕内寇,人食又乏,发军赴南,则北寇进击;若其救北,则南州复危。未若假之水道,纵裕西入,然后兴兵塞其东归之路。所谓卞庄刺彪⑧,两得之势也。使裕胜也,必德我假道之惠;令姚氏胜也,亦不失救邻之名。纵裕得关中⑨,悬远难守。彼不能守,终为我物。今不劳兵马,坐观成败,斗两彪而收长久之利,上策也。……"议者犹曰:"裕西入函谷,则进退路穷,腹背受敌;北上岸,则姚军必不出关助我。扬声西行,意在北进,其势然也。"帝遂从群议,遣长孙嵩拒之。战于畔城⑩为晋将朱超石所败。帝恨不用浩言。……

思,必定是要想攻入关中。大凡刚猛躁急的人,他们只看到眼前的事情,不考虑今后的忧患。现在如阻断刘裕西去的道路,他必定上岸向北侵犯。这样就成了姚泓平安无事而我国招致敌人了。柔然人来入侵,我方兵马粮食又都不足,发兵南下,那么北敌就会深入进攻;如果去救援北方,南部各州又会发生危险。倒不如将水路借给他,让他西进,然后发兵阻断他东归的道路。这就是所谓卞庄刺虎,一举两得的局势啊。如果刘裕得胜,一定会感激我们借路的恩惠;要是姚泓得胜,我们也不失救援邻邦的美名。刘裕就算取得关中,远离本土,难以固守。刘裕不能固守,最终会是我们的囊中之物。现在不用兵马劳顿,坐观成败,使两虎相斗而我获长远的利益,这才是最好的策略。……"持前见的人又说:"刘裕西入函谷关,就会进退无路,腹背受敌;刘裕上岸北侵,姚泓的兵马绝不会出函谷关来援助我国。刘裕声称西行,意在北进,这是形势所决定的。"明元帝于是采纳群臣的意见,派长孙嵩率兵阻拦刘裕。双方在畔城交战,结果长孙嵩被晋将朱超石打败。这时明元帝才后悔没用崔浩的策略。……

注释 ①泰常：北魏明元帝年号。 ②刘裕：即后来南朝宋武帝。姚泓：后秦国主，羌人。 ③外朝：指以宰相为首的一套办事机构。 ④函谷：关名，设于河南崤山至陕西潼关的狭窄山谷中，初在河南灵宝东北，后移河南新安东。 ⑤内朝：指由皇帝直接控制，多由近侍人员组成的决策机构。 ⑥司马休之之徒：原脱一"之"字，据《魏书·崔浩传》补。荆州：治江陵，今湖北荆州。 ⑦兴：姚泓之父姚兴。 ⑧卞庄：春秋时鲁大夫，他曾让两虎争食相斗，待其一死一伤，然后杀其伤者。 ⑨关中：本泛指函谷关以西、秦岭以北的战国秦地，这里指后秦统治区，范围不及战国时大。 ⑩畔城：在今山东聊城界。

原文

会闻宋武帝殂，帝欲取洛阳、武牢、滑台①。浩曰："陛下不以刘裕猘②起，纳其使贡，裕亦敬事陛下。不幸今死，乘丧伐之，虽得之，不令。《春秋》晋士丐侵齐，闻齐侯卒，乃还。君子大其不伐丧，以为恩足以感孝子，义足以动诸侯。今国家未能一举而定江南，宜遣人吊祭，恤其凶灾，布义风于天下，令德之事也。且裕新死，党与未离，不如缓之，待其恶稔。如其强臣争权，变难必起，然后命将扬威，可不劳士卒而收淮北之地。"

翻译

当听到宋武帝刘裕逝世的消息，明元帝打算攻取洛阳、虎牢、滑台。崔浩说："皇上不计较刘裕这样暴发的皇帝，接纳了他的使者和贡物，刘裕也诚敬地奉承皇上。现在他不幸死了，乘别人之死而去讨伐，即使成功也没有好名声。《春秋》记载晋国大夫士丐进攻齐国，听说齐国君主死了，于是就班师回国。有道德的人都称赞他不征伐丧君之国，认为他的恩惠足以使孝子感激，道义足以使诸侯感动。当今国家还没有力量能一举而平定江南，应派人吊唁祭祀，抚慰宋国丧君的灾难，在天下树立仁义的声誉，这是德行高尚的人所做的事啊。况且刘裕刚死，他的党羽还没有二心，不如稍缓一些时候，等他们恶贯满盈时再说。假如宋国的重臣争权夺利，四分

帝锐意南伐，诘浩曰："刘裕因姚兴死而灭其国，裕死，我伐之，何为不可？"浩固执曰："兴死，二子交争，裕乃伐之。"帝大怒，不从。

五裂、互相争斗的局面必然产生，然后我们命将率军，耀武扬威，可以不用战斗就取得淮河以北地区。"明元帝已决心南征，就责问崔浩说："刘裕趁姚兴死而灭掉他的国家，刘裕死，我去征伐宋国，又为何不可呢？"崔浩固执地说："姚兴死，两个儿子互相争斗，刘裕才出兵征讨。"明元帝十分气愤，没有接受崔浩的意见。

注释 ① 武牢：即虎牢，城名，今河南荥阳西北汜水。滑台：城名，今河南滑县东。② 欻（xū）：忽然。

原文

遂遣奚斤等南伐。议于监国之前曰①："先攻城，先略地？"斤请先攻城。浩曰："南人长于固守，苻氏攻襄阳②，经年不拔。今以大国之力，攻其小城，若不时克，挫损军势，危道也。不如分军略地，至淮为限，列置守宰，收敛租谷。滑台、武牢反在军北，绝望南救，必沿河东走。若或不然，即是圉中之物。"公孙表请先

翻译

于是明元帝就派遣奚斤等人率军南征。大臣们又在副国主太子拓跋焘面前商议策略，提出了这样一个问题："是先攻城池呢，还是先夺取地盘呢？"奚斤请允许攻城池。崔浩说："南方的人擅长固守，前秦苻氏进攻襄阳，一年多都没能攻克。现在以我们一个大国的兵力去攻取对方的一座小城，如不能短时间攻克，就会挫伤军威，这是一条败亡之路。不如分兵夺取地盘，到淮河北岸为止，分别建置郡守县令，收取租谷。这样滑台、虎牢反而在我军北边，这些地方的守军等待南方救援的希望

图其城。斤等济河,先攻滑台,经时不拔,表请济师。帝怒,乃亲南巡,拜浩为相州刺史③,随军谋主。

破灭了,必定沿着黄河向东逃窜。如不逃走,也就等于我们的囊中之物了。"另一位南征将领公孙表要求先攻占城池。奚斤等渡过黄河,先攻滑台,用了很长时间都没攻下来,又上奏朝廷,要求增加兵力。明元帝十分生气,就亲率大军南征,任命崔浩为相州刺史,并做随军南征的主要策划人。

注释 ① 监国:皇帝出征,太子留守,或皇帝指令代管国事,称监国。此指副国主拓跋焘,即后来的太武帝。 ② 襄阳:郡名,治襄阳,今湖北襄阳。 ③ 相州:治邺城。

原文

及车驾还,浩从幸西河、太原①。下临河流,傍览川城,慨然有感。遂与同僚论五等郡县之是非②,考秦皇、汉武之违失。时伏其言。

天师寇谦之每与浩言③,闻其论古兴亡之迹,常自夜达旦,竦意敛容。深美之,曰:"斯人言也惠,皆可底行,亦当今之皋陶也④。但人贵远贱近,不能深察之耳。"因谓浩曰:"吾当兼修

翻译

当明元帝南征回师,崔浩又随同他巡视西河、太原。当崔浩俯视河流蜿蜒,旁观原野城郭,不由得情绪激昂,十分感慨。于是他与同僚们讲论五等分封和郡县制度的优劣,推论秦皇、汉武的过失。他的见解精到,当时的人都很信服。

天师寇谦之常与崔浩交谈,每当听到他谈论古代兴盛衰亡的过程,常常是通宵达旦、满怀敬意、仪容肃穆。寇谦之对崔浩深为赞美,说:"这人的言论仁厚,都可以依照施行,也算是当代的皋陶啊。只是人心以远古之人为圣贤,以近世之人为平庸,不能深切地了解他罢

儒教，辅助太平真君，而学不稽古。为吾撰列王者政典，并论其大要。"浩乃著书二十余篇，上推太初，下尽秦、汉变弊之迹，大旨先以复五等为本。

了。"于是他对崔浩说："我应该兼习儒学，辅助太平盛世的英明君主，但没有考索古义的学问。请为我分条撰述古先帝王的政书，并讲解其中的关键。"崔浩于是著书二十多篇，上溯到开天辟地之始，下讫秦、汉变革衰败的过程，主要的观点是先要恢复五等分封制作为政治基础。

注释 ①幸：皇帝到某一地方称幸某地。西河：郡名，治兹氏，今山西汾阳。太原：郡名，治晋阳，今山西太原西南。 ②五等：指西周按公、侯、伯、子、男五等分封的制度。郡县：指秦汉以来的郡县制。 ③寇谦之：北方道教首领，自言由太上老君封为天师。 ④皋陶(gāo yáo)：传说为舜之贤臣，善理刑狱。

原文

太武即位，左右忌浩正直，共排毁之。帝虽知其能，不免群议，故浩以公归第。及有疑议，召问焉。浩纤妍白皙如美妇人。性敏达，长于谋计。自比张良，谓己稽古过之。……

翻译

太武帝即位，他身边的人顾忌崔浩正直，合谋诋毁排斥他。太武帝虽然知道崔浩的才干，但又不能消除众人的议论，所以崔浩就以公爵的身份回家闲居。当有疑难不决的问题时，太武帝又召他前去咨询。崔浩身材纤细，容貌漂亮，皮肤洁白，好像一位美丽的妇人。他向来机智通达，善于思考分析、出谋划策。他自比张良，还说自己考索古义的能力超过他。……

原文

始光中①，进爵东郡公②，拜太常卿③。时议伐赫连昌④，群臣皆以为难，唯浩曰："往年以来，荧惑再守羽林⑤，皆成钩己，其占秦亡。又今年五星并出东方⑥，利以西伐。天应人和，时会并集，不可不进。"帝乃使奚斤等击蒲坂⑦，而亲率轻骑掠其都城⑧，大获而还。后复讨昌，次其城下，收众伪退。昌鼓噪而前，舒阵为两翼。会有风雨从东南来，扬沙昏冥。宦者赵倪进曰："今风雨从贼后来，我向彼背，天不助人。又将士饥渴，愿陛下摄骑避之，更待后日。"浩叱之曰："是何言软！千里制胜，一日之中，岂得变易？贼前行不止，后已离绝，宜分军隐山，掩击不意。风道在人，岂有常也？"帝曰："善。"分骑奋击，昌军大溃。

翻译

始光年间，崔浩进爵为东郡公，任太常卿。此时朝廷议讨伐赫连昌的事，群臣都认为很困难，只有崔浩说："往年以来，火星两次居于羽林星群，环绕移动的迹象，都成'己'字状的钩形，这种天象预示秦地国家灭亡。再说今年金木水火土五星同时出现东方，正利于西征。今天意人事相感应，天时机遇都凑集，不可不进取。"太武帝于是命奚斤等攻击蒲坂，亲率轻骑掠取赫连昌的都城，获得了很多战利品，然后就班师回朝了。后来再次征讨赫连昌，到达他的都城之下时，集合队伍伪装退却。赫连昌率军击鼓呐喊而进，展开阵势，分两翼进攻。这时恰好有风雨从东南方向而来，尘土飞扬，天昏地暗。宦官赵倪向太武帝进言说："现在风雨从敌人背后来，我方迎风，敌方背风，这是上天不助我们。再说将士又饥又渴，请陛下收兵回避，以后再做打算。"崔浩大声斥责他说："这是什么话呢！我们制定战略，不惜奔波千里，前来战胜敌人，就看这一天的功夫，怎么能改变？敌人的先头部队不停地行进，与后续部队已经脱离，我们正当分别将兵马隐于山后，出其不意地发动进攻。风的方向在于人们的运用，难道是一成不变的吗?"太武帝说:"不错。"然后分派骑兵，奋力攻击，赫连昌的人马溃不成军。

注释　①始光:太武帝年号(424—427)。　②东郡:治滑台，今河南滑县。　③太常卿:高级文臣，掌祭祀礼乐。　④赫连昌:夏国创立者赫连勃勃之子，公元425年继位。　⑤荧惑:即火星。羽林:星群名，有四十五星，号羽林天军。　⑥五星:即金木水火土五星。　⑦蒲坂:地名，在今山西永济蒲州。　⑧夏国都城在统万，遗址在今陕西靖边白城则村。

原文

神䴥二年①，议击蠕蠕，朝臣内外尽不欲行，保太后亦固止帝，帝皆不听。唯浩赞成之。尚书令刘洁、左仆射安原等乃使黄门侍郎仇齐推赫连昌太史张深、徐辩说帝曰②:"今年己巳，三阴之岁③，岁星袭月，太白在西方，不可举兵。北伐必败，虽克不利于上。"又群臣共赞深等云:"深少时常谏苻坚不可南征，坚不从而败。今天时人事都不和协，如何举动?"帝意不快，乃召浩与深等辩之。

翻译

神䴥二年(429)，朝廷商议攻击柔然的问题，内廷外朝的官员都不愿出征，保太后也竭力劝阻太武帝，而太武帝都置之不顾。只有崔浩一人表示赞同。尚书令刘洁、左仆射安原等于是唆使黄门侍郎仇齐推荐赫连昌的太史张深、徐辩劝告太武帝。张深等说:"今年是己巳年，属三阴之年，又岁星掩月，太白星出现在西方，不可以用兵。北伐必定失败，就算取胜也不利于君王。"群臣也赞赏张深等人说:"张深年轻的时候就曾劝告苻坚不可南征，苻坚不听而败亡。当今天时人事都不和谐，怎么能轻举妄动呢?"太武帝心中很不乐意，就召来崔浩与张深等辩论。

注释　① 神麚:太武帝年号。　② 尚书令:尚书省首脑。左仆射(yè):尚书令之副职。黄门侍郎:近侍官,掌封玺书,规谏违失,传宣诏令。　③ 三阴:指易卦三阴爻(☷)。《周易》否卦对这一卦象的解释大体是天地不交而万物不通,阴盛阳衰,小人道长而君子道消。针对外国而言,对本国不利;针对臣下而言,对君王不利。所以只能修德避祸,不能妄动。以纪年比附易卦,当属阴阳家的推演之法。

原文

浩难深曰:"阳者德也,阴者刑也,故月蚀修刑①。夫王者之用刑,大则陈之原野,小则肆之市朝。战伐者,用刑之大者也。以此言之,三阴用兵,盖得其类,修刑之义也。岁星袭月,年饥人流,应在他国,远期十二年。太白行苍龙宿②,于天文为东,不妨北伐。深等俗生,志意浅近,牵于术数③,不达大体,难与远图。臣观天文,比年以来,月行掩昴④,至今犹然。其占,三年天子大破旄头之国。蠕蠕、高车⑤,旄头之众也。夫圣明御时,能行非常之事。古

翻译

崔浩反驳张深说:"阳意味着德,阴意味着刑,所以出现月食就要完善刑政。作为帝王用刑,大刑就是用兵平乱,陈尸于原野,小刑就是陈尸于朝门或街市。征战就是用大刑。照这样说来,三阴之年用兵,可以和用刑相比,都是完善刑政的意思。岁星掩月,庄稼无收,人民流亡,这种情况应验在其他国家,最迟不出十二年。太白金星运行于苍龙宿,就天文上说属东方,不关北伐的事。张深等平庸书生,胸无大志,目光短浅,拘泥于算卦测象,不识大体,不足以参与长远规划。我观察天象,近年以来月球运行而遮盖了昴宿,至今还是这样。这种天象预言,三年内皇帝大破那些人们披头散发如牦牛的国家。柔然、高车的民众就是这样的啊。圣明的君主统治天下,能够干一番非同寻常的事业。古人有这样的话说:'那片荒远

人语曰：'非常之原，黎人惧焉，及其成功，天下晏然。'愿陛下勿疑。"

陌生的原野，是百姓感到恐惧的地方，待到成功地获得，天下清平安乐。'愿陛下不要再有什么顾虑。"

注释　① 这是儒家糅和阴阳五行之说，以日为阳，主德，月为阴，主刑。人君以德政为主，辅以刑政。月蚀显示刑政有损，当修举之。　② 苍龙宿：即东方苍龙七星，角亢氐房心尾箕，因排列得像条龙，故名，是二十八宿之一部分。　③ 术数：指占卜推卦，预测吉凶等手段。　④ 昴：星名，二十八宿之一。一称"髦头"，又作"旄头"。《史记·天官书》说："昴曰髦头，胡星也。"这大概是因昴星和附近群星组成图形散乱的星团，而胡人大多有披头散发的习惯，所以用昴星象征胡人。　⑤ 高车：西北古民族之一，汉代称丁零，后亦称狄历、敕勒，因其俗多乘高轮车，故又称高车。

原文

深等惭曰："蠕蠕荒外无用之物，得其地不可耕而食，得其人不可臣而使，轻疾无常，难得而制，有何汲汲而劳苦士马？"

浩曰："深言天时，是其所职，若论形势，非彼所知。斯乃汉世旧说常谈，施之于今，不合事宜。何以言之？夫蠕蠕者，旧是国家北边叛隶①，今诛其元恶，收其善人，令复旧役，非无用也。漠北高凉，不生蚊蚋②，水草

翻译

张深等人很惭愧，只好换了个话题说："柔然是八荒以外的无用之物，取得他的土地又不可能耕种而获得粮食，掠得他的民众又不可作为臣民而驱使，加之他们往来疾速，又无固定的居处，难以捉摸和制服，有什么必要兴师动众呢？"

崔浩又批驳张深等说："张深谈论天时，倒还是他职责以内的事，如讲论天下形势，就不是他所能识见的。他的这种说法是汉代的老生常谈，用于当今，是不知时务的生搬硬套。为什么这样说呢？柔然本是国家北边叛逃的奴隶，现在铲除首恶，收容良民，让

美善,夏则北迁,田牧其地,非不可耕而食也。蠕蠕子弟来降,贵者尚公主③,贱者将军、大夫,居列满朝,又高车号为名骑,非不可臣而畜也。夫以南人追之,则患其轻疾;于国兵则不然。何者?彼能远走,我亦能远逐,非难制也。往数入塞,国人震惊。今夏不乘虚掩进,破灭其国,至秋复来,不得安卧。自太宗之世,迄于今日,无岁不警,岂不汲汲乎哉?世人皆谓深、辩通解数术,明决成败。臣请试之,问其西国未灭之前④有何亡征。知而不言,是其不忠;若实不知,是其无术。"

他们依旧服役,并不是无用。大漠以北地势高而气候凉,蚊虫不生,水肥草茂,夏季就北迁,在这片土地上耕种放牧,不是不可以耕种而获取粮食的。柔然的子弟前来归顺,地位尊贵的可以娶公主,地位低下的做将军、大夫,居官列位,布满朝廷,又高车人号称名骑,并不是不可作为臣民而备用的。说到他们来往不定,假如用南方人去追逐,那么就会顾忌到他们的行动敏捷迅速;对我国兵马来说就不是这样了。为什么呢?他能远逃,我也能远追,并不是难以制服的。往年柔然人频频入塞,我国的人震惊不安。今年夏季不乘虚突袭,灭掉柔然国,到秋季他再来侵扰,我们就连觉也睡不安稳。自从太宗皇帝朝到现在,边境上没有哪年不发警报,征伐柔然难道不是迫切的事吗?现在有许多人都说张深、徐辩通晓推卦测象之术,明确判断成功失败。我请求考查他们一下,问他们赫连昌未灭之前有什么败亡的征兆。如他们知道而没说,是为臣不忠;如他们确实不知,是不学无术。"

注释 ① 叛隶:叛逃的奴隶。据《魏书》记载,蠕蠕(柔然)汗国的始祖木骨闾原是拓跋人捉获的奴隶,逃亡后才开始组建部落。 ② 蚋(ruì):小蚊。 ③ 尚:娶公主为妻叫尚。 ④ 西国:指赫连氏统治的夏国,地处北魏之西,故称西国。

原文

时赫连昌在坐,深等自以无先言,惭不能对。帝大悦,谓公卿曰:"吾意决矣。亡国之臣不可与谋,信哉!"而保太后犹疑之。复令群臣至保太后前评议,帝命浩善晓之令寤。

既罢朝,或有尤浩曰:"吴贼侵南①,舍之北伐,师行千里,其谁不知?蠕蠕远遁,前无所获,后有南侵之患,此危道也。"浩曰:"今年不摧蠕蠕,则无以御南贼。自国家并西国以来,南人恐惧,扬声动众,以卫淮北。彼北我南,彼征我息,其势然矣。北破蠕蠕,往还之间,故不见其至也。何以言之?刘裕得关中,留其爱子,精兵数

翻译

这时赫连昌也在座,张深等以自己先前没有进言,心中有愧,无话可答。太武帝很是高兴,对公卿大臣们说:"我的决心下定了。有人说不可与亡国之臣共谋大计,确实是这样的啊!"但是保太后还是有疑虑。太武帝又命群臣到保太后面前评议,令崔浩深入浅出地讲明道理,使他们能够醒悟。

退朝以后,有人责难崔浩说:"江南的敌人侵犯我国南方,置之不顾而进行北伐,部队千里行军,谁会不知道呢?柔然逃往远方,我军前去没有什么收获,而后方却有南敌侵扰的忧患,这是用兵的大忌啊。"崔浩回答说:"今年不摧毁柔然,就无法抵御南敌。自从我国吞并夏国以来,南方的敌人恐惧不安,虚张声势,调动人马,以捍卫淮河以北地区。到敌人北上侵犯之时,我军已经回师南还,敌方征战劳苦,我军却安然休养,这是必然的形势。所以我军北上破灭柔然,往返之间,敌人肯定是来不

万，良将劲卒，犹不能固守，举军尽没，号哭之声至今未已。如何正当国家休明之世，士马强盛之时，而欲以驹犊齿虎口也？设国家与之河南，彼必不能守之。自量不能守，是以必不来。若或有众，备边之军耳。夫见瓶水冻，知天下之寒；尝肉一脔，识镬②中之味。物有其类，可推而得。且蠕蠕恃远，谓国家力不能至，自宽来久。故夏则散众放畜，秋肥乃聚，背寒向温，南来寇抄。今掩其不备，大军卒③至，必惊骇，望尘奔走。牡马护牧，牝④马恋驹，驱驰难制，不得水草，未过数日，朋聚而困弊，可一举而灭。暂劳永逸，时不可失也。唯患上无此意，今圣虑已决，如何止之？"遂行。天师谓浩曰："是行可果乎？"浩曰："必克。但恐诸将琐

了的。为什么这样说呢？刘裕取得关中，留下他的爱子和数万精兵，良将精兵，还是没能守住，全军覆没，哀痛悲泣的声音至今不绝。怎么能在我国家处于政治安定的时代、兵马强壮的时刻，想以自己弱小的力量侵犯我强大的国家，这不是把马崽送到虎口吗？假使国家把河南之地让给他，他也必不能坚守住。自己审知不能守，所以必定不会来。如果说南方有兵马聚集，那不过是应付边防的部队罢了。我们看到瓶里的水结冰，就知道普天下气候的寒冷；尝一小块肉，就知道大锅中肉的味道。事物之间有类似的地方，可以推求而得到答案。况且柔然依仗游居远方，认为国家无力控制这片区域，以此自我宽慰，这是由来已久的事了。所以夏季他们就分散部众而游牧，秋季马肥才又聚集，力图摆脱寒冷的威胁而向往温暖的地方，于是南下侵扰抄掠。现在我们趁他们没有戒备突施袭击，大军从天而降，柔然人众必定心惊胆战，望尘而逃。可是雄马护群，雌马恋子，仓皇驱驰，很难控制，加上得不到水草，用不了几天就会一帮一群地窘困在一起，可以一举而歼灭。一劳永逸，这样的时机不可错

琐,前后顾虑,不能乘胜深入,使不全举耳。"

过啊。唯一担心的是皇上没有这种打算,现在皇上决心已下,为什么要阻止呢?"于是,部队就进发了。天师寇谦之问崔浩说:"这次用兵果能成功吗?"崔浩回答说:"必然获胜。只不过担心众将领平庸无识,瞻前顾后,不能乘胜深入,以致不能一举全歼柔然罢了。"

注释 ① 吴贼:此指当时的刘宋王朝,因其国之中心为春秋战国吴地,故称。② 镬(huò):大锅。 ③ 卒(cù):猝然。 ④ 牝(pìn):雌性的。

原文

及军到,入其境,蠕蠕先不设备,于是分军搜讨,东西五千里,南北三千里,所虏及获畜产车庐数百万。高车杀蠕蠕种类归降者三十余万落。虏遂散乱。帝沿弱水①,西至涿邪山②,诸大将果虑深入有伏兵,劝帝止。天师以浩曩日言,固劝帝穷讨,帝不听。后有降人言:"蠕蠕大檀先被疾,不知所为,乃焚穹庐,科车自载,将百人入山南走。人畜窘聚,方六十里,无人领统。

翻译

当魏军到齐,深入柔然活动的区域,柔然人事先没有布置防御,于是魏军分兵四出搜讨,铁蹄踏遍东西五千里、南北三千里的广大地区,俘虏柔然民众及缴获牲畜、车辆、庐帐达数百万。高车人击杀柔然人,然后前来归顺的有三十多万家。柔然人于是零乱散逃,全无统属。太武帝率军沿弱水而行,到达西部的涿邪山,诸大将果然顾忌继续深入会有伏兵,劝太武帝停止前进。天师寇谦之用崔浩先前说的话坚持劝告太武帝全力追讨,太武帝没有采纳。后来有归降的人说:"柔然可汗大檀先已生病,不知怎么办才好,最后只有烧毁庐帐,自乘一辆无盖小车,带着百来人入

相去百八十里，追军不至，乃徐西遁，唯此得免。"闻凉州贾胡言③："若复前行二日，则尽灭之矣。"帝深恨之。

山南逃。窘困的民众、牲畜聚集在方圆六十里的土地上，无人统领。只与魏军相距一百八十里，追兵不到，这才慢慢向西逃匿，只有这部分人溜掉了。"后又听到凉州经商的胡人说："假若继续行进两天，就能全部消灭柔然了。"于是太武帝深为懊悔。

注释 ① 弱水：当即今额济纳河，黑河自甘肃金塔到额济纳旗湖西新村段之别称。 ② 涿邪山：在今蒙古国满达勒戈壁附近一带。 ③ 凉州：治姑臧，今甘肃武威，十六国中前凉、后凉、北凉皆建都于此。

原文

大军既还，南军竟不能动，如浩所料。……

俄而南藩诸将表宋师欲犯河南，请兵三万，先其未发逆击之，因诛河北流人在界上者，绝其乡①导，足以挫其锐气，使不敢深入。诏公卿议之，咸言宜许。浩曰："此不可从也。往年国家大破蠕蠕，马力有余。南贼丧精，常恐轻兵奄至，故扬声动众，以备不虞，非敢先发。又南土下湿，夏月蒸

翻译

大军北征回师后，南方刘宋的军队居然没能有所行动，正如崔浩预料的那样。……

不久，戍守南边各镇的将领上报朝廷，说刘宋的军队将要侵犯黄河以南地区，要求发兵三万，趁他们还未行动时，先下手进行攻击，趁便杀掉边界上的河北流民，让他们找不到向导，这样足以挫伤对方的锐气，使他们不敢深入。太武帝令公卿大臣商议，大家都说应该同意边将的建议。崔浩说："这事不可听允。往年我国大破柔然，获马众多，配备骑兵绰绰有余。南方的敌人闻风丧

暑，非行师之时。且彼先严有备，必坚城固守。屯军攻之，则粮食不给；分兵肆讨，则无以应敌。未见其利。就使能来，待其劳倦，秋凉马肥，因敌取食，徐往击之，万全之计。在朝群臣及西北守将，从陛下征讨，西灭赫连，北破蠕蠕，多获美女珍宝，马畜成群。南镇诸将，闻而生羡，亦欲南抄，以取资财。是以妄张贼势，披毛求瑕，冀得肆心。既不获听，故数称贼动以恐朝廷。背公存私，为国生事，非忠也。"帝从浩议。

胆，常怕我们迅疾的士兵突从天降，所以虚张声势，部署军兵，以防意外，并不敢首先发难。再者南方地势低下潮湿，夏季闷热如蒸烤，不是用兵的好时节。何况对方先已整肃有备，必定加固城池而坚守。我军屯集兵马去攻打坚城，粮食不能供给；分兵野战，又无法对付敌军。我没看到这样做会有什么好处。就算刘宋的兵马能入我境，等他们劳乏倦怠，到了秋高气爽、战马肥壮的时刻，趁敌人四出取办粮食，从容发兵攻击，这是万无一失的策略。朝廷群臣和西、北边境的守将，跟随陛下征战讨伐，西灭赫连昌的夏国，北破柔然，得到许多美女珍宝、成群的马匹和其他牲畜。南方各镇将领得知，产生羡慕之心，也想南去掠夺，以取得资财珍宝。所以随意夸大敌情，故意挑剔对方毛病，以图自己心愿得逞。既没获得朝廷应允，所以又多次宣称敌人兴兵以使朝廷震怖。不顾朝廷利益，暗存利己之心，为国家惹是生非，这不是忠正的啊。"太武帝采纳了崔浩的意见。

注释　① 乡（xiàng）：同"向"。

原文

南镇诸将复表贼至,而自陈兵少,求简幽州以南戍兵佐守①,就漳水造船②,严以为备。公卿议者佥然,欲遣骑五千,并假署司马楚之、鲁轨、韩延之等③,令诱引边人。浩曰:"非上策也。彼闻幽州已南,精兵悉发,大造舟船,轻骑在后,欲存立司马,诛除宋族,必举国骇扰,惧于灭亡,当悉发精锐,来备北境。后审知官军有声无实,恃其先聚,必喜而前行,径来至河,肆其侵暴。则我守将,无以御之。若彼有见机之人,善设权谲④,乘间深入,虞我国虚,生变不难。非制敌之良计。今公卿欲以威力攘贼,乃所以招令速至也。夫张虚声而召实害,此之谓矣。不可不思,后悔无及。我使在彼,期四月前还,可待使至,审而后发,犹未晚也。楚之

翻译

镇守南方的众将领又上表称敌人压境,而自言兵少,要求选派幽州以南的戍卫兵协助防御,又要求在漳河赶造船只,做好严密的防备。参与商议的公卿大臣都认为很对,打算派遣骑兵五千,暂时授予降将司马楚之、鲁轨、韩延之等官职,命他们招引边境之人。崔浩说:"这不是最好的谋略。刘宋听到我国幽州以南的精兵全部出动,大造船只,轻骑在后,打算保全和支持司马氏复国,消灭刘宋皇族,必然全国震动,惧于亡国的威胁,定会出动全部精锐来防御北方边境。尔后确知我方军队是有声无实,依仗他先于我们聚集兵马,必会喜出望外而进兵,长驱直达黄河,竭力侵犯杀掠。那么我方守将无法抗拒。假如对方有高明的谋士,善于运用机巧诡诈的策略,抓住我军的缝隙,乘机长驱直入,预料我国国内空虚,挑起大乱不是很困难的。所以说这样做不是对付敌人的好策略。现在公卿大臣想用威力退敌,却造成迅速招致敌人的后果。所谓张扬虚声而招致实害,就是指的这种情况啊。不能不认真考虑,后悔是来不及的。我国使者正在刘宋,预计四月前返回,可等使者回朝,了解实情

之徒，是彼所忌，将夺其国，彼安得端坐视之？故楚之往则彼来，楚之止则彼息，其势然也。且楚之等琐才，能招合轻薄无赖，而不能成就大功。为国生事，使兵连祸结，必此之群矣。"……

后再行动，也还不算迟。司马楚之等是刘宋所忌恨的人，这些人企图夺取他的国家，别人怎么能等闲对待呢？所以楚之一去对方就必来，楚之不动对方也就息事宁人，这是必然的形势。何况楚之等人实属平庸之才，只能纠集一些品行不端的小人，而不能成就大功。给国家惹是生非，使战事不断、灾祸连连的必是这一帮人。"……

注释　①幽州：治蓟（jì）县，今北京西南。　②漳水：即漳河，卫河支流，流经河北、河南两省边境。　③假署：暂时任命。司马楚之等人皆为降将，亲族为刘裕所害，力图复仇。　④谲（jué）：欺诈。

原文

　　帝不能违众，乃从公卿议。浩复固争，不从。遂遣阳平王杜超镇邺①，琅邪王司马楚之等屯颍川②。于是寇来遂疾，到彦之自清水入河③，溯流西行，分兵列守南岸，西至潼关④。

翻译

　　太武帝不好违背众人的意见，于是依从了公卿大臣的建议。崔浩再三争辩，太武帝仍未听允。于是就派遣阳平王杜超镇守邺城，琅邪王司马楚之等屯驻颍川。这一来，敌军来势就很迅疾，刘宋大将到彦之由清水泛舟入黄河，又逆流西进，分派兵马布列于黄河南岸戍守，防线直达西部的潼关。

注释　①阳平：郡名，治馆陶，今河北馆陶。　②琅邪（láng yá）：王国名，治开阳县，今山东临沂北。颍川：郡名，治许昌，今河南许昌。　③清水：此指泗水，亦称清泗，源出山东中部，流入江苏入淮河。　④潼关：关名，在今陕西潼关北。

原文

帝闻赫连定与宋县分河北①,乃先讨赫连。群臣皆曰:"义隆军犹在河中②,舍之西行,前寇未必可克,而义隆乘虚,则东州败矣。"帝疑焉,问计于浩。浩曰:"义隆与赫连定同恶相连,招结冯跋③,牵引蠕蠕,规肆逆心,虚相唱和。义隆望定进,定待义隆前,皆莫敢先入。以臣观之,有似连鸡,不得俱飞,无能为害也。臣始谓义隆军屯住河中,两道北上,东道向冀州④,西道冲邺,如此则陛下当自致讨,不得徐行。今则不然,东西列兵,径二千里中,一处不过千,形分势弱。以此观之,伧⑤儿情见,正望固河自守,免死为幸,无北度意也。赫连定残根易摧,拟之必仆。克定之后,东出潼关,席卷而前,威震南极,江淮以北无立草矣。圣策独发,

翻译

太武帝听说赫连定与刘宋遥相呼应,预谋瓜分黄河以北地盘,于是就决定先讨伐赫连定。群臣都说:"宋帝刘义隆的兵马还在黄河中游,置之不顾而西行,前面的敌人还不一定能攻克,而刘义隆乘虚而入,那么山东诸州战场上我们必败。"太武帝犹豫了,就向崔浩咨询办法。崔浩说:"刘义隆与赫连定都是居心不良的人,他们相互串通,勾结冯跋,拉拢柔然,求逞凶狂之心,其实只是表面上相互应和。刘义隆盼着赫连定进兵,赫连定等待刘义隆上前,谁都不敢率先踏入我国境地。在我看来,他俩有如套在一起的鸡,不可能协调行动,也就不能对我们有什么危害。我起初认为刘义隆兵马屯集在黄河中游,分两路北上,东路奔向冀州,西路进攻邺城,这样陛下就得亲自加以讨伐,不能有所迟延。现在却不然,刘义隆将军队部署在东西二千里长的防线上,一个据点不足千人,阵形松散,气势衰弱。从这种布局看来,这个弱小子的内心就昭然若揭了,正是想巩固黄河防线以自守,免于灭亡就算幸运,没有渡河北上的考虑。赫连定是夏国残余势力,如腐朽的树桩,易于摧毁,一推必倒。战胜

非愚近所及，愿陛下必行无疑。"

赫连定后，再东出潼关，如卷席一般向前推进，威声足以震撼整个南方地区，长江、淮河以北将是每根草都被压倒，难道还有敌人立足之地吗！陛下征伐赫连定是英明的策略独发于心，不是愚昧浅见的人所能考虑到的，愿陛下坚决实施而不要有顾虑。"

注释　①赫连定：赫连昌之弟，赫连昌战败被俘后，他逃到平凉（县名，今甘肃平凉西北），自称皇帝。县（xuán）：同"悬"。　②河中：指黄河中段，以洛阳、滑县等城为中心的黄河两岸地区。　③冯跋：汉人，北燕的建立者，定都龙城（今辽宁朝阳）。④冀州：治信都，今河北衡水冀州。　⑤佞（níng）：怯懦。

原文

平凉既平，其日宴会，帝执浩手以示蒙逊使曰①："所云崔公，此是也。才略之美，当今无比。朕行止必问，成败决焉，若合符契②。"

后冠军安颉军还③，献南俘，因说南贼之言云："宋敕其诸将，若北国兵动，先其未至，径前入河。若其不动，住彭城勿进。"如浩所量。帝谓公卿曰："卿辈前谓我用浩计为谬，惊怖固

翻译

赫连定的都城平凉被攻克的这一天，太武帝举行宴会，他拉着崔浩的手介绍给沮渠蒙逊的使者说："你们所听说的崔公，就是他啊。他才华谋略的高妙，当今无人可比。我所有的行动都必先咨询他，他对成功失败的判定，就同验证信物，分毫不差。"

后来冠军将军安颉班师还朝，在献纳俘获南人的凯旋典礼上，他就转述刘义隆的话说："宋帝命令他的各个将领，假如魏国兵马出动，在他未到之前，直向黄河岸边上船。假如魏国兵马不动，守住彭城就行了，莫再向前。"这正如崔

谏。常胜之家,自谓逾人远矣,至于归终,乃不能及。"迁浩司徒④。……

浩所预料的一样。太武帝对公卿大臣们说:"你等先前认为我用崔浩的计谋是不明智的,惊慌恐怖,一再劝阻。经常打胜仗的人,自以为超过别人很多,到最后看结局,这才知道比不上。"太武帝升任崔浩为司徒。……

注释 ① 蒙逊:沮渠蒙逊,卢水胡人,北凉国的建立者,定都姑臧。 ② 符契:作为凭证的信物,多指朝廷遣使调兵的符节。③ 冠军:武官名,即冠军将军。 ④ 司徒:官名,自东汉以来,即与太尉、司空合称三公。

原文

时河西王沮渠牧犍内有贰意①,帝将讨焉,先问于浩。浩对曰:"牧犍恶心已露,不可不诛。官军往年北伐,虽不克获,实无所损。于时行者,内外军马三十万匹,计在道死伤,不满八千。岁常羸死,恒不减万,乃不少于前。而远方承虚,便谓大损,不能复振。今出其不图,大军卒②至,必惊惧骚扰,不知所出,擒之必矣。牧犍劣弱,诸弟骄恣,争权纵横,人心离解。加以比年

翻译

这时河西王沮渠牧犍还有二心,太武帝将要讨伐,先向崔浩征求意见。崔浩回答说:"牧犍叛逆之心已暴露,不能不铲除。朝廷的兵马往年北征,虽然没有什么大的收获,但确实也没有什么消耗。当时出征,动用了京师和地方的军马三十万匹,总计死伤于征途的不到八千。而每年都有战马老弱而死,通常不下万匹,也就是说不比征途死伤的少。但远方的人听信谣传,便认为我军元气大伤,不能再振作起来。现在出其不意,大军从天而降,牧犍的人一定会惊慌恐惧,盲动不安,想不出应付的办法,必然被我擒获。牧犍拙劣而无实力,诸弟又骄横放纵,彼此你来我往地争权夺

以来，天灾地变，都在秦、凉③，成灭之国也。"

利，国内人心涣散。加以近年来天灾、地震等异常现象都出现在秦州、凉州一带，河西已是一个行将灭亡的王国。"

注释 ① 沮渠牧犍：沮渠蒙逊之子，继位为北凉国主，称河西王。 ② 卒（cù）：猝然。 ③ 秦、凉：指秦州、凉州之间地区。秦州治上邽（guī），今甘肃天水。

原文

帝命公卿议之，恒农王奚斤等三十余人皆表曰①："牧犍西垂下国，虽心不为纯臣，然继父修职贡，朝廷接以蕃礼。又王姬厘降，罪未甚彰，谓且羁縻而已。今士马劳止，可宜小息。又其地卤斥，略无水草，大军既到，不得久停。彼闻军来，必完聚城守，攻则难拔，野无所掠。"于是尚书古弼、李顺之徒皆曰②："自温圉河以西至于凉州③，地纯枯石，了无水草，不见流川。皆言姑臧城南天梯山上④，冬有积雪深一丈，至春夏消液，下流成川，引以溉灌。彼闻军至，决此渠口，水不

翻译

太武帝命公卿大臣讨论这个问题，恒农王奚斤等三十多人都上表说："牧犍所统为西边小国，虽然心中不甘做驯服的臣子，但表面上还是继承父职，备办一方贡品，朝廷用附属国礼遇对待他。又把公主下嫁给他做王妃，现在他的罪行还不很明显，我们认为暂时笼络住就行了。当今士兵、战马都疲惫不堪，应该稍事休养。再说他的国土多属盐碱地，几乎没有水草，大军进入之后，不能长期停留。牧犍的人听到大军要来，必定会修葺城垒，聚集民众，凭仗城垒而坚守，我们进攻就难以取胜，野外也无物可掠夺。"这时尚书古弼、李顺等人都说："从温圉河以西直到凉州，地面全是干硬的石块，一点水泽草地都没有，看不到河流。人们又都说姑臧城南的天梯山上，冬天有积雪厚达一丈，到春夏时融化，下流成渠，引作灌溉之用。

通流,则致渴乏。去城百里之内,赤地无草,不任久停军马。斤等议是也。"帝乃命浩以其前言与斤共相难抑。诸人不复余言,唯曰彼无水草。浩曰:"《汉书·地理志》称'凉州之畜,为天下饶',若无水草,何以畜牧?又汉人为居,终不于无水草之地筑城郭立郡县也。又雪之消液,裁不敛尘,何得通渠引漕,溉灌数百万顷乎?此言大诋诬于人矣。"李顺等复曰:"吾曹目见,何可共辩?"浩曰:"汝曹受人金钱,欲为之辞,谓我目不见便可欺也⑤!"帝隐听,闻之乃出,亲见斤等,辞旨严厉,形于神色。群臣乃不敢复言。于是遂讨凉州,平之,多饶水草,如浩所言。

牧犍的人听说大军到来,截断这道渠口,使水不能顺渠道而下流,那么就会造成士兵干渴困乏。离开姑臧城,百里之内都是一片光秃秃的土地,连草也不生,不容许兵马长时间停留。奚斤等人的意见是正确的。"太武帝于是命崔浩以先前的意见与奚斤互相辩驳。后来众人不再有其他说法,只是强调那地方无水草。崔浩说:"《汉书·地理志》称'凉州的畜产是天下最多的',如无水草,用什么来饲养呢?再说汉代的人辟置居住之地,总不会在没水草的地方筑城郭、设郡县吧?还有一个问题,积雪融化的水有限,还不够收敛地上的灰尘,怎么能畅行于河渠、分流于沟漕,灌溉数百万顷土地呢?这种说法是上了别人的大当了。"李顺等又说:"这是我等亲眼所见,你怎么可以凭空和我们争辩呢?"崔浩说:"你等收了别人的金钱,想替他说话,以为我没亲眼看见就可欺骗吗!"太武帝先在暗中听他们议论,听到崔浩说这话时才走了出来,亲自召见奚斤等人,语意严厉地加以斥责,不满的情绪从神态上显示出来。群臣这才不敢再说什么。于是就征伐凉州,将其平定,很多地方的水草都很丰茂,正和崔浩预言的一样。

注释 ① 恒农:郡名,即弘农(汉灵帝刘宏改,后两名常互改)。治弘农县,今河南灵宝北。 ② 尚书:官名,自魏晋以来,为尚书省下各部的负责人。北魏前期官制混乱,结构完整的尚书省尚未建立,先后设置的某部、某曹,其长官多称尚书。 ③ 温闱河:不详。 ④ 天梯山:在今甘肃武威南。 ⑤ 李顺多次出使北凉,收受许多珍宝,所以他自称亲眼所见而崔浩以此诋毁他。

原文

乃诏浩总理史务,务从实录。于是监秘书事,以中书侍郎高允、散骑侍郎张伟参著作①,续成前纪。至于损益褒贬,折衷润色,浩所总焉。浩有鉴识,以人伦为己任。明元、太武之世,征海内贤才,起自仄陋,及所得外国远方名士②,拔而用之,皆浩之由也。至于礼乐宪章,皆归宗于浩。……

翻译

于是太武帝就命崔浩总负责修史工作,并强调一定要照实记载。崔浩于是就提督秘书事务,以中书侍郎高允、散骑侍郎张伟参与撰著,接着前史所载而继续完成。至于内容的增减、人事的褒贬、异说的折中、言辞的润色,全由崔浩负责。崔浩有鉴察识别人物的眼光,将论人选才当作自己的责任。明元帝、太武帝统治时期,征求天下贤才,从出身卑微的人中起用,以及从所得的外国远方名士中选拔任用的人,都是由崔浩推荐的。至于礼乐制度、法律条例,都由崔浩裁决。……

注释 ① 中书侍郎:中书监、令的副职。散骑侍郎:官名,为近侍之官,掌规谏违失、顾问应对等。 ② 外国远方:这里主要指北凉。此地区是中原大乱时比较安定的地方,许多学者来此避难,故学术氛围浓厚,名士甚多。

原文

初,道武诏秘书郎邓彦

翻译

最初,道武帝命秘书郎邓彦海撰成

海著国记十余卷①,编年次事,体例未成。逮于明元,废不著述。神麚二年,诏集诸文人摭录国书。浩及弟览、高谠、邓颖、晁继、范享、黄辅等共参著作,叙成国书三十卷。著作令史太原闵堪、赵郡郄标素谄事浩②,乃请立石,铭载国书,以彰直笔,并勒浩所注五经。浩赞成之,景穆善焉③。遂营于天郊东三里④,方百步,用功三百万乃讫。浩书国事备而不典,而石铭显在衢路,北人咸悉忿毒⑤,相与构浩于帝。帝大怒,使有司案浩,取秘书郎及长历生数百人意状⑥。浩服受赇,真君十一年六月⑦,诛浩。清河崔氏无远近,及范阳卢氏、太原郭氏、河东柳氏⑧,皆浩之姻亲,尽夷其族。其秘书郎史以下尽死。……

国记十多卷,只是按年月叙列史实,没有撰成一部有体例的史书。到明元帝时,停罢史务而未能继续撰著。神麚二年,太武帝下令召集众文人采集资料,编著国史。崔浩及弟崔览、高谠、邓颖、晁继、范享、黄辅等共同参与撰述,著成国史三十卷。著作令史太原人闵堪、赵郡人郄标向来对崔浩阿谀奉迎,于是请立石碑,刻写国史于其上,以表彰直笔而书的史德,并刻写崔浩所注解的五种儒学经典。崔浩赞成这样做,景穆皇帝也认为不错。于是就在祭天坛东面三里的地方兴造,方圆百步,用了三百万的人工才完成。崔浩记载魏国史事很完备但不典雅,而刻石又显在大道一边,以拓跋人为主南迁而来的北人都很愤恨,于是相互勾连,在太武帝面前编造了崔浩的种种罪状。太武帝大发雷霆,令有关部门追究崔浩,收集了秘书郎和长历生数百人的意见书。崔浩自认有收受贿赂之罪,太平真君十一年(450)六月,太武帝杀掉了崔浩。清河郡的崔氏无论远亲近亲,以及范阳郡卢氏、太原郡郭氏、河东郡柳氏,都是崔浩的姻亲,全被满门抄斩。秘书监所属的郎官、令史以下都处以死刑。……

注释 ① 秘书郎:官名,掌管图书,考校脱误。 ② 著作令史:著作郎之佐吏,掌文案。赵郡:治平棘,今河北赵县。 ③ 景穆:即太武帝长子拓跋晃,未继位而先死,后追尊为景穆皇帝。 ④ 天郊:郊外祭天的地方,在平城西郊。 ⑤ 北人:此指拓跋氏及随拓跋氏南迁而来的北方人。 ⑥ 长历生:不详。疑为协助修史编制长历的学生生员。 ⑦ 真君:即太平真君的省称,太武帝年号。 ⑧ 范阳:郡名,治涿县,今河北涿州。河东:郡名,治蒲坂,今山西永济西。

魏高祖孝文皇帝本纪

导读

　　北魏前期以武功开国,当其历史演进到中期,则以文治著称,而振兴文治的代表人物就是孝文帝。北魏高祖孝文皇帝元宏(467—499)本姓拓跋,改姓元,孝文是他的谥号,高祖则是他的庙号。从太武帝去世(451)到孝文帝即位(471)的二十一年间,北方民族矛盾虽渐趋缓和,但阶级矛盾却日见上升,农民暴动此起彼伏。造成阶级矛盾加剧的原因,主要在于当时吏治混乱、腐败,贪官悍将对人民敲骨吸髓,竭泽而渔。而残酷的镇压,更激起大规模的反抗。面对这种情况,统治者不得不改弦更张,谋求新的统治方法,孝文帝的改革就是在这种背景下产生的。他首先进行吏治整顿,以求缓和阶级矛盾,并借此整顿官僚机构,为其他改革创造条件。接着又推行三长制,重建乡官系统,打击豪强势力;颁布均田令,以恢复农业生产,增加赋税收入。为了加速北魏政权的建设,孝文帝毅然迁都洛阳,并继续进行多方面的改革。其中重要的改革有:改定官制、法律和祭祀制度;改鲜卑姓为汉姓,改鲜卑服为汉服,禁止在朝廷说鲜卑语;与汉族高门联姻并把传统的门第观念制度化。孝文帝的一系列改革,不仅适应了当时政治的需要,稳定了社会秩序,恢复发展了生产,更促进了北方各民族的融合,为中华民族增加了新鲜的血液。(选自卷三)

原文

高祖孝文皇帝讳宏,献文皇帝之太子也。母曰李夫人。皇兴元年八月戊申①,生于平城紫宫②,神光照室,天地氤氲,和气充塞。帝洁白有异姿,襁褓岐嶷,长而弘裕仁孝,绰然有人君之表。献文尤爱异之。三年六月辛未,立为皇太子。五年,受禅。……

翻译

高祖孝文皇帝名宏,是献文皇帝的长子。他的母亲姓李,称作李夫人。皇兴元年(467)八月戊申,孝文帝诞生于平城禁宫,那时宫中映照着神奇祥瑞的光彩,而天地间充满了祥和之气。孝文帝肌肤洁白,姿态特异,虽在婴儿时,就显得十分聪慧,长大更是宽厚容人,事亲知孝,颇具有帝王的风度。献文帝非常喜爱和看重他。皇兴三年(469)六月辛未,献文帝立他为皇太子。五年(471),献文帝让位,孝文帝登上皇帝宝座。……

注释 ① 皇兴:北魏献文帝年号。 ② 紫宫:即皇宫、禁宫。本为星座名,古人认为是天帝所居之处,人间帝王效法天帝而作宫室,故称紫宫。

原文

太和元年春正月乙酉,改元。……三月……丙午,诏曰:"去年牛疫,死伤太半。今东作既兴①,人须肄业。其敕在所督课田农,有牛者加勤于常岁,无牛者倍庸于余年。一夫制田四十亩,中男二十亩,无令人有余力,地

翻译

太和元年(477)春正月乙酉,改年号为太和。……三月……丙午,孝文帝下令说:"去年遇到牛疫,耕牛死伤大半,现在春耕生产已经开始,农人都当从事本业。令各地官吏督促耕种,有牛之家应比常年更加勤劳,无牛之家更要比往年加倍地努力。一成年男子规定耕种四十亩,未成年的中男二十亩,要使人力得到充分发挥,地利得到充分使

有遗利。"……

八月壬子,大赦。丙子,诏曰:"工商皂隶,各有厥分②,而有司纵滥,或染清流③。自今户内有工役者,唯止本部丞,已下准次而授。若阶借元勋以劳定国者,不从此制。"戊寅,宋人来聘。九月乙酉,诏群臣定律令于太华殿。……

用。"……

八月壬子,孝文帝赦免天下罪犯。丙子,下令说:"工、商、奴仆人等,各有各的职分,而有关部门纵容不察,以致有的混入了清要流品。自今有役使人工的各部门,最高只能授本部门的副职,副职以下,按其劳绩依次授职。至于凭借战功、对国家有贡献的人,就不受这项规定的限制。"戊寅,宋朝使者来访。九月乙酉,令群臣于太华殿改定律令。……

注释 ① 东作:指春耕生产。② 分(fèn):同"奋"。 ③ 清流:清要流品,多指不处理繁杂事务的文官。

原文

二年……五月,诏曰:"乃者人渐奢尚,婚葬越轨;又皇族贵戚及士庶之家,不惟氏族高下,与非类婚偶。先帝亲发明诏,为之科禁。而百姓习常,仍不肃改。朕念宪章旧典,永为定准,犯者以违制论。"……

七年春正月庚申,诏曰:"朕每思知百姓疾苦以

翻译

太和二年(478)……五月,孝文帝下令说:"往昔,人们逐渐滋长了铺张浪费的习惯,婚嫁丧葬的仪式超出了规范;还有的皇族、贵戚和士族、庶族之间,不按门第尊卑,相互婚配。所以先皇帝亲自下达明确的诏令,对此严加禁止。然而人们习以为常,仍不认真改正。我现在重申前代这一法制,把它作为永远须遵守的准则,如有再犯的,以违犯国法论罪。"……

太和七年(483)春正月庚申,孝文

增修宽政,故具问守宰苛虐之状于州郡使者。今秀孝、计掾对多不实①,甚乖朕虚求之意。宜案以大辟②,明罔上必诛。然情犹未忍,可恕罪听归,申下天下,使知后犯无恕。"……三月甲戌,以冀、定二州饥③,诏郡县为粥于路以食之,又弛关津之禁。……十二月乙巳朔,日有蚀之。癸丑,诏曰:"夏、商不嫌一族之婚,周氏始绝同姓之娶。斯皆教随时设、政因事改者也。皇运初基,日不暇给,古风遗朴,未遑厘改。自今悉禁绝之,有犯者以不道论。"……

帝下令说:"我常常想了解百姓的疾苦,以便使为政更加宽厚,所以向州郡进京的人使询问郡守县令残害百姓的情况。现在那些秀才、孝廉、上计掾等所言多与事实不符,大违我虚怀求言的本意。按理本当处以死刑,以昭示欺君之人格杀勿论。但我于心不忍,可免罪让他们回去,布告天下,使后来的知道再犯绝不宽容。"……三月甲戌,因冀、定两州闹饥荒,令所属郡县在路旁熬粥给饥民吃,又罢除渡口关卡限制往来的禁令。……十二月乙巳一日,出现日食。癸丑,下令说:"夏、商二代不排除本族内的婚配,自周代才开始禁止同姓之间的嫁娶。这都是随当时的习俗而施教化、因当时的事态而更改政令啊。自我大魏初立国统,事务浩繁,时间短促,对远古遗留的粗俗习尚,未来得及纠正。从今以后,严格禁止血亲通婚,如有违犯,以不守伦理道德论处。"……

注释　①秀孝:秀才、孝廉,汉代以来的两种选举科目,也指应两科选的人。计掾:地方计吏,负责地方财政收支统计,并向朝廷汇报,亦称上计掾。　②大辟:死刑。　③定:定州,治卢奴,今河北定州。冀:冀州,治信都,今河北衡水冀州。

原文

八年……六月丁卯,诏曰:"置官班禄,行之尚矣。自中原丧乱,兹制中绝。先朝因循,未遑厘改。朕顾宪章旧典,始班俸禄,罢诸商人,以简人事。户增调三匹,谷二斛九斗,以为官司之禄。均预调为二匹之赋,即兼商用①。虽有一时之烦,终克永逸之益。禄行之后,赃满一匹者死②。变法改度,宜为更始,其大赦天下,与之惟新。"……秋八月甲辰,诏以班制俸禄,更兴刑书,宽猛未允,人或异议,制百辟卿士工商吏人各上便宜,勿有所隐。……

翻译

太和八年(484)……六月丁卯,孝文帝下令说:"建置官吏,颁给俸禄,施行这种制度是由来已久的事了。自从中原地区国破世乱,这项制度便已中断施行。我国家前朝沿袭乱世,没来得及整顿。所以我遵循远古法制,重新颁发俸禄,解雇商人,省人省事。现规定每户增收调三匹、谷二斛九斗,用作百官俸禄。将以前数额不定的'预调'均定为常赋两匹,则可兼作各部门换取他物的开支。这样办虽然不免费力一时,但最终能获得长期安定的好处。俸禄颁发之后,官吏贪污达到绢帛一匹的处以死刑。变革法制,应作为一个新的开端,可大赦天下罪犯,给他们重新做人的机会。"……秋八月甲辰,下诏颁行俸禄、更改增修刑律,有宽有严,不完全妥当,人们因此议论纷纷,于是令各部门官员以至工、商、役吏、平民,各抒己见,上报朝廷,不要言而不尽。……

注释 ① 商用:用作交换之物。北魏前期货币不流行,多以物物交换。 ② 这段文字叙述班禄之事,是孝文帝整顿吏治的重要措施。在此之前,百官都无俸禄,任意搜刮民膏民脂。班禄之后,百官经济有了保证,就无借口掠夺民财,而国家有充足的理由惩治贪官污吏。

原文

九年春正月戊寅，诏禁图谶秘纬及名《孔子闭房记》[1]，留者以大辟论。又诸巫觋[2]假称神鬼，妄说吉凶，及委巷诸非坟典所载者[3]，严加禁断。……

翻译

太和九年（485）春正月戊寅，孝文帝下令销毁图谶、秘纬一类书籍和一种名叫《孔子闭房记》的书，私藏不交者判处死刑。还有一些女巫男巫，冒充鬼神，妄说吉凶祸福，以及民间其他非经典所载的方伎，都要严加禁止。……

注释 ① 图谶：谶是伪托神灵的预言，常附有神秘的图画，故称图谶。秘纬：对神秘图记加以解释的书籍。这些都是盛行于东汉的神秘主义思想的产物。 ② 觋（xí）：男巫师。 ③ 委巷：偏陋曲折的小巷，泛指民间。坟典：三坟五典的省称。据说三坟、五典都是远古图书名，这里泛指先贤经典著作。

原文

八月庚申，诏曰："数州灾水，饥馑荐臻，致有卖鬻男女者。天谴在予一人，百姓横罹艰毒。今自太和六年已来，买定、冀、幽、相四州饥人良口者，尽还所亲。虽娉为妻妾，遇之非理，情不乐者，亦离之。"

冬十月丁未，诏使者循行州郡，与牧守均给天下之田，还受以生死为断。劝课农桑，兴富人之本[1]。……

翻译

八月庚申，孝文帝下令说："近年来好些州遭受水灾，庄稼连年无收，以致有人卖儿卖女。上天之所以降灾，是谴责我一人的过失，而百姓无辜遭受祸殃。现令自太和六年以来，凡于定、冀、幽、相四州饥民中买有良家子女者，全部送还他们的亲人。虽娶作妻妾，但待遇不好，本人不满意的，也当任其离异。"

冬十月丁未，孝文帝下令派遣使臣巡行地方，与州郡长官一起，将天下田地均分给百姓耕种，受田还田以生死为限。各地要督促鼓励民户栽桑种田，振十年春……二月甲戌，初立党、里、邻三长，定人户籍②。……

兴富民的本业。

太和十年(486)春……二月甲戌，开始设立党、里、邻三长，将民户注册入籍。……

注释 ① 此令即历史上著名的均田令，标志着均田制的开始。② 此即三长制开始建立。它的作用在于把豪强所隐庇的劳动者直接纳入国家户籍，从而抑制了豪强的势力，加强了国家对地方的控制。

原文

六月己卯，名皇子曰恂，大赦。……

十一年春正月丁亥朔，诏定乐章，非雅者除之。……

冬十月辛未，诏罢起部无益之作①，出宫人不执机杼者。甲戌，诏曰："乡饮之礼废②，则长幼之序乱。孟冬十月，人闲岁隙，宜于此时，导以德义。可下诸州，党、里之内，推贤而长者，教其里人父慈、子孝、兄友、弟顺、夫和、妻柔。不率长教者，具以名闻。"

翻译

六月己卯，孝文帝为皇子命名恂，大赦罪犯。……

太和十一年(487)春正月丁亥一日，下令审定乐曲、歌词，凡属不典雅纯正的都舍去不用。……

冬十月辛未，令起部停止不必要的兴造，遣散宫人中不从事纺织的人。甲戌，下令说："乡饮酒之礼如果废弛不行，那么长幼尊卑的秩序就会紊乱。初冬十月，是一年中农事告毕、农人清闲的空隙日子，应当在这段时间，用礼义道德去诱导他们。可告喻各州，从党、里之内推选有修养而年长的人，以教育乡人，使他们懂得做父亲要慈祥，做儿女要孝敬，做兄长要友爱，做弟弟要顺从，做丈夫要和气，做妻子要温柔。如有不听从长者教诲的人，可开列姓名上报。"

注释 ① 起部:尚书诸部之一,属临时建置,主要负责宗庙、宫室等的修建。② 乡饮之礼:古时乡间推举本乡贤德的人于君王,乡大夫设宴送行,饮酒酬酢,并有一定的仪式。

原文

十一月丁未,诏罢尚方锦绣绫罗之工①,百姓欲造,任之无禁。其御府衣服金银珠玉绫绸锦、太官杂器、太仆乘具、内库弓矢②,出其太半,班赉③百官及京师人庶,下至工商皂隶,逮于六镇戍士④,各有差。戊申,诏:"今寒气劲切,杖楚难任。自今月至来年孟夏,不听栲问罪人。又岁饥,轻囚宜速决了,无令薄罪久留狱犴。"十二月,诏秘书丞李彪、著作郎崔光改析《国记》⑤,依纪传体。……

翻译

十一月丁未,孝文帝令停止尚方锦绣绫罗的织造,如百姓自愿织造的,听其自便,不得禁止。凡是皇室所有的衣服金银珠玉绫绸锦、太官署所管的各种器具、太仆寺所管的车马配件、宫中府库的弓箭,都拿出一大半,颁赐给文武百官及京师平民,下至工商仆从以及戍守北方六镇的将士,各按等级高下得到不同的赐予。戊申,下令说:"今当严冬时节,寒气逼人,棍打鞭抽,难以承受。从本月到明年四月,不准用刑审讯犯人。又今年收成不好,犯有轻罪的囚犯应尽快判决发遣,不要让人犯点轻微的罪过就长期关押狱中。"十二月,孝文帝令秘书丞李彪、著作郎崔光将编年体《国记》的内容重加整理,改写成纪传体的国史。……

注释 ① 尚方:官署名,负责造作皇室需用的器具、珍玩,主官称尚方令、尚方丞。② 太官:官署名,即太官署,长官为太官令、丞,掌百官膳食。太仆:官署名,即太仆寺,长官称太仆卿,负责皇室车马及有关器械。内库:皇官府库。③ 赉(lài):赏赐。④ 六镇:设置在平城北边一线的六个军事重镇,即沃野镇,今内蒙古五原东北;怀朔镇,今内蒙古固阳西南;武川镇,今内蒙古武川西南;抚冥镇,今内蒙古四王子旗东南;柔玄镇,今内蒙古兴和西北;怀荒镇,今河北张北。 ⑤ 秘书丞:官名,秘书监之副职,管文籍,领著作,掌国史。

原文

十四年春正月己巳朔,日有蚀之。三月戊寅,初诏定起居注制①。……八月,诏议国之行次②。

九月癸丑,太皇太后冯氏崩③。诏听藩镇曾经内侍者,前后奔赴。冬十月戊辰,诏将亲侍龙舆,奉诀陵隧,诸常从之具,悉可停之。其武卫之官,防侍如法。癸酉,葬文明太皇太后于永固陵。……

十二月壬午,诏依准丘井之式④,遣使与州郡宣行条制。隐口漏丁,即听附实。若朋附豪势,陵抑孤独,罪有常刑。

翻译

太和十四年(490)春正月己巳一日,发生日食。三月戊寅,孝文帝首次下令建立修起居注的制度。……八月,孝文帝令群臣讨论国家在五行中当处的次第。

九月癸丑,太皇太后冯氏逝世,孝文帝下令准许各地曾任内侍官者先后赴京吊唁。冬十月戊辰,孝文帝下令说:"我将亲自护送太皇太后灵柩,至陵墓诀别,往常讲究的那些随从仪仗,全都撤除。负责警卫的将士,按常规防御护卫。"癸酉,葬文明太皇太后于永固陵。……

十二月壬午,孝文帝下令按照丘井的形式,派使臣互助州郡长官传达并施行有关的条文规定。过去隐匿未报的人口,这次就允许照实附籍。如有人合伙依附豪强贵势之家,欺压势单力弱的人,那就要按律治罪。

注释 ① 起居注:专门记录皇帝饮食起居、所言所行的材料。由起居令史记录,另有专人整理,作为今后修史的重要资料。 ② 行次:五行(金木水火土)次第。③ 太皇太后冯氏:即孝文帝的祖母,死后谥作文明太皇太后。孝文帝即位年仅五岁,由太上皇献文帝和太后先后听政。在此之前的许多重要改革,都是太后主持或支持进行的。　④ 丘井之式：此当是仿古代井田形式。古以一男子为单位分配一块土地，九个男子分得的土地，中间由沟渠隔开，形如"井"字状，这就是所谓九夫为井，又四井为邑，四邑为丘。

原文

　　十五年春正月丁巳，帝始听政于皇信东室。初分置左右史官①。……

　　秋七月乙丑，谒永固陵，规建寿陵②。己卯，诏议祖宗③，以道武皇帝为太祖。乙酉，车驾巡省京邑，听讼而还。八月壬辰，议养老④，又议"肆类上帝、禋于六宗"礼⑤，帝亲临决。……

翻译

　　太和十五年（491）春正月丁巳，孝文帝首次在皇信东室听政，开始分置左史和右史。……

　　秋七月乙丑，孝文帝拜谒永固陵，并计划在这里修建自己的陵墓。己卯，令讨论前代皇帝的尊称，结果以道武帝为北魏的太祖。乙酉，孝文帝巡察京都，亲自审问了狱案后才回宫。八月壬辰，讨论养老之礼，又讨论"肆类上帝，禋于六宗"之礼，孝文帝亲临裁决。……

注释　①左右史：左史和右史，官名。左史负责记皇帝行迹，右史记言语。② 寿陵：生前所造之陵墓。　③ 祖宗：特指对前辈皇帝的尊称，一般开国皇帝称太祖，以下皆称宗。也有把功德很高的皇帝称作祖，如孝文帝追尊高祖即是。　④ 养老：养老之礼。这是一种古礼，各代进行的方式、对象、内容都不同，所以需讨论斟酌。　⑤ 肆：遂、于是。类：古祭名，指祭天。禋（yīn）：指祭大，也泛指祭祀。六宗：孝文帝释作天皇大帝及五帝之神，因此他认为"肆类上帝"和"禋于六宗"是一回事。见《魏书》礼志一。

原文

　　十六年春正月戊午朔，朝飨群臣于太华殿。帝始

翻译

　　太和十六年（492）春正月戊午一日，孝文帝在太华殿宴集王公大臣。为他

为王公兴县而不乐①。己未,宗祀显祖献文皇帝于明堂②,以配上帝。遂升台以观云物,降居青阳左个③,布政事。每朔依以为常。辛酉,始以太祖配南郊④。壬戌,诏定行次,以水承金。……乙丑,制诸远属非太祖子孙及异姓为王者,皆降为公,公为侯,侯为伯,子男仍旧,皆除将军之号。戊辰,帝临思义殿,策问秀孝。……夏四月丁亥朔,颁新律令,大赦。甲寅,幸皇宗学⑤,亲问博士经义。五月癸未,诏群臣于皇信堂更定律条,流徒限制,帝亲临决之。……癸丑,诏曰:"国家虽宗文以怀九服⑥,修武以宁八荒⑦,然于习武之方,犹为未尽。将于马射之前⑧,先行讲武之式⑨。可敕有司豫修场埒⑩,其列阵之仪,五戎之数,别俟后敕。"……

们布列了钟磬等乐器,但并没有鼓奏,就这样还是文明太后去世以来的第一次呢。己未,孝文帝在明堂举行显祖献文皇帝的庙祭,并作为五方上帝的配祀。接着登上高台,观览天空景象,下台后进坐东厢房,安排政务。以后每月一日都按这种仪式举行庙祭。辛酉,孝文帝首次以太祖作为南郊祭天的配祀。壬戌,孝文帝令议定国家当处的五行次第,结果决定北魏为水运,以承接晋代的金运。……乙丑,孝文帝规定凡皇族不属太祖的子孙及非皇族封王的人,一律降爵为公,公降为侯,侯降为伯,子、男二爵不变,都授予将军名号。戊辰,孝文帝亲自登上思义殿策问秀才、孝廉。……夏四月丁亥一日,孝文帝颁布新修的刑律、法令,大赦天下罪犯。甲寅,孝文帝到皇族子弟的学校,亲自询问博士有关儒学著作的义蕴。五月癸未,令群臣在皇信堂重新修订法律条文,决定流配、劳役二刑的极限,孝文帝亲临裁决。……八月癸丑,孝文帝下令说:"国家虽然崇尚文教以使天下归向,整治武备以使八方安宁,但对于练习武事的方法,还不很完善。现准备在举行马射之前,先进行战事的讲解演习。可令有关部门预先修筑场地和矮墙,至于布列战阵的程式及各种人员兵器的数额,另候指挥。"……

注释　① 兴县：张挂钟磬一类乐器。县（xuán）：同"悬"。　② 明堂：据说最早为君王布政之地，后主要是皇帝举行祭典的地方。　③ 青阳左个：明堂的东厢房。④ 南郊：指在京城南郊举行祭天仪式。　⑤ 皇宗学：专为皇族子弟开设的学校。⑥ 九服：古人把京都以外的地方按远近分为九等，称九服，此泛指天下之人。⑦ 八荒：八方荒远之地，此当指魏国边陲及其外尚未平定的地区。　⑧ 马射：跑马射箭。本是一种武艺项目，也用于礼典，南北朝时一般在九月九日举行。　⑨ 讲武：讲解武事，操习武艺，在上古是定期举行的制度。　⑩ 场埒（liè）：讲武的场地和习射的驰道，驰道两侧有矮墙，使马不跑出道外。埒：矮墙。

原文

十七年……六月庚辰朔，日有蚀之。丙戌，帝将南伐，诏造河桥。乙未，讲武。乙巳，诏曰："比百秩虽陈，事典未叙。自八元树位①，躬加省览，作职员令二十一卷。事迫戎期，未善周悉，须待军回，更论所阙。权可付外施行。"立皇子恂为皇太子。……

翻译

太和十七年（493）……六月庚辰一日，发生日食。丙戌，孝文帝准备南征，令于黄河上架桥。乙未，讲习武事。乙巳，下令说："近来各种职官虽已建置，但有关职责的规定还没有一一说明。我从尧舜时代的八个才子任职起，对历代官制职责之事亲自加以考察，编成《职员令》二十一卷。这事由于南征军期迫近，不可能搞得周密详备，需等班师回朝后，再研究订正它的缺失。现可暂时颁发执行。"这天，孝文帝立儿子拓跋恂为皇太子。……

注释　① 八元：传说为尧之父高辛时期的八个贤人，舜为尧臣，把他们举荐给尧而任职。

原文

八月……己丑,发京师南伐,步骑三十余万。太尉丕奏请以宫人从,诏以临戎不语内事,不许。壬寅,车驾至肆州①。人年七十已上,赐爵一级②。路见眇跛,停驾亲问,赐衣食,复终身。戊申,幸并州③,亲见高年,问疾苦。

翻译

八月……己丑,由京都出发南征,步兵骑兵共计三十余万。太尉拓跋丕奏请带宫人随行,孝文帝以临阵不言内事,下令不许。壬寅,孝文帝行至肆州。对当地七十岁以上老年人赐给爵位一级。凡路途中遇见眼瞎肢残的人,必停车抚问,赐给衣服和粮食,免除他们终身劳役。戊申,孝文帝到达并州,亲自接见当地老年人,询问他们有何疾苦。

注释 ① 肆州:治九原,今山西忻州。 ② 爵:此指秦汉以来的二十级爵位,与西周以来的五等爵不同。 ③ 并(bīng)州:治晋阳,今山西太原西南。

原文

九月……丁巳,诏车驾所经,伤人秋稼者,亩给谷五斛。戊申,济河。诏洛、怀、并、肆所过四州①,赐高年爵,恤鳏寡孤独各有差;孝悌廉义文武应求者,皆以名闻。又诏厮养户不得与庶士婚,有文武之才积劳应进者,同庶族例,听之。庚午,幸洛阳,周巡故宫基迹。

翻译

九月……丁巳,下令凡部队经过地区,有损伤农人庄稼的,要每亩赔给谷五斛。戊申,大军渡过了黄河。孝文帝下令部队所经过的洛、怀、并、肆四州,赐给老年人爵位,救济孤寡,按照不同情况各有等差;有孝悌廉义、文武才干并符合选拔条件的,都列名上报。又令奴仆之家不得与士民婚配,对其中有文武才干、积累功劳而当晋升的,就视同平民,允许通婚。庚午,孝文帝进入洛阳,巡览西晋宫廷的遗址。他环视左右

帝顾谓侍臣曰:"晋德不修,荒毁至此!"遂咏《黍离》诗②,为之流涕。壬申,观洛桥③,幸太学,观石经。丙子,六军发轸。丁丑,帝戎服执鞭,御马而出。群臣稽颡④于马前,请停南伐,帝乃止。仍议迁都计。

的侍臣,感叹地对他们说:"晋代不实行德政,以致国家败亡,宫廷颓毁、荒芜成这个样子!"接着吟诵了《黍离》诗,为西晋的败亡感伤落泪。壬申,孝文帝观看了洛水浮桥,又到西晋的太学故地,观览了里面的经书石刻。丙子,部队又要由洛阳继续进发。丁丑,孝文帝身着戎装,手握马鞭,乘马而出。许多大臣不愿南征,他们在孝文帝马前跪地叩头,恳请停止南征,孝文帝这才作罢。但还是议定了迁都洛阳的计划。

注释 ① 洛:洛州,治洛阳,孝文帝迁都于此,改称司州,东魏初又改称洛州。怀:怀州,治野王,今河南沁阳。 ②《黍离》:《诗经·王风》中的一篇。旧说周大夫经故都,见宗庙宫室生了禾黍,悯周朝的衰败东迁,彷徨而不忍离去,因作此诗。③ 洛桥:架于洛阳城附近洛水之上的浮桥。 ④ 颡(sǎng):额头。

原文

冬十月戊寅朔,幸金墉城①。诏征司空穆亮与尚书李冲、将作大匠董爵经始洛京②。……癸卯,幸邺城。乙巳,诏安定王休率从官迎家口于代③,车驾送于漳水上。

翻译

冬十月戊寅一日,孝文帝至金墉城。令司空穆亮与尚书李冲、将作大匠董爵兴建洛阳京都。……癸卯,孝文帝到达邺城。乙巳,令安定王拓跋休带领随从官员去平城迎取族人家小,孝文帝亲自送到漳水河畔。

注释　①金墉城:洛阳西北角小城,城小而固,为重镇之一。　②司空:官名,三公之一。将作大匠:官名,负责宫室、宗庙、陵园、都城等的土木工程。　③安定:郡名,治安定,今甘肃泾川北。代:此指代都,即平城。

原文

初,帝之南伐,起宫殿于邺西。十一月癸亥,宫成,徙御焉。十二月戊寅,巡省六军。乙未,诏隐恤军士,死亡疾病,务令优给。……

十八年春正月丁未朔,朝群臣于邺宫澄鸾殿。癸亥,南巡。诏相、兖、豫三州赐高年爵①,恤鳏寡孤老各有差,孝悌廉义文武应求者,皆以名闻。戊辰,经殷比干墓②,祭以太牢③。乙亥,幸洛阳西宫。二月己丑,行幸河阴④,规建方泽之所⑤。……甲辰,诏喻天下以迁都意。……壬申,至平城宫。癸酉,临朝堂,部分迁留,甲戌,谒永固陵。三月庚辰,罢西郊祭天⑥。壬

翻译

先前,孝文帝南征,在邺城西边修筑宫殿。十一月癸亥,宫殿建成,于是迁居新宫。十二月戊寅,孝文帝巡视各部队。乙未,令抚恤兵士,有死亡疾病的,一定要给予优厚待遇。……

太和十八年(494)正月丁未一日,百官在邺宫的澄鸾殿朝见。癸亥,孝文帝巡视邺城以南地区,令相、兖、豫三州按不同等次授给老年人爵位,并救济孤寡老人,有孝悌廉义之行和文武才干,符合选举条件的,尽数列名上报。戊辰,行经商代忠臣比干的墓,用太牢进行祭祀。乙亥,孝文帝到了洛阳西宫。二月己丑,孝文帝行至河阴,规划建造方泽的场所。……甲辰,令将迁都洛阳的意图告谕天下。……壬申,孝文帝到达平城宫。癸酉,孝文帝登朝堂安排迁都和留守事宜。甲戌,拜谒永固陵。三月庚辰,废除西郊祭天的旧俗。壬申,孝文帝登坐太极殿,向在平城的百官解释迁都的意图。……

申,帝临太极殿,喻在代群
臣迁移之略。……

注释 ① 兖:兖州,治瑕丘,今山东兖州。豫:豫州,治悬瓠,今河南汝南。② 殷:商王朝的别称。比干:商朝忠臣。 ③ 太牢:牢为盛祭品的食器,大者盛牛、羊、猪三牲,称太牢。 ④ 河阴:县名,今河南孟津东。 ⑤ 方泽:即地潭,祭地神之地,建于都城北郊。 ⑥ 西郊祭天:按汉族习惯,帝王祭天在南郊,且仪式庄重。北魏前期每年于西郊祭天,但颇简陋,有奏伎为乐、女巫装神等活动。孝文帝仿照汉族礼仪,可说是一项重要改革。

原文

八月癸卯,皇太子朝于行宫。甲辰,行幸阴山①,观云川。丁未,幸阅武台,临观讲武。因幸怀朔、武川、抚冥、柔玄等四镇。乙丑,南还。所过皆亲见高年,问人疾苦,贫窭孤老者,赐以粟帛。……庚午,谒永固陵。辛未,还平城宫。

翻译

八月癸卯,皇太子到行宫朝见。甲辰,孝文帝行至阴山,观赏那云天相际的原野。丁未,孝文帝登上阅武台,检阅将士演练武事。接着先后巡视了怀朔、武川、抚冥、柔玄等四镇。乙丑,启程南返平城。每过一地,都亲自接见当地老人,询问民间疾苦,对贫困孤老的人,都赐给粮食布匹。……庚午,拜谒永固陵。辛未,孝文帝回到平城宫。

注释 ① 阴山:山名,在今内蒙古中部。

原文

九月壬申朔,诏曰:"三载考绩,自古通经,三考黜陟,以彰能否。朕今三载一

翻译

九月壬申一日,孝文帝下令说:"每三年考核一次官吏政绩,是自古以来不变的法则,经三次考核而升降品秩,是

考,考即黜陟,欲令愚滞无妨于贤者,才能不拥于下位。各令当曹,考其优劣为三等。六品已下,尚书重问;五品已上,朕将亲与公卿论其善恶。上上者迁之,下下者黜之,中中者守其本任。"壬午,帝临朝堂,亲加黜陟。……

冬十月甲辰,以太尉、东阳王丕为太傅①。戊申,亲告太庙,奉迎神主②。辛亥,车驾发平城宫。壬戌,次于中山之唐湖③。乙丑,分遣侍臣,巡问疾苦。己巳,幸信都④。庚午,诏曰:"比闻缘边之蛮,多有窃掠,致有父子乖离,室家分绝。可诏荆、郢、东荆三州⑤,勒诸蛮人,勿有侵暴。"是月,齐萧鸾杀其主昭文而自立⑥。

为了区别贤愚。我今三年一考,考毕就进行升降,这是想不让昏庸之辈阻碍贤才进用的道路,使贤才不埋没于下品群吏之中。各部门可责成有关下属机构,考核本部门官员政绩,按优劣分为三等。六品以下,尚书省复审;五品以上,我将亲自与公卿大臣论证他们的优劣。上上等的升迁,下下等的罢免,中中等的保留原职。"壬午,孝文帝登坐朝堂,亲自裁决官员的升降。……

冬十月甲辰,太尉、东阳王拓跋丕进位为太傅。戊申,孝文帝亲自拜告太庙,奉迎祖宗牌位。辛亥,孝文帝由平城宫出发。壬戌,宿于中山境内的唐湖。乙丑,分遣侍臣,四出巡行,问民疾苦。己巳,到达信都。庚午,孝文帝下令说:"近来听说沿边的蛮人常有盗窃掳掠行为,以致出现父子分离、家人隔绝的情景。可令荆、郢、东荆三州,约束蛮人,不得再行欺凌伤害。"这月中,南齐萧鸾杀掉国君萧昭文而自立为帝。

注释 ①东阳:古城名,今山东益都北,为齐郡、青州的治所。 ②太庙:天子的祖庙。神主:在宗庙内为已故之人所立的牌位。 ③中山:郡名,治卢奴,今河北定州。唐湖:中山所属有唐县(今河北唐县),县境内唐水,疑即所谓唐湖。 ④信都:

县名,今河北冀州。 ⑤郢:郢州,治真阳,故城在今河南正阳北。东荆州:治泚阳,今河南泌阳。 ⑥公元494年(魏太和十八年、南齐延兴元年)十月,南齐宣城王萧鸾废齐帝萧昭文为海陵王(后又将他杀掉),自立为帝,改元建武,是为齐高宗明皇帝。

原文

十一月……丁丑,幸邺。甲申,经比干墓,亲为吊文,树碑刊之。己丑,车驾至洛阳。

十二月辛丑朔,分命诸将南征。壬寅,革衣服之制①。癸卯,诏中外戒严。……戊辰,车驾至悬瓠②。……

翻译

十一月……丁丑,孝文帝到达邺城。甲申,行经比干陵墓,孝文帝亲自写了一篇吊文,并树立石碑,把吊文刻在上面。己丑,孝文帝到达洛阳。

十二月辛丑一日,孝文帝派遣将领分路南征。壬寅,改革服饰制度。癸卯,令京师内外做好战备。……戊辰,孝文帝到达悬瓠。……

注释 ①革衣服之制:即禁止穿戴鲜卑和其他非汉族群服饰,一律改用汉人的装束,这是改变鲜卑旧俗的一项措施。 ②悬瓠:古城名,在今河南汝南县,为军事重镇之一。

原文

十九年春正月辛未朔,朝飨群臣于悬瓠。癸酉,诏禁淮北人不得侵掠,犯者以大辟论。壬午,讲武于汝水西①,大赉②六军。平南将

翻译

太和十九年(495)春正月辛未一日,孝文帝在悬瓠宴集百官。癸酉,下令禁止侵扰掠夺淮河以北的民众,违犯者处以死刑。壬午,孝文帝在汝水之西演练部队,遍赏官兵。平南大将军王

军王肃、左将军元丽并大破齐军③。己亥，车驾济淮。二月甲辰，幸八公山④。路中雨甚，诏去盖。见军士病者，亲隐恤之。戊申，车驾巡淮而东，人皆安堵，租运属路。丙辰，幸钟离⑤。戊午，军士禽齐人三千。帝曰："在君为君，其人何罪？"于是免归。辛酉，发钟离，将临江水。司徒冯诞薨。壬戌，诏班师。丁卯，遣使临江，数齐主罪恶。三月戊子，太师冯熙薨⑥。

肃、左将军元丽都大败齐国的军队。己亥，孝文帝率军渡过淮河。二月甲辰，孝文帝到达八公山。在行进的途中，雨下得很大，孝文帝命去掉自己的车盖。看到兵士有病，必亲自抚恤劳问。戊申，孝文帝沿着淮河向东巡视，看到百姓都安居乐业，交运租粮的人们络绎不绝。丙辰，孝文帝到达钟离。戊午，魏军兵士俘获齐兵三千人。孝文帝说："罪恶在于作为人主的君王不仁不义，他的臣民有什么罪呢？"于是就把被俘的齐兵放回去。辛酉，孝文帝率军由钟离进发，准备直抵长江。恰在此时，司徒冯诞去世。壬戌，孝文帝下令班师。丁卯，派遣使者至长江边，声讨齐国君主萧鸾，列举他的种种罪恶。三月戊子，太师冯熙去世。

注释 ①汝水：古水名，在今河南省境，为淮河支流之一。 ②赉(lài)：赏赐。③平南将军：武官名。汉、魏以来，将军名号增多，其中重要而常见的有四征（征东、征西、征南、征北）、四镇、四安、四平，地位都很高，如四征是从一品中（孝文帝改制时），四平最低，也是从二品上。若将军前面加上"大"字，则官位还要升两阶。其方位依征战或戍守的地理位置而定，与官品无关。左将军：亦属高级武官，此外还有右将军、前将军、后将军，都与四平同阶而列位在前。 ④八公山：山名，在今安徽淮南西。 ⑤钟离：县名，在今安徽凤阳东北。 ⑥太师：官名，与太傅、太保合称三师，地位崇高。

原文

夏四月丁未,曲赦徐、豫二州①,其运转之士,复租三年。辛亥,诏赐高年爵,恤孤寡老疾各有差;德著丘园者,具以名闻;齐人降者,给复十五年。癸丑,幸小沛②,使以太牢祭汉高祖庙。己未,幸瑕丘③,使以太牢祠岱岳④。诏宿卫武官增位一级。庚申,幸鲁城⑤,亲祠孔子庙。辛酉,诏拜孔氏四人、颜氏二人为官。诏兖州刺史举部内士人堪军国及守宰政绩者,具以名闻。诏赐兖州人爵及粟帛如徐州。又诏选诸孔宗子一人封崇圣侯,邑一百户,以奉孔子祀。命兖州为孔子起园柏,修饰坟陇,更建碑铭,襃扬圣德。……

翻译

夏四月丁未,特赦徐、豫二州罪犯,对担负转运以供军需的人,免除三年田租。辛亥,令授给老人爵位,救济孤寡老病之人,各因年龄和困难大小而有差别;又令有以德行著称于民间的人,列名上报;又令免除齐国降人十五年劳役。癸丑,孝文帝行至沛县,令人用太牢祭祀汉高祖。己未,孝文帝到达瑕丘,令人用太牢祭泰山。又令给宿卫武官进位一级。庚申,孝文帝行至鲁县城,亲自到孔子庙祭祀。辛酉,令授予孔姓四人、颜姓二人官位。又令兖州刺史举荐本州适合担当军国大任的人士以及所属郡守县令有政绩的人,开列姓名上报。又令兖州依徐州例赐给老人、贫困者爵位和粮食布匹。又令选孔子直系后代一人封崇圣侯,以民户一百供奉孔庙祭祀。又命兖州为孔子兴建陵园,种植柏树,培修装饰坟墓,重建碑铭,用以表彰孔子的高尚品德。……

注释 ①曲赦:特免罪犯。徐州:治彭城,今江苏徐州。 ②小沛:沛县的别称,汉高祖刘邦的故乡,今江苏沛县。 ③瑕丘:县名,今山东兖州。 ④岱岳:山名,即泰山的别称。 ⑤鲁城:鲁县城,在今山东曲阜,孔子的故乡。

原文

六月己亥,诏不得以北俗之语,言于朝廷①,违者免所居官。辛丑,诏复军士从驾渡淮者租赋三年。癸卯,诏皇太子赴平城宫。壬子,诏济州、东郡、荥阳及河南诸县车驾所经者②,赐高年爵,恤孤寡老疾各有差;孝悌廉义文武应求者,具以名闻。癸丑,求天下遗书。秘阁所无,有裨时用者,加以厚赏。乙卯,曲赦梁州③,复人田租三岁。丙辰,诏迁洛人,死葬河南,不得还北。于是代人南迁者,悉为河南洛阳人。戊午,诏改长尺大斗,依《周礼》制度,班之天下。

翻译

六月己亥,孝文帝令群臣在朝廷上不准讲鲜卑语,违者罢官。辛丑,令免除随孝文帝渡淮军士的三年租税和户调。癸卯,令皇太子赴平城。壬子,令济州、东郡、荥阳及黄河以南各县,凡属孝文帝南征经过的地方,赐给老人爵位,救济孤寡老病之人,各有不同等次;孝悌廉义、文武才干符合选拔条件的,列名上报。癸丑,征求民间收藏的书籍,凡是国家所未收藏的和对现时有用的书,都给予优厚的奖赏。乙卯,特赦梁州罪犯,免除州民三年田租。丙辰,令迁居洛阳的人死后安葬黄河以南地区,不准还葬北方。于是从平城南迁的人尽成了河南洛阳人。戊午,令改革长尺大斗,依《周礼》所载制度为准,颁行天下。

注释 ① 北俗之语:主要指鲜卑语。这是孝文帝推进民族融合的又一项改革。② 济州:治碻磝城,今山东聊城茌平区西南。荥阳:郡名,治荥阳,今河南荥阳。③ 梁州:治南郑,今陕西汉中。

原文

秋八月①，幸西宫。路见坏冢露棺，驻辇埋之。乙巳，诏选天下勇士十五万人为羽林、武贲②，以充宿卫。丁巳，诏诸从兵从征被伤者，皆听还本。金墉宫成。甲子，引群臣历宴殿堂。

翻译

秋八月甲辰，孝文帝去西宫，路见坟墓颓塌、棺椁外露，于是停下车来，把它掩埋好。乙巳，令选天下勇士十五万人充当羽林、虎贲，以充实禁卫军的力量。丁巳，令从征侍卫兵士中受伤的都允许回家务农。这时洛阳的金墉宫建成。甲子这天，孝文帝召集群臣，游历了各个殿堂并举行宴会。

注释 ① 八月：《北史》月下无日，据《魏书》当有甲辰二字。 ② 羽林、武贲：都是禁卫军，兵士身份比一般士兵高。武贲当作虎贲，《北史》避李唐先祖李虎的讳而改。

原文

九月①，六宫及文武尽迁洛阳。……

冬十月……辛酉，诏州郡举士。壬戌，诏诸州牧考属官为三等之科以闻②，将加亲览，以定升降。诏徐、兖、光、南青、荆、洛六州严纂戎备③，应须赴集。……十二月乙未朔，引见群臣光极堂，宣下品令④，为大选之始。……

翻译

九月庚午，六宫嫔妃和文武大臣尽数迁到洛阳。……

冬十月……辛酉，令各州郡推荐贤良之士。壬戌，令各州刺史考核属官政绩，按优劣分为三等上报，将亲自审查而决定升降。又令徐、兖、光、南青、荆、洛六州加紧战备，做到一有需要便能火速集结。……十二月乙未一日，孝文帝在光极堂召见群臣，公布官品令，这是大规模考核选拔官吏的开始。……

注释 ①九月:《北史》此下无日,据《魏书》当有庚午二字。 ②州牧:即州刺史。东汉灵帝时,为了对某些重要地区加强控制,派朝廷重臣出任州的长官,称州牧,权力加重。这里只是借用习惯说法。 ③光:光州,治掖县,今山东莱州。南青:南青州,治团城,今山东沂水附近。 ④品令:即官品令。北魏前期职官是鲜、汉杂用,机构亦不健全。孝文帝重用从南朝归来而又熟谙典章制度的王肃,仿照魏晋南朝的官制进行改革,使其更有利于鲜汉联合的统治。

原文

二十年春正月丁卯,诏改姓元氏①。……

冬十月戊戌,以代迁之士,皆为羽林、武贲。司州之人②,十二夫调一吏,为四年更卒③,岁开番假,以供公私力役。……十二月甲子,以西北州郡旱俭,遣侍臣巡察,开仓振恤。乙丑,开盐池禁。丙寅,废皇太子恂为庶人④。……

翻译

太和二十年(496)春正月丁卯,孝文帝下令皇族拓跋氏改为元姓。……

冬十月戊戌,孝文帝把平城南迁的兵士都纳入羽林、虎贲的行列。司州之民,十二个丁壮中调一人为吏,充当为期四年的更卒,每年中轮番给假,以供官府和私家的劳作。……十二月甲子,因西北州郡旱灾歉收,派出侍臣前往巡察,开仓救济。乙丑,废除盐池禁民经营的限制。丙寅,将皇太子元恂免为平民。……

注释 ①元氏:即帝族拓跋氏所改之姓,其他鲜卑复姓改为汉姓的还有一百多个。这也是孝文帝推进民族融合的一项改革。 ②司州:司隶州的省称。汉代以司隶校尉监察京都及附近地区,后来就建置司隶州。北魏司州治洛阳,即由原洛州改称。 ③更卒:轮番服役的兵卒,此指役吏。 ④据记载,太子元恂对其父迁都改制不满,谋叛逃北方,故孝文帝将他免为平民。由此亦可见孝文帝改革的决心。

原文

二十一年春正月丙申,立皇子恪为皇太子。……

夏四月庚申,幸龙门①,使以太牢祭夏禹②。癸亥,幸蒲坂,使以太牢祭虞舜③。修尧、舜、夏禹庙。辛未,幸长安。……己丑,车驾东旋,泛渭入河。……壬辰,使以太牢祭周文王于酆④,祭周武王于镐⑤。癸卯,遣使祭华岳⑥。六月庚申,车驾至自长安。壬戌,诏冀、定、瀛、相、济五州发卒士二十万⑦,将以南讨。癸亥,司空穆亮逊位。

翻译

太和二十一年(497)春正月丙申,立皇子元恪为皇太子。……

夏四月庚申,孝文帝行至龙门,派人用太牢祭祀禹帝。癸亥,孝文帝行至蒲坂,派人用太牢祭祀舜帝。又令为尧、舜、禹修筑庙宇。辛未,孝文帝到达长安。……五月己丑,孝文帝东返,由渭水泛舟入黄河。……壬辰,派人到酆以太牢祭祀周文王,又到镐祭祀周武王。癸卯,派人祭祀西岳华山。六月庚申,孝文帝结束长安之行,回到洛阳。壬戌,令冀、定、瀛、相、济五州调发兵士二十万,准备南征。癸亥,司空穆亮辞职。

注释 ① 龙门:县名,今山西河津。又即禹门口,河津西北和陕西韩城东北,黄河经此,两岸峭壁对峙,形如阙门,故名。 ② 夏禹:即禹,为夏朝始祖,故称。 ③ 虞舜:即舜,传说舜为古部落有虞氏首领,故称。 ④ 酆:古地名,今陕西西安境内,周文王建都于此。 ⑤ 镐:古地名,亦西安境内,与酆隔沣河,周武王迁都于此。 ⑥ 华岳:即西岳华山。 ⑦ 瀛:瀛州,治赵都军城,在今河北河间。

原文

秋七月甲午,立昭仪冯氏为皇后①。甲寅,帝亲为

翻译

秋七月甲午,立昭仪冯氏为皇后。甲寅,孝文帝在清徽堂亲自为群臣讲

群臣讲《丧服》于清徽堂②。八月丙辰，诏中外戒严。……甲戌，讲武于华林园。庚辰，车驾南讨。

《丧服》。八月丙辰，令京师和其他各州做好战备。……甲戌，孝文帝在华林园演练部队。庚辰，孝文帝亲自南征。

注释 ① 昭仪：嫔妃的称号，为嫔妃中的第一级，有左右之分。孝文帝定内官，昭仪位比大司马。 ②《丧服》：儒家经典《仪礼》中的一篇，讲居丧的衣着规定。

原文

九月丙申，诏司州洛阳人年七十以上无子孙，六十以上无期亲①，贫不自存者，给以衣食。及不满六十而有废痼之疾，无大功亲②，穷困无以自疗者，皆于别坊，遣医救护，给太医师四人③，豫请药物疗之。辛丑，帝留诸将攻赭阳④，引师南讨。丁未，车驾发南阳⑤，留太尉咸阳王禧、前将军元英攻之⑥。己酉，车驾至新野⑦。

翻译

九月丙申，孝文帝令司州救济洛阳老人及残疾人，其中年七十以上无子孙、六十以上连兄弟、侄辈都没有，贫困而不能自存的人，给予衣服粮食。又对那些年虽不满六十，但患有顽症残疾、连堂兄弟一类的亲人都没有、贫穷无力医治的人，都要安置在专门的房舍中，派医生护理救治，配给太医师四人，替他们请领官府药物治疗。辛丑，孝文帝留下部分将领攻赭阳，自领大军南讨。丁未，孝文帝又由南阳进发，而留下太尉咸阳王元禧、前将军元英攻南阳。己酉，孝文帝到达新野城外。

注释 ① 期（jī）亲：为服丧一年的亲属，如兄弟姊妹、侄子嫡孙、已嫁之女等。② 大功亲：指服丧期为9个月的亲属，如堂兄弟、已婚的姊妹、儿媳等。 ③ 太医师：指朝廷医官所管领的医师。 ④ 赭阳：县名，今河南叶县西南。 ⑤ 南阳：郡名，治宛县，今河南南阳市。 ⑥ 太尉：三公之一。 ⑦ 新野：县名，今河南新野。

原文

冬十月丁巳，四面进攻不克，诏左右军筑长围以守之。……

十一月丁酉，大破齐军于沔北[①]。于是人皆复业。九十以上，假以郡守[②]；六十五以上，假以县令。

翻译

冬十月丁巳，魏军分由四面向新野城发动进攻，仍未能奏效，孝文帝于是令左右二军筑起长围，坚守阵地。……

十一月丁酉，魏军在沔水以北的战场上大败齐军。于是当地百姓都安定下来恢复生产。为了表示抚慰，孝文帝授予那里老人一些空头官衔，九十岁以上授郡太守，六十五岁以上授予县令。

注释 ① 沔：沔水，即汉水。有二源，一名沔，一名汉，合流后通称汉水，古籍中常汉沔连称。 ② 假：借。这里指给予一个空头官名。

原文

十二月丁卯，诏流、徒之囚，皆勿决遣，登城之际，令其先锋自效。庚午，车驾临沔，遂东还。戊寅，还新野。己卯，亲行营垒，恤六军。……

二十二年春正月癸未朔，飨群臣于新野行宫。丁亥，拔新野，斩其太守刘忌于宛[①]。二月庚午，至新野。辛未，诏以穰人首归大顺始终若一者[②]，给复三十年，标

翻译

十二月丁卯，下令当判流配、劳役的囚犯都不要判处发遣，在攻城的时候，命他们做先锋，立功赎罪。庚午，孝文帝来到沔水边巡视，接着沿沔水东还。戊寅，回到新野。己卯，孝文帝亲自巡视军营，抚慰部队官兵。……

太和二十二年（498）春正月癸未日，孝文帝在新野行宫宴集群臣。丁亥，攻克新野，并在宛城将齐国的新野太守刘忌杀掉。二月庚午，孝文帝进入新野城。辛未，令穰民首先降顺而始终如一不变节的，给予免除劳役三十年的优待，并标榜他们所居之地叫"归义

其所居曰归义乡;次降者,给复十五年。

乡";次降者给予免除劳役十五年的优待。

注释 ① 宛:县名,今河南南阳。 ② 穰:县名,今河南邓州。

原文

三月壬午朔,大破齐将崔慧景、萧衍军于邓城①。庚寅,行幸樊城②,观兵襄沔③,耀武而还。……辛亥,行幸悬瓠。……秋七月……齐明帝殂。……九月己亥,帝以礼不伐丧,诏反斾④。丙午,车驾发悬瓠。冬十月己酉朔,曲赦二豫州殊死已下⑤,复人田租一岁。十一月辛巳,幸邺。

翻译

三月壬午一日,魏军在邓城大败齐国将领崔慧景、萧衍的部队。庚寅,孝文帝进至樊城,接着在襄阳城外的沔水之滨布勒阵势,炫耀了一番武威后又回到樊城。……辛亥,孝文帝行至悬瓠。……秋七月……齐明帝萧鸾死。……九月己亥,孝文帝按照敌君死不加讨伐的古礼,下令班师还朝。丙午,孝文帝从悬瓠出发北还。冬十月己酉一日,特赦豫州、东豫州死刑以下罪犯,免除州民一年的田租。十一月辛巳,孝文帝到达邺城。

注释 ① 邓城:县名,在今湖北襄阳北。 ② 樊城:县名,今属湖北襄阳。 ③ 襄沔:襄阳城外沔水边。 ④ 斾(pèi):指旌旗。 ⑤ 二豫州:豫州和东豫州。豫州已见前,东豫州治所不详,其大致范围在今河南省东南角的信阳以东、固始以西的淮河流域。

原文

二十三年春正月戊寅朔,朝飨群臣于邺。……二

翻译

太和二十三年(499)春正月戊寅一日,孝文帝在邺城宴集群臣。……二

月……癸酉，齐将陈显达攻陷马圈戍①。三月庚辰，车驾南伐。癸未，次梁城②。丙戌，帝不豫。丁酉，车驾至马圈。戊戌，频战破之。己亥，收其戎资亿计。诸将追奔汉水，斩获及赴水死者十八九。庚子，帝疾甚，车驾北次谷塘原③。甲辰，诏赐皇后冯氏死④。诏司徒勰征太子于鲁阳践阼⑤。以北海王详为司空⑥，王肃为尚书令，广阳王嘉为左仆射⑦，尚书宋弁为吏部尚书，与太尉咸阳王禧、右仆射任城王澄等六人辅政⑧。

月……癸酉，齐国将领陈显达攻占了马圈城。三月庚辰，孝文帝亲自南征。癸未，驻军梁城。丙戌，孝文帝患病。丁酉，孝文帝率军抵达马圈城。戊戌，两军频频接战，魏军大败齐兵。己亥，收缴齐人军资，数以亿计。诸将乘胜追击到汉水边，齐兵十有八九都被斩杀、俘获或淹死水中。庚子，孝文帝病情严重，于是回车向北，宿谷塘原。甲辰，令赐冯皇后死。又令司徒元勰召太子于鲁阳即皇帝位。以北海王元详为司空，王肃为尚书令，广阳王元嘉为左仆射，尚书宋弁为吏部尚书，与太尉咸阳王元禧、右仆射任城王元澄等六人辅佐朝政。

注释　①马圈：城名，今河南邓州东北。　②梁城：梁县城，当在今河南襄城西南。　③谷塘原：地名，今属不详。　④据《魏书》皇后列传记载，冯皇后不修妇德，又阴谋害孝文帝，然后效法文明太后执掌朝政，所以孝文帝遗令赐死以绝后患。　⑤鲁阳：县名，今河南鲁山。　⑥北海：郡名，治平寿，今山东平度西南。　⑦广阳：县名，故城在今北京房山东北。　⑧咸阳：郡名，治池阳，今陕西泾阳西北。任城：郡名，治任城县，今山东济宁。

原文

夏四月丙午朔,帝崩于谷塘原之行宫,时年三十三。秘讳至鲁阳发丧①。还京师,上谥曰孝文皇帝,庙曰高祖。五月丙申,葬长陵。

帝幼有至性。年四岁时,献文患痈,帝亲自吮脓。五岁受禅,悲泣不自胜。献文问其故,对曰:"代亲之感,内切于心。"献文甚叹异之。文明太后以帝聪圣,后或不利冯氏,将谋废帝,乃于寒月,单衣闭室,绝食三朝,召咸阳王禧将立之。元丕、穆泰、李冲固谏乃止。帝初不有憾,唯深德丕等。抚念诸弟,始终曾无纤介。惇睦九族②,礼敬俱深。虽于大臣,持法不纵。然性宽慈,进食者曾以热羹覆帝手,又曾于食中得虫秽物,并笑而恕之。宦者先有谮帝于太后,太后杖帝数十,

翻译

夏四月丙午一日,孝文帝在谷塘原行宫逝世,终年三十三岁。群臣不动声色,直到鲁阳才举哀。接着回到京师洛阳,百官议上谥号,称作孝文皇帝,庙号叫高祖。五月丙申,葬于长陵。

孝文帝从小就有非同常人的淳厚性情。当他才四岁时,献文帝身长毒疮,他亲自用嘴吸出溃疮的脓汁。五岁时继承帝位,却伤心哭泣,不能自止。献文帝问他是什么原因,回答说:"代亲为帝的感伤,深深地牢记在心里。"献文帝没想到他有如此情性,感叹不已。而文明太后认为孝文帝聪明贤德,担心将来对冯家人不利,打算废掉他。于是在寒冬之月,只让他身穿单衣,关闭屋中,三天没给饭吃,并将咸阳王元禧召来,准备立为皇帝,因大臣元丕、穆泰和李冲竭力规劝才作罢。孝文帝对此一点也不记恨,只是心中深深感谢元丕等。他抚育诸弟,爱护备至,自始至终没有丝毫嫌隙。他厚待亲族,礼数、敬意都是十分周到和深切的。虽对朝廷重臣,以法令约束而决不纵容,但他心地仁慈,宽宏大量,曾有传送膳食的侍者把热汤倒在他手上,又曾在食物中发现虫

帝默受,不自申明。太后崩后,亦不以介意。

子等脏东西,他都一笑置之,不加计较。再先有内侍在太后面前诬陷他,太后打了他好几十棍,他默默承受,不做解释。太后死后,他也不将此事放在心上。

原文

听览政事,从善如流。哀矜百姓,恒思所以济益。天地、五郊、宗庙、二分之礼①,常必躬亲,不以寒暑为倦。尚书奏案,多自寻省。百官大小,无不留心,务于周洽。每言,凡为人君,患于不均,不能推诚遇物。苟能均诚,胡越之人②,亦可亲如兄弟。常从容谓史官曰:"直书时事,无讳国恶。人君威福自己,史复不书,将何所惧!"南北征巡,有司奏请修道,帝曰:"粗修桥梁,通舆马便止,不须去草划③令平也。"凡所修造,不得已

翻译

孝文帝听取议论、审阅奏章,随时采纳臣僚们好的见解。他怜悯百姓,常常考虑怎样才能救济并使他们富足起来。天地、五郊、宗庙、二分等祭祀大礼,他都经常亲自参加,不因冬冷夏热而厌倦。汇集于尚书省的奏章、公牍,每每亲自检阅。百官不论品秩高下,无不关注,务求周密稳妥。他常说:"凡做帝王,可忧的是不公平,不能用诚心待人。如能做到公平、有诚意,胡越之人也可亲如兄弟。"他曾从容地对史官说:"你们要如实记载时事,不要回避国朝的丑事。帝王操纵刑赏,由自己随心所欲,史官再不记载,那还有什么顾忌的呢?"当南北征战或巡视的时候,有关部门奏请修筑道路,孝文帝说:"只对桥梁略略修缮一下,让车马能通行就可以

而为之，不为不急之事，重损人力。巡幸淮南，如在内地。军事须伐人树者，必留绢以酬其直。人苗稼无所伤践。诸有禁忌禳厌④之方非典籍所载者，一皆除罢。

了，不必为了使道路平整而除草铲地。"所有的兴建造作，都是迫不得已才进行的，不急需的事就不做，以免消耗过多的人力。巡视淮南地区，就如在内地一样。对因军事需要而砍伐了百姓的树木，必定留下绢帛作为补偿。对于百姓的庄稼也未加损坏践踏。凡不属经典记载的忌讳和祈福消灾等迷信活动，一概取缔。

注释 ① 五郊：指立春、立夏、立秋、立冬及立秋前十八日分别在东、南、西、北、中五个方位举行迎节气之礼。二分：春分、秋分。春分日早上祭日，秋分日晚上祭月。② 胡越：泛指处于边远的族群。 ③ 划（chǎn）：铲除。 ④ 禳（ráng）厌：向鬼神祈祷以消灾。

原文

　　雅好读书，手不释卷。五经之义，览之便讲。学不师受，探其精奥。史传百家，无不该涉。善谈庄、老，尤精释义。才藻富赡，好为文章。诗赋铭颂，在兴而作。有大文笔，马上口授，及其成也，不改一字。自太和十年已后，诏册皆帝文也。自余文章，百有余篇。

　　爱奇好士，情如饥渴。

翻译

　　孝文帝向来好学，手不释卷。《诗》《书》《易》《礼》《春秋》五种经典的义理，一看便能讲解。他不从先生受业，自能探索精微。对于史书杂传、诸子百家，也无不广泛涉猎。他善于纵谈庄子、老子的奥妙，尤其精于佛学义理。他才华横溢，文采斐然，喜欢写文章。至于诗赋铭颂之类，则随兴之所至而作。有时有重要的诏令，他骑在马上口授，当侍臣记录完毕，竟一字都不必改动。自太和十年以后，诏令册文都是孝文帝自作的。他所作的其他文章还有一百多篇。

待纳朝贤，随才轻重。常寄以布素之意，悠然玄迈，不以世务婴心。又少善射，有膂①力，年十余，能以指弹碎羊髆②骨；射禽兽，莫不随行所至而毙之。至十五，便不复杀生，射猎之事悉止。性俭素，常服浣濯之衣，鞍勒铁木而已。帝之雅志，皆此类也。

孝文帝喜欢接纳奇才异能之士，如同饥渴的人需要饮食一般。他对待和引进朝臣贤士，按才能高下而区别任用。他常抱着布衣素食的想法，心境闲逸高远，不为世俗杂务束缚。他还从小善于射箭，体力很强，十多岁时，能用手指弹碎羊的肩胛骨；箭射飞禽走兽，无不是随其所至便能就地射杀。到十五岁时，就不再杀伤生灵，习射和打猎的爱好都放弃了。他有节俭朴实的习性，常穿多次洗涤过的旧衣服，马鞍和笼头不过用铁、木制成罢了。孝文帝的高尚志行，都是上面所述的这类事情。

注释 ① 膂(lǚ)力：体力。 ② 髆(bó)：肩。

原文

论曰：有魏始基代朔，廓平南夏，辟土经世，咸以威武为业，文教之事，所未遑也。孝文纂承洪绪，早著叡圣之风。时以文明摄事，优游恭己，玄览独得，著自不言，神契所标，固以符于冥化。及躬总大政，一日万机，十许年间，曾不暇给，殊

翻译

史官评论说：魏国创业代北，平定中原，扩展疆土，治理国家，完全是凭强大的武力和刚猛的手段来进行的，对于文治风教还没来得及从事。孝文帝继承帝业，一开始就显示出明智贤德的风范。当时因文明太后掌握事权，他悠闲自处，不问政事，博览群书，洞察幽微，使自己很有收获，在没宣教行令的时期就明白了许多事理，而他所体现的对事理的深刻理解，便已经暗合于自然的化

涂同归，百虑一致。夫生灵所难行，人伦之高迹，虽尊居黄屋，尽蹈之矣。若乃钦明稽古，协御天人，帝王制作，朝野轨度，斟酌用舍，焕乎其有文章。海内黔黎，咸受耳目之赐。加以雄才大略，爱奇好士，视下如伤，役己利物，亦无得而称之。其经纬天地①，岂虚谥也！

育了。当他亲掌朝政，日理万机，十来年间，没有一点闲暇，终于使不同道的人同来归附，各种不同的认识趋于统一。从平民都难以做到的事，到伦理道德方面的高尚行为，孝文帝虽处在帝王尊位，他都实践了。至于褒扬先贤，考求古制，合顺天意，统治人民，凡朝政大纲，内外法度，斟酌推敲，或用或舍，制成焕然一新、可以传世的一代大法，天下百姓都得到切身的利益。加以他具有非凡的才能和谋略，能敬重人才，结纳贤士，并爱怜下民，就像他们有伤一样，约束自己，使其施设有利于生民，这些也是没有人可与他相比的。那"经纬天地"的谥号，难道是虚假的吗！

注释 ① 经纬天地：这四字实际上指的是孝文帝的谥号"文"。经纬本指织物的纵线和横线。纵横交错形成纹理，正是"文"字的本义。古人引申其义，喻为事有条理。经纬天地就是把天下治理得井井有条。在古代谥法中规定，经纬天地就称作"文"。这里不称"文"而用"经纬天地"代指，这样使文章更为含蓄典雅。

元 澄 传

导读

孝文帝的改革无疑是适应社会潮流、具有深远历史意义的大事。但改革的实现不是一帆风顺的,其中的每一项措施,都遭到多种势力,尤其是鲜卑贵族保守势力的反对。一些元老重臣,甚至他的太子都背叛了他。孝文帝能在很大程度上获得成功,除了本人卓越的政治眼光和励精图治的决心,也和一批支持者的努力分不开。任城王元澄就是其中一位。元澄(467—519)是文成帝的弟子,与献文帝同辈,按族属关系是孝文帝的叔辈。他颇有识见,能断大事,先后协助孝文帝完成迁都大业和平定元老穆泰的叛乱,深得孝文帝赏识。历任抚军大将军、吏部尚书、尚书右仆射等文武要职,并为孝文帝遗命的六位辅政大臣之一。后来官至司徒公、尚书令。死于孝明帝神龟二年(519),年五十三。这里我们节选他在孝文帝时期活动的内容,可从某些侧面弥补《孝文帝本纪》记载过略的不足。(选自卷一八)

原文

长子澄①,字道镜,少好学,美鬓发,善举止,言辞清辩,响若县②钟。康王薨③,居丧以孝闻。袭封,加征北大将军。以氐羌反叛④,除征南大将军、梁州刺史。文

翻译

任城王元云的长子名澄,字道镜,从小喜欢看书学习,他很考究鬓发样式,行为举止很慎重,言辞清晰有条理,声音洪亮,如悬钟撞击。元云去世,在丧期内他守礼尽孝,以此闻名。他继承了任城王爵位,又被加任为征北大将

明太后引见诚厉之,顾谓中书令李冲曰:"此儿风神吐发,当为宗室领袖,是行当不辱命,我不妄谈也。"澄至州,诱导怀附,西南款顺。加侍中,赐衣一袭,乘黄马一匹⑤,以旌其能。

军。因氏人和羌人反叛,朝廷任命他为征南大将军、梁州刺史,前去平息。临行前,文明太后召他前去加以诚告勉励,又回头对中书令李冲说:"这小儿气宇轩昂,神采焕发,应是皇族中出类拔萃的人物,这次前往将不会辜负朝廷的重任,我的话不是随意乱说的。"元澄到达梁州后,对乱民加以劝诱开导、招纳安抚,西南一方的人都诚心归顺。朝廷为此加授他侍中,赐给衣一件、御厩骏马一匹,以嘉奖他的才干。

注释 ①长子澄:元云的长子名澄。元云生前姓拓跋,这里以后概前而称。元云始封任城王,子孙袭爵。 ②县(xuán):同"悬"。 ③康王:即元澄的父亲任城王元云,死后谥作"康",故亦称康王。 ④氏羌:氏族和羌族。原处今青海、甘肃地区,魏、晋时期大量流入关中。 ⑤乘黄:远古传说中的神马,此可理解为御厩骏马。

原文

转开府、徐州刺史①,甚著声绩。朝京师,引见于皇信堂。孝文诏澄曰:"昔郑子产铸刑书而晋叔向非之。此二人皆贤士,得失竟谁?"对曰:"郑国寡弱,摄于强邻,人情去就,非刑莫制,故铸刑书以示威。虽乖古式,合今权道。"帝方革变,深善

翻译

元澄后又转任开府将军、徐州刺史,建立了很高的声望和突出的政绩。入京师朝拜,在皇信堂受到召见。孝文帝问他:"古代的郑国大夫子产铸造刑书,而晋国大夫叔向责备他。这两人都是大德大才之人,究竟谁对谁不对呢?"元澄回答说:"郑国力微势薄,受到强大邻国的威胁,人心向背,除了刑律就没法控制,所以铸造刑书以示威严。虽然

其对，笑曰："任城当欲为魏子产也。朕方创改朝制，当与任城共万世之功。"后征为中书令，改授尚书令。齐庾荜来朝，见澄音韵遒雅，风仪秀逸，谓主客郎张彝曰[2]："往魏任城以武著称，今魏任城乃以文见美也。"……

背离了远古的法度，却是适合当时的一种变通办法。"孝文帝正想变法改制，对他的回答十分欣赏，笑着说："任城王定将成为魏国的子产。我正要改革创立朝廷制度，将同任城王共建万代不朽的功业。"后召元澄入朝，任命为中书令，改任尚书令。齐国使者庾荜来朝见，看到元澄言语格调道劲优雅，容貌清秀，风度翩翩，就对主客郎张彝说："魏国上辈的任城王以武臣著称，当今魏国的任城王竟以文才获誉啊。"……

注释　① 开府：建府置属。这里指以将军身份开建军府，与刺史的州府不同。② 主客郎：官名，即主客郎中，负责接待外国使节和处理某些外交事务。

原文

后帝外示南讨，意在谋迁。斋于明堂左个，诏太常卿王谌，亲令龟卜易筮南伐之事[1]，其兆遇《革》。澄进曰："《易》言革者更也，将欲革君臣之命，汤、武得之为吉。陛下帝有天下，今日卜征，不得云革命，未可全为吉也。"帝厉声曰："此象云大人武变[2]，何言不吉也！"

翻译

后来孝文帝对外声称要南征，内心却是打算迁都洛阳。他斋戒于明堂东厢房内，召来太常卿王谌，亲自令他用裂龟求兆、易卦阐释的方法来预测南征的成败，龟卜得到的迹象与《易经》中的《革》卦相应。元澄进言说："《易经》中称革就是改变，将要改变君臣的命运，商汤王、周武王遇到这卦就吉利。您已经统率天下，今天所要预测的是征讨之事，不能说是改变命运，因而不能认为全是吉祥的征兆。"孝文帝厉声斥责说：

车驾还宫，便召澄，未及升阶，遥谓曰："向者之《革》，今更欲论之。明堂之忿，惧众人竞言，沮我大计，故厉色怖文武耳。"乃独谓澄曰："国家兴自北土，徙居平城，虽富有四海，文轨未一。此间用武之地，非可兴文。崤函帝宅③，河洛王里④，因兹大举，光宅中原，任城意以为何如？"澄深赞成其事。帝曰："任城便是我之子房⑤。"加抚军大将军、太子少保⑥，又兼尚书左仆射。及车驾幸洛阳，定迁都之策，诏澄驰驿向北，问彼百司，论择可否。曰："近论《革》，今真所谓革也。"澄既至代都，众闻迁诏，莫不惊骇。澄援引今古，徐以晓之，众乃开伏。遂南驰还报，会车驾于滑台。帝大悦曰："若非任城，朕事业不得就也。"从幸邺宫，除吏部尚书⑦。

'这卦象明明说'大人虎变'，怎能说不吉利呢！"孝文帝回到宫中，立刻召见元澄，没等元澄走上殿廷的台阶，还隔老远就对他说："先前所论的《革》卦，现在想和你重新讨论。我在明堂发怒，是担心众人争言反对，坏了我的大事，所以作出严厉的姿态使文武百官有所畏惧。"于是命侍从退出，单独对元澄说："国家从北方兴起，迁居平城，虽然拥有天下的土地财富，但法度还没统一。平城这地方是用武之地，不可能振兴文治。崤山、函谷关像帝王的居宅，黄河、洛水之间，是帝王的故土，趁这次大举南下，迁都中原，任城王意下如何？"元澄非常赞成这件事。孝文帝说："任城王便是我的张良。"于是加授元澄抚军大将军、太子少保，又兼任尚书左仆射。孝文帝到达洛阳后，决定了迁都的大计，令元澄乘驿车返回平城，征求各部门意见，对迁都之事可行不可行加以讨论。孝文帝感慨地说："近来议论《革》卦，现在是真正要进行变革啊！"元澄到平城后，文武百官等听说有迁都之令，无不惊诧骚动。元澄援古引今，耐心启发他们，众人才开悟心服。接着元澄又驰往洛阳回报，与孝文帝在滑台相遇。

孝文帝欣喜地说:"要不是任城王,我的事业不能成功啊!"元澄又随孝文帝到达邺城,被任命为吏部尚书。

注释 ① 龟卜:用火烧龟甲产生的迹象来预测吉凶。筮(shì):本指用草来预测吉凶。龟卜易筮,连起来讲是用龟甲出现的裂痕比附《易经》的卦象而阐释吉凶。② 大人武变:语出《周易·革卦》,其中"武"当作"虎",《北史》避李虎讳改。这句话意指圣德之人变法革制,焕然可观,如虎变身形,毛色斑斓。 ③ 崤函:崤山和函谷关,为山西、陕西、河南往来要冲。 ④ 河洛:黄河、洛水,此指二水之间的洛阳地区。 ⑤ 子房:即汉高祖刘邦的谋臣张良,字子房。 ⑥ 抚军大将军:高级武官,与四征将军同品。太子少保:东宫官,职在辅导太子,使他养成优秀的品质。 ⑦ 吏部尚书:尚书省诸部尚书之一,负责选举考核官员,于诸部中地位最高。

原文

及车驾自代北巡,留澄铨简旧臣。初,魏自公侯以下,动有万数,冗散无事。澄品为三等,量其优劣,尽其能否之用,咸无怨者。驾还洛京,复兼右仆射。……

齐明帝既废弑自立,其雍州刺史曹武请以襄阳内附①。车驾将自赴之,引澄及咸阳王禧、彭城王勰、司徒冯诞、司空穆亮、镇南李冲等议之②。禧等或云宜行,或言宜止。帝曰:"众人

翻译

当孝文帝由平城向北巡视时,留下元澄考察任用旧时臣僚。先前,魏国官吏自公侯以下常有万人,庞杂闲散,无事可做。元澄按三等区别,根据他们才能高下,安排不同职事,使他们能各尽其才,官吏都无怨言。孝文帝回到京城洛阳,又任命他兼任尚书右仆射。……

南齐明帝既先后废、杀两帝而自立,齐国的雍州刺史曹虎请求以襄阳郡归附魏国。孝文帝打算亲自前往纳降,召来元澄和咸阳王元禧、彭城王元勰、司徒冯诞、司空穆亮、镇南将军李冲等商议。元禧等人有的说应当前往,有的说应按兵不动。孝文帝说:"大家意见

意见不等,宜有客主,共相起发。任城与镇南为应留之议,朕当为宜行之论,诸公坐听,长者从之。"于是帝往复数交,驾遂南征,不从澄及李冲等言。后从征至县瓠,以疾笃还京。……后坐公事免官,寻兼吏部尚书。

不一,应分成主客两方,互相启发。任城王与镇南将军发表应当留下不动的意见,我阐述应行的理由,各位坐听,谁的理由充分就听谁的。"于是孝文帝与元澄、李冲舌战好几个回合,最后还是亲自南征,没有依从元澄、李冲等人的意见。后来元澄随孝文帝南征,行至悬瓠,因病重返回洛阳。……后因处理公事不当被罢官,不久又兼任吏部尚书。

注释 ① 雍州:治襄阳,今湖北襄阳。曹武:当作曹虎,此亦避唐讳改。 ② 彭城:郡名,治彭城县,今江苏徐州。镇南:即镇南将军。

原文

恒州刺史穆泰在州谋反①,授澄节、铜武、竹使符,御仗左右②,仍行恒州事③。行达雁门④,遣书侍御史李焕先赴⑤。至即禽泰,穷其党与,罪人皆得。巨鹿公陆叡、安乐侯元隆等百余人并狱禁,具状表闻。帝览表,乃大悦曰:"我任城可谓社稷臣,正复皋陶⑥断狱,岂能过之?"顾咸阳王等曰:"汝等脱当其处,不能办此也。"

翻译

恒州刺史穆泰据州谋反,孝文帝授予元澄符节、铜虎符、竹使符,还将自己身边的警卫人员配给他,让其前往平乱,并代理恒州事务。元澄行至雁门,派治书侍御史李焕前往。元澄到达恒州就抓获了穆泰,穷追他的党羽,所有罪人都被捉拿归案。元澄把巨鹿公陆叡、安乐侯元隆等一百多人都监禁狱中,随后又将情况写成表章报告孝文帝。孝文帝览阅表章后十分高兴地说:"我的任城王可称是国家的栋梁之才,即使是皋陶处理案件,又怎能超过他呢?"又望了望咸阳王等人说:"你等假

车驾寻幸平城,劳澄。引见逆徒,无一人称枉。时人莫不叹之。帝谓左右曰:"必也无讼⑦,今日见之。"以澄正尚书。

如处于这种境地,定不能办理此事。"不久,孝文帝到了平城,亲自慰劳元澄。尔后提问叛逆之人,无一人称冤枉。当时的人无不叹服。孝文帝对身边的人说:"圣人所说的断狱定要使罪人无言可辩,今天亲眼看到了。"任命元澄为正任吏部尚书。

注释 ①恒州:治平城,今山西大同北,北魏旧都。 ②节:符节。这里当是指授予使者、代表朝廷巡察地方的符节。铜武:即铜虎。竹使符:长约5寸的竹箭。两者都是朝廷授予地方长官的信物,朝廷另存一套,需要调兵、代政时,则遣人到该处合符。御仗左右:持御仗守护皇帝的人。 ③行:临时代理。 ④雁门:郡名,治广武,今山西代县西。 ⑤书侍御史:官名,当作治书侍御史,此避唐高宗李治讳去"治"字。治书侍御史掌律令,纠察百官违失。 ⑥皋陶:传说为上古时期政治家,行五刑五教,制法作狱。 ⑦必也无讼:语出《礼记》大学篇所引孔子之言:"听讼吾犹人也,必也使无讼乎?"又见《论语》颜渊篇。注释有两义:一种是说教化在先,使人无争讼;一种是说能明察事理,使无实情者不敢谎言诉讼。孝文帝援用此语,义与第二种解释相似,是赞叹元澄拘捕罪人都有真凭实据,使罪人甘心服罪或不能谎言上诉。

原文

车驾南伐,留澄居守,复兼右仆射。澄表请以国秩一岁租帛助供军资,诏受其半。帝复幸邺。见公卿曰①:"朕昨入城,见车上妇人冠帽而著小襦袄者,尚书

翻译

孝文帝亲自南征,留元澄驻守洛阳,又命他兼任尚书右仆射。元澄上表请以自己王爵应得的一年租粮、布帛资助军用,孝文帝下令只接受一半。后来孝文帝又去了邺城。回到洛阳后他召见公卿大臣说:"我昨天进都城,见车上

何为不察?"澄曰:"著者犹少。"帝曰:"任城欲令全著乎? 一言可以丧邦,其斯之谓,可命史官书之。"又曰:"王者不降佐于苍昊,拔才而用之。朕失于举人,任一群妇女辈②,当更铨简耳。任城在省,为举天下纲维,为当署事而已?"澄曰:"臣实署事而已。"帝曰:"如此,便一令史足矣③,何待任城?"寻除尚书右仆射。从驾南伐。孝文崩,受顾命。……

妇女有头戴帽子而身穿短小棉袄的,尚书为什么不追究?"元澄说:"像这样穿着的人还很少。"孝文帝说:"任城王想让所有人都这样穿着吗? 一句话不妥,可能导致国家的灭亡,指的正是这一类的事,可命史官记载下来。"孝文帝又说:"帝王不能祈求从上天降下辅佐之人,要靠选拔人才来任用。我在选拔人才方面犯了错误,以致听任一群妇人倒行逆施,当重新选人罢了。任城王在尚书省供职,是为了管理好国家大事呢,还是仅仅为了签署例行公文呢?"元澄说:"我确实只做了签署文书的工作。"孝文帝说:"如果是这样,仅用一个小小的令史就足以应付了,还何须任城王呢?"不久,任命元澄为尚书右仆射。后来元澄又随同孝文帝南征。孝文帝去世,他受遗命做嗣皇帝的辅政大臣。……

注释 ①此句前《魏书》有"高祖还洛"句,《北史》误删,使人觉得此事发生在邺城。 ②此句《魏书》所载作"任许一群妇女辈奇事",意指所见洛阳妇女装束不伦不类,《北史》此处删改失当,大违原意。 ③令史:尚书令史,为尚书各部皆设、掌管文簿的小官。

宋 弁 传

导读

　　魏晋南北朝是一个充斥着门第观念的历史时期。自西晋以来,逐渐形成以家族为单位的等级序列。居于这个序列前面的是所谓的高门大族,他们凭借远祖遗荫,享有优越的政治经济特权和崇高的社会地位。史籍中常见的琅邪王氏、陈郡谢氏、清河崔氏、范阳卢氏等,便是这一时期南北高门的代表。孝文帝为了加强鲜卑贵族和汉族高门的联合统治,按照近世和当时官位的高低,把鲜卑人和汉人都分成不同等级的姓族。这就是北朝史上的"大定四海士族",是长期以来门第观念的制度化。当然,孝文帝完全依照官位来定姓族的制度,和汉族高门的传统还是有矛盾的。汉族高门除了高官厚禄之外,一般都讲究礼法门风、学术传统和本人的道德风范,这种意识不是短期能改变的,《宋弁传》中对此有所反映。

　　宋弁(426—499),广平郡列人县(今河北邯郸肥乡东北)人。以才识为孝文帝所重,历任近侍之职。大定士族时,他兼任司徒左长史参与评定。孝文帝死于南征前线,临终任命他为吏部尚书,并做辅佐嗣皇帝的大臣,足见孝文帝对他的敬重。不过此时他已先孝文帝死于洛阳,终年三十八岁(《魏书》作四十八岁)。(选自卷二六)

原文

　　弁字义和。父叔珍,娶赵郡李敷妹,因敷事而死。

翻译

　　宋弁字义和。父名叔珍,娶赵郡人李敷的妹妹为妻,因受李敷的牵连而被处死。

弁至京师,见尚书李冲,因言论移日①。冲异之,退曰:"此人一日千里,王佐才也。"显卒,弁袭爵②。

后来宋弁进都城,见到尚书李冲,就和他作了一次长谈。李冲认为宋弁的才识非同一般,事后对人说:"宋弁这人才华横溢,如日行千里的骏马,真是辅助帝王的好人才啊。"宋弁的养父宋显去世,他就继承了宋显的爵位。

注释 ① 移日:日影移动,形容过了很长时间。 ② 袭爵:这里指宋弁继承养父宋显的爵位。宋显是宋弁父亲之兄,无子,故以宋弁为后,他的封爵是列人子。

原文

弁与李彪州里①,迭相祗好。彪为秘书丞,请为著作佐郎。迁尚书殿中郎中②。孝文曾因朝会次,历访政道。弁年少官微,自下而对,声姿清亮,进止可观。帝称善者久之。因是大被知遇,赐名为弁③,意取弁和献玉,楚王不知宝之也。

翻译

宋弁与李彪是同一州的人,相互友好敬重。李彪担任秘书丞,就奏请朝廷任命宋弁为著作佐郎。后来宋弁又升任尚书省属下的殿中郎中。孝文帝曾依朝会班次,一一咨询治国之道。宋弁虽年轻位卑,但站在殿下答问,神态自如,声音清晰宏亮,进退举止得当。孝文帝不住地称赞。宋弁因此大受赏识和宠待,孝文帝特为他改名为"弁",取弁和献玉而楚王不知珍惜的意思。

注释 ① 州里:此指同州之人。李彪,顿丘郡人,顿丘与广平当时同属相州。② 殿中郎中:官名,为殿中尚书下属的殿中曹长官,负责殿廷和殿内仓库的管理。③ 据此宋弁之名为孝文帝所改,其原名史书失载。

原文

迁中书侍郎兼员外散骑常侍①，使齐。齐司徒萧子良、秘书丞王融等皆称美之，以为志气謇②谔不逮李彪，而体韵和雅，举止闲邃过之。转散骑侍郎，时散骑位在中书之右。孝文曾论江左事③，问弁在南兴亡之数。弁以为萧氏父子无大功于天下，既以逆取，不能顺守，必不能贻厥孙谋④，保有南海。若物惮其威，身免为幸。后车驾南征，以弁为司徒司马、东道副将⑤。军人有盗马鞯者，斩而徇，于是三军震惧，莫敢犯法。

翻译

不久宋弁升任中书侍郎，兼任员外散骑常侍，出使齐国。齐国司徒萧子良、秘书丞王融都赞誉他，认为他在意气亢直方面不及李彪，而在风度的和美优雅、举止的从容沉稳方面却有过之。后转任散骑侍郎，当时这职位还排名中书侍郎之前。孝文帝曾谈论江东地区的问题，问宋弁南方齐国的命运如何。宋弁认为，齐国皇帝萧氏父子对天下人没有什么大功大德，既以卑劣的手段夺取帝位，就不能顺利地维持下去，绝不可能基业稳固，留传子孙，使世世代代统治南方。就如动物耗尽了力量，丧失了威风，自身能免一死就算幸运了。后来孝文帝南征，任命宋弁为司徒司马、东路军副将。有兵士盗窃套马的皮带，宋弁将他斩首示众，于是三军将士震惊畏惧，无人再敢犯法。

注释　①员外散骑常侍：官名，即正员以外增置的散骑常侍，职与散骑同而位在其下。　②謇(jiǎn)谔：正直敢言。　③江左：又称江东。长江入安徽省境后作东北向流，从北而视，以建康(今南京)为中心的地区正在长江之左(东)，故以代指江南政权。　④贻厥孙谋：语出《诗经·文王有声》篇："诒厥孙谋，以燕翼子。"意指为子孙做好长远打算，让他们得到安宁。"贻"同"诒"。　⑤司徒司马：司徒府的高级属僚，综理府内事务，位次长史。

原文

黄门郎崔光荐弁自代①,帝不许,亦赏光知人。未几,以弁兼司徒左长史②。时大选内外群官,并定四海士族,弁专参铨量之任,事多称旨。然好言人之阴短。高门大族意所不便者,弁因毁之;至于旧族沦滞而人非可忌者,又申达之。弁又为本州大中正③,姓族多所降抑④,颇为时人所怨,迁散骑常侍,寻迁右卫将军、领黄门⑤。……

翻译

黄门侍郎崔光推荐宋弁代替自己的职务,孝文帝没有同意,但也欣赏崔光有鉴识人才的眼光。不久,任命宋弁代理司徒左长史。当时正大规模地选任京师和地方官员,并评定全国各地官宦之家的门第,宋弁专门从事权衡评定的工作,办事基本上都符合孝文帝的心意。但他也喜欢揭别人的隐私,指别人的短处。对于那些高门大族,凡他看不惯的就加以诋毁;而对家道中落的旧族,只要他觉得不令人讨厌的人,便会为其伸张推荐。宋弁又担任故乡相州的大中正,对相州人士的门第多有降低和压制,颇受当时的人怨恨。后来宋弁又升任散骑常侍,不久又升任右卫将军,兼任黄门侍郎。……

注释 ①黄门郎:即黄门侍郎。 ②司徒左长史:司徒府百僚之长,协助司徒处理各种事务,相当于现代的秘书长。北魏司徒即丞相之任,掌民政,管天下户籍,故长史得参与姓族的评定。 ③大中正:魏晋以来设置的一种专门评定士人高下的兼官,州郡皆置,郡称小中正,州称大中正,一般由中央官兼任。 ④姓族:这里可简单地理解为门第,但应知道姓和族在这里是有区别的。一般来讲是高官之家入姓,中级官宦之家入族,姓和族又各分数等,享受的特权也有区别。 ⑤右卫将军:禁卫军将领之一,与左卫将军合称二卫。

原文

孝文在汝南不豫,大渐,旬余日不见侍臣,左右唯彭城王勰等数人而已。小瘳①,乃引见门下及宗室长幼诸人。入者未能皆致悲泣,惟弁与司徒司马张海歔欷流涕,由是益重之。

车驾征马圈,留弁以本官兼祠部尚书②,摄七兵事③。及行,执其手曰:"国之大事,在祀与戎,故令卿绾摄二曹。"弁顿首辞谢。

翻译

孝文帝在汝南患病,病情十分严重,十多天中连侍臣都没召见,身边只有彭城王元勰等数人而已。待病情稍微好转,孝文帝才召见门下省的近侍和皇族中人。入内看望的人都没有表现出悲伤的情感,只有宋弁和司徒司马张海悲叹落泪,因此孝文帝更看重他。

孝文帝准备征讨马圈城,留宋弁在京城,以原官兼任祠部尚书,又掌管七兵尚书的职事。临出发时,孝文帝拉着宋弁的手说:"国家最重要的事在于祭祀和用兵,所以命你统管这两个部门。"宋弁叩头称谢。

注释 ① 瘳(chōu):病情好转。 ② 祠部尚书:尚书省属下诸部尚书之一,掌祭祀。 ③ 七兵事:指七兵尚书之职事。七兵尚书为北魏特设,其他朝或称五兵尚书,隋唐后直称兵部尚书。七兵指左中兵、右中兵、左外兵、右外兵、骑兵、别兵、都兵。七兵尚书不是领兵将军,主要负责有关人事工作。

原文

弁劬劳王事,恩遇亚于李冲。帝每称弁可为吏部尚书,及崩,遗诏以弁为之,与咸阳王禧等六人辅政,而弁先卒。年三十八。赠瀛州刺史,谥曰"贞顺"。

翻译

宋弁对朝廷的事尽心尽力,所受到的恩宠仅次于李冲。孝文帝常说宋弁可担任吏部尚书,当他临死前,就遗令由宋弁担任此职,并与咸阳王元禧等六人辅佐朝政,而这时宋弁已先孝文帝而死了。宋弁死时三十八岁。朝廷追赠他为瀛州刺史,谥号叫"贞顺"。

原文

弁性好矜伐,自许膏腴。孝文以郭祚晋魏名门,从容谓弁曰:"卿固当推郭祚之门。"弁笑曰:"臣家未肯推祚。"帝曰:"卿自汉魏以来,既无高官,又无俊秀,何得不推?"弁曰:"臣清素自立,要尔不推。"侍臣出后,帝谓彭城王勰曰:"弁人身自不恶,乃复欲以门户自矜,殊为可怪。"

翻译

宋弁喜欢自夸,自认为门第高贵。孝文帝因郭祚出自晋、魏以来名望很高的家族,从容地对宋弁说:"你自然应当推许郭祚的门第。"宋弁笑了笑说:"我家不肯推许郭门。"孝文帝说:"你家从汉、魏以来,既无高官厚禄之人,又无出类拔萃之才,怎么能不推许别人呢?"宋弁说:"我以清正廉洁自立于世,就为这不推许他。"当侍臣都退去以后,孝文帝对彭城王元勰说:"宋弁本人自然是不错,却又想以门第自夸,真是滑稽。"

齐高祖神武皇帝本纪

导读

北魏末年，出了一个戏剧性的人物。他既是六镇起义的参与者，又是镇压起义的刽子手，进而又摇身变作六镇残余的救世主；他既是尔朱荣叛逆魏朝的鼓动者，又是尔朱氏势力的翦灭者；他既是孝武帝的拥立者，又是逼走孝武帝的叛逆者；他机变巧诈，善于玩弄欺骗手法，又真有判断形势、用人治军的本事。最后，他终于成了烜赫一时的人物。他就是本篇的主人公高欢。

高欢（496—547）自称出自中原名门勃海高氏，近现代学者认为这纯属假冒，他可能是鲜卑人或高丽人，也可能是鲜卑化程度极深的汉人。他长期生活的北方边镇怀朔，是鲜卑人的聚居之地。这些人在孝文帝迁洛之后，身份日益低落，与洛阳汉化政权的矛盾极深。高欢既利用这些人作中坚力量，也就注定了今后北齐政权中鲜汉矛盾的不可避免。本篇所涉范围很广，大凡北魏末年朝政的更替、东西魏的分立和相互战争，以及后来北齐、北周的重要人物，大都展现其中，是一篇重要的史料。在纪传体史书里，皇帝的传记称"本纪"，或单称"纪"。高欢未曾即帝位，《北史》所以将他的传记列入本纪，是因他为北齐王朝的开拓者，后人又对他追尊帝号。这也是有先例可循的，如《三国志》中的曹操，《晋书》中的司马懿、司马师，都是这样处理的。

原文

齐高祖神武皇帝姓高

翻译

北齐高祖神武皇帝姓高名欢，字贺

氏,讳欢,字贺六浑,勃海蓨人也①。六世祖隐,晋玄菟太守②。隐生庆,庆生泰,泰生湖,三世仕慕容氏③。及慕容宝败④,国乱,湖率众归魏,为右将军。湖生四子。第三子谧,仕魏,位至侍御史⑤,坐法徙居怀朔镇。谧生皇考树生⑥。性通率,不事家业。住居白道南⑦,数有赤光紫气之异,邻人以为怪,劝徙居以避之。皇考曰:"安知非吉?"居之自若。

六浑,勃海郡蓨县人。他的六世祖名隐,西晋时任玄菟太守。高隐生高庆,高庆生高泰,高泰生高湖,这三代人都在慕容氏建立的燕国做官。慕容宝战败后,国内大乱,高湖就带领人马投奔魏国,被任命为右将军。高湖有四个儿子。第三子名谧,也在魏国做官,位至侍御史,因犯法被发配到边境的怀朔镇。高谧生高树生,也就是神武皇帝高欢的父亲。他的性情通达率易,不整治家业。高家的住所在白道的南边,多次出现红光紫气的异常景象,邻居们都觉得古怪,劝高树生迁居避祸。高树生说:"怎么知道不是吉祥的征兆呢?"于是安居自如。

注释 ① 勃海:郡名,治南皮,今河北南皮。蓨:县名,今河北景县东。 ② 玄菟:郡名,西晋时治所在今辽宁沈阳东。 ③ 慕容氏:鲜卑族之一部,曾建立前燕、后燕、南燕、西燕等国。 ④ 慕容宝:后燕国的创建者。 ⑤ 侍御史:官名,掌纠察。 ⑥ 皇考:即父亲。考即父,皇为尊称。又下皇妣即母亲。 ⑦ 白道:地名,在今内蒙古呼和浩特北土默特旗。

原文

及神武生而皇妣韩氏殂,养于同产姊婿镇狱队尉景家①。神武既累世北边,故习其俗,遂同鲜卑。长而深沉有大度,轻财重士,为

翻译

神武皇帝一出生他的母亲韩氏就去世了,他被收养在亲姐夫本镇狱吏尉景家中。神武帝因祖上几代人都居住在北方边地,所以深染北人风俗,也就和鲜卑人没有什么区别了。他长大后,

豪侠所宗。目有精光，长头高权，齿白如玉，少有人杰表。家贫，及娉武明皇后②，始有马，得给镇为队主。镇将辽西段长常奇神武貌③，谓曰："君有康济才，终不徒然。"便以子孙为托。及贵，追赠长司空，擢其子宁而用之。

性情深沉，宽宏大量，轻财帛而重人才，受到豪强侠士的推崇。他目光炯炯，头形长，颧骨高，牙齿洁白如玉，未成年时就有一副人中俊杰的相貌。他家境贫困，直到娶了武明皇后，才从妻家得到一匹马，得以在镇军中当了一名队主。怀朔镇将辽西人段长常认为神武帝相貌非同一般，对他说："你有安邦救世的才干，最终不会虚度一生的。"于是就嘱托他照顾自己的后代。后来神武帝显贵时，就请朝廷追赠段长常为司空，并将他的儿子段宁提拔任用。

注释　①狱队：管理镇监狱的人员，队有队主。《通鉴》记作狱掾，恐即狱队之队主。　②武明皇后：姓娄，鲜卑人。北齐文宣帝死后，她以太皇太后控制朝政。　③辽西：郡名，治肥如，今河北卢龙县北。

原文

神武自队主转为函使①。尝乘驿过建兴②，云雾昼晦，雷声随之，半日乃绝，若有神应者。……及自洛阳还，倾产以结客。亲故怪问之，答曰："吾至洛阳，宿卫羽林相率焚领军张彝宅③，朝廷惧其乱而不问，为政若此，事可知也。财物岂

翻译

神武帝由队主改充函使。一次乘驿车经过建兴，云雾骤起，遮天蔽日，伴随着雷声轰鸣，半天才停下来，就像有神灵应和似的。……他从洛阳回到怀朔后，不惜倾家荡产来结交宾客。亲朋故友感到奇怪，问他这样做的原因，神武帝回答说："我到洛阳时，见到宿卫的羽林兵焚烧领军张彝的住宅，而朝廷却因害怕他们作乱而不加追究，为政到了

可常守邪?"自是乃有澄清天下之志。与怀朔省事云中司马子如及秀容人刘贵、中山人贾显智为奔走之友④，怀朔户曹史孙腾、外兵史侯景亦相友结⑤。……

这种地步，事情就可想而知了。财物难道能永远保有么?"从此他就有了整治天下的志向。他与怀朔镇省事云中人司马子如和秀容人刘贵、中山人贾显智结为亲密伙伴，与户曹史孙腾、外兵史侯景也有交情。……

注释　①函使:此指由边镇往来洛阳送公文的小吏。　②建兴:郡名，治高都城，今山西晋城市。　③领军:为武臣名号，统率禁卫一军。若以侍臣兼代，则称中领军。若为领军将军，则位高一阶。　④省事:镇将属吏。秀容:郡名，治秀容，今山西忻州西北。　⑤户曹史:镇将属吏，掌民政，管理户口簿籍。怀朔为边境重镇，兼管民事，所以设有此职。外兵史:亦为镇将属吏。

原文

孝昌元年①，柔玄镇人杜洛周反于上谷②，神武乃与同志从之。丑其行事，私与尉景、段荣、蔡俊图之，不果而逃。……遂奔葛荣，又亡归尔朱荣于秀容。

翻译

孝昌元年(525)，柔玄镇人杜洛周在上谷起义，神武帝就和一些志同道合的人前往投奔。后因瞧不起杜洛周的作为，暗中与尉景、段荣、蔡俊谋杀他，事败而逃。……于是神武帝投奔葛荣，后来又逃到秀容依附尔朱荣。

注释　①孝昌:北魏孝明帝年号。　②杜洛周:北魏末年大起义的领导之一。他在参加六镇起义失败后，又发动了河北大起义，后被葛荣杀害。上谷:郡名，治沮阳，今河北怀来东南。

原文

先是刘贵事荣，盛言神

翻译

先是刘贵已在尔朱荣手下供事，他

武美,至是始得见。以憔悴故,未之奇也。贵乃为神武更衣,复求见焉。因随荣之厩,厩有恶马,荣命剪之,神武乃不加羁绊而剪,竟不蹄啮①。已而起曰:"御恶人亦如此马矣。"荣遂坐神武于床下,屏左右而访时事。神武曰:"闻公有马十二谷,色别为群,将此竟何用也?"荣曰:"但言尔意。"神武曰:"方今天子愚弱,太后淫乱,孽宠擅命②,朝政不行。以明公雄武,乘时奋发,讨郑俨、徐纥而清帝侧,霸业可举鞭而成。此贺六浑之意也。"荣大悦,语自日中至夜半乃出。自是每参军谋。……

曾极力称赞神武帝才貌超群,而直到这时尔朱荣才第一次与神武帝见面。由于长途奔波、形容憔悴,尔朱荣并不觉得他有什么出众之处。刘贵于是为神武帝更换衣着,再次求见。接着随尔朱荣来到马厩,这里养有一匹凶悍的马,尔朱荣命神武帝剪掉马身上的长毛,神武帝不用绳索捆绑就下手剪毛,那匹劣马居然脚不踢、口不咬。事毕神武帝站了起来,说:"对付凶狠的人也同对付这匹马一样。"尔朱荣这才让神武帝坐于床前,退去左右侍从,向他咨询天下大事。神武帝说:"听说您拥有布满十二道山谷的马,按不同毛色分为群,最终打算做什么用呢?"尔朱荣说:"尽管谈你的看法吧。"神武帝说:"当今皇帝年幼无知,太后品行不端正,宗室的旁支和受宠的小人擅权,朝廷政令不能贯彻施行。以您的大智大勇,若能趁此时机,奋力举事,讨伐郑俨、徐纥,铲除皇帝身边的奸贼,则霸业只用挥鞭之劳便能成功。这就是我的想法。"尔朱荣听后十分高兴,二人从中午直谈到半夜,神武帝才告退。从这以后,神武帝常参与军事谋划。……

注释 ① 啮(niè):用牙咬。 ② 太后句:太后即孝明帝母胡氏,与清河王元怿淫乱,以帝统嫡传来讲,元怿属旁支,故称"孽";又郑俨淫乱后官,与徐纥等并为太后所重,权倾一时,故称"宠"。

原文

既而荣以神武为亲信都督①。于时魏明帝衔郑俨、徐纥,逼灵太后,未敢制,私使荣举兵内向。荣以神武为前锋。至上党②,明帝又私诏停之。及帝暴崩,荣遂入洛,因将篡位。神武谏恐不听,请铸像卜之。铸不成,乃止③。孝庄帝立,以定策勋,封铜鞮伯④。及尔朱荣击葛荣,令神武喻下贼别称王者七人。后与行台于晖破羊侃于太山⑤,寻与元天穆破邢杲于济南⑥。累迁第三镇人酋长⑦。

翻译

不久,尔朱荣任命神武帝做卫队长。此时魏明帝对郑俨、徐纥怀恨在心,迫于灵太后的威势,不敢加以制裁,暗中令尔朱荣带兵向洛阳进发。尔朱荣派神武帝做前锋。到达上党时,明帝又暗令停止。当明帝不明不白地突然死去后,尔朱荣就进入洛阳,进而想夺取帝位。神武帝担心用言语规劝他不会听,就请用铸像的方法来占卜该不该称帝。结果尔朱荣的像铸不成功,这才作罢。孝庄帝即位,因神武帝有建议拥立的功劳,封他为铜鞮县伯。当尔朱荣进攻葛荣时,令神武帝劝降了其中各自称王的七个首领。其后神武帝和行台于晖在泰山郡击败羊侃,不久又与元天穆在济南郡击溃邢杲。因功多次升官,位至第三镇人酋长。

注释 ① 亲信都督:即卫队长。 ② 上党:郡名,治壶关,今山西长治北。 ③ 高欢劝阻尔朱荣称帝事,司马光《通鉴》从《周书·贺拔岳传》所载,认为是高欢劝尔朱荣称帝,贺拔岳加以劝止,并请杀掉高欢。《通鉴考异》认为这是魏收和北齐其他史官有意为高欢遮丑。 ④ 铜鞮(dī):县名,今山西沁县南。 ⑤ 行台:因特殊需要设置于某地区,代表朝廷行政的机构,主官地位高者称大行台。羊侃:北魏泰山郡太守。太山:即泰山,郡名,治博平,今山东泰安东南。 ⑥ 邢杲:山东起义军首领。济南:郡名,治历城,今属山东济南。 ⑦ 第三镇人酋长:此官《魏书》不载,当属未入正规流品的比视官。

原文

尝在荣帐内,荣尝问左右曰:"一日无我,谁可主军?"皆称尔朱兆。荣曰:"此正可统三千骑以还。堪代我主众者,唯贺六浑耳。"因诫兆曰:"尔非其匹,终当为其穿鼻。"乃以神武为晋州刺史①。于是大聚敛,因刘贵货荣下要人,尽得其意。时州库角无故自鸣,神武异之,无几而孝庄诛荣。

及尔朱兆自晋阳将举兵赴洛②,召神武。神武使长史孙腾辞以绛蜀、汾胡欲反③,不可委去,兆恨焉。腾复命,神武曰:"兆举兵犯上,此大贼也,吾不能久事之。"自是始有图兆计。及兆入洛,执庄帝以北,神武闻之大惊,又使孙腾伪贺

翻译

一次在尔朱荣的大帐内,尔朱荣问身边的人说:"要是我死了,谁可统领兵马?"大家都说尔朱兆能胜任。尔朱荣说:"他不过可以统领三千以内的骑士,真能代替我统率大军的,只有高欢。"于是他私下告诫尔朱兆说:"你不是他的对手,终会被他穿了鼻孔牵着走。"为了加以预防,尔朱荣把神武帝支到晋州去做刺史。于是神武帝大肆搜罗财宝,通过刘贵去收买尔朱荣手下的关键人物,因此对他的意图了解得一清二楚。某个时候,晋州库藏的号角无缘无故地响了起来,神武帝十分诧异,不久,尔朱荣就被孝庄帝杀掉了。

当尔朱兆准备由晋阳起兵奔洛阳时,征召神武帝前往。神武帝遣长史孙腾以绛蜀、汾胡将作乱,不可脱身离开为辞,尔朱兆很不满意。孙腾回报,神武帝说:"尔朱兆起兵犯上作乱,这是国家的大奸贼,我不能老侍奉他。"从这时起,神武帝就有了谋算尔朱兆的想法。

兆,因密觇④孝庄所在,将劫以举义,不果。乃以书喻之,言不宜执天子以受恶名于海内。兆不纳,杀帝而与尔朱世隆等立长广王晔,改元建明⑤,封神武为平阳郡公⑥。

当尔朱兆进入洛阳,挟持孝庄帝向北而行,神武帝闻讯大吃一惊,又派孙腾前去假意庆贺,借机暗探孝庄帝的下落,准备营救出来,以便兴起义兵,但未能成功。于是他又写信规劝尔朱兆,劝说他不要挟持皇帝,以免被天下骂作乱臣贼子。尔朱兆不听劝告,杀掉孝庄帝,而与尔朱世隆等拥立长广王元晔,改年号为建明,封神武帝为平阳郡公。

注释 ① 晋州:治白马城,今山西临汾。 ② 晋阳:县名,今山西太原西南。 ③ 绛蜀:指住在绛郡(今山西绛县一带)附近的少数民族人。汾胡:指住在汾水以西的匈奴族余部。两者都和高欢的守地白马城邻近。 ④ 觇(chān):观察。 ⑤ 建明:长广王所改年号,他在位只有几个月时间。建明元年即公元530年。 ⑥ 平阳:郡名,治平阳县,今山西临汾西南。

原文

　　及费也头纥豆陵步藩入秀容①,逼晋阳,兆征神武。神武将往,贺拔焉过儿请缓行以弊之。神武乃往往逗留,辞以河无桥,不得渡。步藩军盛,兆败走。初,孝庄之诛尔朱荣,知其党必有逆谋,乃密敕步藩,令袭其后。步藩既败兆等,

翻译

　　当费也头人纥豆陵步藩攻占秀容、进逼晋阳时,尔朱兆召神武帝救援。神武帝准备前往,贺拔焉过儿建议缓缓而行,以敷衍尔朱兆。于是神武帝往往逗留不前,以河上无桥大军无法渡过为借口。步藩兵势很盛,尔朱兆不敌败逃。先前,孝庄帝在除掉尔朱荣时,料知他的党徒必有反叛之举,于是密令步藩,叫他袭击尔朱兆的后方。步藩战败尔朱兆等后,兵势一天天地更加强盛,尔

以兵势日盛，兆又请救于神武。神武内图兆，复虑步藩后之难除，乃与兆悉力破之，藩死。兆深德神武，誓为兄弟。时世隆、度律、彦伯共执朝政，天光据关右②，兆据并州，仲远据东郡，各拥兵为暴，天下苦之。

朱兆再次向神武帝求救。神武帝心中本想除掉尔朱兆，但又担心步藩今后很难消灭，于是才和尔朱兆尽力击溃步藩军，步藩战死。尔朱兆深深地感激神武帝，赌咒立誓与神武帝结为兄弟。此时尔朱氏一家势力仍很大，尔朱世隆、尔朱度律、尔朱彦伯共握朝廷大权，尔朱天光占有关西地区，尔朱兆占据并州，尔朱仲远占据东郡，各拥重兵，胡作非为，天下的人受害不浅。

注释　① 费也头：大约活动于河套、陕西北部的游牧部落。　② 关右：指函谷关以西地区。

原文

　　葛荣众流入并、肆者二十余万，为契胡陵暴①，皆不聊生。大小二十六反，诛夷者半，犹草窃不止。兆患之，问计于神武。神武曰："六镇反残，不可尽杀，宜选王素腹心者，私使统焉，若有犯者，罪其帅，则所罪者寡。"兆曰："善！谁可行也？"贺拔允时在坐，请神武。神武拳殴之，折其一

翻译

　　葛荣的部众流亡到并、肆二州的有二十多万人，因受到尔朱部落人欺压迫害，都无法维持生计。他们共举行了大小二十六次起义，尽管被杀掉一大半，其他的人还是不断地骚扰。尔朱兆对此感到忧虑，向神武帝求计。神武帝说："六镇反民的余部，不可全都杀掉，应选派您向来亲信的人，暗中派去统领，如有违犯，罚其中的头目，这样得罪的人就少了。"尔朱兆说："你的意见不错！但谁可去办这件事呢？"当时贺拔允在座，提议由神武帝去。神武帝佯装

齿,曰:"生平天柱时②,奴辈伏处分如鹰犬,今日天下安置在王,而阿鞠泥敢诬下罔上③,请杀之。"兆以神武为诚,遂以委焉。神武以兆醉,恐醒后或致疑贰,遂出,宣言:"受委统州镇兵,可集汾东受令。"……兵士素恶兆而乐神武,于是莫不皆至。

大怒,挥拳击去,打断他的一颗牙齿,并对尔朱兆说:"往常在天柱大将军时,奴才辈像鹰犬一般听候差遣,今日天下大事的安排处分由您,而贺拔允竟敢欺下骗上,请您杀掉他。"尔朱兆认为神武帝很忠诚,于是把统率六镇余部的事托付给他。神武帝知尔朱兆喝醉了酒,怕他醒后可能生疑变卦,立即退了出来,宣称:"我受委任统率州镇兵士,大家可在汾水东岸集结,听候命令。"……兵士们向来对尔朱兆不满而爱戴神武帝,于是都来投奔。

注释　① 契胡:即居于秀容一带的尔朱部落。　② 天柱:指尔朱荣,他曾受任天柱大将军,位在丞相上。　③ 阿鞠泥:即贺拔允,字阿鞠泥。

原文

居无何,又使刘贵请兆,以并、肆频岁霜旱,降户掘黄鼠而食之,皆面无谷色,徒污人国土。请令就食山东,待温饱而处分之。兆从其议。其长史慕容绍宗谏曰:"不可。今四方扰扰,人怀异望,况高公雄略,又握大兵,将不可为。"兆曰:

翻译

没过多久,神武帝又派刘贵去请示尔朱兆,说并、肆二州连年霜旱为灾,六镇降户只好挖黄鼠来吃,个个面无人色,只会玷污一方的声誉。请允许他们到山东地区求食,等衣食不愁之后再安排使用。尔朱兆听从了他的建议。长史慕容绍宗规劝他说:"万万不可。当今天下不安,各怀异志,何况高欢雄才大略,又手握重兵,若有变故,大局将不可收拾。"尔朱兆说:"我和他曾焚香起

"香火重誓,何所虑邪?"绍宗曰:"亲兄弟尚难信,何论香火!"时兆左右已受神武金,因谮绍宗与神武旧隙,兆乃禁绍宗而催神武发。……

魏普泰元年二月①,神武军次信都②,高乾、封隆之开门以待,遂据冀州。是月,尔朱度律废元晔而立节闵帝。欲羁縻神武,三月,乃白节闵帝,封神武为勃海王,征使入觐。神武辞。……

誓,结为兄弟,有什么可担心的呢?"慕容绍宗说:"同胞兄弟都难信赖,何况香火之情!"此时尔朱兆左右亲信已收受神武帝的贿赂,因此就在尔朱兆面前讲慕容绍宗的坏话,说他早和神武帝有矛盾,故意阻扰,尔朱兆于是关押了绍宗而催神武帝出发。……

魏普泰元年(531)二月,神武帝率军抵达信都,高乾、封隆之大开城门迎候,于是神武帝占据了冀州。同月,尔朱度律废元晔而拥立节闵帝。度律想笼络神武帝,就在三月中奏请节闵帝,封神武帝为勃海王,征召他入朝。神武帝谢绝了。……

注释　① 普泰:魏节闵帝年号。　② 信都:县名,今河北冀州。

原文

神武自向山东,养士缮甲,禁兵侵掠,百姓归心。乃诈为书,言尔朱兆将以六镇人配契胡为部曲①,众皆愁。又为并州符,征兵讨步落稽②。发万人将遣之,孙腾、尉景伪请留五日,如此者再。神武亲送之郊,雪涕

翻译

神武帝自从向山东开进后,便注意抚恤士卒,制造甲胄戎衣,并禁止兵士抢劫民财、骚扰民众,所以百姓都拥戴他。神武帝于是伪造了一封尔朱兆的来信,说他准备把六镇降人分给尔朱族人为家奴,这样一来人人愁怨。神武帝又伪造并州的兵符,说尔朱兆要征兵讨伐步落稽。当他调拨万人准备发遣时,孙腾、尉景假装同情,请求

执别。人号恸，哭声动地。神武乃喻之，曰："与尔俱失乡客，义同一家，不意在上乃尔征召！直向西已当死，后军期又当死，配国人又当死，奈何？"众曰："唯有反耳！"神武曰："反是急计，须推一人为主。"众愿奉神武。神武曰："尔乡里难制，不见葛荣乎？虽百万众，无刑法，终自灰灭。今以吾为主，当与前异，不得欺汉儿，不得犯军令，生死任吾，则可。不尔，不能为取笑天下。"众皆顿颡，死生唯命。神武阳若不得已。明日，椎牛飨士，喻以讨尔朱兆之意。封隆之进曰："千载一时，普天幸甚。"神武曰："讨贼，大顺也；拯时，大业也。吾虽不武，以死继之，何敢让焉！"

允许他们再逗留五天。五天之后，他们又如此这般地表演了一番。最后，好像是迫不得已了，神武帝才亲送士兵至郊外，擦着眼泪与士兵握手告别。士兵们个个号啕大哭，哭声震天动地。神武帝这才开导他们说："我与你们都是离乡背井的人，情谊就如亲人一般，没想到上司的命令竟是这样！现在你们直向西去作战不免一死，延误军期也当处死，配给尔朱族人为家奴也没好活的，怎么办呢？"士兵们众口一词地说："只有造反了！"神武帝说："造反是要急速行动的事，必须推举一人做首领。"士兵们都愿拥戴神武帝。神武帝又说："你等乡间之人，难以管束，你们没看到葛荣的事吗？他虽然拥有百万人马，但无刑法约束，最后还不是分崩离析、灰飞烟灭了。现在你们推举我做首领，就应跟以前有所不同，不得欺辱汉人，不准违抗军令，生死听我安排，这样才能行事。否则就算了，我不能做那种被天下人耻笑的事。"士兵们都叩头跪拜，表示不论死生，完全服从神武帝指挥。神武帝表面上装出一副不得已的样子，接受了士兵的拥戴。第二天，神武帝杀牛设宴，会集手下人士，把讨伐尔朱兆的想法告诉他们。

封隆之说："这真是千载难逢的盛举，普天下的人都为此而深感幸运。"神武帝说："讨伐叛逆，是天经地义的事；挽救时政，是不朽的事业。我虽然没有能耐，但可为之奋斗至死，怎敢推辞呢！"

注释 ① 部曲：在汉代本为军队建置，后来逐渐演变为私家武装，兼防守家园和从事生产，进而身份下降如奴婢。 ② 步落稽：亦称山胡，居于今山西西部山区的族群。

原文

六月庚子，建义于信都，尚未显背尔朱氏。及李元忠与高乾平殷州①，斩尔朱羽生首来谒，神武抚膺曰："今日反决矣！"乃以元忠为殷州刺史。是时，兵威既振，乃抗表罪状尔朱氏，世隆等秘表不通。八月，尔朱兆攻陷殷州，李元忠来奔。

翻译

六月庚子，神武帝在信都举旗起义，但还没有公开背叛尔朱氏。当李元忠与高乾平定殷州，斩尔朱羽生的头来见时，神武帝手抚胸口说："现在决心反了。"于是任命李元忠为殷州刺史。这时，神武帝兵威已振，就毅然上表列举尔朱氏的罪状，但被尔朱世隆等扣压不报。八月，尔朱兆攻破殷州，李元忠兵败来投神武帝。

注释 ① 殷州：治广阿，今河北隆尧东。

原文

孙腾以为朝廷隔绝，不权立天子，则众望无所系。

翻译

孙腾认为冀州远离朝廷，不暂时立个皇帝，那么人心就无法维系。神武帝

十月壬寅,奉章武王融子勃海太守朗为皇帝,年号中兴①,是为废帝。时度律、仲远军次阳平②,尔朱兆会之。神武用窦泰策,纵反间,度律、仲远不战而还,神武乃败兆于广阿③。十一月,攻邺,相州刺史刘诞婴城固守。神武起土山,为地道,往往建大柱,一时焚之,城陷入地。……

永熙元年正月壬午④,拔邺城,据之。废帝进神武大丞相、柱国大将军、太师⑤。……

采纳他的意见,十月壬寅,立章武王元融的儿子勃海太守元朗为帝,年号中兴,这就是废帝。这时尔朱度律、尔朱仲远驻军阳平,尔朱兆起兵配合行动。神武帝用窦泰的策略,施反间计,结果度律、仲远不战而回,于是神武帝在广阿击败尔朱兆。十一月,进攻邺城,相州刺史刘诞凭借坚城固守。神武帝令于城外堆土山,挖地道,地道中用大木柱支撑各处,同时点火,木柱烧毁,城墙也塌陷入地。……

永熙元年(532)正月壬午,神武帝攻克并占据了邺城。废帝升任神武帝为大丞相、柱国大将军、太师。……

注释 ① 中兴:北魏后废帝年号,仅一年,即公元531年。 ② 阳平:县名,今山东莘县。 ③ 广阿:县名,今河北隆尧东。 ④ 永熙:北魏孝武帝年号。 ⑤ 柱国大将军:特设武臣,位在丞相上。太师:三师之一,文臣中名望最高。

原文

闰三月,尔朱天光自长安、兆自并州、度律自洛阳、仲远自东郡,同会邺,众号二十万,挟洹水而军①。节闵以长孙承业为大行台,总

翻译

闰三月,尔朱天光由长安、尔朱兆由并州、尔朱度律由洛阳、尔朱仲远由东郡,各领兵会于邺城,号称人马二十万,沿洹水两岸布勒兵马。节闵帝命长孙承业为大行台,总督各路军马。神武

督焉。神武令封隆之守邺，自出顿紫陌②。时马不满二千，步兵不至三万，众寡不敌。乃于韩陵为圆阵③，连牛驴以塞归道。于是将士皆为死志，四面赴击之。尔朱兆责神武以背己。神武曰："本勠力者，共辅王室，今帝何在？"兆曰："永安枉害天柱④，我报仇耳。"神武曰："我昔日亲闻天柱计，汝在户前立，岂得言不反邪？且以君杀臣，何报之有？今日义绝矣。"乃合战，大败之。……四月，斛斯椿执天光、度律以送神武。长孙承业遣都督贾显智、张欢入洛阳，执世隆、彦伯斩之。兆奔并州。仲远奔梁⑤，遂死焉。……

帝令封隆之守邺城，自带人马至紫陌扎营。当时神武帝的骑兵不到两千，步兵不足三万，众寡悬殊。于是神武帝在韩陵山将人马布成圆阵，把牛、驴连接在一起，阻住回邺城的道路。因此将士都下定死战的决心，四面出击。尔朱兆斥责神武帝背叛自己。神武帝说："原与你同心协力，是为了辅佐朝廷，今孝庄帝在什么地方？"尔朱兆回答说："永安皇帝无故杀害天柱大将军，我不过是报仇罢了。"神武帝说："我往日亲耳听到天柱将军的叛逆大计，你也站在门前，难道能说不是反叛吗？何况作为帝王而杀臣下，有什么仇可报的？你我交情从今天起一刀两断了。"接着就挥兵交战，大败尔朱兆。……四月，斛斯椿捉获尔朱天光、尔朱度律，送到神武帝军前。长孙承业遣都督贾显智、张欢入洛阳，捉获尔朱世隆、尔朱彦伯，并把他们杀了。尔朱兆逃往并州。尔朱仲远投奔梁朝，后来就死在江南。……

注释 ①洹水：古水名，又名安阳河，卫河支流之一，在今河南北部。 ②紫陌：地名，今河北临漳县西。 ③韩陵：山名，今河南安阳北。 ④永安：指孝庄帝，年号永安，故以代称。天柱：指尔朱荣。 ⑤梁：此指梁朝。

原文

既而神武至洛阳,废节
闵帝及中兴主而立孝武。
孝武既即位,授神武大丞
相、天柱大将军、太师,世袭
定州刺史,增封并前十五万
户。神武辞天柱,减户五
万。壬辰,还邺,魏帝饯于
乾脯山①,执手而别。

七月壬寅,神武帅师北
伐尔朱兆。封隆之言,侍中
斛斯椿、贺拔胜、贾显智等
往事尔朱,普皆反噬,今在
京师宠任,必构祸隙。神武
深以为然,乃归天光、度律
于京师,斩之。遂自滏口
入②。尔朱兆大掠晋阳,北
保秀容③,并州平。神武以
晋阳四塞,乃建大丞相府而
定居焉。

翻译

接着神武帝进入洛阳,废掉节闵帝
及中兴主而立孝武帝。孝武帝即位后,
就任命神武帝为大丞相、天柱大将军、
太师,并世代承袭定州刺史,增加封邑,
连同以前授予的共有十五万户。神武
帝辞去天柱大将军名号,又请减少封户
五万。壬辰,自洛阳返邺城,孝武帝在
乾脯山为他饯行,握手告别。

七月壬寅,神武帝率军北伐尔朱
兆。封隆之对神武帝说,侍中斛斯椿、
贺拔胜、贾显智等以往在尔朱氏手下供
事,却都忘恩负义,反害其主,现在朝中
受宠任,必制造祸端。神武帝认为他的
话十分正确,就把尔朱天光、尔朱度律
送到洛阳,以朝廷的名义把他们杀了。
接着就从滏口进入尔朱兆的境地。尔
朱兆自知不敌,在把晋阳抢劫一空后,
逃往北方,保守秀容,并州被神武帝平
定。神武帝认为晋阳四面山关险固,就
在这里设立大丞相府,定居下来。

注释 ①乾脯山:不详,据前后文意当在洛阳东北。 ②滏口:地名,在今河北邯
郸西南鼓山。 ③秀容:此指尔朱部落的根据地秀容川一带。秀容川即今山西北
部流经神池、五寨、保德等县的朱家川。

原文

尔朱兆既至秀容，分兵守险，出入寇抄。神武扬声讨之，师出止者数四，兆意怠。神武揣其岁首当宴会，遣窦泰以精骑驰之，一日一夜行三百里，神武以大军继之。

二年正月，窦泰奄至尔朱兆庭。军人因宴休惰，忽见泰军，惊走，追破之于赤洪岭[①]。兆自缢。……

翻译

尔朱兆退到秀容后，分兵守险，常四出抢劫作乱。神武帝扬言要讨伐他，师出又止，这样反复数次，于是尔朱兆的警惕性就松懈了。神武帝揣摩他年初将举行宴会，便派窦泰率领精锐骑兵奔袭，一天一夜行三百里，而自己率大军随后进发。

永熙二年（533）正月，窦泰的人马突然出现在尔朱兆的核心重地。兵士因宴日休假，没有思想准备，突然见到窦泰的兵马，吓得四散奔逃，窦泰率军追杀，在赤洪岭歼灭了尔朱兆的人马，尔朱兆上吊自杀。……

注释 ① 赤洪岭：具体位置不详，据《通鉴考异》，当在今山西吕梁方山、离石一带。

原文

神武之入洛也，尔朱仲远部下都督桥宁、张子期自滑台归命，神武以其助乱，且数反复，皆斩之。斛斯椿由是内不自安，乃与南阳王宝炬及武卫将军元毗、魏光、王思政构神武于魏帝[①]。舍人元士弼又奏神武受敕

翻译

在神武帝进入洛阳的时候，尔朱仲远的部下都督桥宁、张子期从滑台来投奔他，神武帝认为这二人协助尔朱氏叛乱，又反复无常，于是把他们都杀了。斛斯椿因此心中也不安稳，就与南阳王元宝炬以及武卫将军元毗、魏光、王思政等，在孝武帝面前说神武帝的坏话。舍人元士弼也上奏说神武帝在接受诏

大不敬②，故魏帝心贰于贺拔岳③。初，孝明之时，洛下以两拔相击，谣言："铜拔打铁拔，元家世将末。"好事者以二拔谓拓拔、贺拔，言俱将衰败之兆。

令时态度很不恭敬，于是孝武帝对神武帝的信赖发生动摇，而寄希望于贺拔岳。先前，在孝明帝的时候，洛阳有人以两拔相击，又有歌谣说："铜拔打铁拔，元家世将末。"喜欢多事的人说二拔指拓拔、贺拔，并说这是两姓不久会衰落败亡的预兆。

注释 ① 武卫将军：中央军将领。 ② 舍人：官名，掌呈奏章、宣诏令等事。 ③ 贺拔岳：时为关中大行台，总理雍、华、岐、梁等二十州军事，实力也很强。后为高欢的心腹另一大将侯莫陈悦谋杀，他的部众拥戴宇文泰，亦即后来的西魏权臣、北周太祖文皇帝。

原文

时司空高乾密启神武，言魏帝之贰。神武封呈，魏帝杀之，又遣东徐州刺史潘绍业密敕长乐太守庞苍鹰①，令杀其弟昂。昂先闻其兄死，以稍刺柱，伏壮士执绍业于路，得敕书于袍领，遂来奔。神武抱其首哭曰："天子枉害司空。"遽②使以白武幡劳其家属③。时乾次弟慎在光州，为政严猛，又纵部下取纳，魏帝使代

翻译

此时司空高乾暗中写信给神武帝，把孝武帝的疑心告诉他。神武帝将原信封好呈送孝武帝，孝武帝就把高乾杀了，又派东徐州刺史潘绍业密令长乐太守庞苍鹰，要他杀害高乾的弟弟高昂。高昂先已得知兄长死讯，气得用长矛刺柱来泄愤，又在路边埋伏勇士，捉获了潘绍业，从他衣袍的领中搜出诏书，于是就来投奔神武帝。神武帝抱着他的头，哭着说："皇帝无故杀害司空。"随即派遣使者，带着自己的白虎旗去抚慰高氏家属。当时高乾的次弟高慎在光州，治理政事的手段严厉强硬，又纵容部下

之。慎闻难,将奔梁,其属曰:"公家勋重,必不兄弟相及。"乃弊衣推鹿车归勃海④,逢使者,亦来奔。于是魏帝与神武隙矣。……

索取财物、收受贿赂,孝武帝便派人取代他。高慎得知兄长遇难,准备投奔梁朝,他的属下劝告说:"你家功高德重,绝不会兄弟牵连而得罪。"他这才化了装,身着破衣,手推小车,向着老家勃海归去,途中遇到前来抚慰的使者,也就来投靠神武帝了。这么一来,孝武帝与神武帝就有矛盾了。……

注释 ① 东徐州:治宿预,今江苏宿迁东南。长乐:郡名,治信都,今河北冀州。 ② 遽(jù):立即。 ③ 白武幡:当作白虎幡,绣有白虎图案的令旗,这里用以代表高欢。 ④ 鹿车:古时一种小车,据说车中只能容一只鹿,故名。

原文

天平元年①……五月,下诏,云将征句吴②,发河南诸州兵,增宿卫,守河桥③。六月丁巳,密诏神武曰:"宇文黑獭自平破秦、陇④,多求非分,脱有变非常,事资经略。但表启未全背戾,进讨事涉匆匆。遂召群臣,议其可否。佥言假称南伐,内外戒严,一则防黑獭不虞,二则可威吴楚⑤。"时魏帝将伐神武,部署将帅,虑疑,故有

翻译

天平元年(534)……五月,孝武帝下令,说是将要讨伐梁朝,征发黄河以南数州的部队,增加宿卫力量,扼守河桥。六月丁巳,孝武帝下了一道密诏给神武帝,说:"宇文泰自从攻破、平定秦岭、陇山一带,常有奢求,倘若发生意外变化,事情就很费周折。但看他表章书信,言词间又没有完全背道失礼,此时进兵征讨,事情显得突兀。于是召集群臣,议论可否。群臣都建议假称南伐,内外做好战备,一则可以预防宇文泰突然的变化,二则可以威震梁朝。"此时孝武帝正为讨伐神武帝而调兵遣将,恐他

此诏。神武乃表曰:"荆州绾接蛮左⑥,密迩畿服⑦,关陇恃远⑧,将有逆图。臣今潜勒兵马三万,拟从河东而渡;又遣恒州刺史库狄干、瀛州刺史郭琼、汾州刺史斛律金、前武卫大将军彭乐拟兵四万,从其来违津渡⑨;遣领军将军娄昭、相州刺史窦泰、前瀛州刺史尧雄、并州刺史高隆之拟兵五万,以讨荆州;遣冀州刺史尉景、前冀州刺史高敖曹、济州刺史蔡俊、前侍中封隆之拟山东兵七万、突骑五万⑩,以征江左⑪。皆约勒所部,伏听处分。"魏帝知觉其变,乃出神武表,命群官议之,欲止神武诸军。

产生疑心,因而下了这道密诏。神武帝也就上了一道表章,说:"荆州境连梁朝,紧靠京都,宇文泰自恃关、陇远隔朝廷,将有叛逆的阴谋。我今暗中布勒兵马三万,打算由河东渡过黄河;又遣恒州刺史库狄干、瀛州刺史郭琼、汾州刺史斛律金、前武卫大将军彭乐,提兵四万,由来违津渡河;遣领军将军娄昭、相州刺史窦泰、前瀛州刺史尧雄、并州刺史高隆之,提兵五万,用以征伐荆州;遣冀州刺史尉景、前冀州刺史高敖曹、济州刺史蔡俊、前侍中封隆之,领山东兵七万、精锐骑兵五万,用以征讨梁朝。现在各部都已集结,等候您的命令。"孝武帝知神武帝已觉察到自己的意图,于是出示神武帝所上表,令群臣商议,打算制止神武帝的各路人马。

注释 ① 天平:东魏孝静帝年号。 ② 句吴:即吴国。句为词头,无义。因南朝梁国的政治中心在春秋战国时的吴、越之地,这里即用以代指梁朝。 ③ 河桥:在今河南孟津东北黄河上架设的浮桥。 ④ 宇文黑獭:即宇文泰,字黑獭。秦陇:秦岭、陇山(六盘山),泛指关西地区。 ⑤ 吴楚:春秋战国时期的吴国和楚国,这里代指梁朝。 ⑥ 蛮左:蛮人所居的江左。此亦指梁朝境地,蛮是蔑称。 ⑦ 畿服:京都周围地区。 ⑧ 关陇:泛指关中之地。借指宇文泰。 ⑨ 来违津:渡口名,今属不详，据文意当在今陕西、山西之间之黄河上。 ⑩ 侍中：门下省首脑。山东：太行山以东。突骑：快速精锐的骑兵。 ⑪ 江左：即江东，指梁朝。

原文

神武乃集在并僚佐，令其博议。还以表闻，仍以信誓自明忠款曰："臣为嬖佞所间，陛下一旦赐疑，令猖狂之罪。尔朱时计。臣若不尽诚竭节，敢负陛下，则使身受天殃，子孙殄绝。陛下若垂信赤心，使干戈不动，佞臣一二人，愿斟量废出。"

辛未，帝复录在京文武议意，以答神武。……

翻译

神武帝也会集在并州的僚佐，令他们广泛讨论。又以表章上报，依然用真诚的誓言来表明自己的忠心，表中说："我被巧言获宠的小人离间，您一时间加以怀疑，以致认为我犯上作乱的罪状，可与尔朱氏擅权时比。我若不尽心竭力、死守臣节，胆敢辜负陛下您就让我身遭天祸，断子绝孙。陛下您若相信我的一片丹心，避免兵刃相见，那么就请考虑废罢一两个奸邪小人。"

辛未，孝武帝又会集在京文武大臣商议的意见，以此答复神武帝。……

原文

初，神武自京师将北，以为洛阳久经丧乱，王气衰尽，虽有山河之固，土地褊狭，不如邺，请迁都。魏帝曰："高祖定鼎河洛①，为永永之基，经营制度，至世宗乃毕②。王既功在社稷，宜遵太和旧事。"神武奉诏。

翻译

先前，神武帝将由京师北行时，曾认为洛阳历经大的变故，帝王气象衰落殆尽，虽有关山大河的险要地势，但土地狭窄，不如邺城，请求迁都。孝武帝说："高祖孝文帝定都洛阳，创立永久的基业，规划建设，到世宗宣武帝时才完成。您既然功在国家，当遵循太和年间的成法。"神武帝遵命。到此时，又图谋

至是,复谋焉。遣兵千骑镇建兴,益河东及济州兵,于白沟虏船③,不听向洛,诸州和籴粟,运入邺城。……

迁都。神武帝派骑兵千人守建兴,又增加河东郡和济州的驻军,在白沟拦截船只,不准驶向洛阳,各州收买到粟米,也都运往邺城。……

注释 ① 定鼎:传说上古以九鼎为传国之宝,置于京师,故称定都或创建王朝为定鼎。 ② 世宗:即孝文帝之子宣武帝元恪,庙号世宗。 ③ 白沟:水名。本为一小河,在今河南浚县西,源头接近淇水,东北流与清河相接。公元 204 年曹操进攻袁尚,截淇水入白沟运粮,此后上起枋堨、下至河北威县以南的清河通称白沟,为黄河以北的水运干道。

原文

魏帝时以任祥为兼尚书左仆射,加开府。祥弃官走至河北①,据郡待神武。魏帝乃敕文武官,北来者任去留。下诏罪状神武,为北伐经营。神武亦勒马宣告曰:"孤遇尔朱擅权,举大义于四海,奉戴主上,义贯幽明。横为斛斯椿谮构,以诚节为逆首。昔赵鞅兴晋阳之甲,诛君侧恶人②。今者南迈,诛椿而已。"……

翻译

此时孝武帝用任祥为兼职尚书左仆射,并加授开府。任祥弃官逃到河北郡,占据郡城,等待神武帝的到来。孝武帝于是下令,文武百官中有出自神武帝部下者,任随他们或去或留。又下诏列举神武帝罪状,做北伐的准备。神武帝也率兵南下,他骑在马上对部众宣告说:"本人在尔朱氏擅权之际,伸张正义于天下,拥立皇上,辅佐朝政,忠义之心通达天地。不料无故被斛斯椿谮言诬陷,以致我这样的志节忠诚之人竟被视作叛逆的首恶。古时赵鞅发动晋阳的兵马,是为了清除君王身边的奸贼。现在我由晋阳举兵南下,也不过是想除掉斛斯椿而已。"……

注释 ① 河北：郡名，北魏太和中分河东郡置，辖境为今山西永济、夏县一带，治所不详。　② 此事见《春秋公羊传·定公十三年》。

原文

　　七月，魏帝躬率大众屯河桥。神武至河北十余里，再遣口申诚款，魏帝不报。神武乃引军渡河。魏帝问计于群臣，或云南依贺拔胜①，或云西就关中，或云守洛口死战②，未决。而元斌之与斛斯椿争权不睦，斌之弃椿径还，绐帝云神武兵至③。即日，魏帝逊于长安。己酉，神武入洛。……

翻译

　　七月，孝武帝亲率大军屯集河桥。神武帝到达黄河北岸十多里的地方，再次派人口述诚意，孝武帝没有回应他。于是神武帝率军渡过黄河。孝武帝向群臣询问对策，有的说向南去依靠荆州的贺拔胜，有的说西去依托关中，有的说守住洛口死战，没能作出决断。这时前线大将元斌之与斛斯椿争权不和，元斌之抛下斛斯椿，直向洛阳而回，还哄骗孝武帝，说神武帝的兵马开过来了。就在这天，孝武帝退往长安。己酉，神武帝进入洛阳。……

注释 ① 贺拔胜：北魏骁将，时坐镇荆州。　② 洛口：洛水入黄河之口，今河南巩县东北。　③ 绐（dài）：欺哄。

原文

　　九月庚寅，神武还至洛阳，乃遣僧道荣奉表关中，又不答。乃集百僚沙门耆老，议所推立。以为自孝昌衰乱①，国统中绝②，神主靡依，昭穆失序③，永安以孝文

翻译

　　九月庚寅，神武帝又回到洛阳，接着就派和尚道荣到关中上表，孝武帝又未答复他。于是神武帝就召集百官、高僧、有德望的老人，商议究竟拥立谁来做皇帝。大家都认为自孝昌末年大乱之后，父死子继、一脉相承的传国大法

为伯考④，永熙迁孝明于夹室⑤，业丧祚短，职此之由。遂议立清河王世子善见⑥。……乃立之，是为孝静帝。魏于是始分为二。

就中断了，以致宗庙里的牌位都无所依傍，昭穆秩序紊乱，孝庄帝称孝文帝叫伯父，孝武帝迁孝明帝的神位于偏室，王业衰败、帝位短促的主要原因就在这里。于是议定拥立清河王元亶的长子元善见为帝。……神武帝就拥立了他，这就是孝静帝。魏国从此开始一分为二了。

注释 ① 孝昌：魏孝明帝年号，他在位的末年发生了各地大起义和太后内宠的擅权，故称丧乱。 ② 国统：指嫡长继承的帝统。 ③ 昭穆：宗族内的辈次排列。宗庙内始祖居中，二、四、六世居左，称昭；三、五、七世居右，称穆。 ④ 永安：指孝庄帝，年号永安。他是孝文帝的弟子，他尊自己的父亲为帝，迁神位于太庙，就得将伯父孝文帝的神位迁走。 ⑤ 永熙：指孝武帝，年号永熙。他与孝明帝是堂兄弟，要使自己死后入帝庙，就只好把孝明帝的神位迁到偏室。以上几句总起来讲，是说孝明帝以后，嫡长继承制就破坏了。 ⑥ 清河王：名元亶，孝文帝之孙。

原文

神武以孝武既西，恐逼嵩陕①，洛阳复在河外，接近梁境，如向晋阳，形势不能相接，依议迁邺。护军祖莹赞焉②。诏下三日，车驾便发，户四十万，狼狈就道。神武留洛阳部分，事毕还晋阳。自是军国政务，皆归相府。先是童谣曰："可怜青

翻译

神武帝考虑到孝武帝既在西边，恐怕要进逼嵩山、陕原，而洛阳又地处黄河之南，接近梁朝境地，假如迁都晋阳，地理形势上又不能连成一气，于是依从大家的意见迁都邺城。护军祖莹助成这事。迁都令下达才三天，孝静帝就出发了，洛阳人户四十万，也艰难地走上旅途。神武帝留在洛阳安排各种事务，完事后就回到晋阳。从此以后，凡属军事朝政的大务，都归丞相府处理。先是

雀子，飞来邺城里，羽翮③垂欲成，化作鹦鹉子。"好事者窃言，雀子谓魏帝清河王子，鹦鹉谓神武也。……

外面流传着小儿的歌谣："可怜青雀子，飞来邺城里，羽毛将长丰，化作鹦鹉子。"喜欢多事的人暗中说，雀子指的是清河王子孝静帝，鹦鹉指的是神武帝。……

注释 ① 崤陕：崤山、陕陌。陕陌又称陕原，今河南三门峡陕州区西南。 ② 护军：武官名，统京师营兵。 ③ 翮(hé)：鸟羽中的茎状部分。

原文

三年……十二月丁丑，神武自晋阳西讨，遣兼仆射、行台、汝阳王暹、司徒高昂等趣上洛①，大都督窦泰入自潼关。

四年正月癸丑，窦泰军败自杀。神武军次蒲津②，以冰薄不得赴救，乃班师。……

翻译

天平三年(536)……十二月丁丑，神武帝由晋阳发兵西征，遣兼仆射、行台、汝阳王元暹、司徒高昂等直奔上洛，大都督窦泰由潼关进入关中。

天平四年(537)正月癸丑，窦泰兵败自杀。此时神武帝驻兵蒲津，因河面冰薄，没能赶去救援，只好退兵。……

注释 ① 上洛：县名，今陕西商州。 ② 蒲津：黄河渡口名，一称蒲坂津。东岸即蒲坂，今山西永济西蒲州镇。

原文

十月壬辰，神武西讨，自蒲津济，众二十万。周文军于沙苑①。神武以地厄少却，西人鼓噪而进。军大

翻译

十月壬辰，神武帝西征，由蒲津渡过黄河，兵马二十万。此时周文帝宇文泰驻军沙苑。神武帝因见地势狭窄稍稍后退，西魏兵士趁机击鼓呐喊进攻。

乱,弃器甲十有八万。神武跨橐②驼,候船以归。

元象元年③……七月壬午,行台侯景、司徒高昂围西魏将独孤信于金墉,西魏帝及周文并来赴救④。大都督厍狄干帅诸将前驱,神武总众继进。

东魏军大乱,丢弃的兵器甲胄有十八万之多。神武帝跨骆驼逃到河岸,得到一只船,才回到黄河东岸。

元象元年(538)……七月壬午,行台侯景、司徒高昂把西魏大将独孤信围困在金墉城,西魏帝及周文帝宇文泰都赶来救援。神武帝也派大都督厍狄干率众将先行,自己总领大军随后进发。

注释 ①周文:即周文帝宇文泰。西魏大臣,生前并未称帝,文帝是他的儿子北周明帝宇文毓所追上的尊号。沙苑:地名,今陕西大荔南洛水、渭水之间地带。②橐(tuó)驼:骆驼。 ③元象:东魏孝静帝年号。 ④西魏帝:指西魏文帝元宝炬。

原文

八月辛卯,战于河阴,大破西魏军,俘获数万。司徒高昂、大都督李猛、宋显死之。……

武定元年二月壬申①,北豫州刺史高慎据武牢西叛②。三月壬辰,周文率众援高慎,围河桥南城。戊申,神武大败之于芒山,禽西魏督将以下四百余人,俘斩六万计。是时军士有盗

翻译

八月辛卯,双方在河阴交战,西魏军惨败,被俘者数万人。而东魏司徒高昂、大都督李猛、宋显也死于混战之中。……

武定元年(543)二月壬申,北豫州刺史高慎占据虎牢,投降西魏。三月壬辰,宇文泰率军声援高慎,围困河桥南城。戊申,神武帝在芒山大败宇文泰,生擒西魏督将以下武官四百多人,杀死和俘虏的士兵达六万。这时军中有士兵盗杀驴,按军令当处死,神武帝没有杀他,准备回到并州再处治。第二天又

杀驴者，军令应死，神武弗杀，将至并州决之。明日，复战，奔西军，告神武所在，西师尽锐来攻。众溃，神武失马，赫连阳顺下马，以授神武，与苍头冯文洛扶上③，俱走，从者步骑六七人。追骑至，亲信都督尉兴庆曰："王去矣，兴庆腰边百箭，足杀百人。"神武勉之曰："事济，以尔为怀州；若死，则用尔子。"兴庆曰："儿小，愿用兄。"许之。兴庆斗，矢尽而死。西魏太师贺拔胜以十三骑逐神武，河州刺史刘洪徽射中其二。胜稍将中神武，段孝先横射胜马殪④，遂免。……

交战，杀驴者逃奔西魏军中，把神武帝所在的位置告诉他们，于是西魏动员全部精锐力量来攻。东魏军溃散，神武帝连马也丢了，赫连阳顺跳下战马，把它让给神武帝，和家奴冯文洛一起扶神武帝上马，一齐奔逃，有马没马的随从仅六七人。西魏骑兵追了上来，亲信都督尉兴庆说："您快走吧，我腰边箭囊里还有百支箭，足以杀他一百人。"神武帝勉励他说："事后若平安归来，让你做怀州刺史；若战死，就任用你的儿子。"尉兴庆说："我儿年幼，愿您任用我的兄长。"神武帝答应了。于是尉兴庆与西魏军相斗，箭尽身亡。西魏太师贺拔胜率十三骑追杀神武帝，河州刺史刘洪徽射中两人，仍未能阻住。贺拔胜追了上来，长矛一刺，眼见就要伤到神武帝，段孝先横地里射出一箭，贺拔胜的坐骑中箭倒地，神武帝这才幸免。……

注释　①武定：东魏孝静帝年号。　②北豫州：治虎牢，今河南荥阳西北氾水。
③苍头：家奴。　④殪(yì)：死。

原文

　　四年八月癸巳，神武将西伐，自邺会兵于晋阳。殿

翻译

　　武定四年(546)八月癸巳，神武帝将要西征，由邺城会集兵马开往晋阳。

中将军曹魏祖曰①："不可。今八月西方王,以死气逆生气,为客不利,主人则可。兵果行,伤大将。"神武不从。自东西魏构兵,邺下每先有黄黑蚁阵斗。占者以为黄者东魏戎衣色,黑者西魏戎衣色,人间以此候胜负。是时黄蚁尽死。

九月,神武围玉壁以挑西师②,不敢应。西魏晋州刺史韦孝宽守玉壁。城中出铁面,神武使元盗射之,每中其目。用李业兴孤虚术③,萃其北,北,天险也。乃起土山,凿十道,又于东面凿二十一道,以攻之。城中无水,汲于汾,神武使移汾,一夜而毕。孝宽夺据土山。顿军五旬,城不拔,死者七万人,聚为一冢。有星坠于神武营,众驴并鸣,士皆耆④惧。神武有疾。

殿中将军曹魏祖劝他说:"目前不能用兵。今属八月,西方为王,阴气上升而抵消阳气,作为客方很不利,作为主人就无妨。一旦用兵,必伤我方大将。"神武帝不听他的劝告。自从东西魏交兵以来,每次战役之前,邺城都出现黄蚁黑蚁结阵而斗。占卜者认为,东魏兵的军衣是黄色,西魏兵的军衣是黑色,所以民间通过观察蚁斗来预测胜负。此时又出现两蚁阵斗,结果黄蚁死光了。

九月,神武帝围困玉壁,挑战西魏军,西魏军不敢应战。这时坚守玉壁的是西魏晋州刺史韦孝宽。城中出现戴着铁制面具的人,神武帝令元盗放箭,常射中铁面人的眼睛。他又采用李业兴的孤虚术,集中兵力攻击玉壁北城,而北城设于天险之地。于是神武帝下令在北城外堆起土山,开凿十条地道,又在东面开凿二十一条,用这种方式发动攻击。玉壁城中无水源,靠从汾河引水,神武帝就令改修河道,引走汾河之水,一夜间就完了。韦孝宽攻取并占据了土山。东魏军在玉壁城外屯集了五十来天,没能攻克城池,战死的士兵有七万多人,全都埋在一处。又有流星落在神武帝营中,营中的驴一起长声嘶叫,兵士各个恐惧不安。这时神武帝也病了。

注释 ① 殿中将军:武官名,为杂号将军之一。 ② 玉壁:城名,今山西稷山西南。 ③ 孤虚术:古时用占卜日辰来预测吉凶、决定行止的方法。其中日指天干,辰指地支,在以天干的甲和地支的子为始做配合的一轮十组中,居于地支十一、十二的戌、亥就用不上,戌、亥就被称作"孤",又把地支中五位、六位的辰、巳称作"虚"。占卜的结果得到孤虚,事就不利。 ④ 詟(zhé):惧怕。

原文

十一月庚子,舆疾班师。庚戌,遣太原公洋镇邺①。辛亥,征世子澄至晋阳②。有恶鸟集于亭树,世子使斛律光射杀之。己卯,神武以无功,表解都督中外诸军事③,魏帝优诏许焉。是时,西魏言神武中弩,神武闻之,乃勉坐见诸贵。使斛律金敕勒歌,神武自和之,哀感流涕。……

五年正月朔,日蚀。神武曰:"日蚀其为我邪?死亦何恨!"丙午,陈启于魏帝。是日,崩于晋阳,时年五十二。……天保初④,追崇为献武帝,庙号太祖,陵曰义平。天统元年⑤,改谥

翻译

十一月庚子,神武帝抱病登车,退兵东还。庚戌,神武帝派太原公高洋前去镇守邺城。辛亥,神武帝把长子高澄召到晋阳。亭园中有不祥之鸟群集树上,高澄就令斛律光射杀掉。己卯,神武帝因西征无功,上表辞去都督中外诸军事的职务,孝静帝下了一道辞意委婉的诏书,同意了他的请求。这时,西魏扬言神武帝中箭受伤,神武帝听说后,就勉强从病床上坐了起来,会见各位显官人物。他让斛律金唱《敕勒歌》,并亲自随声附和,哀伤慨叹,泪水长淌。……

武定五年(547)正月一日,日蚀。神武帝说:"日蚀大概是为我而出现的吧?虽死又有什么遗憾的呢!"丙午,神武帝给孝静帝写了一封书信。就在这天,他死在晋阳,终年五十二岁。……天保初年,神武帝的儿子北齐文宣帝追尊他为献武帝,庙号叫太祖,陵墓名义平。天统元年(565),改

神武皇帝,庙号高祖。　‖　谥号为"神武皇帝",改庙号为高祖。

注释　① 太原公洋:即高洋,高欢次子,后来的北齐文宣皇帝。　② 世子澄:即高欢长子高澄,后被追尊为文襄皇帝,庙号世宗。　③ 都督中外诸军事:即全国兵马总指挥。高欢在中兴元年(531)受任此职。　④ 天保:北齐文宣帝年号(550—559)。　⑤ 天统:北齐后主高纬的年号。

杨 愔 传

导读

高欢死去三年后，他的次子高洋代魏称帝，建立北齐。北齐政权的核心，是六镇鲜卑贵族和鲜卑化的外族人，这些人在北齐将相大臣中占有很大的比重。他们仇视和压抑汉族人士，常称"狗汉大不可耐，唯须杀却"。然而鲜卑人习武少文，又不得不笼络某些汉族名士来管理朝政。但当汉族名士登上显位后，又往往扶植汉人势力，取消鲜卑贵族特权，这就不能不引起冲突。杨愔的被杀，就突出地反映了北齐统治阶级内部激烈的鲜、汉之争。

杨愔(511—560)，弘农华阴(今陕西华阴)人。弘农杨氏为中原名族，世居显位。杨愔以才德为高欢父子所重，高欢以女妻之，任北齐丞相。早在高洋即位之初，他就竭力主张立中原名族赵郡李氏为皇后。高洋死后，杨愔等又拥戴高氏后人中资质最佳、深染华风的废帝高殷，并计划削弱诸王而增重朝廷事权，避开太皇太后鲜卑人娄氏而归政于汉人李太后。终于为太皇太后、诸王所不容，遭到杀害。娄太后亦知自己女婿忠诚，但宁可哭其丧于死后，亦不肯全其命于生前，可见她的民族成见之深。杨愔死后，鲜、汉之争仍未停息。由于内部纷争迭起，北齐政治始终未走上轨道，以迄于亡。(选自卷四一)

原文

愔字遵彦，小名秦王。儿童时，口若不能言，而风

翻译

杨愔字遵彦，小名秦王。他小时候沉默寡言，好像哑子似的，但气质凝重

度深敏，出入门闾，未尝戏弄。六岁学史书，十一受《诗》《易》，好《左氏春秋》。幼丧母，曾诣舅源子恭，子恭与之饮，问读何书。曰："诵《诗》。"子恭曰："诵至《渭阳》未邪①?"愔便号泣感噎。子恭亦对之歔欷，遂为之罢酒。子恭后谓津曰②："常谓秦王不甚察慧，从今已后，更欲刮目视之。"

沉敏，出入于家门里巷之间，从不调皮嬉闹。六岁时开始读史书，十一岁从师受业，学《诗经》和《周易》，而他最喜欢的是《春秋左氏传》。杨愔很小就失去了母亲，一次到舅舅源子恭家，子恭和他一起饮酒，问他在读什么书。杨愔回答说："正在背诵《诗经》。"源子恭又问："背到《渭阳》这一篇没有呀?"杨愔禁不住痛哭落泪，泣不成声。源子恭也对着他叹息不已，竟为此撤去酒席。源子恭后来对杨愔的父亲杨津说："我常认为秦王不怎么聪明敏锐，从今以后，更将刮目相看。"

注释 ①《渭阳》:《诗经·秦风》中的一篇，据说为春秋时秦康公送舅舅晋公子重耳到渭水之北时所作。这里杨愔是由舅舅联想到母亲，所以悲伤。 ② 津:杨津，杨愔的父亲。

原文

愔一门四世同居，家甚隆盛，昆季就学者三十余人。学庭前有柰树，实落地，群儿咸争之，愔颓然独坐。其季父昕适入学馆，见之，大用嗟异。顾谓宾客曰："此儿恬裕，有我家风。"宅内有茂竹，遂为愔于林边

翻译

杨愔一家四代人同居，家庭很是兴旺，兄弟辈一起上学念书的就有三十多人。学馆庭院前有柰树，果实落到地面，一群学童都争先恐后地去拾，只有杨愔神情庄重地坐着不动。恰逢杨愔的叔父杨昕走进学馆，见到这种情景，十分叹赏。他当着宾客们说："这孩子恬静豁达，有我杨家的门风。"于是就在

别葺一室，命独处其中，常铜盘具盛馔①以饭之。因以督厉诸子曰："汝辈但如遵彦谨慎，自得竹林别室、铜盘重肉之食。"愔从父兄黄门侍郎昱特相器重，曾谓人曰："此儿驹齿未落，已是我家龙文②，更十岁后，当求之千里外。"昱尝与十余人赋诗，愔一览便诵，无所遗失。及长，能清言③，美音制，风神俊悟，容止可观。人士见之，莫不敬异，有识者多以远大许之。

杨氏家园内的竹林边专门为杨愔修盖了一间房屋，叫他独居屋中，常用铜盘装上精美丰盛的菜肴给他吃。又通过这事来教育鼓励其他孩子说："你们众人只要像杨愔一样谨慎，自然会得到竹林旁专门的居室和铜盘所盛丰富的肉食。"杨愔的堂兄黄门侍郎杨昱对他特别器重，曾对人说："这孩子的乳齿尚未脱落，已是我家的龙文骏马，再过十年，必成为超群绝伦之才。"杨昱曾与十多人一起作诗，杨愔看过一遍就背诵出来，没有一点遗漏。及渐长大成人，能与人高谈阔论，其音调抑扬顿挫，气度不凡，悟性极高，仪容举止都很可观。知名人物见到他的风采，无不十分敬重，许多有识之士都认为他前程远大。

注释 ① 馔(zhuàn)：饭食。 ② 龙文：骏马名，常用以喻人才华出众。 ③ 清言：亦称清谈。魏晋以来士大夫中颇为盛行的一种辩论问题的方式。常就某个主题，由一人持论为主，其他人为客方，各抒己见，往复辩难。言谈中举止风度很考究。所谈内容多为老、庄哲理，微妙玄虚，故又称玄谈。

原文

正光中①，随父之并州，性既恬默，又好山水，遂入晋阳西县瓮山读书②。孝昌

翻译

正光年间，杨愔随父亲到了并州，由于他性格淡泊沉静，又喜欢山水风光，于是就进入晋阳西边的悬瓮山读

初③，津为定州刺史，愔亦随父之职。以军功除羽林监④，赐爵魏昌男⑤，不拜。及中山为杜洛周陷，全家被囚絷。未几，洛周灭，又没葛荣，荣欲以女妻之，又逼以伪职⑥，愔乃托疾，密含牛血数合⑦，于众中吐之，仍阳暗不语。荣以为信然，乃止。

书。孝昌初年，杨津任定州刺史，杨愔也随父到任。朝廷以军功任命他为羽林监，又赐给魏昌县男的爵位，杨愔没有接受。当中山被杜洛周攻陷后，杨愔全家都被监禁起来，不久杜洛周失败，他一家又落入葛荣的掌握之中。葛荣想把女儿嫁给杨愔，又强迫他在义军中担任官职，杨愔就以生病为借口加以推辞。他暗中口含牛血数合，当着许多人的面吐了出来，又装哑不说话。葛荣信以为真，这才作罢。

注释 ① 正光：北魏孝明帝年号(520—524)。 ② 县瓮山：一名龙山，在今山西太原西南。 ③ 孝昌：北魏孝明帝年号(525—527)。 ④ 羽林监：武官名，统领宿卫羽林兵之一部。 ⑤ 魏昌：县名，故城在今河北无极东北。 ⑥ 伪职：此指葛荣义军中的职位。 ⑦ 合(gě)：容量单位，十勺等于一合，十合等于一升。

原文

永安初①，还洛，拜通直散骑侍郎，年十八。元颢入洛时②，愔从父兄侃为北中郎将③，镇河梁。愔适至侃处，便属乘舆失守④，夜至河。侃虽奉迎车驾北度，而潜南奔。愔固谏止之，遂相与扈从达建州⑤。除通直散骑常侍⑥。愔以世故未夷，

翻译

永安初年，杨愔回到洛阳，被任命为通直散骑侍郎，时年十八岁。当元颢攻入洛阳的时候，杨愔的堂兄杨侃任北中郎将，镇守河梁。杨愔刚到杨侃那里，便碰上京城失守，魏孝庄帝连夜逃到黄河岸边。杨侃虽也接应孝庄帝渡河北上，但暗中却打算投奔南朝。杨愔一再劝告，打消了杨侃南逃的念头，于是一起护卫着孝庄帝到达建州。孝庄

志在潜退，乃谢病，与友人中书侍郎河间邢卲隐于嵩山⑦。

帝任命杨愔为通直散骑常侍。杨愔因见天下动荡不安，只想隐退，于是就称病推辞，与友人中书侍郎河间人邢卲隐居于嵩山。

注释 ①永安：北魏孝庄帝年号(528—529)。 ②元颢：北魏宗室，世袭北海王，永安二年(529)自称帝，攻入洛阳，不久为尔朱荣所败。 ③北中郎将：武官名，为中央营兵将领，负责京都北方外线防卫。 ④乘舆：皇帝、诸侯乘坐的车。这里代指京城洛阳。 ⑤建州：治高都，今山西晋城。 ⑥通直散骑常侍：为员外散骑常侍，因与正员散骑常侍轮流值班，故称通直。掌规谏违失，顾问应对。位比不通直的员外散骑常侍稍高。 ⑦河间：郡名，治乐城，今河北献县东南。

原文

及庄帝诛尔朱荣，其从兄侃参赞帷幄，朝廷以其父津为并州刺史、北道大行台，愔随之任。有邯郸人杨宽者，求义从出藩，愔请津纳之。俄而孝庄幽崩，愔时适欲还都，行达邯郸，过杨宽家，为宽所执。至相州，见刺史刘诞，以愔名家盛德，甚相哀念，付长史慕容白泽禁止焉。遣队主巩荣贵防禁送都。至安阳亭，愔谓荣贵曰："仆百世忠臣，输

翻译

当孝庄帝杀掉尔朱荣时，杨愔的堂兄杨侃曾参与这一重大决策，朝廷就任命杨愔的父亲杨津为并州刺史、北道大行台，杨愔随父到任。有个叫杨宽的邯郸人，要求做杨津的随从到并州，杨愔请父亲收容他。不久孝庄帝被暗害，杨愔当时正想回洛阳，行至邯郸，经过杨宽的家时，被杨宽抓了起来。杨宽把他押到相州，参见刺史刘诞，刘诞因杨愔出自德高望重的名门大族，对他很是同情，没把他下狱，只委派长史慕容白泽加以软禁。后又遣队主巩荣贵押护，把杨愔送往都城洛阳。到达安阳亭时，杨愔对巩荣贵说："我家世代为忠臣，尽忠

诚魏室,家亡国破,一至于此。虽曰囚虏,复何面目见君父之仇?得自缢于一绳,传首而去,君之惠也。"荣贵深相矜感,遂与俱逃。愔乃投高昂兄弟。

既潜窜累载,属齐神武至信都,遂投刺辕门①,便蒙引见。赞扬兴运,陈诉家祸,言辞哀壮,涕泗横集。神武为之改容,即署行台郎中②。南攻邺,历杨宽村,宽于马前叩头请罪。愔谓曰:"人不识恩义,盖亦常理。我不恨卿,无假惊怖。"时邺未下,神武命愔作祭天文,燎毕而城陷。由是转大行台右丞③。于时霸图草创,军国务广,文檄教令皆自愔及崔㥄出④。

魏朝,如今家亡国破,竟落到了这种境地。我眼下虽是囚犯,哪里还能去见国君家父的仇人?你如能允许我上吊自尽,然后将我的头送往京都,就是对我的恩惠了。"巩荣贵对他十分同情,便与他一块逃亡。杨愔于是投靠了高昂兄弟。

逃匿数年之后,恰逢神武帝高欢到达信都,杨愔便到他营门递上名帖,随即受到召见。杨愔颂扬魏朝的中兴气象,陈述家庭遭受的灾难,言语悲壮,泪流满面。神武帝深为之感动,当即任命他为行台郎中。南攻邺城,经过杨宽住居的村落,杨宽跪在杨愔的马前叩头请罪。杨愔对他说:"人们分不清什么是恩,什么是义,这也是常有的事。我不怨你,用不着担惊受怕。"当时邺城还没攻下,神武帝命杨愔作祭天文,烧掉祭文后,邺城就被攻下了。杨愔因此转任为大行台右丞。这时神武帝刚刚开始创立霸业,军务政事都很繁杂,各种文书都由杨愔及崔㥄拟定。

注释 ① 刺:写上姓名、籍贯等内容的名帖,类似现代的名片。 ② 行台郎中:此时高欢为东道大行台。行台置官略如尚书省,郎中为其下属。 ③ 右丞:尚书省或行台分置左右二司,分理各部门事务,长官为左丞、右丞。 ④ 文檄教令:泛指各种文书,檄是征召人马或声讨敌方的文书,教和令都是上司命令下属做某事的文件。

原文

遭罹家难，常以丧礼自居，所食唯盐米而已，哀毁骨立。神武愍之，常相开慰。及韩陵之战，愔每阵先登。朋僚咸共怪叹曰："杨氏儒生，今遂为武士，仁者必勇，定非虚论。"顷之，表请解职还葬。一门之内，赠太师、太傅、丞相、大将军者二人，太尉、录尚书及尚书令者三人①，仆射、尚书者五人，刺史、太守者二十余人，追荣之盛，古今未之有也。……久之，以本官兼尚书吏部郎中②。武定末③，以望实之美，超拜吏部尚书，加侍中、卫将军④，侍学典选如故。

翻译

杨愔自家庭遭难后，一直以丧服礼制自守，所吃的东西只是米和盐，加上哀伤过度，瘦得只剩皮包骨头。神武帝很同情他，常常开导抚慰。韩陵之战时，杨愔每战都冲在前面。同僚都惊讶感慨地说："杨氏本是文弱书生，现在竟成了勇武将士，看来仁者必勇之说，确实不是凭空而论的啊。"不久，杨愔上表请求离任还乡，安葬亲人。杨氏一家之中，追赠太师、太傅、丞相、大将军的有两人，追赠太尉、录尚书及尚书令的有三人，追赠仆射、尚书的有五人，追赠刺史、太守的有二十多人，这样隆重的追赠荣典，是从古到今都没有过的。……过了很长一段时间，杨愔又以原任官职兼任尚书吏部郎中。武定末年，朝廷因他具有很高的声望和真才实学，破格提升为吏部尚书，又加授侍中、卫将军，同时仍与过去一样，为皇帝讲学及负责选举的职事。

注释 ①录尚书：官名，职同尚书令而地位权力都在令上。 ②吏部郎中：尚书省吏部下属吏部曹的长官。 ③武定：孝静帝年号(543—550)。 ④卫将军：高级武官，与车骑将军、骠骑将军合称三将军。

原文

天保初①，以本官领太子少傅②，别封阳夏县男③。又诏监太史④，迁尚书右仆射。尚太原长公主⑤，即魏孝静后也，会有雉集其舍。又拜开府仪同三司、尚书左仆射⑥，改封华山郡公⑦。九年，徙尚书令，又拜特进、骠骑大将军⑧。十年，封开封王。文宣之崩，百僚莫有下泪，愔悲不自胜。

翻译

天保初年，杨愔以本官兼任太子少傅，另封阳夏县男爵位。又令他提督太史局事务，升任尚书右仆射。杨愔又娶太原长公主为妻，也就是原东魏孝静帝的皇后，这时正逢野鸡群集于他的居宅。后来杨愔又被任命为开府仪同三司、尚书左仆射，改封华山郡公。天保九年，朝廷升任杨愔为尚书令，又加授特进、骠骑大将军。天保十年（559），封开封王。文宣帝死时，文武百官没有一个人哀伤流泪，只有杨愔悲痛欲绝。

注释　①天保：北齐文宣帝年号（550—559）。　②太子少傅：太子师傅官，与太子少保、太子少师合称三少。　③阳夏：县名，今河南太康。　④监太史：提督太史局事务。太史局属太常寺，长官称太史令，掌天文、历法记录瑞应灾异。　⑤太原长公主：高欢次女。皇帝的姊妹称长公主。　⑥开府仪同三司：官号，加此号者可同三公一样开建府署，辟置僚属。　⑦华山郡：治所即今陕西大荔。　⑧特进：官名，为朝廷赐给功德隆盛者的加官，位次三公。

原文

济南嗣业①，任遇益隆，朝章国命，一人而已。推诚体道②，时无异议。乾明元年二月②，为孝昭帝所诛③，时年五十。天统末④，追赠司

翻译

济南王继承帝位，对杨愔的任用、礼遇更高，朝廷的典章、国家的大政，都由他一人裁决。而杨愔执政能推诚布公、行事符合道义，当时也没人说闲话。乾明元年（560）二月，杨愔为孝昭帝所杀，时年

空公。

愔贵公子，早著声誉，风表鉴裁，为朝野所称。家门遇祸，唯有二弟一妹及兄孙女数人，抚养孤幼，慈旨温颜，咸出仁厚。重分义，轻财货，前后赐与，多散之亲族。群从弟侄十数人，并待而举火。频遭迍⑤厄，冒履艰危，一餐之惠，酬答必重；性命之仇，舍而不问。

五十岁。天统末年，追赠杨愔为司空公。

杨愔为名门贵族之子，早有美名，风度仪表、鉴人裁务，都广为人称赞。他家庭遇难后，只有二弟一妹及兄孙女数人幸免，他抚养这些幼小而失去父母的亲人，言慈语善，和颜悦色，完全出自一片仁爱宽厚之心。他注重情分和道义，而看轻财富，前后得到的赏赐，多分送给亲属。堂弟及侄辈十多人，全靠他的接济来维持生计。杨愔曾屡遭挫折，历经艰危，对别人给予的哪怕只是一顿饭的小恩惠，他必定重重酬谢；而对危及他生命的仇人，却不予追究。

注释　① 济南：济南王，即废帝高殷，被废为济南王。　② 乾明：北齐废帝高殷年号。　③ 孝昭帝：名高演，即后文所谓常山王。　④ 天统：北齐后主高纬年号（565—569）。　⑤ 迍（zhūn）：困顿不得志。

原文

典选二十余年，奖擢人伦，以为己任。然取士多以言貌，时致谤言，以为愔之用人，似贫士市瓜，取其大者。愔闻，不以为意。……

文宣大渐，以常山、长广二王位地亲逼①，深以后事为念。愔与尚书左仆射

翻译

杨愔执掌选举事宜二十多年，把勉励和提拔人才当作自己的职责。但他也常以言语相貌取人，时时招致一些非议，认为他用人如贫穷的人买瓜，选个头大的。杨愔听到这些话，也不以为意。……

文宣皇帝病危时，因常山、长广二王亲属关系近、职位高，对自己死后帝

平秦王归彦、侍中燕子献、黄门侍郎郑子默受遗诏辅政，并以二王威望先重，咸有猜忌之心。初在晋阳，以大行在殡②，天子谅暗③，议令常山王在东馆，欲奏之事皆先谘决，二旬而止。仍欲以常山王随梓宫之邺，留长广镇晋阳。执政复生疑贰，两王又俱从至于邺。子献立计，欲处太皇太后于北宫，政归皇太后。又自天保八年已来，爵赏多滥，至是，愔先自表解其开封王，诸叨窃荣恩者皆从黜免。由是嬖宠失职之徒尽归心二叔。高归彦初虽同德，后寻反动，以疏忌之迹，尽告两王。可朱浑天和又每云："若不诛二王，少主无自安之理。"宋钦道面奏帝，称二叔威权既重，宜速去之。帝不许曰："可与令公共详其事。"愔等议出二王为刺史，以帝仁慈，恐不可所奏，乃通启

位继承的事很不放心。杨愔与尚书左仆射平秦王高归彦、侍中燕子献、黄门侍郎郑子默受遗命辅佐朝政，都因二王先有很高威望，各自怀有猜疑顾忌之心。先是在晋阳，因文宣皇帝灵柩未葬，废帝居丧不理事，商议由常山王居东馆，有要奏报的事都先请示他裁决，但实行不过二十天就中止了。又打算让常山王随文宣帝灵柩回邺城，留长广王镇守晋阳。但执政大臣又不放心，结果二王一起随灵柩到达邺城。燕子献设了一计，想把太皇太后安置在北宫，由皇太后居中执掌大政。又从天保八年以来，官爵多是无功滥赏的，这时杨愔首先上表自请免去开封王，那些无功受禄的人一例罢免。因此那些以前受宠、现在丢官的人都归心于两位叔王。高归彦开始虽同心合力辅助废帝，不久发生转变，反而把几位辅政大臣疏远疑忌二王的实情全部告诉了他们。可朱浑天和也常说："如不杀二王，少帝自己就不可能求得安稳。"宋钦道面奏废帝，称两位叔王的威势既已太重，应趁早除掉。废帝不同意，并说："你可与尚书令杨愔共同斟酌这事。"杨愔等商议后打算遣二王出京做刺史，考虑到废帝仁慈，恐怕不会同意，于是写了一封书启

皇太后，具述安危。有宫人李昌仪者，北豫州刺史高仲密之妻，坐仲密事入宫④。太后与昌仪宗情，甚相昵爱。太后以启示之，昌仪密白太皇太后。愔等又议不可令二王俱出，乃奏以长广王为大司马、并州刺史，常山王为太师、录尚书事。

送交皇太后，详细陈述了事关安危的道理。有个名叫李昌仪的宫人，原是北豫州刺史高慎的妻子，因高慎投降西魏的事被罚入宫中。太后与李昌仪有亲族的情分，对她很亲爱。太后把杨愔的书启给她看了，李昌仪却暗中报告了太皇太后。杨愔等人后来又认为不可让二王都出外，于是奏请以长广王为大司马、并州刺史，常山王为太师、录尚书事。

注释　①长广：长广王高湛，后为北齐武成帝。常山王见前注。二人并为文宣帝高洋之弟，废帝之叔父。　②大行：一去不返，为皇帝死的讳称。　③谅暗：多指皇帝居丧。　④高仲密：即高慎，字仲密，他据虎牢降西魏，事见前《齐高祖神武皇帝本纪》。

原文

及二王拜职，于尚书省大会百僚，愔等并将同赴。子默止之云："事不可量，不可轻脱。"愔云："吾等至诚体国，岂有常山拜职，有不赴之理？何为忽有此虑？"长广且伏家僮数十人于录尚书后室，仍与席上勋贵数人相知，并与诸勋胄约：行酒至愔等，我各劝双杯，彼

翻译

二王受任新职后，在尚书省大会百官，杨愔等人都准备赴会。郑子默劝阻他说："此事难以预料，不可掉以轻心。"杨愔说："我等以无限诚挚的心为国家前途着想，哪有常山王受命，我们不去庆贺的道理？你为什么突然产生这种顾虑呢？"长广王白天就潜伏了几十个家奴在录尚书厅堂的后屋，又告知参加宴会的几个元勋贵臣，并与各个元勋的后人相约：酒行到杨愔等人面前时，我

必致辞，我一曰"捉酒"，二曰"捉酒"，三曰"何不捉"，尔辈即捉。及宴如之。愔大言曰："诸王反逆，欲杀忠良邪！尊天子，削诸侯，赤心奉国，未应及此。"常山王欲缓之，长广王曰："不可。"于是愔及天和、钦道皆被拳杖乱殴击，头面血流，各十人持之。使薛孤延、康买执子默于尚药局①。子默曰："不用智者言，以至于此，岂非命也！"

各劝他们饮双杯，他们必加以推辞，我第一声喊"捉酒"，第二声喊"捉酒"，第三声喊"为什么不捉"，你等立即下手把他们抓起来。宴会开始后，他们果依计而行，将杨愔等抓了起来。杨愔大声吼道："诸王造反，想杀害忠臣吗！我为使皇帝尊贵而削弱诸侯，乃赤心为国之举，不该得到如此下场。"常山王打算宽待杨愔，长广王说："不行。"于是众人拳杖齐施，将杨愔和可朱浑天和、宋钦道等打得头破血流，然后各以十人挟持住他们。二王又派薛孤延、康买在尚药局抓到郑子默。郑子默叹息地说："没听有识之士的话，以致落到这个地步，难道不是命中注定的吗！"

注释　①尚药局：官署名，属门下省。长官称典御，掌内府药物，往往由太医兼此职。

原文

二叔率高归彦、贺拔仁、斛律金拥愔等唐突入云龙门。……长广王及归彦在朱华门外，太皇太后临昭阳殿，太后及帝侧立。常山王以砖叩头，进而言曰："臣与陛下骨肉相连，杨遵彦等

翻译

二王率领高归彦、贺拔仁、斛律金，挟持着杨愔等人闯入云龙门。……长广王及高归彦在朱华门外，太皇太后登坐昭阳殿，太后和废帝站立一旁。常山王用砖块叩打额头，上前进言说："我与皇上骨肉相连，杨愔等人想独揽朝廷大权，任由自己作威作福，自王公以下，都

欲擅朝权，威福自己，自王公以还，皆重足屏气。共相唇齿，以成乱阶。若不早图，必为宗社之害。臣与湛等为国事重，贺拔仁、斛律金等惜献皇帝业①，共执遵彦等，领入宫，未敢刑戮。专辄之失，罪合万死。"

只有小心谨慎，脚不敢乱动，连大气也不敢出。杨愔等唇齿相依，已构成大乱的根源。如不早日除掉，必是宗庙社稷的大害。我与高湛等为国家社稷着想，贺拔仁、斛律金等珍惜神武皇帝开创的基业，相约捉拿杨愔等带入宫中，没敢加以杀害。这事先前没有奏请，失之专断，罪该万死。"

注释　① 献皇帝：即北齐高祖神武皇帝高欢。

原文

　帝时默然，领军刘桃枝之徒陛卫，叩刀仰视，帝不睨之。太皇太后令却仗不肯，又厉声曰："奴辈即今头落！"乃却。因问杨郎何在，贺拔仁曰："一目已出。"太皇太后怆然曰："杨郎何所能，留使不好邪？"乃让帝曰："此等怀逆，欲杀我二儿，次及我耳，何纵之？"帝犹不能言。太皇太后怒且悲，王公皆泣。太皇太后曰："岂可使我母子受汉老

翻译

　此时废帝默默无语，领军刘桃枝等守卫在殿阶，抽刀仰视，废帝也没理睬。太皇太后令持杖卫士退下，起初都不肯退，太皇太后又厉声呵斥："你等奴才今天就要脑袋落地！"卫士这才退下。接着又问杨愔在什么地方，贺拔仁说："一只眼珠已掉了出来。"太皇太后伤感地说："杨郎能做什么坏事，留着任用不好吗？"接着又责备废帝说："这等人怀有叛逆之心，想杀掉我两个儿子，接着就要杀我，你为什么要纵容他们？"废帝仍然说不出话来。太皇太后又是愤怒又是伤心，在场王公都哭了起来。太皇太后又说："怎可使我母子受汉人老妇的

妪斟酌!"太后拜谢。常山王叩头不止,太皇太后谓帝:"何不安慰尔叔?"帝乃曰:"天子亦不敢与叔惜,岂敢惜此汉辈!但愿乞儿性命,儿自下殿去,此等任叔父处分。"遂皆斩之。……

太皇太后临愔丧,哭曰:"杨郎忠而获罪。"以御金为之一眼,亲内之,曰:"以表我意。"常山王亦悔杀之。……

遵彦死,仍以中书令赵彦深代总机务。鸿胪少卿阳休之私谓人曰①:"将涉千里,杀骐骥而策蹇②驴,可悲之甚。"愔所著诗赋表奏书论甚多,诛后散失,门生鸠集所得者万余言。

摆布!"太后下拜赔罪。这时常山王不停地叩头,太皇太后就对废帝说:"怎么不去安慰你的叔父?"废帝这才说话:"我做皇帝连自己叔父也不敢怜惜,怎敢怜惜这几个汉人!但愿给儿一条性命,儿自当下殿而去,这等人任随叔父处治。"于是就把杨愔等人都杀了。……

太皇太后亲自参加杨愔的丧礼,她哭着说:"杨郎尽忠朝廷而得罪。"她用御府黄金为杨愔做了一只眼,亲自放入他的眼眶内,并说:"以此略表我的心意。"常山王也后悔杀了杨愔。……

杨愔死后,朝廷任用中书令赵彦深代替他总理朝廷要务。鸿胪少卿阳休之私下对人说:"将要远行千里,却杀掉日行千里的骐骥而驱赶跛足的毛驴,真是可悲到了极点。"杨愔所著诗赋表奏、书信论文很多,被杀后都散失了,他的门生收集到的仅一万多字。

注释　①鸿胪少卿:官名,鸿胪寺次长官,掌外邦客使朝见的接引和大臣死后的诔谥吊祭等。　②蹇(jiǎn):跛。

斛 律 光 传

导读

　　斛律光(515—572)是敕勒(亦即高车)族人,其家世为大将。他勇武非常,善于用兵,战无不胜,是北齐王朝的台柱,官至丞相、大将军。北周惧其威势,散布谣言,施行离间。由于斛律光性情朴直,为人耿介,常结怨于朝臣。因此这些人不但不为他辟谣,反而广为传播,甚至添油加醋,并终于怂恿后主高纬于武平三年(572)灭掉了斛律一族。北周为此欢欣鼓舞,大赦天下。而北齐既朝政紊乱,力量衰退,复又擅杀忠良,自毁长城,做了亲者痛、仇者快的蠢事,它的灭亡就是指日可待的了。公元 577 年,北齐终为北周所灭。这篇传记不仅揭露了北齐后期统治者上层的勾心斗角,还保存了北齐、北周军事力量对比变化的生动材料,向为史家所重。(选自卷五四)

原文

　　光字明月,马面彪身,神爽雄杰,少言笑,工骑射。……以库直事文襄①。从出野,见雁双飞来,文襄使光驰射之,以二矢俱落焉。后从金西征②,周文帝长史莫者晖在行③间,光年十七,驰马射中之,因禽于

翻译

　　斛律光字明月,面形像马而体壮如虎,神色清朗而雄姿挺拔,不苟言笑,擅长骑马射箭。……他以库直的身份在文襄帝手下效力。一次随文襄帝到野外,看见空中有大雁双飞而来,文襄帝就命斛律光驰马射雁,他两发两中,射落双雁。后来他随父亲斛律金西征,周文帝的长史莫者晖在阵列

阵。神武即擢授都督,封永乐子④。又尝从文襄于洹桥校猎⑤,云表见一大鸟,射之正中其颈,形如车轮,旋转而下,乃雕也。丞相属邢子高叹曰:"此射雕手也。"当时号落雕都督。

中,年仅十七岁的斛律光驱马上前,射中莫者晖,接着又在阵列中把他生擒过来。神武帝立刻提拔他做都督,并封给永乐子爵位。又一次他随文襄帝到洹桥附近围场打猎,云端现出一只大鸟,他一箭射去,正中鸟脖子,那大鸟如车轮般旋转下落,才知是只大雕。丞相府属官邢子高赞叹地说:"这人真是射雕手啊!"当时的人就称他为"落雕都督"。

注释 ①库直:吏名,职掌不详。文襄:文襄帝高澄。 ②金:斛律金,斛律光之父。 ③行(háng):行伍。 ④永乐:县名,今属不详。 ⑤洹桥:洹水一名安阳河,时安阳城北的安阳河上有安阳桥,疑即所谓洹桥。

原文

齐受禅,别封西安县子①。皇建元年②,进爵巨鹿郡公③。时乐陵王百年为皇太子④,求妃。孝昭以光世载醇谨,纳其长女为太子妃。历位太子太保、尚书令、司空、司徒。

翻译

魏帝让位而北齐建国后,另封他为西安县子。皇建元年(560),进爵为巨鹿郡公。此时乐陵王高百年为皇太子,求选王妃。孝昭帝因斛律光家世代朴直稳重,便选取他的长女为太子妃。斛律光也历任太子太保、尚书令、司空、司徒。

注释 ①西安县:在今山东临淄西。 ②皇建:北齐孝昭帝年号。 ③巨鹿郡:治曲阳,今河北晋州西。 ④乐陵:郡名,治所不详。下属有乐陵县,即今山东乐陵。百年:北齐孝昭帝之子高百年。

原文

河清三年①,周大司马尉迟迥、齐公宪、庸公王雄等众十万攻洛阳。光率骑五万驰往,战于芒山,迥等大败。光亲射雄杀之,迥、宪仅而获免。仍筑京观②。武成幸洛阳策勋,迁太尉。

初,文宣时,周人常惧齐兵之西度,恒以冬月,守河椎冰。及帝即位③,朝政渐紊,齐人椎冰,惧周兵之逼。光忧曰:"国家常有吞关、陇之志,今日至此,而唯玩声色!"先是,武成纳光第二女为太子妃,天统元年④,拜皇后,光转大将军。三年六月,父丧去官。其月,诏起光及弟羡,并复位。秋,除太保,袭爵咸阳王,迁太傅。

翻译

河清三年(564),北周大司马尉迟迥、齐国公宇文宪、庸国公王雄等率领十万大军进攻洛阳。斛律光统率骑兵五万驰往迎敌,双方会战于芒山,结果尉迟迥等大败。这一战中,斛律光亲自射杀了王雄,尉迟迥、宇文宪也只是侥幸逃得性命。战后北齐军依惯例造作京观,显示武功。武成帝亲临洛阳论功行赏,升任斛律光为太尉。

当初在文宣皇帝时,北周的人常怕齐军西渡黄河,每年都在冬季派兵守河捶冰。而当武成帝即位后,朝政渐渐紊乱,齐人反过来害怕周军进逼,派人守河捶冰。斛律光忧虑地说:"国家曾有吞并关陇地区的志向,现在到了如此地步,却还只知喜爱声色!"在此之前,武成帝选取斛律光的次女为太子妃,天统元年(565),太子即帝位,立为皇后,转任斛律光为大将军。天统三年(567)六月,斛律光因父亲去世而离任。同月,下令斛律光及弟斛律羡免丧归朝,都官复原位。同年秋,任命斛律光为太保,继承父亲的咸阳王爵位,又升任太傅。

注释　① 河清:北齐武成帝年号。　② 京观:战争的胜方为了炫耀武功,收集敌方的尸首,封土成高冢,称京观。　③ 帝:此指武成帝高湛。　④ 天统:北齐后主年号。

原文

十二月①,周军围洛阳,壅绝粮道。武平元年正月,诏光率步骑三万御之。锋刃才交,周将宇文桀众大溃,直到宜阳②。军还,击周齐王宪等众大溃③。诏加右丞相、并州刺史。其年冬,光又率步骑五万于玉壁筑华谷、龙门二城④,与宪相持,宪不敢动。二年,率众筑平陇等镇戍十三所。周柱国枹⑤罕公普屯威、柱国韦孝宽等来逼平陇⑥,光与战于汾水,大破之。周遣其柱国纥干广略围宜阳,光率步骑五万赴之,战于城下,取周建安等四戍⑦,捕千余人而还。

翻译

天统五年(569)十二月,北周军队围困洛阳,阻绝了北齐运粮的通道。武平元年正月,齐后主令斛律光率领步兵骑兵共三万人前往迎敌。双方刚一交战,周将宇文桀的兵马就大乱而逃,斛律光率军直追到宜阳。由宜阳退兵时,斛律光又杀了一个回马枪,把后面追来的宇文宪兵马打得大败而逃。齐后主下令加授斛律光右丞相、并州刺史。同年冬,斛律光又带领步兵骑兵五万人,在玉壁城外修筑了华谷、龙门二城,与宇文宪对峙,宇文宪不敢妄动。武平二年(571),斛律光率领人马修筑平陇等十三个据点。北周柱国枹罕公普屯威、柱国韦孝宽等进逼平陇,斛律光和他们战于汾水之滨,大败周军。北周又派柱国纥干广略围困宜阳,斛律光率领步兵骑兵五万人奔赴宜阳,与周军战于城下,拔掉北周建安等四个据点,停虏了一千多人,然后班师还朝。

注释　① 十二月:据《周书·齐炀王宪传》及《资治通鉴》卷一七〇记载,此事当在北齐天统五年十二月,次年即武平元年,斛律光出兵,则此当脱“天统五年”四字。

② 宜阳:县名,今河南宜阳。 ③ 据《周书》,此处是斛律光退走,宇文宪追击,双方又发生战斗。 ④ 华谷龙门:与下文平陇等戍,并在今山西稷山西。 ⑤ 枹(fú)罕:地名,在今甘肃临夏西。 ⑥ 柱国:即柱国大将军。北周的柱国与其他朝代不同,他是中央禁旅府兵的统帅。西魏初置八柱国,实际统兵为六柱国。每柱国辖二大将军,每大将军辖二开府将军,共二十四军。随着兵员扩大,军不限二十四,柱国亦不止六人,地位不及初期,至隋则成勋位。 ⑦ 建安四戍:当在今河南宜阳境或附近。

原文

军未至邺,敕令便放兵散。光以功勋者未得慰劳,若散,恩泽不施。乃密表,请使宣旨,军仍且进。朝廷发使迟留,军还将至紫陌,光驻营待使。帝闻光军营已逼,心甚恶之,急令舍人追光入见,然后宣劳散兵。拜左丞相,别封清河郡公。

光尝在朝堂,垂帘而坐,祖珽不知[1],乘马过其前。光怒,谓人曰:"此人乃敢尔!"后珽在内省,言声高慢,光过闻之,又怒。珽知光忿,赂其从奴搔头。曰:"自公用事,相王每夜抱膝叹曰[2]:'盲人用权,国必破

翻译

当部队还没到达邺城地界,齐后主就下令遣散军队。斛律光认为立了功的将士们还未受到慰劳,如果就这样散伙,朝廷没有给予他们恩惠。于是上了一道密表,一边请后主派人传达慰劳令,一边率部队继续行进。朝廷遣使迟缓了一些时间,部队已快回到紫陌,斛律光只好安营驻军,等待使者。后主听说斛律光的军营已迫近都城,心中十分不满,立即派舍人催斛律光入朝晋见,然后宣令慰劳,遣散兵马。后主授予斛律光左丞相官位,另封清河郡公。

斛律光曾在朝堂垂帘而坐,祖珽不知,从他面前骑马而过。斛律光很气愤,对人说:"这人竟敢如此放肆!"后来有一次祖珽在内省,说话的腔调又高又慢,斛律光经过听到了,又很气愤。祖珽知道斛律光恼怒自己,就收买了他身

矣!'"斑省事褚士达梦人倚户授其诗曰:"九升八合③粟,角斗定非真④。堰却津中水,将留何处人⑤。"以告斑。斑占之曰:"角斗,斛字;津却水,何留人,合成律字;非真者,解斛律于我不实。"士达又言所梦状,乃其父形也。斑由是惧。又穆提婆求娶光庶女⑥,不许。帝赐提婆晋阳之田,光言于朝曰:"此田,神武以来,常种禾饲马,以拟寇难。今赐,无乃阙军务也?"帝又以邺清风园赐提婆租赁之。于是官无菜,赊买于人,负钱三百万,其人诉焉。光曰:"此菜园赐提婆,是一家足;若不赐提婆,便百官足。"由是祖、穆积怨。

边一个叫揸头的奴仆。揸头对祖斑说:"自从您参掌朝廷大政,斛律相王每夜都抱膝叹息,说:'盲人掌权,国家必定败亡啊!'"祖斑手下的属吏省事褚士达梦见有人靠着门边教给他一首诗,诗是这样的:"九升八合粟,角斗定非真。堰却津中水,将留何处人。"褚士达把这事告诉祖斑。祖斑推测说:"角斗,是个斛字;津字去掉水旁,何留下人旁,合起来是个律字;非真的意思,说的是斛律氏对我不真诚。"褚士达又描述梦中人的形状,竟是祖斑父亲的形象。祖斑因此感到恐惧。又有一个叫穆提婆的求娶斛律光的庶女为妻,被拒绝了。后主把晋阳的田土赏给穆提婆,斛律光又在朝廷上说:"这田自从神武帝以来,常用作种庄稼养马,以应付敌人的侵犯。现把它赏给穆提婆,不就是损害军务吗?"后主又把邺城的清风园赏给穆提婆,让他去租赁获利。这样一来,公家没有菜吃,只好向人赊购,欠了三百万钱,债主都诉苦告状来了。斛律光说:"这菜园赏给穆提婆,是一家人富足了;如不赏给穆提婆,便使百官不乏菜吃了。"因此祖斑、穆提婆都和斛律光结下仇怨。

注释　① 祖珽：北齐政权中的汉族士大夫代表人物之一。字孝征，范阳人。他生活上放荡不羁，政治上却颇有才干，扶植汉人势力，削弱鲜卑特权。武成帝时得罪配光州，受刑而双目失明，后主时以尚书左仆射总机政。　② 相王：指斛律光。他官为丞相，爵为咸阳王，故称。　③ 合(gě)：容量单位。十勺等于一合，十合等于一升。　④ 角斗：角和斗都是量器名，这里就指量斗。非真：指不合规格。因一斗十升，一升十合，上文言九升八合，显然不足一斗。　⑤ 这句的意思是说关拦在河堰内的水流失了，将空出河岸居处人。"何"用"河"的谐音。　⑥ 穆提婆：北齐佞臣之一。其父谋反被杀，其母陆令萱配入宫中，因养育后主得宠。穆提婆因此官至录尚书事，封王。庶女：非正妻所生之女。

原文

　　周将韦孝宽惧光，乃作谣言，令间谍漏之于邺曰："百升飞上天，明月照长安①。"又曰："高山不推自崩，槲树不扶自竖②。"珽续之曰："盲老公背上下大斧，饶舌老母不得语③。"令小儿歌之于路。提婆闻，以告其母。令萱以饶舌为斥己，盲老公谓祖珽也，遂协谋，以谣言启帝曰："斛律累世大将，明月声震关西，丰乐威行突厥④，女为皇后，男尚公主，谣言可畏。"帝以问韩长鸾，鸾以为不可，事寝。光

翻译

　　北周大将韦孝宽很怕斛律光，于是就编造了一些谣言，派间谍到邺城去暗中传播。有一句是："百升飞上天，明月照长安。"又一句是："高山不推自崩，槲树不扶自竖。"祖珽听说后又接着编了一句："盲老公背上下大斧，饶舌老母不得语。"他又指使一些儿童在道路上传唱。穆提婆听到后，告知他的母亲陆令萱。陆令萱认为所谓饶舌是贬责自己，所谓盲老公指的是祖珽，于是共同策划，把谣言报知后主，并说："斛律家世代为大将，斛律光的威名震动关西，斛律羡的声威也遍行突厥，女为皇后，儿娶公主，谣言之传可怕啊！"后主征求韩长鸾对这事的看法，韩长鸾认为不可听信，这事就搁下了。斛律光又曾对人

又尝谓人曰："今军人皆无裈裤⑤,后宫内参,一赐数万匹,府藏稍空,此是何理?"受赐者闻之,皆曰："天子自赐我,关相王何事?"斑又通启求见,帝使以库车载入。斑因请间,唯何洪珍在侧。帝曰："前得公启,即欲施行,长鸾以为无此理,未可。"斑未对。洪珍进曰:"若本无意,则可,既有此意,不决行,万一事泄,如何?"帝然洪珍言,而犹预未决。斑令武都妾兄颜玄⑥,告光谋为不轨。……既而丞相府佐封士让密启云:"光前西讨还,敕令便放兵散,光令军逼帝京,将为不轨,不果而止。家藏弩甲,奴僮千数,每使丰乐、武都处,阴谋往来。若不早图,恐事不可测。"帝谓何洪珍曰:"人心亦大圣,我前疑其欲反,果然。"帝性怯,恐即有变,令洪珍驰召祖斑告

说:"现在军人连套裤都没有,而后宫太监,一次赏赐就是数万匹,朝廷府库渐渐空虚,这是什么道理?"那些得到赏赐的人听到后都说:"这是皇帝亲自赏给我的,关你斛律相王什么事?"祖斑又递进书启,求见后主,后主让人用库车载他入宫。祖斑接着又请避开左右,只剩何洪珍在后主身边。后主说:"先前得到你的禀报,就打算着手处理,韩长鸾认为没有这样行事的道理,因此未敢轻举妄动。"祖斑没吭声。何洪珍进前说:"如果他原就没有造反的意思,那还好,既有这种想法,不果断处理,万一事情泄露,又怎么对付呢?"后主也认为何洪珍的话不错,但还是犹豫不决。祖斑又指使斛律武都旁妻的哥哥颜玄,告发斛律光蓄意谋反。……接着丞相府的属官封士让密报说:"斛律光前次西征回师,皇上下令即刻遣散部队,斛律光却命部队逼近京城,将发动叛乱,未能成功才作罢。他家中暗藏弓弩甲胄,家奴数以千计,常派往斛律羡、斛律武都处,暗中传递作乱的方略。如不早作打算,说不定什么时候就会出事。"后主对何洪珍说:"人心也真通神,我先前疑心他将反叛,现在看来果真如此。"后主生性懦弱,害怕叛乱即刻发生,令何洪珍驱

之。又恐追光不从命，斑因请赐其一骏马，令明日乘至东山游观，须其来谢，因执之。帝如其言。光将上马，头眩。及至，引入凉风堂，刘桃枝自后扑之，不倒。光曰："桃枝常作如此事，我不负国家。"桃枝与力士三人，以弓弦胃⑦其颈，遂拉杀之，年五十八。血流于地，划⑧之迹终不灭。于是下诏称其反，族灭之。

马前往，召来祖斑，把事情都告诉了他。后主又担心急召斛律光而他不从命，于是祖斑建议赏他一匹骏马，命他明天骑马到东山游览观光，等他前来致谢，趁机捉拿他。后主依计而行。斛律光将上马，感到一阵头晕。当他来到宫廷，被引入凉风堂，刘桃枝从他身后偷袭，没能把他推倒。斛律光气愤地说："刘桃枝经常干这种事，我没有对不起国家的地方。"刘桃枝又与三个雄健有力的武士，用弓弦套住斛律光的脖子，把他勒死了，这年他五十八岁。他的血流到地面，血迹始终铲除不尽。后主于是下令，声言斛律光谋反，将他一家都杀掉了。

注释　①百升：一斛十斗，亦即百升。明月：斛律光字明月。这句是说斛律光有帝王气象。　②高山：代指高氏北齐王朝。槲(hú)：落叶乔木。这里是取斛的同音。本句是说高氏将灭，斛律氏将兴。　③盲老公：指祖斑本人。饶舌老母：指陆令萱。祖斑的用意是激怒陆令萱，以便联合谋算斛律光。　④丰乐：即斛律光之弟斛律羡，字丰乐，时为幽州刺史。突厥：六世纪初崛起于阿尔泰山南麓的强大游牧部落，取代柔然，直到隋唐时还威胁着中原的西北和北部。　⑤裈(kūn)裤：内裤、套裤。　⑥武都：斛律光之子，时为梁、衮二州刺史。　⑦胃(juàn)：挂。　⑧划(chǎn)：铲。

原文

使二千石郎邢祖信掌簿籍其家①。斑于都省问所

翻译

祖斑指令二千石郎邢祖信抄没斛律光的家产，并负责登记上账。祖斑在

得物②，祖信曰："得弓十五张，宴射箭一百，贝刀七口，赐稍二张。"斑又厉声曰："更得何物？"曰："得枣子枝二十束，拟奴仆与人斗者，不问曲直，即以杖之一百。"斑大惭，乃下声曰："朝廷已加重刑，郎中何可分雪？"及出，人尤其抗直。祖信慨然曰："好宰相尚死，我何惜余生！"……

　　周武帝闻光死③，赦其境内。后入邺，追赠上柱国、崇国公。指诏书曰："此人若在，朕岂得至邺？"

都省问抄没到的财物，邢祖信回答说："搜到弓十五张、聚宴时习射用的箭一百枝、贝刀七口、朝廷赏赐的长矛两根。"祖斑又厉声吼问："还搜到什么东西？"回答说："还搜到枣树枝二十束，是准备用于责打家奴的。凡是他的家奴与别人发生争斗，不问有理无理，就用它抽打一百下。"祖斑十分惭愧，这才放低声调对邢祖信说："朝廷已经将他处以灭门大刑，你怎么可以替他分辩昭雪呢？"邢祖信走出衙门后，有人责怪他太耿直强硬。他慷慨地说："好宰相都不免一死，我这半条命还吝惜什么呢！"……

　　北周武帝听闻斛律光的死讯，特为此赦免国内罪犯。后来周武帝灭齐，进入邺城，追赠斛律光为上柱国、崇国公。他还指着齐后主令杀斛律光的诏书对臣下说："这人如在，我怎么能到得了邺城呢？"

注释　①二千石郎：官名，尚书省都官尚书下属的二千石曹郎中，掌察地方官得失。　②都省：指尚书省。　③周武帝：宇文泰之子宇文邕，他在位时采取了不少措施，发展了力量，终于灭掉北齐。

苏 绰 传

导读

东、西魏初分伊始,无论政治设施、经济基础、军事力量、幅员版图,西魏都远不如东魏。加以关陇地区连年灾害,民心不安,强敌压境,战事不断,西魏的情势十分窘迫。当此困厄危难之际,百废待兴之时,一位汉族人士脱颖而出,以其卓越的政治才干,把西魏政权推上正常轨道,为西魏乃至北周政权的发展壮大打下良好基础,他就是本篇传记的主人公苏绰。

苏绰(498—546)不仅学问广博,识见卓越,究知政体,并且精于算计,讲求条理,细致入微,所以上自治国纲要,下至公文章法,他都能一一拟定。苏绰从政只有十来年时间,却干了不少大事。他拟定的六条诏书,实为西魏、北周的施政纲领。他修成的三十六条令制,是施政的法则,史称"大统式",多为后世沿用。他又仿照《周礼》,组建府兵和改革官制。尤其值得称道的是,他主张用人并重才德,提出选举"不限资荫",打破了魏晋以来世家大族"凭借世资"入仕和占据清流美职的传统,使西魏、北周做到"选无清浊",任用贤才。通过苏绰的整顿,西魏、北周相对东魏、北齐而言,吏治清明,内部协调,社会稳定,终能以弱胜强,不断壮大,统一北方。由于苏绰的突出贡献,加以他作风朴实,办事勤谨,鞠躬尽瘁,死而后已,后代史家把他比作蜀汉诸葛亮和前秦王猛。苏绰还试图改革文章浮华的弊病,提倡文体一依《尚书》中的《大诰》,虽不免拘泥,未能实行,然用意可取,故有学者推他为古文运动的先驱者之一。(选自卷六三)

原文

苏绰字令绰,武功人①,魏侍中则之九世孙也②。累世二千石③。父协,武功郡守。

绰少好学,博览群书,尤善算术。从兄让为汾州刺史,周帝饯于都门外④。临别,谓曰:"卿家子弟之中,谁可任用者?"让因荐绰。周文乃召为行台郎中。在官岁余,未见知。然诸曹疑事,皆询于绰而后定。所行公文,绰又为之条式。台中咸称其能。周文与仆射周惠达论事,惠达不能对,请出外议之。乃召绰,告以其事,绰即为量定。惠达入呈,周文称善,谓曰:"谁与卿为此议者?"惠达以绰对,因称其有王佐才。周文曰:"吾亦闻之久矣。"寻除著作佐郎。

翻译

苏绰字令绰,武功郡人,曹魏侍中苏则的第九代孙。他的祖辈好几代人都是郡的行政长官。父亲名协,官任武功郡太守。

苏绰年轻时很爱学习,博览群书,尤其精于计算之法。他的从兄苏让由京官出任汾州刺史,周文帝宇文泰在长安城外为他饯行。临别之时,周文帝问苏让:"您家子弟之中,谁可任用?"苏让于是推荐了苏绰。周文帝就把苏绰召来,任命他为行台郎中。在位一年多,还没得到周文帝的赏识。但行台各部门的官员遇到疑难不决的事情,总是向他求教才做决定。对各部门发送的公文,苏绰又分门别类地为它们拟定行款格式。行台官员都称赞他的才干。一次周文帝与仆射周惠达讨论政事,惠达答不上来,请允许出外找人商议。于是召来苏绰,把所讨论的事情告诉他,苏绰即刻为他酌情裁定。惠达入内呈报,周文帝连声叫绝,并问他说:"是谁替你出这个主意的呢?"惠达回答说是苏绰,接着称赞他有辅佐帝王的才能。周文帝说:"我也听说很久了呢。"不久他就任命苏绰为著作佐郎。

注释 ①武功：郡名，治美阳，今陕西扶风东南。 ②魏侍中：曹魏侍中。 ③二千石：汉代郡守的俸禄为二千石，因以代指郡太守。④周帝：指周文帝宇文泰，后文都称周文。

原文

属周文与公卿往昆明池观渔①，行至城西汉故仓池②，顾问左右，莫有知者。或曰："苏绰博物多通，请问之。"周文乃召绰问，具以状对。周文大悦，因问天地造化之始，历代兴亡之迹。绰既有口辩，应对如流。周文益嘉之，乃与绰并马徐行至池，竟不设网罟而还。遂留绰至夜，问以政道，卧而听之。绰于是指陈帝王之道，兼述申、韩之要③。周文乃起，整衣危坐，不觉膝之前席。语遂达曙不厌。诘朝，谓周惠达曰："苏绰真奇士，吾方任之以政。"即拜大行台左丞，参典机密。自是宠遇日隆。绰始制文案程式，朱出墨入，及计帐、户籍

翻译

当周文帝与公卿去昆明池观光打鱼，走到城西的汉代仓池故地时，周文帝环顾问询左右的人，没有一个知道的。这时有人说："苏绰见多识广，请问他吧。"周文帝于是召来苏绰，向他询问，苏绰就把有关仓池的情况一清二楚地说了出来。周文帝十分高兴，接着又向他询问许多事，从天地开创之初，问到历代兴盛衰亡的过程。苏绰既有口才，应对作答，滔滔不绝。周文帝对他更加赞赏，于是和他并马徐行，边走边谈，到了昆明池，连观光打鱼的事也忘记了，竟没张网就返回长安城中。接着又把苏绰留在府中，一直到夜间，继续向他咨询治理国家的大政方略，自己躺卜静听。苏绰于是向他详细陈述了帝王安邦定国的根本道理，同时也谈了法家代表人物申不害、韩非子学说的精要所在。周文帝听得竟从床上爬了起来，整理衣襟，正身长跽，时而移身向前，不知不觉地跽行到了前席，这样一直谈到

之法④。

东方发白都不觉厌倦。第二天一早,周文帝对周惠达说:"苏绰真是个奇才,我现要委任他处理大政。"周文帝立即授予苏绰大行台左丞职位,让他参与处理机要事务。从此周文帝对苏绰的信任、待遇日益隆重。这时苏绰开始制定公文、案卷的法规条例,又规定行台发出的文件用红笔,呈送行台的文书用墨笔,并制定了财政预算收支簿账和户籍登记的方法格式。

注释　① 昆明池:故址在今西安西南,汉武帝时开凿。　② 仓池:位于长安城西的蓄水池,引水以供京都饮用。　③ 申韩:申指申不害,战国时郑国人,仕韩国为相。韩即韩非子。两人都是战国时期法家代表人物。　④ 计帐:计簿。据《通鉴》胡三省注,说是开列次年赋税、劳役的大数,上报度支,作为征派的依据。到唐代则是把计帐户籍合而为一了。

原文

大统三年①,齐神武三道入寇,诸将咸欲分兵御之,独绰意与周文同,遂并力拒窦泰,擒之于潼关②。封美阳县伯③。十一年,授大行台度支尚书④,领著作,兼司农卿⑤。

周文方欲革易时政,务弘强国富人之道,故绰得尽

翻译

大统三年(537),齐神武帝分三路入侵,诸将都主张分兵抵挡,只有苏绰的想法和周文帝相同。于是集中兵力抵御窦泰,在潼关将他生擒了。朝廷封苏绰为美阳县伯。大统十一年(545),苏绰被任命为大行台度支尚书,又负责著作事,兼任司农卿。

此时周文帝正想改革时政,努力扩展富民强国的路子,所以苏绰得以尽力

其智能，赞成其事。减官员，置二长⑥，并置屯田以资军国。又为六条诏书，奏施行之。

发挥他的聪明才智，辅佐周文帝成就大事。他建议减官员、置二长，并兴置屯田，以助军政开支。他又草拟了六条诏书，奏请施行。

注释 ① 大统：西魏文帝年号。 ② 据前《神武帝本纪》记载，窦泰是兵败自杀，与此不同。 ③ 美阳县：今陕西扶风东南。 ④ 度支尚书：尚书诸部长官之一，掌财政预算收支、差派劳役、管理户籍等。行台建置略如尚书省，故亦设此官。 ⑤ 司农卿：官名，秦汉以来为九卿之一，掌督课农事、兴修水利、管理天下粮仓等。 ⑥ 二长：按后文有"党族闾里正长之职"一句，疑二长指党正、里长，即把孝文帝以来的乡官三长减为二长，符合"减官员"的精神。

原文

其一，先修心，曰：

"凡今之方伯守令，皆受命天朝，出临下国，论其尊贵，并古之诸侯也。是以前代帝王，每称共理天下者唯良宰守耳。明知百僚卿尹虽各有所司，然其理人之本，莫若守宰之最重也。凡理人之体，当先理己心。心者一身之主，百行之本。心不清静，则思虑妄生；思虑妄生，则见理不明；见理不明，则是非谬乱。是非既

翻译

第一条先修心说：

"当今所有的州郡县长官，都是由朝廷任命，出治一方，从他们的地位尊贵来讲，都相当于古代的诸侯。所以前代帝王总是这样说：和我一起共同治理天下的，只有优秀的郡守县令罢了。这就说明虽然朝廷明知各部门长官各有各的职掌，但作为治理民众的基础，则以郡守、县令最为重要。凡属治理民众的人，自己当先进行内心修养。内心是一身的主宰，各种品行产生的根源。内心不清静，就会胡思乱想；胡思乱想，就会看不清事理；看不清事理，就分不清是非。是非既然分不清，那么一身都不

乱,则一身不能自理,安能理人也?是以理人之要,在于清心而已。夫所谓清心者,非不贪货财之谓,乃欲使心气清和,志意端静。心和志静,则邪僻之虑无因而作。邪僻不作,则凡所思念无不皆得至公之理。率至公之理以临其人,则彼下人孰不从化?是以称理人之本,先在理心。

其次又在理身,凡人君之身者,乃百姓之表、一国之的也。表不正,不可求直影;的不明,不可责射中。今君身不能自理,而望理百姓,是犹曲表而求直影也;君行不能自修,而欲百姓修行者,是犹无的而责射中也。故为人君者,必心如清水,形如白玉,躬行仁义,躬行孝悌,躬行忠信,躬行礼让,躬行廉平,躬行俭约,然后继之以无倦,加之以明察。行此八者以训其人。是以其人畏

能自理,还怎么能治理民众呢?所以说治理民众的关键,在于清心而已。这里所说的清心,不是指不贪图财产货物,而是要让心气清和,志意端静。做到了心气清和、志意端静,那么歪邪的念头就无从产生。歪邪的念头不产生,那么考虑任何事情便无不符合大公无私的道理。用大公无私的道理去治理属下的民众,那么下民谁不顺从你的教化呢?所以说治理民众的根本在于先治心。

其次又在于治身,凡帝王之身,是百姓的表率、一国的目标,有如测日影的标杆、习射的箭靶。标杆不正,不可能求得直影;箭靶不显,不可以责人射中。现在帝王如不能自治一身,而企图治理天下百姓,就如用弯曲的标杆而强求日影直;帝王不能修养自己的品行,而要求百姓修养品行,就如没有箭靶却责人射中。所以作为一个帝王,必须心如清水,形如白玉,身体力行仁义、孝悌、忠信、礼让、廉平、俭约,然后再加上勤政不懈、明察秋毫。对这八个方面加以身体力行并用它去训导自己的臣民。所以臣民既敬畏又爱戴他,既遵从又仿效他,美好的品行不待家家教日日见而自然地养成了。"

而爱之，则而象之，不待家教日见而自兴行也。"

其二，敦教化，曰：

"天地之性，唯人为贵。明其有中和之心，仁恕之行，异于木石，不同禽兽，故贵之耳。然性无常守，随化而迁。化于敦朴者则质直，化于浇伪者则浮薄。浮薄者则衰弊之风，质直者则淳和之俗。衰弊则祸乱交兴，淳和则天下自治。自古安危兴亡，无不皆由所化也。

"然世道凋丧，已数百年，大乱滋甚，且二十载[1]。人不见德，唯兵革是闻；上无教化，唯刑罚是用。而中兴始尔，大难未弭，加之以师旅，因之以饥馑，凡百草创，率多权宜。致使礼让弗兴，风俗未反。比年稍登稔，徭赋差轻，衣食不切，则教化可修矣。凡诸牧守令长，各宜洗心革意，上承朝旨，下宣教化矣。

第二条敦教化说：

"以天地的博大，生育万物，却只有人才是尊贵的。这是因为明白人有中正淳和的心志，仁爱宽厚的性行，有别于木石，不同于禽兽，所以才显得尊贵。但人性不是一成不变，而是随教化转移的。受到淳厚朴实的教化就正直，受到虚伪诡诈的教化就浮薄。浮薄是一种衰落败坏的风气，正直是一种淳厚和善的习俗。风气衰败，各种变乱就会交替而作；习俗淳和，普天之下就会自然安宁。自古以来，安危兴亡，无不是由教化的内容决定的。

"然而社会风气的败坏，已有好几百年，朝廷发生大乱且乱势不断滋长，至今将近二十年。民众看不到德义所在，听到的尽是兵革纷争；执政者全不施行教化，使用的仅是酷刑苛罚。而我国家重振纲纪的事业刚刚起步，叛逆作乱还未平定，加上战争不断，灾荒连年，各种制度都才开始建立，大多还是权宜之计。致使礼敬谦退的道德风尚没能兴行，风俗未归于淳正。近年以来，收成较好，劳役、赋税有所减轻，眼下温饱不成问题，教化的事就可进行了。所有的州郡县长官，都要清醒头脑、端正思想，秉承朝廷的命令，对下施行教化。

注释　① 此句中"世道凋丧"当指汉末以来礼义之风衰败，"大乱"当指尔朱氏、高氏相继擅权。

原文

"夫化者，贵能扇之以淳风，浸之以太和，被之以道德，示之以朴素。使百姓亹亹①，日迁于善，邪伪之心，嗜欲之性，潜以消化，而不知其所以然，此之谓化也。然后教之以孝悌，使人慈爱；教之以仁顺，使人和睦；教之以礼义，使人敬让。慈爱则不遗其亲，和睦则无怨于人，敬让则不竞于物。三者既备，则王道成矣。此之谓教也。先王之所以移风易俗，还淳反素，垂拱而临天下以至于太平者，莫不由此。此之谓要道也。"

翻译

"所谓化，贵在能以纯朴的风尚去倡导，以清和的心气去浸润，以道德行为去待人，以朴素作风去示范。使百姓的心境自然而然地一天天趋于完美，那些邪恶诡诈的念头、贪得无厌的习性，暗自消解而不知是怎样达到这种境界的，这才叫化啊。然后再用孝敬、友爱去教导，使民众有慈爱之心；用宽厚、和顺去教导，使民众和睦相处；用礼义廉耻去教导，使民众诚敬谦让。有慈爱之心就不会遗弃他的亲人，能和睦相处就不会相互怨恨，有诚敬谦让的风范就不会对身外之物斤斤计较。具备以上三个方面，那么帝王安邦定国的大道就有了。这就称作教。前代君王之所以能改变当时的歪风邪气，使它回归淳正朴实，垂肩拱手、端坐朝堂而治理天下并达到国泰民安，无不是通过教化来加以实现的。这就是说，教化是帝王治理天下的重要方法啊。"

注释　① 亹(wěi)亹：形容勤勉不倦。

原文

其三,尽地利,曰:

"人生天地之间,衣食为命。食不足则饥,衣不足则寒。饥寒切体,而欲使人兴行礼让者,此犹逆坂走丸,势不可得也。是以古之圣王知其若此,先足其衣食,然后教化随之。夫衣食所以足者,由于地利尽。地利所以尽者,由于劝课有方。主此教者,在乎牧守令长而已。人者冥也^①,智不自周,必待劝教然后得尽其力。诸州郡县,每至岁首,必戒敕部人,无问少长,但能操持农器者,皆令就田,垦发以时,勿失其所。及布种既讫,嘉苗须理。麦秋在野,蚕停于室,若此之时,皆宜少长悉力,男女并功,若扬汤救火、寇盗之将至,然后可使农夫不失其业,蚕妇得就其功。若游手怠惰、早归晚出、好逸恶劳、不勤事业

翻译

第三条尽地利说:

"人生于天地之间,穿衣吃饭是生命攸关的头等大事。粮食不足就会挨饿,衣装缺乏就不免受冻。在民众身受饥寒侵逼的时刻,却要求他们兴行礼义廉让的风尚,这就如同要弹丸向坡上滚,势必办不到。所以古代英明的君主懂得这个道理,先使民众丰衣足食,然后才兴行教化。而衣食之所以能丰足,在于充分利用土地的生产能力。土地的生产能力之所以能得到充分利用,在于劝导督促耕种得法。主持这项教育工作,就靠各级地方长官了。"民"就是"冥"的意思,民众知识不足,有时对事情考虑得不那么周全,必须依靠劝诫教导才会尽力去做。每到年初,各州郡县定要戒令本地民众,不论老幼,只要能操持农具的,都令其下到田间,按时耕垦,莫让土地荒芜。当播种完毕之后,苗壮的禾苗需要进行打理。麦成熟于田野,蚕结茧于屋中,在这种时节,都应老幼尽力,男女合作,要像泼水救火、防卫寇盗来临般地紧急行动起来,然后能使农夫不失本业,蚕妇得以进行织造。如有闲荡散漫、早归晚出、好逸恶

者,则正长牒名郡县,守令随事加罚,罪一劝百。此则明宰之教也。

劳、不致力于耕织的人,那么党正里长就记下他们的名字报告郡县,郡守、县令应根据情况加以处分,处罚一人便能劝诫众人。这才是贤明官长的教育方法。

注释 ① 人者冥也:按句中"人"当作"民",《北史》避唐太宗李世民讳改,但此句本是取"民""冥"谐音,改后就无此意,故标出。

原文

"夫百亩之田,必春耕之,夏种之,秋收之,然后冬食之。此三时者,农之要月也。若失其一时,则谷不可得而食。故先王之戒曰:'一夫不耕,天下必有受其饥者;一妇不织,天下必有受其寒者。'若此三时,不务省事,而令人废农者,是则绝人之命,驱以就死然。单劣之户,及无牛之家,劝令有无相通,使得兼济。……

"夫为政不欲过碎,碎则人烦;劝课亦不容太简,简则人怠。善为政者,必消息时宜而适烦简之中。故

翻译

"以一家百亩的土地而言,必经过春耕、夏种、秋收,然后冬天才有粮食可供食用。春、夏、秋这三个季节,是农事的重要月份。如误了一个时节,就不能收获粮食供食用了。所以前代君王告诫说:'一个农夫不耕种,天下必有人因他而挨饿;一个蚕妇不纺织,天下必有人因她而受冻。'如在这三个季节,各地长官不留意审时察事,使民众废弃农作,这就如断绝民众的活路而驱赶他们到死地一般。对于某些缺少劳力及无耕牛的人户,应劝告他们互通有无,使能共同渡过难关。……

"凡处理政务不必太细密,过于细密则民众会感到困扰;但劝诫督察也不可太简略,过于简略则民众便会怠惰。善于处理政务的人,必须根据情况变

《诗》曰：'不刚不柔，布政优优，百禄是求①。'如不能尔，则必陷于刑辟矣。"

化，结合当时需要，使政事繁简适宜。所以《诗经》中有一篇这样说：'不刚不柔，布政宽和，能求得百福。'如不能做到这样，就必然会陷入法网了。"

注释　① 此诗出《诗经·商颂·长发》，个别字有不同。

原文

其四，擢贤良，曰：

"天生蒸黎，不能自化，故必立君以理之。人君不能独理，故必置臣以佐之。上自帝王，下及列国，置臣得贤则安，失贤则乱。此乃自然之理，百王不能易也。

"今刺史县令，悉有僚吏，皆佐助之人也。刺史府官则命于天朝；其州吏以下，并牧守自置。自昔以来，州郡大吏①，但取门资，多不择贤良；末曹小吏，唯试刀笔②，并不问志行。夫门资者，乃先世之爵禄，无妨子孙之愚瞽；刀笔者，乃身外之末材，不废性行之浇伪。若门资之中而得贤良，

翻译

第四条擢贤良说：

"天生平民百姓，不能自身达到完美境界，所以必须设立君王来治理。君王不能独自一身治理天下事，所以必须建置臣僚作为辅佐。上自帝王朝廷，下至诸侯邦国，建置臣僚如能得到贤人充任，那便太平无事，如果失去贤臣就会乱亡。这是自然的道理，任何帝王都改变不了。

"当今各级地方长官都建置有僚属，这些都是协助处理政务的人。州刺史的府官则由朝廷任命；刺史府官以下的僚属，都由刺史、郡守自己选任。自往昔以来，州郡的高级属员只凭门第资格选用，多不能选择德才兼备的人；而对低级部门的小吏，又只测试其文笔高下，全不问心志品行。所谓门资，只是前辈的爵位品秩，它并不能保证子孙不愚昧；所谓刀笔，只是学来的一点微末

是则策骐骥而取千里也；若门资之中而得愚瞽，是则土牛木马，形似而用非，不可以涉道也。若刀笔之中而得志行，是则金相玉质，内外俱美，实为人宝也；若刀笔之中而得浇伪，是则饰画朽木，悦目一时，不可以充榱橼之用也。今之选举者，当不限资荫，唯在得人。苟得其人，自可起厮养而为卿相，则伊尹、傅说是也③，而况州郡之职乎？苟非其人，则丹朱、商均虽帝王之胤④，不能守百里之封，而况于公卿之胄乎？由此而言，官人之道可见矣。

技艺，不会改变心志品行的虚伪诡诈。如在门第高贵的人中获得才德之士，这就如驾驭骏马而驰骋千里；如在门第高贵的人中得到的是愚昧无知的庸才，这就如土牛木马，形貌很像却不管用，不可用来代步行路。如在文笔高妙的人中获得心志品行可嘉的人，那就像有着金子一般的外表、玉石一般的品质，里外都美，实属人中的珍宝；如在文笔之士中得到的是虚伪诡诈的人，那正如在朽木上修饰精美的图案，悦目一时，不能当椽子来作盖屋之用。现在我们选拔人才，应该不限门第资格，只求得到真正优秀的人才。若真能得到十分优秀的人才，自可将养马的奴仆起用为宰相大夫，伊尹、傅说就是这种情况，何况区区州郡的职位呢？假如不是才德之士，就如丹朱、商均那样虽是帝王的后代，不能保住区区百里的封地，更何况公卿的后代呢？这样说来，任用官吏的道理就明白了。

注释 ①大吏：即上佐，高级幕僚。 ②刀笔：指文墨、文才。古人在发明纸以前，书写于竹简，有误则用刀削去。 ③伊尹：商汤之臣。初为奴隶，后居阿衡（宰相）之位。傅说(yuè)：商武丁时相臣，相传未受任前以替人筑土建屋为生。 ④丹朱、商均：相传丹朱是尧的儿子，商均是舜的儿子，都是不肖子。

原文

"凡所求材艺者,为其可以理人。若有材艺而以正直为本者,必以材而为理也;若有材艺而以奸伪为本者,将因其官而乱也,何致化之可得乎?是故将求材艺,必先择志行,善者则举之,其志行不善则去之。

"而今择人者,多云邦国无贤,莫知所举。此乃未之思也,非适理之论。所以然者,古人有言:明主聿兴,不降佐于昊天;大人基命,不擢才于后土。常引一世之人,理一世之务。故殷、周不待稷、契之臣,魏、晋无假萧、曹之佐。仲尼曰:'十室之邑,必有忠信如丘者焉。'岂有万家之都,而云无士?但求之不勤,择之不审,或授之不得其所,任之不尽其材,故云无耳。古人云:'千人之秀曰英,万人之英曰俊。'今之智效一官、行

翻译

"凡属选举中所要求具备的才干、技艺,是因为可以用来治理民众。假如具备才干、技艺,又以正直的心性为根本,他必定会用自己的才艺去做好工作;假如具备才干、技艺,却以歪邪诡诈的心性为根本,他将会凭借自己的官位干坏事,又怎能诱导民众而达到教化兴行的境地呢?因此在选取才干、技艺之前,必须先审察性行,性行优秀的就举荐,性行恶劣的就斥退。

"当前负责选举的官员,多说自己那地方没有贤才,不知该举荐谁才好。这种说法没经过认真思考,不是合理的论断。所以要这样批评他们,是因为古人曾这样说:英明的君主兴起,不由天帝赐给辅佐;德行高尚的人创业,不由地神选拔人才。常常是引用当世之人,治理当世之务。所以商、周不可能靠远祖稷、契时的人做臣僚,魏、晋也无法借用萧何、曹参来作辅佐。孔子说:'凡有十家人聚居的地方,必有和我一样忠实诚信的人。'哪有民户万家的都市却说无人才的道理呢?只是没用力去寻求,选择不精审,或者是所授的职位不适合发挥他的专长,所任的官不能充分施展他的才干,所以才说无贤才罢了。古人

闻一邦者,岂非近英俊之士也?但能勤而审之,去虚取实,各得州郡之最而用之,则人无多少,皆足化矣。孰云无贤!

说:'千人之中的优秀者称作英,万人之中的英才就称作俊。'当今以才智效劳于一官、以品行闻名于一方的人,难道不是近乎英俊的人才吗?只要能用心去审察,斥退徒有虚名的人,选取名实相符之士,各得州郡中最优秀的人才加以任用,那么无论人多人少,都足以兴行教化了。谁说没有贤才呢!

原文

"夫良玉未剖,与瓦石相类;名骥未驰,与驽马相杂。及其剖而莹之,驰而试之,玉石驽骥,然后始分。彼贤士之未用也,混于凡品,竟何以异?要任之以事业,责之以成务,方与彼庸流较然不同。昔吕望之屠钓①,百里奚之饭牛②,宁生之扣角③,管夷吾之三败④,当此之时,悠悠之徒,岂谓其贤?及升王朝,登霸国,积数十年,功成事立,始识其奇士也。于是后世称之,不容于口。彼瑰玮之材⑤,不世之杰,尚不能以未

翻译

"美玉在没剖去表面杂质之前,和砖瓦石头差不多;骏马在没奔驰之时,就跟凡马杂混在一起。当通过剖理而使美玉晶莹,经过奔驰而试出马的足力,然后美玉和石块、名驹和凡马才分辨开来。那些贤士在没被任用之时,混杂在平庸的人群中,又怎么能识别他们呢?关键要把工作交给他们,责成他们把事情办好,才能看出他们与那些平庸的人截然不同。古代的太公望靠杀牛钓鱼为生,百里奚替人养牛,宁戚敲打着牛角吟歌求仕,管仲也曾三战三败,在此时刻,为数众多却无识见的人,难道会称他们为贤才吗?而当他们做了王朝或诸侯大国的辅佐,经过几十年的努力,建立了大功勋,完成了大事业,这才知道他们真是具有奇才异能的人。

遇之时，自异于凡品，况降此者哉！若必待太公而后用，是千载无太公；必待夷吾而后任，是百世无夷吾。所以然者，士必从微而至著，功必积小以至大，岂有未任而已成，不用而先达也？若识此理，则贤可求，士可择。得贤而任之，得士而使之，则天下之理，何向而不可成也？

于是后代的人赞美他们，就不是能说尽的了。像他们那样异乎寻常的人才，当世无比的俊杰，都不能在未受重用时自异于凡庸的人，更何况不如他们的人呢！假如一定要等有了太公才任用，那就一千年也不会有太公；一定要等有了管仲才委任，那就一百世也不会有管仲。所以要这样说，是由于士人必定是从卑微到显贵，功业必定是由小至大逐渐积累的，哪有未被任事却已成大业，不被试用却先居高位的呢？如果懂得这个道理，那么就能够寻求到贤才，挑选到能士。得到贤才加以重用，得到能士加以差使，那么对天下的治理，还有哪一方面不能成功呢？

注释　① 吕望：即太公望，俗称姜太公，相传他以杀牛钓鱼为生，受知于周文王，尊用之。周灭商，封于齐，为齐国始祖。　② 百里奚：春秋秦穆公的贤相，相传曾为人饲牛。　③ 宁生：春秋时卫国人宁戚，一作宁越。后入齐境。喂牛车下，适遇齐桓公出郊，他敲打着牛角而吟歌，桓公识其奇才，后命为上卿。　④ 管夷吾：即管仲，佐齐桓公成霸业。他在受重任前曾打过三次败仗。　⑤ 瑰玮（wěi）：品质奇特。

原文

　　"然善官人者，必先省其官。官省，则善人易充；善人易充，则事无不理。官烦，则必杂不善之人；杂不

翻译

　　"然而善于任用官吏的人，必先精简机构。机构精简，这就容易使优秀人才充实到官府中来；人才容易充实，那么任何事情都会处理得当。机构庞杂，

善之人，则政必有得失。故语曰：'官省则事省，事省则人清；官烦则事烦，事烦则人浊。'清浊之由，在于官之烦省。案今吏员，其数不少。昔人殷事广，尚能克济，况今户口减耗？依员而置，犹以为少。如闻在下州郡，尚有兼假①，扰乱细人，甚为无理。诸为此辈，悉宜罢黜，无得习常。

就会混杂恶劣的人；混杂了恶劣的人，政务就必然会出现有得有失的情况。所以有人这样说：'机构精简事就精简，事情精简人就清明；机构繁杂事就繁杂，事情繁杂人就混浊。'清明混浊的由来，在于官府机构的精简与繁杂。按现在官吏员额，数目是不少的。在往昔人多事广的时候，也都能处理好政务，何况现在人户减了不少呢？按照以前的员额建置，有人还认为太少。近来听说下边的州郡，还有一官多人、挂名为官的情况，因此烦扰百姓，太没道理。凡属这一类的官吏，全都应当罢免，不准习以为常。

注释 ① 兼假：此处指一官设两人或多人，或挂名为官，实无职掌。

原文

"非直州郡之官，宜须善人，爰至党族闾里正长之职，皆当审择，各得一乡之选，以相监统。夫正长者，理人之基，基不倾者，上必安。

"凡求贤之路，自非一途。然所以得之审者，必由

翻译

"不仅仅是州郡的官吏需要优秀的人才，就是乡间正、长一类职事，也都应该精心选才，使各自能够选出一乡中最有德望的人，以统率一乡的民众。党正里长是治理民众的基础，基础不倾斜，居于上位的就必定安稳了。

"寻求贤才的途径，自然并非一条。然而之所以能审慎地选拔他们，必定要通过安排工作以测试他们的能力，考核

任而试之，考而察之。起于居家，至于乡党，访其所以，观其所由，则人道明矣，贤与不肖别矣。率此以求，则庶无怨悔矣。"

原文

其五，恤狱讼，曰：

"人受阴阳之气以生，有情有性。性则为善，情则为恶。善恶既分，赏罚随焉。赏罚得中，则恶止而善劝；赏罚不中，则人无所措手足[①]，则怨叛之心生。是以先王重之，特加戒慎者，欲使察狱之官，精心悉意，推究根源。先之以五听[②]，参之以证验，妙睹情状，穷鉴隐伏，使奸无所容，罪人必得。然后随事加刑，轻重皆当，舍过矜愚。得情勿喜，又能消息情理，斟酌礼律，无不曲尽人心，而远明大教，使获罪者如归。此则善之上者也。然宰守非一，

翻译

第五条恤狱讼说：

"人是感受阴阳二气而生的，所以有情有性。性发于外就行善，情发于外就作恶。善恶既已区别，赏罚随后运用。赏罚得当，那么恶行被制止而善行得到鼓励；赏罚不当，那么民众就不知怎样做才好，连手脚都不知该放在什么地方；民众到了这种手足无措的地步，怨恨反叛的心就产生了。所以古代君王重视赏罚，特别加以告诫，要求慎重对待，就是要使审理刑案的官员精密周详地考察、推究案情的根源。首先要从五个方面听案，再参考其他证据，深察细节，探明隐情，使诡诈之人不能藏奸，犯罪之人必定被捉拿归案。然后根据不同情况判刑，轻重都要适当，宽容过失犯罪、原谅愚弱触法。判明实情也不能自鸣得意，还要能参考人情事理，融会礼制，无不委婉地尽到人情而深明仁

不可人人皆有通识，推理求情，时或难尽。唯当率至公之心，去阿枉之志，务求曲直，念尽平当。听察之理，必穷所见，然后拷讯以法，不苛不暴。有疑则从轻，未审不妄罚，随事断理，狱无停滞。此亦其次。若乃不仁恕而肆其残暴，同人木石，专用捶楚。巧诈者，虽事彰而获免；辞弱者，乃无罪而被罚。有如此者，斯则下矣，非共理所寄。今之宰守，当勤于中科，而慕其上善。如在下条，则刑所不赦。

义之教，使获罪的人如回到家中。这才是处理刑狱的最好方式啊。然而地方长官并非都一样，不可能人人都有通达的识见，推求情理，也有难以详尽的时候。只是当本着至公至正的心，去除曲意奉迎、挟情袒护之念，尽可能判明是非曲直，以谋求所有判处都平允得当。听诉和审查的方法，必须先把所能发现的表面上的问题追查清楚，然后按规定用刑审讯，不苛不暴。有疑问就从轻发落，没搞清楚就不要乱罚，及时解决处理，使狱案不至于拖延积压。这样处理狱讼，也算较好的。至于不用仁厚宽恕的方式，而尽用残暴的手段，把民众看作木石，专用鞭抽棍打。那些善于诡诈巧言的人，虽然罪情明白却被免于治罪；那些不善言辞的人，竟然无罪而遭刑罚。有像这样对待狱讼的，那就是最下等的了，不是共理天下大业所可依赖的。当今地方各级长官，应在努力做到中等的基础上向最好的看齐。如在下等，那么刑律是不会宽饶他的。

注释 ①此下《周书·苏绰传》多"民无所措手足"一句。《北史》删掉后，使原来层层递进的文法不够明确，且两"则"字迭用，显得滞重。今译文中加上此句。②五听：听理狱讼的五个方面，即言语、神色、气息、听觉、目光。讼者持之有理，就会言语直切、神色安然、气息平稳、听觉灵敏、目光不乱，反之则不然。

原文

"又当深思远大，念存德教。先王之制曰：与杀无辜，宁赦有罪；与其害善，宁其利淫。明必不得中，宁滥舍有罪，不谬害善人也。今之从政者则不然，深文巧劾，宁致善人于法，不免有罪于刑。所以然者，非皆好杀人也，但云为吏宁酷，可免后患。此则情存自便，不念至公，奉法如此，皆奸人也。夫人者，天地之贵物，一死不可复生。然楚毒之下，以痛自诬，不被申理，遂陷刑戮者，将恐往往而有。是以自古已来，设五听三宥之法①，著明慎庶狱之典，此皆爱人甚也。凡伐木杀草，田猎不顺，尚违时令而亏帝道；况刑罚不中，滥害善人，宁不伤天心，犯和气！和气损而欲阴阳调适，四时顺序，万物阜安，苍生悦乐者，不可得也。故语曰：'一夫吁嗟，

翻译

"此外又应深刻地考虑远大的事业，心中要有以德化人的观念。古代君王有这样的规定：与其滥杀无辜，宁可宽恕有罪；与其伤害善良，宁可便宜奸邪。这就指出，在确知不可能处置得当时，宁可错免有罪的人，也不误伤好人。现在从政的人就不是这样，他们固执于法律条文，想方设法去罗列过失，宁可造成好人受罚的后果，也不让有罪的人逃出刑网。他们之所以这样做，不是都喜欢杀人，只是认为当官宁可严厉一些，可免除将来因漏判罪人而受罚的忧患。这样做就是存利己的心，而不考虑是否符合至公无私之理，像这样奉行法令的，都是奸邪的人。人是天地所生万物中最珍贵的，一死不可复生。然而在施加酷刑的情况下，因忍受不了痛苦而自认有罪，不经再审就遭杀害，恐怕时时处处都会有的。所以自古以来，制定了从五个方面听理狱讼、对三种情况从宽处理的规则，著述了明察细审各种狱讼的典章，这些都是十分珍惜人命的做法。凡是伐木、割草、打猎不依时节，都会违犯有关时节的政令而损害帝王的政道；何况刑罚不当，乱杀好人，难道能

王道为之倾覆。'正谓此也。凡百宰守，可无慎乎！

"若深奸巨猾，伤化败俗，悖乱人伦，不忠不孝，故为背道。杀一利百，以清王化，重刑可也。识此二途，则刑政尽矣。"

不让老天爷伤心，能不触犯和气吗！既伤和气却又想阴阳二气协调合度、春夏秋冬四时按规律演变、万物昌盛平安、天下民众喜乐，这是办不到的。所以有人这样说：'一人愁叹，帝王的政道因此毁失。'正说的是这种情况啊。所有的地方长官们，能不审慎吗！

"如果是老奸巨猾，伤教化、败风俗，违背道德、祸乱伦理，不忠不孝，这当然是和帝王的教化背道而驰的。杀掉一人而有利众人，使帝王的教化清明，虽用重刑也是可以的。明确了这两个方面，那么刑政就完备了。"

注释　① 三宥：指对犯人可以从宽处理的三种情况。一是不识，即不审，如错把他人当仇人杀害；二是过失，即误伤人命；三是遗忘，如先知某人在某处，后来遗忘，投枪射箭而伤人。见《周礼·司刑》。

原文

其六，均赋役，曰：

"'圣人之大宝曰位。何以守位？曰仁。何以聚人？曰财。'明先王必以财聚人，以仁守位。国而无财，位不可守。是故三五以来，皆有征税之法。虽轻重

翻译

第六条均赋役说：

"'贤德的人最宝贵的是地位。用什么来守住地位呢？是靠对民众的仁爱。用什么来聚集民众呢？是靠财富。'上面的话表明，前代君王必定是用财富来聚集民众，用仁爱来守住地位的。作为一个国家而没有财富，国家的地位就保不住。所以从三皇五帝以来，都有征

不同,而济用一也。今寇逆未平,军国费广,虽未遑减省,以恤人瘼,然宜令平均,使下无怨。平均者,不舍豪强而征贫弱,不纵奸巧而困愚拙,此之谓均也。故圣人曰:‘盖均无贫。’

"然财货之生,其功不易。纺纴织绩,起于有渐,非旬日之间所可造次。必须劝课,使预营理。绢乡先事织纴,麻土早修纺绩。先时而备,至时而输,故王赋获供,下人无困。如其不预劝戒,临时迫切,复恐稽缓,以为己过,捶扑交至,取办目前。富商大贾①,缘兹射利,有者从之贵买,无者与之举息。输税之人,于是弊矣。

税之法。虽然轻重不同,但供聚民之用是一致的。当今寇盗叛逆还没平息,军务朝政的开支很大,虽没来得及减省,以抚慰百姓的疾苦,但应使其平均,使民众没有怨言。所谓平均,就是不免除豪强而只向家贫势弱的人征收,不纵容奸猾诡诈的人而使愚昧笨拙的人受困。所以圣人孔子说:‘只要公平就没有贫困。’

"然而生产财物的工作也是不容易的。从纺线到织成绢布,是由一丝一线逐渐完成,不是短期内所能办到的。所以必须告诫督促,使人预先经营料理。栽桑养蚕的地区预先从事缲丝织绢,产麻的地区早早进行纺线织布。提前做好准备,到时就能交纳,所以朝廷的赋调既得到供给,而民众又不感到困扰。如果不预先劝诫,到了征收期限紧迫的时候,又担心拖延公务而成了自己的过失,于是鞭棍交替抽打,责令马上备办交纳。那些富有的商人贩子,趁此机会年取暴利,有钱的出高价向他买,没钱的只好向他借贷付息。缴纳赋税的人于是就遭殃了。

注释 ① 贾(gǔ):商人。

原文

"租税之时，虽有大式，至于斟酌贫富，差次先后，皆事起于正长，而系之于守令。若斟酌得所，则政和而人悦；若检理无方，则吏奸而人怨。又差发徭役，多不存意，致令贫弱者或重徭而远戍，富强者或轻使而近防。守令用怀如此，不存恤人之心，皆王政之罪人也。"

翻译

"征收租税的时候，虽然有基本的规定，至于考虑贫富差别，排列先后次序，这些事都由党正、里长提出初步意见，而由郡守、县令决定。如果考虑得很周到，那么就能做到政事和美而民众喜悦；假如审核安排不得法，就会出现官吏作弊而民众愁怨的情况。此外分派徭役，官吏多不用心，可能致使贫困力弱的人服重役而去远方戍守，富足力强的人被轻差而在近地戍防。郡守、县令考虑问题是这样草率，不存一点怜悯同情民众的心，都是违背帝王政道的罪人。"

原文

周文甚重之，常置诸坐右。又令百司习诵之，其牧守令长非通六条及计帐者，不得居官。

自有晋之季，文章竞为浮华，遂以成俗。周文欲革其弊，因魏帝祭庙，群臣毕至，乃命绰为《大诰》①，奏行之。……自是之后，文笔皆依此体。

翻译

周文帝对苏绰草拟的六条诏令十分重视，常把它放在座位右边。他又令各部门官员学习、背诵，尤其是州刺史、郡太守、县长县令，凡不通晓六条诏令和计账之法的，不准上任。

自晋朝以来，许多文人争作辞藻华丽而没有实际内容的文章，后来就形成一种风气。周文帝想要革除文风的弊病，趁西魏文帝祭祀宗庙、群臣全部会集的时候，命苏绰写了一篇《大诰》，奏请魏帝颁行。……从这以后，文章的格调都依照这种体制。

注释 ① 大诰：本为儒家经典《尚书》中的一篇，相传为周公所作。文风古朴雅正。后用来泛称帝王发布政令的文书。

原文

　　绰性俭素，不事产业，家无余财。以海内未平，常以天下为己任。博求贤俊，共弘政道，凡所荐达，皆至大官。周文亦推心委任，而无间言焉。或出游，常预署空纸以授绰，若须有处分，则随事施行。及还，启知而已。绰常谓为国之道，当爱人如慈父，训人如严师。每与公卿议论，自昼达夜，事无巨细，若指诸掌。积思劳倦，遂成气疾。十二年，卒于位，时年四十九。

翻译

　　苏绰生性俭约朴素，不经营私人的产业，因而家中没有多余的财物。因为四海不安，他常把治理天下当作自己的责任。他广泛寻求优秀人才，共同扩展富民强国的道路，凡他推荐的人，都做了高官。周文帝也是诚心诚意地委任他，从不说闲话。有时外出巡游，常预先在白纸上签署自己的名号而交给苏绰，如有需要处理的事，就及时安排施行。等周文帝回来，只告诉一下就行了。苏绰常认为治理国家的基本做法，应是爱护民众就像一位慈祥的父亲，教导民众就像一位严格的教师。他常不分日夜地和朝廷大臣商讨问题，无论事情大小，都如掌握于手掌之上。长期思虑过度，使他疲惫不堪，于是就得了气血不通的重病。大统十二年（546），苏绰死在任上，时年四十九岁。

原文

　　周文痛惜之，哀动左右。及将葬，乃谓公卿等曰："苏

翻译

　　周文帝对苏绰的死十分惋惜，哀伤的样子使左右的人动容。到了即将安

尚书平生谦退,敦尚俭约。吾欲全其素志,便恐悠悠之徒,有所未达;如其厚加赠谥,又乖宿昔相知之道。进退惟谷,孤有疑焉。"尚书令史麻瑶越次而进曰[①]:"昔晏子,齐之贤大夫,一狐裘三十年。及其死也,遣车一乘。齐侯不夺其志。绰既操履清白,谦挹自居,愚谓宜从俭约,以彰其美。"周文称善,因荐瑶于朝廷。及绰归葬武功,唯载以布车一乘。周文与群公,皆步送出同州郭外[②]。周文亲于车后酹酒而言曰:"尚书平生为事,妻子兄弟不知者,吾皆知之。惟尔知吾心,吾知尔意。方欲共定天下,不幸遂舍吾去,奈何!"因举声恸哭,不觉卮坠于手。至葬日,又遣使祭以太牢,周文自为其文。

绰又著《佛性论》《七经论》,并行于世。周明帝二年[③],以绰配享文帝庙廷。

葬的时刻,周文帝就对公卿等说:"苏尚书平生谦退,注重俭约。我想成全他一贯的志向,就怕一般人不能完全明白我的心意;如果赠给丰厚财物和高官美谥,又违背了往常挚友知交的情义。左右为难,我真不知怎样办才好。"尚书令史麻遥由后座走上前说:"古有晏婴,是齐国德行高尚的大臣,一件狐皮衣穿了三十年。当他死的时候,只派了一辆车送葬,这说明齐侯不强改晏婴的志向。苏绰既然操行清白,以谦逊礼让自处,我认为丧事应该从简,使他的美德发扬光大。"周文帝称赞他的见解不错,于是把他推荐给朝廷。到苏绰归葬武功时,只用布篷车一辆载送他的灵柩。周文帝和其他朝廷大员都步行送出同州城外。周文帝亲自在车后洒酒祭奠,并说:"尚书一生做事,妻儿兄弟不知的我都知道。唯有您知我的心,我知您的意。正想共同安定天下,不幸这就离我而去了,奈何!"接着放声痛哭,连酒杯掉落地上都没感觉到。到了下葬的那一天,周文帝又派人用太牢祭奠,并亲自撰写了祭文。

苏绰还著有《佛性论》《七经论》,都流行于世间。周明帝即位的第二年,以苏绰配享周文帝的庙廷。苏绰的儿子子威嗣。

苏威继承了他的爵位。

注释 ① 尚书令史:官名,设于尚书各曹,主文簿。 ② 同州:治武乡,今陕西大荔。 ③ 周明帝:即宇文毓,其在位的第二年为公元 558 年。

柳 庆 传

导读

　　一个国家或政权要想兴旺发达,首先要有正确的政治纲领和一套切实可行的制度措施。在纲领、措施制定之后,关键又要选拔官员去贯彻执行,而不是将其束之高阁。西魏以"六条诏书"为纲,又附以其他条制,并令百官习诵,"牧守令长非通六条及计账者,不得居官",这对西魏、北周政权的发展是至关重要的。选在这里的《柳庆传》,从某个侧面反映了西魏、北周的吏治。

　　柳庆(517—566)是河东郡解县(今山西运城)人。本传通过他处理的几个案件,体现了他犯颜直谏、不畏强暴的精神和洞察隐伏的断狱能力。他是按照"六条诏书"中"恤狱讼"的要求办事的。一个政权中这样的官吏多一点,事情就好办了。(选自卷六四)

原文

　　庆字更兴。幼聪敏有器量,博涉群书,不为章句,好饮酒,闲于占对。年十三,因暴书,父僧习试令庆于杂赋集中取赋一篇千余言①,诵之。庆立读三遍,便诵之无所漏。时僧习为颍川郡守,地接都畿,人多豪

翻译

　　柳庆字更兴。他从小聪明机智有器度,广泛地涉猎各方面书籍,不咬文嚼字,喜欢饮酒,善于应变答对。他十三岁那年的某一天,父亲柳僧习趁晒书的时候,试让他从杂赋集中找出一篇一千多字的文章来背诵。柳庆立即读了三遍,就一字不漏地背了出来。那时柳僧习任颍川郡太守,颍川这地方与京都

右。将选乡官，皆依贵势，竞来请托。选用既定，僧习谓诸子曰："权贵请托，吾并不用。其使欲还，皆须有答。汝等各以意为吾作书。"庆乃具书草。僧习读，叹曰："此儿有意气，丈夫理当如是。"即依庆所草以报。起家奉朝请②。……

洛阳接壤，境内居住的多是豪门大族。到了将选乡官的时候，这些人便依仗权贵势力，争先恐后来嘱托。乡官的选用决定之后，柳僧习对自己的几个儿子说："权贵私相嘱托的人我都不委用。但他们派来的人将要返回，总应该有个答复。你们各按自己的看法替我写封回书。"柳庆于是草拟一篇呈上。柳僧习看完之后感叹地说："我这儿子有志气有胆量，男子汉应该是这样。"随即按柳庆所拟的书信分报各家。后来柳庆从政，最初为奉朝请。……

注释　① 杂赋集：赋作为一种文体，又分古赋、俳赋、律赋等不同风格，把不同风格的赋收罗在一起的文集就叫杂赋集。　② 起家：从家中征召出来做官，多指首次出任官职。奉朝请：官名，为皇帝侍从官。

原文

孝武将西迁，庆以散骑侍郎驰传入关。庆至高平①，见周文，共论时事。周文即请奉迎舆驾，仍令庆先还复命。时贺拔胜在荆州，帝屏左右谓庆曰："朕欲往荆州，何如？"庆曰："关中金城千里，天下之强国也。荆州地无要害，宁足以固鸿

翻译

孝武帝将西迁，柳庆奉命以散骑侍郎的身份乘驿车进入关中。他到达高平城，见到周文帝，共同商讨当时的朝政大务。周文帝立即请求恭迎孝武帝入关，仍令柳庆先返洛阳回报。当时贺拔胜在荆州，孝武帝支开左右的人，然后对柳庆说："我想去荆州，你认为怎么样？"柳庆回答说："关中广阔千里，固若金汤，是天下强盛的一方。荆州无险要

基?"帝纳之。及帝西迁,庆以母老不从。独孤信之镇洛阳,乃得入关。除相府东阁祭酒^②。

的地势,哪足以巩固帝王宏大的基业?"孝武帝采纳了他的意见。当孝武帝西迁时,柳庆因母亲年迈而没有随行。到独孤信坐镇洛阳时,他才得以进入关中,被任命为丞相府东阁祭酒。

注释 ① 高平:城名,在今宁夏固原市,为高平县、高平郡的治所。 ② 东阁祭酒:丞相府属官,掌接待宾客等事宜。

原文

大统十年^①,除尚书都兵郎中^②,并领记室^③。时北雍州献白鹿^④,群臣欲贺。尚书苏绰谓庆曰:"近代已来,文章华靡,逮于江左,弥复轻薄,洛阳后进^⑤,祖述未已。相公柄人轨物^⑥,君职典文房^⑦,宜制此表,以革前弊。"庆操笔立成,辞兼文质。绰读而笑曰:"枳橘犹自可移^⑧,况才子也!"

翻译

大统十年(544),柳庆被任命为尚书都兵郎中,并代理记室。此时北雍州献上白鹿,群臣都想上表庆贺。尚书苏绰对柳庆说:"近代以来,文章追求华丽,到了东晋以后,就更加虚浮,洛阳方面后来一步,还在不停地摹习仿效。宇文丞相统率民众、创立法度,你的职务正好是负责文书工作,应该撰写这道贺表,用以革除前代文风的弊病。"柳庆提笔就写,不一会工夫就完成了,并且词句既质朴又不乏文采。苏绰看了后笑着说:"枳和橘都自可改变它们的特性,何况是才子呢!"

注释 ① 大统:西魏文帝年号。 ② 都兵郎中:尚书都兵曹负责人。 ③ 记室:官名,掌撰写文书、上报章奏。一般三公、丞相、将军开府者都设此职,或称记室令史,或称记室参军,简称记室。 ④ 北雍州:治泥阳,今陕西铜川耀州。 ⑤ 后进:即晚辈,此指在文化方面落后一些。 ⑥ 相公:指周文帝宇文泰,时为西魏丞相,故尊称相公。 ⑦ 职典文房:指柳庆官为记室,负责撰著。 ⑧ 此句出《周礼·考工记》序:"橘逾淮而北为枳。"又《晏子春秋》:"橘生淮南则为橘,生于淮北则为枳。"喻物因环境变化而改变性质。

原文

　　寻以本官领雍州别驾①。广陵王欣,魏之懿亲,其甥孟氏,屡为凶横。或有告其盗牛,庆捕得实,趣②令就禁。孟氏殊无惧容,乃谓庆曰:"若加以桎梏,后独何以脱之?"欣亦遣使辨其无罪,孟氏由此益骄。庆乃大集僚吏,盛言孟氏倚权侵虐之状。言毕,令答杀之。此后贵戚敛手。

翻译

　　不久,柳庆以本官都兵郎中的身份兼任雍州别驾。广陵王元欣是魏帝的至亲,他的外甥孟氏常干些凶狠蛮横的事。有人告他盗牛,柳庆查获实情,即刻下令把他关押起来。孟氏一点也不害怕,竟这样对柳庆说:"今天你如给我戴上脚镣手铐,难道就不想一想今后怎么样脱掉它吗?"元欣也派人来申辩孟氏无罪,孟氏因此更加骄横。柳庆于是大集州府的僚佐属吏,充分揭露孟氏依仗权势欺压残害百姓的罪状。话一说完,就下令用杖把孟氏打死了。从此以后,权贵之家再也不敢胡作非为了。

注释 　① 雍州:治长安,今西安市西北。别驾:官名,州刺史的佐吏,位仅次刺史。② 趣:通"促",迅速。

原文

　　有贾人持金二十斤诣京师,寄人居止。每欲出行,常自执管钥。无何,缄

翻译

　　又有一案,一位商人带着二十斤金子到京城,寄住在民户家中。他每将外出,常把自己住房的钥匙带在身边。没

闭不异而并失之。谓主人所窃。郡县讯问，主人自诬服。庆疑之，乃召问贾人曰："卿钥恒置何处？"对曰："恒自带之。"庆曰："颇与人同宿乎？"曰："无。""与同饮乎？"曰："日者曾与一沙门再度酤宴，醉而昼寝。"庆曰："沙门乃真盗耳。"即遣捕沙门，乃怀金逃匿。后捕得，尽获所失金。……

又有胡家被劫，郡县按察，莫知贼所，邻近被囚者甚多。庆以贼是乌合，可以诈求之。乃作匿名书，多榜官门曰："我等共劫胡家，徒侣混杂，终恐泄露。今欲首伏，惧不免诛。若听先首免罪，便欲来告。"庆乃复施免罪之牒。居二日，广陵王欣家奴面缚自告牒下[1]，因此尽获党与。庆之守正明察，皆此类也。每叹曰："昔于公断狱无私，辟高门以待封[2]。傥斯言有验，吾其庶

多久，房门还是照常锁住的，金子却全不见了。商人认为是房东窃取，于是告到官府。郡县用刑拷问，房东被迫供认了这一不实的罪名。柳庆对这个案子有怀疑，于是把商人召来询问："你的钥匙常放在什么地方？"回答说："常带在身边。"柳庆问："你曾与人同住吗？"回答说："没有。"又问："你曾与人一起饮酒吗？"商人回答说："丢失金子的那天曾与一个和尚两次痛饮，喝醉后大白天就睡了。"柳庆断言说："那和尚才是真正的盗贼啊。"立即派人捉拿和尚，那和尚竟带着金子逃跑并躲藏起来。过些日子，还是把那和尚抓住了，商人被盗的金子也尽数查获。……

又有一家姓胡的被抢劫，郡县官吏审问追查，没人知道强盗藏身的地方，官府怀疑附近邻居而囚禁了许多人。柳庆认为盗贼是乌合之众，可以巧设一个花招来捕捉。于是他假造了一些匿名信，分贴在好些官府门上，信中说："我等合伙抢劫胡家，同伴什么样的人都有，恐怕终究要泄露出来。现在想要自首伏罪，又怕难免一死。如果允许先自首的免罪，我就愿来告发。"接着柳庆又张贴了一道免罪的文牒。过了两天，广陵王元欣的一个家奴反绑双手到文

几乎!"……

牒前自首,因此将犯罪团伙一网打尽。柳庆主持公道、明察秋毫的事迹,都是这一类的。他常感慨地说:"汉代的于公自称断狱无私,开了一道高门以备子孙封高官、乘高车时用。倘若他这话有应验,我大概也和他差不多吧!"……

注释 ① 面缚:指反绑双手,面部向前。 ② 于公高门待封:这是一个典故,据《汉书》记载,于公家门毁坏,乡中父老相约修治,于公让把门修高大一些,使四匹马拉的高盖车能通过,说自己断狱清明、积有阴德,子孙必做高官,后来他的儿子果然做了宰相。

原文

周文尝怒安定国臣王茂①,将杀之。而非其罪,朝臣咸知,而莫敢谏。庆乃进争之,周文逾怒曰:"卿若明其无罪,亦须坐之。"乃执庆于前。庆辞气不挠,抗声曰:"窃闻君有不达者为不明,臣有不争者为不忠。庆谨竭愚诚,实不敢爱死,但惧公为不明之君耳。"周文乃悟而赦茂,已不及矣。周文默然。明日,谓庆曰:"吾不用卿言,遂令王茂冤死。

翻译

周文帝曾被安定国的臣僚王茂激怒,将要杀掉他。王茂其实并无罪过,朝廷众臣都很清楚,却没人敢去劝谏。于是柳庆上前力争,周文帝更加气愤,说:"你如要辩明他无罪,也当处治。"于是就把柳庆当场捉拿。柳庆面不改色,语气不屈,慷慨地说:"我私下听说,君王有处事不当的地方就是不明,臣下有见错不争的时候就是不忠。我愿尽到自己的忠心,实在不敢吝惜一死,只怕您会成为不明的君主了。"周文帝这才醒悟过来,下令赦免王茂,可是已经行刑,来不及了。此时周文帝默默无语。第二天,他对柳庆说:"我没采纳你的意

可赐茂家钱帛，以旌吾过。"……

周孝闵帝践祚②，赐姓宇文氏，进爵平齐县公③。晋公护初执政④，欲引为腹心。庆辞之，颇忤旨。又与杨宽有隙，及宽参知政事，庆遂见疏忌，出为万州刺史⑤。明帝寻悟，留为雍州别驾，领京兆尹⑥。……

见，以致让王茂含冤而死。可赐给他家钱和绢帛，以表明他的死是由我的过失造成的。"……

北周孝闵帝即位，柳庆被赐姓宇文氏，进爵为平齐县公。此时晋公宇文护刚开始执掌朝政，想拉拢柳庆为心腹。柳庆谢绝了，因此大违宇文护的心意。柳庆又和杨宽有矛盾，当杨宽参决朝政时，柳庆就被疏远疑忌，遣出京都去做万州刺史。还没等他出发，周明帝就醒悟了，留他在京任雍州别驾，兼任京兆尹。……

注释 ① 安定国臣：指宇文泰封国内建置的臣僚。宇文泰受封为安定郡公。② 孝闵帝：宇文泰之子宇文觉，公元 557 年即位，称天王，周武帝宇文邕即位后追谥其为孝闵皇帝。 ③ 平齐县：今属未详。 ④ 晋公护：宇文泰的兄子，在北周前期执掌朝政，后为周武帝所杀。 ⑤ 万州：治石城，今重庆达州。 ⑥ 京兆尹：官名，即京兆郡太守，因属京都所在，故称尹。京兆治长安，今西安西北。

原文

先是，庆兄桧为魏兴郡守①，为贼黄众宝所害。桧子三人皆幼弱，庆抚养甚笃。后众宝归朝，朝廷待以优礼。居数年，桧次子雄亮白日手刃众宝于长安城中。晋公护闻而大怒，执庆诸子

翻译

先前，柳庆的兄长柳桧任魏兴郡太守，被贼寇黄众宝杀害。当时柳桧的三个儿子都年幼力弱，柳庆抚养他们，很是厚道。后来黄众宝归顺朝廷，朝廷用优厚的礼遇对待他。过了几年，柳桧的次子柳雄亮在光天化日之下，亲手把黄众宝杀死在长安城中。晋公宇文护听

侄皆囚之，让庆擅杀人。对曰："庆闻父母之仇不同天，昆弟之仇不同国。明公以孝临天下，何乃责于此乎？"护逾怒，庆辞色无屈，竟以俱免。卒，赠鄜、绥、丹三州刺史^②，谥曰"景"。

说后勃然大怒，把柳庆的儿子、侄子都囚禁起来，并责怪柳庆纵容他们杀人。柳庆回答说："我听说父母之仇不共戴天，兄弟之仇不共处一国。贤明的您用孝道治理天下，怎么拿这种事来怪罪我呢？"宇文护更加恼怒，柳庆的言辞神态仍倔强不服，父子兄弟终于获得赦免。后来柳庆去世，被追赠为鄜、绥、丹三州刺史，谥号叫"景"。

注释 ① 魏兴：郡名，治所在今陕西山阳西北。 ② 鄜州：治今陕西富县南。绥州：治今陕西绥德县。丹州：治今陕西宜川。

韦 孝 宽 传

导读

在东西魏分立及北齐北周对峙的数十年间,双方不断进行战争,而作为西魏北周门户的天险之地——玉壁,则成了主要战场。

韦孝宽(509—580)长期坚守玉壁,为保障西魏北周内部社会秩序的稳定和生产的恢复发展立下汗马功劳。周武帝保定年间,特于玉壁立勋州,以嘉奖他的功勋。建德中,他又献上平齐三策,被周武帝采纳,终收全功。尔后,韦孝宽率军攻掠陈朝的淮南之地,长江以北尽入北周版图。北周末年,杨坚(即后来的隋文帝)辅政,以尉迟迥为首的反杨势力发动战争。韦孝宽老当益壮,在数月之间全歼尉迟迥部,客观上为后来隋王朝的代周出了大力。

韦孝宽历仕三代(北魏、西魏、北周),累建奇功,显示了出众的谋略和才干。本传对他的事迹有较详叙述,限于篇幅,选入本书时作了删节。(选自卷六四)

原文

韦叔裕字孝宽,京兆杜陵人也①,少以字行②。……

翻译

韦叔裕字孝宽,京兆杜陵人,自年轻时就只用表字而不用名。……

注释 ① 京兆:郡名,治长安,今西安西北。杜陵:古县名,后并入万年县,即今西安西北。 ② 字:表字。"以字行"即只用表字,不用名。

原文

孝宽沉敏和正,涉猎经史。弱冠,属萧宝夤作乱关右[1],乃诣阙,请为军前驱。朝廷嘉之,即拜统军[2]。随冯翊公长孙承业西征[3],每战有功。拜国子博士,行华山郡事。属侍中杨侃为大都督,出镇潼关,引孝宽为司马。侃奇其才,以女妻之。永安中,授宣威将军、给事中[4],寻赐爵山北县男[5]。……孝武初,以都督镇城[6]。周文帝自原州赴雍州[7],命孝宽随军。及克潼关,即授弘农郡守。从擒窦泰,兼左丞[8],节度宜阳兵马事。……

翻译

韦孝宽沉毅机智,心平气和,好学习,概览了不少经学、史学著作。他快到二十岁时,逢萧宝夤据关西地区反叛,孝宽自到朝门请命,愿做讨伐军的前锋。朝廷赞赏他的勇气,即授予统军之职。随冯翊公长孙承业西征,每战有功。孝宽因战功被任命为国子博士,并代理华山郡守职事。时逢侍中杨侃任大都督出镇潼关,引荐孝宽为本府司马。杨侃器重他的才干,将女儿许配给他为妻。永安年间,孝宽被任命为宣威将军、给事中,不久朝廷又赐给他山北县男爵位。……孝武帝即位之初,孝宽以都督的职位镇守彭阳城。周文帝由原州赴雍州,命孝宽随军任事。当攻克潼关后,即任命孝宽为弘农郡太守。后又随周文帝参加了擒杀窦泰的战役,兼任大行台左丞,并节度宜阳兵马事。……

注释 ①萧宝夤:南齐明帝萧鸾第六子,齐亡入魏,历任显职。孝昌三年(527)据关中反,后兵败被杀。 ②统军:低级武官。 ③冯(píng)翊:郡名,治高陆,今陕西西安北部高陵区。 ④宣威将军:官名,为杂号将军之一。给事中:官名,给事殿中,备顾问应对,议论政事。 ⑤山北县:今河南鲁山县。 ⑥据原书校勘记,韦孝宽所镇之城疑为彭阳城,即今宁夏彭阳。 ⑦原州:治高平城,今宁夏固原。 ⑧左丞:此处当指以宇文泰为首的大行台左丞。

原文

大统五年，进爵为侯。八年，转晋州刺史，寻移镇玉壁，兼摄南汾州事①。先是，山胡负险，屡为劫盗，孝宽示以威信，州境肃然。进授大都督。

十二年，齐神武倾山东之众，志图西入，以玉壁冲要，先命攻之。连营数十里，至于城下。乃于城南起土山，欲乘之以入。当其山处，城上先有两高楼。孝宽更缚木接之，令极高峻，多积战具以御之。齐神武使谓城中曰："纵尔缚楼至天，我会穿城取尔。"遂于城南凿地道，又于城北起土山，攻具，昼夜不息。孝宽复掘长堑，要②其地道，仍简战士屯堑。城外每穿至堑，战士即擒杀之。又于堑外积柴贮火，敌人有在地道内者，便下柴火，以皮排吹之③。火气一冲，咸即灼烂。城外

翻译

大统五年(539)，韦孝宽进爵为侯。大统八年，转任晋州刺史，不久又移守玉壁，兼理南汾州刺史职事。在此之前，这一地区的山胡凭借险要的地势，常干抢劫盗窃的勾当，孝宽对他们树立威势，讲求信誉，于是一州之内平静无事。后孝宽升任大都督。

大统十二年(546)，齐神武帝高欢出动全国兵力，一心想攻占关西，因玉壁是首当其冲的战略要地，所以先命部队对它发动进攻。大军连营数十里，直抵玉壁城下。接着就在城南堆垒土山，打算登山入城。面对土山之处，城上原有两座高楼。孝宽又命人接上长木，捆绑牢固，将楼架设得极其高峻，并在上面储备许多战斗器械，用以抵御登山攻城的敌人。齐神武帝派人威胁城中人说："纵然你等能将楼架设至天上，我也会穿破城池攻取你等。"于是就在城南挖掘地道，又在城北堆垒土山，城南城北，山上山下，昼夜不息地发动进攻。孝宽又令人在城内开挖长壕，拦腰截断敌军的地道，并选派战士屯防壕边。每当城外敌人凿通地道进到长壕时，立即被屯防战士擒杀掉。同时在壕边堆积柴草，储备火种，发现地道内有敌人时，

又造攻车,车之所及,莫不摧毁,虽有排楯④,莫之能抗。孝宽乃缝布为缦,随其所向则张设之。布悬于空中,其车竟不能坏。城外又缚松麻于竿,灌油加火,规以烧布,并欲焚楼。孝宽复长作铁钩,利其锋刃,火竿一来,以钩遥割之,松麻俱落。外又于城四面穿地,作二十一道,分为四路,于其中各施梁柱。作讫,以油灌柱,放火烧之,柱折,城并崩坏。孝宽又随崩处,竖木栅以捍之,敌不得入。城外尽其攻击之术,孝宽咸拒破之。

立即抛柴引火,用皮排鼓吹。灼热的火气一冲入地道,敌人全被烧得焦头烂额。城外敌人又生一计,造作攻车,攻车所到之处,无不摧毁,虽有防御的排楯,但不能抵挡。韦孝宽于是又命人将布缝成大幕,随攻车所来的方向张挂。布幕悬在空中,攻车竟不能冲毁。城外敌人又将松、麻捆扎在长竿上,灌油点火,试图烧毁布幕,并想用同样的方法烧掉城上高楼。孝宽又针锋相对,制作长长的铁钩,将钩刃打磨得极其锋利,火竿一来,远远地用长钩一割,松、麻一起落地。城外敌人又从四面开凿二十一条地道,分成四路,在地道中各处架设木梁木柱。施设完毕,用油烧灌木柱,放火燃烧,木柱烧断,其处城墙也都毁坏倒塌。孝宽又令人在毁坏倒塌的地方竖木栅栏防御,敌人还是不能攻入。城外的敌人用尽各种攻击手段,都被孝宽抵御破解。

注释 ①南汾州:故治即今山西吉县。 ②要(yāo):同"腰"。 ③皮排:一种以皮革为主材料制作的鼓风器械。 ④排楯:以大木横向架设的栅栏。

原文

神武无如之何,乃遣仓曹参军祖孝征谓曰:"未闻

翻译

神武帝拿韦孝宽没办法,就派仓曹参军祖孝征对韦孝宽说:"没听说你有

救兵，何不降也？"孝宽报云："我城池严固，兵食有余，攻者自劳，守者常逸，岂有旬朔之间，已须救援？适忧尔众有不反之危。孝宽关西男子，必不为降将军也。"俄而孝征复谓城中人曰："韦城主受彼荣禄，或复可尔，自外军士，何事相随入汤火中邪？"乃射募格于城中云："能斩城主降者，拜太尉，封开国郡公，邑万户，赏帛万匹。"孝宽手题书背，反射城外，云："若有斩高欢者，一依此赏。"孝宽弟子迁，先在山东①，又锁至城下，临以白刃，云："若不早降，便行大戮。"孝宽慷慨激扬，略无顾意。士卒莫不感励，人有死难之心。神武苦战六旬，伤及病死者十四五，智力俱困，因而发疾，其夜遁去。后因此忿恚，遂殂。魏文帝嘉孝宽功，令殿中尚书长孙绍远、左丞王悦

救兵来援，为何不投降呢？"孝宽回答他说："我玉壁城池固若金汤，兵员粮食绰绰有余，进攻的一方自然劳苦，戍守的人常得安闲，哪在短期内就需要救援呢？恰恰相反，可忧的是你等有全军覆没不返东土的危险。我韦孝宽是堂堂关西男子，决不会当降敌将军。"接着祖孝征又对城中人说："韦城主从他主子那里得到荣华富贵，以死守城或许值得，其他军士为什么要陪他赴汤蹈火呢？"于是写书一通，立下赏格，射入城中。赏格是："如能斩韦城主来降，授予太尉官职，封开国郡公爵位，食邑一万户，赏绢帛一万匹。"韦孝宽在来书的背面亲笔写下一行字，反射城外，这行字是："如有人能斩高欢，完全按前面赏格行赏。"孝宽兄弟的儿子名叫韦迁，原住东魏境内，神武帝又令人将他戴上枷锁，押至玉壁城下，用锋利的刀刃对着他，以此威胁韦孝宽说："如不及早投降，立即将他杀掉。"孝宽慷慨激昂，一点不把手足私情放在心上。所有兵士无不被感动激励，人人暗下以死守城的决心。神武帝苦战六十来天，兵士受伤及病死的达十之四五，智穷力乏，因此发病，只好在病发的当晚悄悄退兵。后来因此恼怒愤恨，病重而死。魏文帝嘉

至玉壁劳问,授骠骑大将军、开府仪同三司,进爵建忠郡公②。……

奖孝宽的战功,令殿中尚书长孙绍远、尚书左丞王悦至玉壁慰劳,升任孝宽为骠骑大将军、开府仪同三司,并进爵为建忠郡公。……

注释 ① 山东:此代指东魏统治区。 ② 建忠郡:故城在今陕西三原东北。

原文

建德之后①,武帝志在平齐,孝宽乃上疏陈三策。

其第一策曰:"臣在边积年,颇见间隙。不因际会,难以成功。是以往岁出军,徒有劳费,功绩不立,由失机会。何者?长淮之南,旧为沃土,陈氏以破亡余烬,犹能一举平之。齐人历年赴救,丧败而反,内离外叛,计尽力穷。《传》不云乎:'仇有衅焉,不可失也。'今大军若出轵关②,方轨而进,兼与陈氏共为掎角;并令广州义旅出自三鵶③;又募山南骁锐④,沿河而下;复遣北山稽胡绝其并、晋之

翻译

周武帝改元建德之后,决心平齐,韦孝宽就在此时呈上章奏,献平齐三策。

他的第一策说:"我在边多年,对敌情大致了解。我认为不凭机会遇合,是难以成功的。往年出兵,白白消耗兵力财力而没能建立功业,正是由于错过机会。为什么这样说呢?那长长的淮河之南,原是一大片肥美的土地,陈国靠着战乱后的一点余力,尚且能一举平定这一地区,就是抓住了齐国内乱的机会。后齐人连年发兵救援,结果损兵折将,大败而回,现齐国内部分崩离析,边外臣僚纷纷叛逃,已经计尽力穷。《春秋左氏传》不是这样说吗:'敌国有可乘之机,不可错过了。'当今我大部队如出轵关,道路通畅,可以两车并行,进展迅速,兼与陈国的淮南势力构成掎角之

路⑤。凡此诸军,仍令各募关、河之外劲勇之士⑥,厚其爵赏,使为前驱。岳动川移,雷骇电激,百道俱进,并趋虏庭⑦。必当望旗奔溃,所向摧殄。一戎大定,实在此机。"

势;并令广州义师从三鸦道出兵;又招募山南各州勇武的人,沿黄河而下;再遣北山稽胡截断齐人并、晋二州的后路。以上各路兵马,仍令各自招募境外强壮勇武的人,给予丰厚的爵赏,令他们做前锋向导。这样以震撼山岳的声威、惊雷闪电般的行动,各路同时进发,兵锋尽指邺城。齐人必望我军旗而奔散溃逃,我军所向,定如摧枯拉朽。一次举兵就能平定齐国,实系于这次机会。"

注释 ①建德:北周武帝年号(572—577)。 ②轵关:关名,在今河南济源西北。 ③广州:治鲁阳,今河南鲁山。三鸦:古道名,在今河南南阳—南召—鲁山一线上,有三道险要关口,故名。又北周置三鸦镇于今鲁山西南三鸦道上,为控扼重地。 ④山南:《通鉴》注:"周都长安,以襄、汉、荆、襄为山南。"⑤北山:河西走廊北侧山地的总称。 ⑥关河之外:函谷关及黄河(流经山西、陕西之间一段)以东,亦即北周境外的齐地。 ⑦虏庭:这里指北齐京都邺城。

原文

　　其第二策曰:"若国家更为后图,未即大举,宜与陈人分其兵势。三鸦以北,万春以南①,广事屯田,预为贮积,募其骁悍,立为部伍。彼既东南有敌,戎马相持,我出奇兵,破其疆场。彼若

翻译

　　他的第二策说:"如国家另作退一步的打算,不准备即刻大举进攻,就应与陈国联合牵制齐国的兵力。我们在三鸦以北、万春以南地区广行屯田,预作储备,并招募骁勇精壮的人,按军事建制组合起来。齐国既在东南边境有敌,双方兵马相持不下,我们就出奇兵

兴师赴援，我则坚壁清野，待其出远，还复出师。常以边外之军，引其腹心之众。我无宿舂之费②，彼有奔命之劳。一二年中，必自离叛。且齐氏昏暴，政出多门，鬻狱卖官，唯利是视，荒淫酒色，忌害忠良。阖境熬然，不胜其弊。以此而观，覆亡可待。然后乘间电扫，事等摧枯。"

攻破它的边防线。齐国如发兵赶来救援，我们就坚壁清野，等他援军远去，我们又出兵攻击。这样我们就只用边关境外的少量兵力，牵动齐国的内地精兵。我们并无多余的消耗，而敌人却疲于奔命。一二年之间，齐国内部必涣散解体，叛乱不断。而且齐国君臣昏庸残暴，政令不一，卖狱卖官，眼中只见财利，又沉迷酒色，荒淫无度，猜忌贤人，杀害忠良。境内的人如处水火之中，不能忍受苛暴的统治。从上面的情况来看，齐国的灭亡是指日可待了。当齐国内乱出现，然后我们乘机迅击，灭齐之举就如摧枯拉朽一般。"

注释 ① 万春：县名，今山西河津。② 宿舂（chōng）：前一天舂米。这里是用典故，语出《庄子·逍遥游》："适百里者宿舂粮。"意思是要行百里远，得前一天备办食粮。这里是说周军在自己根据地附近活动，无须远行，连一天备粮的工夫都不花，也就是没有多余消耗。

原文

其第三策曰："窃以大周土宇，跨据关河，蓄席卷之威，持建瓴之势。太祖受天明命，与物更新，是以二纪之中①，大功克举。南清江汉②，西戡巴蜀③，塞表无

翻译

他的第三策说："我以为大周的领土山关雄峙，大河襟连，内积席卷天下的威力，具有高屋建瓴的形势。太祖皇帝受上天之命，使万物更新，所以二十余年间建立了不朽的功业。南定江陵，西平巴蜀，塞外无忧，河西安宁。只有

虞④,河右底定⑤。唯彼赵魏⑥,独为榛梗者,正以有事三方,未遑东略。遂使漳滏游魂⑦,更存余喘。昔勾践亡吴,尚期十载;武王取乱,犹烦再举。今若更存遵养⑧,且复相时,臣谓宜还崇邻好,申其盟约,安人和众,通商惠工。蓄锐养威,观衅而动。斯则长策远驭,坐自兼并也。"

齐国还成为我们的障碍,原因正在于我国三方用兵,没来得及向东挺进。于是让衰败的齐国多些残喘的时刻。古时越王勾践灭吴,尚且以十年为期;周武王讨伐内乱的商朝,也曾经过两度用兵的周折。目前我国如继续对齐保持按兵不动、调养安息的姿态,并且还要选择合适的战机,那么我认为应仍旧敦厚睦邻友好关系,重申盟约,使国内人心稳定,人民安居乐业,商旅往来,百工受惠。待我力量充实,威势养成,看准敌人的破绽,然后大举进攻。这样做就是从长远的方面考虑,稳中求胜,必获灭齐大功。"

注释 ①纪:古人以十二年为一"纪"。 ②此指公元554年攻克江陵,擒杀后梁元帝。江陵地处长江、汉水之间,故以代指。 ③此指公元553年西魏取蜀,剿灭梁武陵王萧纪的势力。 ④塞表:即塞外。塞外先后有柔然、突厥的强大势力,西魏、北周都采用和亲之策,故无后顾之忧。 ⑤河右:即河西。北周征服了占据河西一带的吐谷浑汗国。 ⑥赵魏:指北齐。北齐所据的山西、河南之地为战国时的赵国和魏国,故以代指。 ⑦漳滏:漳水和滏水,皆在北齐境,此用以代指北齐。 ⑧遵养:语出《诗经·周颂·酌》"於铄王师,遵养时晦",有两种解释:一是汉代郑玄之说,认为周文王曲己事商,让纣王恶迹更昭著;一种是宋代朱熹之说,认为周武王按兵不动,自我调养,等待时机。今从朱熹说。

原文

书奏,武帝遣小司寇淮南公元伟、开府伊娄谦等重

翻译

周武帝看了韦孝宽的奏章,就派小司寇淮南公元伟、开府伊娄谦等人,带

币聘齐①。尔后遂大举,再驾而定山东②,卒如孝宽之策。……

大象元年③,除徐、兖等十一州十五镇诸军事、徐州总管④。又为行军元帅,徇地淮南。乃分遣杞公宇文亮攻黄城⑤,郕公梁士彦攻广陵,孝宽率众攻寿阳⑥,并拔之。……

着丰厚的礼物结好北齐,察看对方动静。后来就大举进军,经过两次用兵而扫荡北齐全境,灭齐战役的进行,最终和孝宽预谋的一样。……

北周静帝大象元年(579),韦孝宽被任命为徐、兖等十一州十五镇诸军事、徐州总管。同时担任行军统帅,负责攻取淮南之地。他于是分派杞公宇文亮攻打黄城,郕公梁士彦攻打广陵,孝宽亲自领兵攻打寿阳,并全部攻取了这些城池。……

注释 ①小司寇:大司寇的副职,略相当于隋唐后的刑部侍郎。淮南:郡名,治寿春,今安徽寿县。 ②山东:崤山以东,此泛指北齐全部版图。 ③大象:北周静帝宇文阐年号。 ④总管:官名。北周明帝武成元年(559)改都督诸州军事为总管,是地方高级军政长官。 ⑤杞:古国名。北周仿古改制,封国多用古国名,而封地不一定是古诸侯封地。下文"郕"亦此。黄城:县名,今湖北黄陂东。 ⑥寿阳:县名,今江西寿阳。

原文

及宣帝崩①,隋文帝辅政②。时尉迟迥先为相州总管,诏孝宽代之。又以小司徒叱列长叉为相州刺史③,先令赴邺。孝宽续进,至朝歌④,迥遣其大都督贺兰贵赍⑤书候孝宽。孝宽留贵与

翻译

周宣帝去世后,隋文帝杨坚为辅佐静帝的重臣。此时尉迟迥本已任相州总管,静帝令韦孝宽前往替代。又任命小司徒叱列长叉为相州刺史,令他先赴邺城。韦孝宽随后进发,到达朝歌,尉迟迥遣属下大都督贺兰贵带着书信迎候孝宽。孝宽挽留贺兰贵,和他交谈,

语,以察之。疑其有变,遂称疾徐行。又使人至相州求医药,密以伺之。既到汤阴⑥,逢长叉奔还。孝宽兄子魏郡守艺又弃郡南走。孝宽审知其状,乃驰还。所经桥道,皆令毁撤,驿马悉拥以自随。又勒驿将曰:"蜀公将至⑦,可多备肴酒及刍粟以待之。"迥果遣仪同梁子康将数百骑追孝宽。驿司供设丰厚,所经之处,皆辄停留,由是不及。

观察他的言语神气。通过交谈,孝宽怀疑尉迟迥另有图谋,于是就称病缓缓而行。孝宽又派人到相州求医药,暗中侦察尉迟迥的动静。到达汤阴之后,碰上叱列长叉逃回。孝宽兄长的儿子魏郡太守韦艺又弃郡南逃。孝宽了解到尉迟迥的实情,于是就原路奔回。凡他经过的桥梁栈道,都令人毁撤掉,驿站的官马也全数带走。孝宽又吩咐驿站头领说:"蜀公快到了,可多准备酒菜和马料迎接。"尉迟迥果然派仪同梁子康率数百骑兵追孝宽。由于驿站官员招待周到,酒菜丰盛,所以追兵每到一站总要停留,因此没能追上孝宽。

注释 ① 宣帝:即宇文赟(yūn)。即位数月就禅位于子,改年号"大成"为"大象",自称天元皇帝,次年卒。 ② 隋文帝:即杨坚。当时周静帝年仅八岁,实际由杨坚掌握朝政。 ③ 小司徒:大司徒的副职,略当后世工部侍郎。 ④ 朝(zhāo)歌:县名,今河南淇县。 ⑤ 赍(jī):把东西送给人。 ⑥ 汤阴:县名,今河南汤阴。 ⑦ 蜀公:指尉迟迥,他的封爵是蜀公。

原文

时或劝孝宽,以为洛京虚弱,素无守备,河阳镇防①,悉是关东鲜卑,迥若先往据之,则为祸不小。乃入保河阳。河阳城内旧有鲜

翻译

此时有人劝韦孝宽,认为洛阳空虚没有重兵,又长期松懈,缺乏防御设施,而河阳城为镇防要地,兵员尽是关东鲜卑人,如尉迟迥抢先占领,那将成为不小的祸患。孝宽于是进入河阳固守。

卑八百人，家并在邺。见孝宽轻来，谋欲应迥。孝宽知之，遂密造东京官司②，诈称遣行，分人诣洛受赐。既至洛阳，并留不遣。因此离解，其谋不成。

在河阳城里，原有八百鲜卑人，他们的家属都在尉迟迥统辖下的邺城。这些鲜卑人看到韦孝宽率少量人马仓促而来，就暗中策划，准备响应尉迟迥。韦孝宽了解到这种情况，于是就秘密造访了东京的官府，假称派遣别处，分出一部分鲜卑人到洛阳受赏。到了洛阳之后，尽都留下不准回来。这样就分散了河阳鲜卑人的力量，使他们策应尉迟迥的企图落空了。

注释　① 河阳：县名，在今河南孟州西。　② 东京：即洛阳。北周大象元年(579)以洛阳为东京。

原文

六月，诏发关中兵，以孝宽为元帅东伐。七月，军次河阳。迥所署仪同薛公礼等围逼怀州①，孝宽遣兵击破之。进次怀县永桥城之东南②，其城既在要冲，雉堞牢固，迥已遣兵据之。诸将士以此城当路，请先攻取。孝宽曰："城小而固，若攻而不拔，损我兵威。今破其大军，此亦何能为也？"于是引军次于武陟③，大破迥

翻译

大象二年(580)的六月，周静帝令出动关中兵马，任命韦孝宽为元帅，东讨尉迟迥。同年七月，关中部队抵达河阳。尉迟迥任命的仪同薛公礼等围逼怀州，被韦孝宽派兵击溃。随后关中兵马进达怀县永桥城的东南，这城既在冲要之地，城墙牢固，尉迟迥先已派兵据守。关中部队的将士们认为此城阻碍通行，请求先加攻取。韦孝宽说："这城虽小但很牢固，如发起进攻又不能把它攻取，就会大伤我军兵威。眼下我去破灭他的主力，这一小城又能起多大作用呢？"于是孝宽率军抵达武陟，大败尉迟

子惇,惇轻骑奔邺。军次于邺西门豹祠之南,迥自出战,又破之。迥穷迫自杀。兵士在小城中者,尽坑之于游豫园。诸有未服,皆随机讨之,关东悉平。

迥之子尉迟惇,尉迟惇仓促逃奔邺城。韦孝宽又挥师抵达邺城附近的西门豹祠之南,尉迟迥亲自出战,仍被击溃。尉迟迥走投无路,被迫自杀。在邺小城中的兵士,尽被活埋于游豫园。其他未降服的各部,孝宽又根据情况先后讨伐,于是关东地区全部平定。

注释 ① 怀州:治野王,今河南沁阳。 ② 怀县:古县名,旧治在今河南武陟西南,唐时并入武陟县。 ③ 武陟:县名,今河南武陟。

原文

十月,凯还京师。十一月,薨,时年七十二。赠太傅、十二州诸军事、雍州牧,谥曰"襄"。

孝宽在边多载,屡抗强敌。所有经略,布置之初,人莫之解,见其成事,方乃惊服。虽在军中,笃意文史,政事之余,每自披阅。末年患眼,犹令学士读而听之。又早丧父母,事兄嫂甚谨,所得俸禄,不入私房。亲族有孤遗者,必加振赡。朝野以此称焉。

翻译

同年十月,韦孝宽凯旋还朝。十一月去世,时年七十二岁。朝廷追赠太傅、十二州诸军事、雍州牧,谥号"襄"。

孝宽在边多年,多次抗击强大的敌人。他所有的计划安排,在开始布置时人们大都不能理解,直到见其事情成功,这才惊讶叹服。孝宽很好学,虽在军旅之中,仍旧能很专心地研习文史,每当处理完政事,常独坐翻阅书籍。晚年患眼疾,还让学士读书给自己听。孝宽的父母早亡,他伺奉兄嫂很周到,所得的俸禄不入私房。亲族中如有幼年丧亲、孤立无援的人,他必扶持赡养。孝宽的这些优秀品德,朝廷内外以至民间的人都十分称道。

魏　收　传

导读

　　魏收（507—572），字伯起，巨鹿郡下曲阳（今河北晋州西）人。他是北朝时期著名的史学家，并以文笔高妙擅名于世。他所撰著的《魏书》，被列入"二十四史"，是研究北朝历史的基本史料之一。关于《魏书》的评价，众说不一。从它撰成之初，就有人讥斥魏收挟情任意，是非不公，于是众口喧然，号为秽史。近现代史学家则认为，魏收仕于东魏、北齐，替高氏回护、以东魏为正统而漏略西魏史实，自是《魏书》的重要缺陷，但前人对《魏书》的指责，也非全属事实。通过与其他材料的对比，尤其是最新的考古发现，证明《魏书》的记载大都是可信的。从体例而言，《魏书》有它独到之处。它首列《序纪》一卷，追溯了鲜卑拓跋部的先世，是我们了解鲜卑民族发展演进的珍贵材料。而《释老志》反映了佛道二教的传播演变，《官氏志》记录了拓跋下属各部的姓氏及所改汉姓，这更是魏收的独创。在魏收撰史前后，尚有不少人撰写魏史，现在这些史书都失传了，只有《魏书》硕果尚存，从自然淘汰的规律而言，我们也当承认《魏书》的价值，肯定魏收的贡献。（选自卷五六）

原文

　　收少机警，不持细行。年十五，颇已属文。及随父赴边，好习骑射，欲以武艺自达。荥阳郑伯调之曰：

翻译

　　魏收从小聪明机智，但不注意对行为细节的修养。十五岁时，已相当会写文章。而当他随父亲去边境后，就喜欢学骑马射箭，想凭武艺使自己显贵。荥

"魏郎弄戟多少？"收惭，遂折节读书。夏月，坐板床，随树阴讽诵。积年，床板为之锐减，而精力不辍。以文华显。

初除太学博士①。及尔朱荣于河阴滥害朝士②，收亦在围中，以日晏获免。吏部尚书李神俊重收才学，奏授司徒记室参军。永安三年，除北主客郎中。节闵帝立，妙简近侍，诏试收为封禅书③。收下笔便就，不立稿草，文将千言，所改无几。时黄门郎贾思同侍立，深奇之，白帝曰："虽七步之才④，无以过此。"迁散骑侍郎，寻敕典起居注，并修国史，俄兼中书侍郎，时年二十六。

阳人郑伯取笑他说："魏家儿郎玩了多少戟啦？"魏收感到很惭愧，于是改变原来想法，专心读书。夏天，他坐在树荫下的一张木板床上吟咏、背诵，随着太阳运行，树影移动，他也随着往来迁坐。这样积年累月，床板都被他磨薄了许多，但他仍专心致志，不停地刻苦攻读，终于以文才华美著称。

魏收开始走上仕途，被任命为太学博士。当尔朱荣在河阴大肆杀害朝臣时，魏收也在包围中，只因日暮天暗方得幸免于难。吏部尚书李神俊很看重魏收的才学，奏请朝廷任命他为司徒府的记室参军。永安三年（530），又任命他为北主客郎中。节闵帝即位，精选左右侍从官员，令魏收撰封禅书，以测试他的文才。魏收执笔一挥而就，不拟草稿，文章长近千字，最后很少改动。此时黄门侍郎贾思同伺候在节闵帝身旁，他深感魏收是个奇才，就对节闵帝说："即使是七步之内能作诗的才子，也比不上他这样的才能。"于是升任魏收为散骑侍郎，不久令他负责修起居注，并修国史，没多久，又兼任中书侍郎，这时他二十六岁。

注释 ①太学博士：官名，为国学教官。 ②528年，魏孝明帝被其母胡太后毒死，三岁的元钊被立为帝，尔朱荣以此为借口，率兵南下，将胡太后和元钊投入黄河。随后又把文武百官骗至河阴(今河南孟州)北,派兵围杀,受害者两千多人,史称"河阴之变"。　③ 封禅书:祭告天地的文章。在泰山筑坛告天称"封",在梁父山建场祭地称"禅"。　④ 七步之才:指曹操之子曹植,相传他能在行走七步之间作出好诗。后多用以喻人才思敏捷。

原文

孝武初,又诏收摄本职,文诰填积,事咸称旨。黄门郎崔㥄从齐神武入朝,熏灼于世,收初不诣门。㥄为帝登阼赦云:"朕托体孝文①。"收嗤其率直。正员郎李慎以告之,㥄深忿忌。时节闵帝殂,令收为诏。㥄乃宣言:收普泰世出入帏幄②,一日造诏,优为词旨,然则义旗之士,尽为逆人。又收父老,合解官归侍。南台将加弹劾③,赖尚书辛雄为言于中尉綦俊④,乃解。……

翻译

孝武帝即位之初,又令魏收掌管原来的职事,对于那些往来不断、积压成堆的公文诏令,他都处理得很合孝武帝的心意。黄门侍郎崔㥄乃是追随齐神武帝的朝臣,气焰很盛,咄咄逼人,魏收却从不登他的门。崔㥄撰孝武帝即位的赦书,其中一句话说:"我身为孝文帝之后裔。"魏收讥笑他太不含蓄。正员郎李慎把这事告诉了崔㥄,崔㥄十分气恼,怀恨在心。这时节闵帝死,令魏收作诏书。崔㥄于是扬言:魏收在节闵帝时出入宫禁,某天撰写诏书,内容很考究,文字写得很漂亮,但所表彰的那些所谓举义旗的人士,尽是叛上作乱的奸贼。再说魏收的父亲年迈,他本应离任回家侍奉。御史台准备对魏收加以弹劾,全靠尚书辛雄在御史中尉綦俊面前替他说情,这才作罢。……

注释　① 孝武帝元修为孝文帝之孙,故有此说。　② 普泰:魏节闵帝年号,即公元531年。节闵帝为尔朱氏所立,后尔朱氏势力又为高欢所灭,故下文称逆人即指

③ 南台:即御史台,因位于宫廷西南,故称。 ④ 中尉:官名,即御史中尉,为御史台长官,负责监察百官。

原文

孝武尝大发士卒,狩于嵩少之南①,旬有六日。时寒,朝野嗟怨。帝与从官及诸妃主,奇伎异饰,多非礼度。收欲言则惧,欲默不能已,乃上《南狩赋》以讽焉,年二十七。虽富言淫丽,而终归雅正。帝手诏报焉,甚见褒美。郑伯谓曰:"卿不遇老夫,犹应逐兔。"

初,神武固让天柱大将军,魏帝敕收为诏,令遂所请。欲加相国②,问收相国品秩,收以实对,帝遂止。收既未测主、相之意,以前事不安,求解,诏许焉。久之,除帝兄子广平王赞府从事中郎③,收不敢辞,乃为《庭竹赋》以致己意。寻兼中书舍人。与济阴温子昇、河间邢子才齐誉④,世号三

翻译

孝武帝曾出动大批兵士,到嵩山之南狩猎,时间长达十六天。当时气候寒冷,朝廷内外的臣民都唉声叹气,心有不满。孝武帝与随从官员、嫔妃、公主等,赏玩奇巧的伎乐,身着新丽的服饰,多不符合礼法规定。魏收想进言规劝又害怕,想沉默不语又不甘心,于是作了一篇《南狩赋》呈上,其中暗寓规劝之意,这年他二十七岁。他的这篇《南狩赋》,虽然多描述淫声丽色,但宗旨却是典雅纯正的。孝武帝亲作诏书回报,对他给予高度赞扬。郑伯对魏收说:"你要不是遇上老夫,恐怕还在追兔子玩呢。"

先前,齐神武帝一再推辞天柱大将军称号,孝武帝命魏收作诏书答应他的请求。孝武帝又想加授神武帝为相国,问魏收相国品秩高低,魏收照实回答,孝武帝就作罢了。魏收既揣摩不透皇帝、丞相内心的真实想法,就对先前作诏的事感到不安,请求离任,孝武帝同意了。过了很久,又任命他做孝武帝兄

才。时孝武内有间隙,收遂以疾固辞而免。舅崔孝芬怪而问之,收曰:"惧有晋阳之甲。"寻而神武南上⑤,帝西入关。

子广平王元赞开府的从事中郎,魏收不敢推辞,就作了一篇《庭竹赋》来表达自己的心意。不久他又兼任中书舍人。魏收与济阴郡人温子昇、河间郡人邢子才齐名,当世称作三才子。此时孝武帝心中对神武帝有疑忌,魏收就称病坚请离任,获得允许。他的舅舅崔孝芬感到不解,问他原因,魏收回答说:"我担心晋阳方面有兴兵清君侧的举动。"不久神武帝南下进京,孝武帝西行进入关中。

注释 ① 嵩少:即嵩山。嵩山西为少室,东为太室,故又称作嵩少或嵩室。② 相国:亦即丞相,但魏晋以后地位比丞相还尊崇。 ③ 广平:郡名,治广平,今河北鸡泽东南。从事中郎:三公府或将军府属官,位在长史、司马之下,主簿之上。④ 济阴:郡名,治定陶,今山东菏泽定陶区西北。 ⑤ 南上:由晋阳(今太原)举兵奔洛阳,按地理方位应说"南下"才是。因当时洛阳是京师所在,无论人们从哪个方向来,都只能说"上京""上洛阳"而不能说"下洛阳"。

原文

收兼通直散骑常侍,副王昕聘梁。昕风流文辩,收辞藻富逸,梁主及其群臣咸加敬异。先是,南北初和,李谐、卢元明首通使命,二人才器,并为邻国所重。至此,梁主称曰:"卢、李命世,

翻译

魏收兼任通直散骑常侍,作为副使,与王昕一起出访梁朝。王昕风度潇洒,能言善辩,魏收富于辞藻,才气横溢,梁帝和群臣都给予特别敬重的礼遇。在此之前梁朝和东魏开始通好的时候,李谐、卢元明首先出使梁朝,他俩的才识器度,都受到梁朝人的敬重。到这时,梁帝赞赏地说:"卢、李是创业之

王魏中兴①，未知后来，复何如耳。"……使还，尚书右仆射高隆之求南货于昕、收，不能如志，遂讽御史中尉高仲密禁止昕、收于其台，久之得释。……

收本以文才，必望颖脱见知，位既不遂，求修国史。崔暹②为言于文襄曰："国史事重，公家父子霸王功业，皆须具载，非收不可。"文襄乃启收兼散骑常侍，修国史。武定二年，除正常侍，领兼中书侍郎③，仍修国史。

始的能人，王、魏是中兴时期的高才，只不知后来的人如何了。"……出使回到京师，尚书右仆射高隆之向王昕、魏收索取南方货物，没能如愿以偿，于是就暗使御史中尉高仲密把王昕、魏收禁闭在御史台，过了很久才得到释放。……

本来魏收自恃文才，一心盼望脱颖而出，能受到朝廷赏识，而官位却不如人意，就请修撰国史。崔暹在文襄帝面前替他说话："国史事关重大，您家父子的霸王功业，都需要记载，除了魏收没人能做好这事。"文襄帝于是禀告魏帝，任命魏收兼散骑常侍，修撰国史。武定二年(544)，任命魏收为正员散骑常侍，兼任中书侍郎，仍负责修撰国史。

注释 ① 命世：命世之才。指有治理天下的才识、著名于世的人才。中兴：此指中兴之才。指有佐助帝王把衰落的国家重新振兴起来的能力的人才。本文中"命世"有"创业之始""中兴"有"兴盛时期"的意味。 ② 暹：音 xiān。 ③ 领兼：即兼，领是强调由较高官位兼较低职务。

原文

魏帝宴百僚，问何故名"人日"，皆莫能知。收对曰："晋议郎董勋《答问礼俗》云①：正月一日为鸡，二日为狗，三日为猪，四日为

翻译

魏帝宴集百官，席间问到"人日"取名的由来，百官都不知道。魏收回答说："晋朝的议郎董勋在《答问礼俗》中说：'正月一日为鸡，二日为狗，三日为猪，四日为羊，五日为牛，六日为马，七

羊,五日为牛,六日为马,七日为人。"时邢邵亦在侧②,甚恶③焉。自魏、梁和好,书下纸每云④:"想彼境内宁静,此率土安和。"梁后使其书乃去"彼"字,自称犹著"此",欲示无外之意。收定报书云:"想境内清晏,今万国安和。"梁人复书,依以为体。

日为人。'"此时邢邵也在一旁,很是惭愧。自从东魏、梁朝和好,来往国书的最后一页总要写上:"想彼境内宁静无事,此天下安宁和融。"梁朝后来递送国书又去掉"彼"字,自称还是署"此",想以此表示不分彼此的意思。魏收拟定回书时,"彼此"两字都不用了,只说:"想境内清静平安,今天下安宁和融。"梁朝回书,也就按照这种体制。

注释　① 议郎:皇帝侍从官之一,掌顾问应对。　② 邢邵:即前文所称与魏收齐名的邢子才,名邵,字子才。　③ 恶(nù):惭愧。　④ 下纸:此指书信的末页,亦即信尾。

原文

　　后神武入朝,静帝授相国,固让,令收为启。启成呈上,文襄时侍侧,神武指收曰:"此人当复为崔光①。"四年,神武于西门豹祠宴集,谓司马子如曰:"魏收为史官,书吾善恶,闻北伐时诸贵常饷史官饮食②,司马仆射颇曾饷不③?"因共大笑。仍谓收曰:"卿勿见元

翻译

　　后来神武帝入朝,孝静帝授予相国之位,神武帝坚持不受,令魏收代作一篇辞位的书启。启作好呈上时,文襄帝当时在一旁侍候,神武帝指着魏收对他说:"这人当是又一个崔光。"武定四年,神武帝在西门豹祠堂宴集群僚时,对司马子如说:"魏收做史官,记载我等的好坏优劣,听说北伐时,那些权贵们常供给史官饮食,司马仆射也曾送过吗?"于是大家哄堂大笑。神武帝又对魏收说:

康等在吾目下趋走④，谓吾以为勤劳。我后世身名在卿手，勿谓我不知。"寻加兼著作郎。

"你不要看陈元康等人在我眼前奔走，就说我认为他们很卖力。我死后的名誉地位出于你手，不要以为我不懂。"不久，魏收又兼任著作郎。

注释　①崔光：字孝伯，以文才为孝文帝所重。　②北伐：此当指高欢讨伐尔朱兆之事，可参看《齐高祖神武皇帝本纪》。　③不(fǒu)：同"否"。　④元康：当指陈元康，为高欢的心腹。

原文

收昔在京洛，轻薄尤甚，人号云"魏收惊蛱蝶①"。文襄曾游东山，令给事黄门侍郎颢等宴②。文襄曰："魏收恃才无宜适，须出其短。"往复数番，收忽大唱曰："杨遵彦理屈，已倒③。"愔从容曰："我绰有余暇，山立不动。若遇当涂④，恐翩翩遂逝。"当涂者魏，翩翩者蝶也。文襄先知之，大笑称善。文襄又曰："向语犹微，宜更指斥。"愔应声曰："魏收在并作一篇诗，对众读讫，云：'打从叔季景出六百斛米⑤'，亦不辨此。'远近所

翻译

往昔魏收在京都洛阳时，是他一生轻薄作风最为突出的时期，人们称作"魏收惊蛱蝶"。文襄帝曾游东山，召给事黄门侍郎颢等会宴。文襄帝说："魏收恃才傲物，处事不当，大家应揭他的短处。"经过往返几个回合的舌战，魏收突然高声叫道："杨愔理屈，已被驳倒。"杨愔从容地说："我可辩的还绰绰有余，如山屹立，岿然不动。要是遇上当涂，恐怕就翩翩飞去了。"杨愔所说的"当涂"，指的是魏，而"翩翩"指的就是蝴蝶了。文襄帝先就知道魏收有"惊蛱蝶"的"雅号"，于是大笑叫绝。文襄帝又说："刚才讲的还太轻了，应再指责。"杨愔接着他的话就说："魏收在并州作了一首诗，当众读完后就说：'你们就是向我的从叔魏季景出六百斛米的高价，他

知,非敢妄说。"文襄喜曰:"我亦先闻。"众人皆笑。收虽自申雪,不复抗拒,终身病之。

也作不了这样的好诗。'这是远近的人都知道的,我不敢胡乱编造。"文襄帝乐了,说:"我先前也听说这事。"众人都笑了。魏收虽然还为自己申辩,但不再与他们抗争,终身以此为耻。

注释 ① 惊蛺(jiá)蝶:惊飞的蝴蝶。蛺亦蝶类之一种。 ② 给事黄门侍郎:官名,亦即黄门侍郎的别称。给事即供事。因供事禁中、关通中外、侍从皇帝左右,故名。颢(hào):人名,姓不详。 ③ 杨遵彦:即杨愔。已倒:指已被驳倒,不可再辩。这里他们是在饮宴过程中玩一种互相攻击、往复辩难的游戏。 ④ 当涂:本代指三国时魏国,这里指魏收的姓。据谶书中有"代汉者当涂高"的说法,面对道路而高大的是宫阙,气象高大即称"巍","巍""魏"谐音,故转称"魏"。这种隐讳、诙谐的说法在有关史籍和文学作品中较常见。 ⑤ 斛米:原作"斗番",据《北齐书·魏收传》改。斛(hú):旧量器名,也是容量单位。一斛为十斗。

原文

侯景叛入梁,寇南境。文襄时在晋阳,令收为檄五十余纸,不日而就。又檄梁朝,令送侯景,初夜执笔,三更便了①,文过七纸。文襄善之。魏帝曾季秋大射②,普令赋诗,收诗末云:"尺书征建邺,折简召长安③。"文襄壮之,顾谓人曰:"在朝今有魏收,便是国之光采。雅

翻译

侯景反叛投奔梁朝后,又率兵侵犯东魏南部边境。此时文襄帝在晋阳,他令魏收作讨伐侯景的檄文,该文长达五十多页,魏收用了不到一天的时间就完成了。又作照会梁朝的檄文,要梁朝交出侯景。魏收初夜才提笔,三更时就完成了,文有七页多。文襄帝对他的才思敏捷很赞赏。魏帝曾在秋末举行大射典礼时,遍令群臣赋诗,魏收所作的诗末尾是:"尺书征建邺,折简召长安。"文襄帝赞赏诗的气势雄壮,看着众人说:

俗文墨,通达纵横。我亦使子才、子昇,时有所作,至于词气,并不及之。吾或意有所怀,忘而不语,语而不尽,意有未及,收呈草,皆以周悉。此亦难有。"又敕兼主客郎,接梁使谢斑、徐陵。侯景既陷梁,梁鄱阳王范时为合州刺史④,文襄敕收以书喻之。范得书,仍率部伍西上,州刺史崔圣念入据其城。文襄谓收曰:"今定一州,卿有其力,犹恨'尺书征建邺'未效耳。"

"当今在朝廷上有了魏收,便是国家的光彩。无论是典雅或通俗的文章,他都通达晓畅,随意挥洒。我也任用邢子才、温子昇,随时都有撰著,但在辞采文气方面,都不及他。我有时或者是心有所想,遗忘了没讲出来,或者是话没讲完,有些想法没提到,而魏收呈上草稿,都已周密详尽。这也是难得的。"又令魏收兼任主客郎,接待梁朝使臣谢斑、徐陵。侯景攻陷梁朝都城后,当时梁朝的鄱阳王萧范任合州刺史,文襄帝令魏收作书说服他。萧范得书,继续带领部众西上,东魏刺史崔圣念进占合州城。文襄帝对魏收说:"现在平定了一州,你是有功劳的,但仍感遗憾的是'尺书征建邺'还没有应验。"

注释 ① 初夜、三更:古人把一夜分作五更,其中大约相当于现在 7 点至 9 点称初更,也称初夜或甲夜;11 点至凌晨 1 点称三更,也称丙夜。 ② 大射:为祭祀而举行的一种射礼。 ③ 尺书:咫尺之书,其中咫长八寸。折简:折半之简。古人以竹简作书,简长二尺四寸,折半即一尺二寸。汉代后简长多为二尺,折半即一尺。这两句诗是不把对方放在眼里,认为只要自己随意地作封书信、用通常一半长的简札,就能征服建邺(代指梁朝),召降长安(代指西魏)。 ④ 鄱阳:郡名,治鄱阳,今江西鄱阳。合州:治汝阴,今安徽合肥。

原文

文襄崩,文宣如晋阳,

翻译

文襄帝死后,文宣帝到了晋阳,令

令与黄门郎崔季舒、高德正、吏部郎中尉瑾于北第参掌机密。转秘书监，兼著作郎，又除定州大中正。时齐将受禅，杨愔奏收置之别馆，令撰禅代诏册诸文①，遣徐之才守门，不听出。

天保元年②，除中书令，仍兼著作郎，封富平县子③。二年，诏撰《魏史》。四年，除魏尹④，故优以禄力，专在史阁，不知郡事。初，帝令群臣各言志，收曰："臣愿得直笔东观⑤，早出《魏书》。"故帝使收专其任。又诏平原王高隆之总监之⑥，署名而已。帝敕收曰："好直笔，我终不作魏太武，诛史官。"

魏收与黄门侍郎崔季舒、高德正、吏部郎中尉瑾在相府的北屋参掌机密。转任秘书监，兼任著作郎，又受任为定州大中正。此时齐国将要接受东魏的禅让，杨愔奏请将魏收安置在单独的馆阁中，令他撰写有关禅让、代位的诏令册文等，派徐之才守门，不准出入。

天保元年(550)，任命魏收为中书令，继续兼任著作郎，封富平县子。天保二年(551)，令魏收撰著《魏史》。天保四年(553)，任命魏收做魏尹，这是特意给予他优厚的俸禄，使他致力于史事，并不审理魏郡政务。先前，文宣帝令群臣各言其志，魏收说："我愿能在东观直笔而书，尽快撰成《魏书》。"所以文宣帝让魏收专门从事修史的工作。他又令平原王高隆之总负责，但只是署名而已。文宣帝对魏收说："尽管直书吧，我决不会像魏太武帝那样杀害史官。"

注释 ① 诏册诸文：诏册指诏书、册书。皇帝发布一般命令称诏、敕、制等，而封拜王、太子、后妃等则称册。作为禅代，一般要准备告天下让位诏、给受位者的告册以及即位初告天、祭庙、大赦等文书。 ② 天保元年：即北齐文宣帝即位初年。 ③ 富平县：今山东滨州东南。 ④ 魏尹：即魏郡太守。魏郡治邺城，东魏孝静帝迁都于此后，魏郡就成了京畿，其太守改称尹，以别于常郡。 ⑤ 东观：东汉洛阳南宫中一观阁名，为藏书、校书、撰书之地，后泛指官中藏书撰书之处。 ⑥ 平原：郡名，治平原，今山东平原西南。

原文

　　始，魏初邓彦海撰《代记》十余卷，其后崔浩典史，游雅、高允、程骏、李彪、崔光、李琰之世修其业。浩为编年体，彪始分作纪、表、志、传，书犹未出。宣武时，命邢峦追撰《孝文起居注》，书至太和十四年①。又命崔鸿、王遵业补续焉，下讫孝明，事甚委悉。济阴王晖业撰《辨宗室录》三十卷。收于是与通直常侍房延祐、司空司马辛元植、国子博士刁柔、裴昂之、尚书郎高孝干博总斟酌，以成《魏书》。辨定名称，随条甄举。又搜采亡遗，缀续后事，备一代史籍，表而上闻之。勒成一代大典，凡十二纪，九十二列传，合一百一十卷。五年三月，奏上之。秋，除梁州刺史。收以志未成，奏请终业，许之。十一月复奏十志：《天象》四卷，《地形》三

翻译

　　最初，北魏初年邓彦海撰成《代记》十多卷，后来崔浩负责修史，游雅、高允、程骏、李彪、崔光、李琰之也继续进行修史的工作。崔浩作的是编年体，到李彪时才分作纪、表、志、传，但书还是没有最后撰成。宣武帝时，命邢峦补作《孝文起居注》，记载到太和十四年(490)。后又命崔鸿、王遵业续补，下至孝明皇帝，记事很周详。此外又有济阴王元晖业撰《辨宗室录》三十卷。魏收于是与通直散骑常侍房延祐、司空司马辛元植、国子博士刁柔、裴昂之、尚书郎高孝干广泛收集，仔细推敲，这样就汇纂成了《魏书》。对考定出名号称谓的异同，都按条分别列举。又搜集各书不载的遗事，补撰孝明帝以后的史实，使一代史籍得以完备，上表奏报皇帝。所撰成的这一代大典，包括本纪十二篇、列传九十二篇，共一百一十卷。天保五年(554)三月，上奏进书朝廷。这年秋天，朝廷任命魏收做梁州刺史。魏收以《魏书》的"志"还没撰成，请允许继续完成这项工作，文宣帝同意了。到了十一月，魏收又奏上十篇《志》，其中《天象志》四卷，《地形志》三卷，《律历志》二

卷,《律历》二卷,《礼乐》四卷,《食货》一卷,《刑罚》一卷,《灵征》二卷,《官氏》二卷,《释老》一卷,凡二十卷。续于纪传,合一百三十卷,分为十二帙。其史三十五例,二十五序,九十四论,前后二表一启,皆独出于收。

卷,《礼乐志》四卷,《食货志》一卷,《刑罚志》一卷,《灵征志》二卷,《官氏志》二卷,《释老志》一卷,总计二十卷。将各志附在纪传之后,合为一百三十卷,分装十二函。这部史书中的三十五条体例、二十五篇叙说、九十四篇史论,以及前后所上二表一启,都出于魏收一人之手。

注释　① 太和十四年:即公元 490 年。

原文

收所引史官,恐其陵逼,唯取学流先相依附者。其房延祐、辛元植、睦仲让虽夙涉朝位,并非史才;刁柔、裴昂之以儒业见知,全不堪编缉;高孝干以左道求进。修史诸人,宗祖姻戚,多被书录,饰以美言。收颇急,不甚能平,夙有怨者,多没其善。每言:"何物小子,敢共魏收作色!举之则使上天,按之当使入地。"初,收在神武时为太常少卿,修

翻译

魏收引用修史官员,唯恐受到他们胁迫干扰,所以只选用平时依附于自己的文人。其中房延祐、辛元植、睦仲让虽早登朝位,并不是修史的专门人才;刁柔、裴昂之以研究儒家经典而得赏识,又都不胜任编撰工作;高孝干更是不以正道求进取。这些修史的人,对他们的宗族祖辈和联姻之家,多加以记载,还添加一些好话。魏收性格很急躁,在编纂中不能做到很公允,对往常有仇怨的人,多抹煞别人的优点。他常声言:"哪个小子敢和我魏收翻脸!我抬举你就能使你上天,贬低你就会使你入地。"先前,魏收在神武帝时任太常少

国史,得阳休之助。因谢休之曰:"无以谢德,当为卿作佳传。"休之父固,魏世为北平太守①,以贪虐为中尉李平所弹获罪,载在《魏起居注》。收书云:"固为北平,甚有惠政,坐公事免官。"又云:"李平深相敬重。"尔朱荣于魏为贼,收以高氏出自尔朱,且纳荣子金,故减其恶而增其善,论云:"若修德义之风,则韦、彭、伊、霍②,夫何足数。"

卿,负责修国史,得到阳休之的支持。因而他感激地对阳休之说:"我没有什么可以报答你的恩惠,一定替你作一篇漂亮的家传。"阳休之的父亲阳固,在魏朝任北平太守,因贪婪残暴被御史中尉李平弹劾而受到处罚,这事记载于《魏起居注》。魏收在《魏书》中记作:"阳固任北平郡守,多施仁政,因公事免官。"又说:"李平对阳固十分敬重。"对魏朝来说尔朱荣是个奸贼,魏收因高氏出自尔朱荣门下,并收了尔朱荣儿子送的金子,所以少记他的丑事而添加了一些好话。魏收在传论中说:"要是讲道德仁义风尚的话,那么豕韦、大彭、伊尹、霍光,与他相比又算得了什么呢?"

注释 ① 北平:郡名,治新昌,今河北卢龙。 ② 韦、彭:指豕韦、大彭,相传为远古两个部落,后归商,为邦国。伊、霍:伊尹、霍光,分别为殷、汉的辅政贤臣。这句话大意是只要尔朱荣讲求道德仁义,那么不论是豕韦、大彭那样的一邦之主,或做伊尹、霍光那样的朝廷重臣,同类中都是无可比拟的。

原文

时论既言收著史不平,文宣诏收于尚书省与诸家子孙共加论讨。前后投诉,百有余人,云遗其家世职位,或云其家不见记录,或

翻译

当时的舆论既然称魏收撰史不公允,文宣皇帝就令魏收在尚书省与各家子孙共同进行辩论。先后递上状子申诉的一百多人,有的说遗漏了他家的世系、官称,有的说他家的人不见记载,有

云妄有非毁。收皆随状答之。范阳卢斐父同附出族祖玄传下；顿丘李庶家传^①，称其本是梁国蒙人^②。斐、庶讥议，云史书不直。收性急，不胜其愤，启诬其欲加屠害。帝大怒，亲自诘责。斐曰："臣父仕魏，位至仪同^③，功业显著，名闻天下，与收无亲，遂不立传。博陵崔绰，位止本郡功曹^④，更无事迹，是收外亲，乃为传首。"收曰："绰虽无位，道义可嘉，所以合传。"帝曰："卿何由知其好人？"收曰："高允曾为绰赞，称有道德。"帝曰："司空才士，为人作赞，正应称扬。亦如卿为人作文章，道其好者，岂能皆实？"收无以对，战栗而已。但帝先重收才，不欲加罪。时太原王松年亦谤史，及斐、庶并获罪，各被鞭配甲坊，或因以致死。卢思道亦抵罪。然犹以群口沸腾，敕

的说魏收毫无根据地对人随意贬责。魏收按他们状子上提出的问题，一一作了答复。范阳郡人卢斐的父亲叫卢同，他的传记附于族祖卢玄的传后；顿丘县人李庶的家传，称李家本是梁国蒙县人。于是卢斐、李庶讥讽非议，都说史书记载不公正。魏收性情急躁，气愤得不能忍受，就上书文宣帝，诬告他们想杀害自己。文宣帝大怒，亲自对二人进行责问。卢斐说："我父亲在魏朝做官，位至仪同三司，功业显著，名闻天下，只是与魏收无亲戚关系，就不给立传。博陵郡人崔绰，官位只不过本郡的功曹掾，更没有事迹可言，因是魏收母家的亲人，就把他列在一传之首。"魏收说："崔绰虽没登高位，但道德行为值得表彰，所以应该立传。"文宣帝问："你从什么地方了解他是好人？"魏收回答说："高允曾经作过《崔绰赞》，称他有道德。"文宣帝说："司空高允是个才子，给别人作歌颂文字，合该称赞表扬。也和你为别人写文章一样，叙述他好的方面，难道都是真实的吗？"这下魏收找不出话来回答，只有站在一旁浑身发抖。但文宣帝早就器重魏收的才华，不想加罪于他。当时太原郡人王松年也讥斥

魏史且勿施行,令群官博议,听有家事者入署,不实者陈牒。于是众口喧然,号为"秽史",投牒者相次,收无以抗之。时左仆射杨愔、右仆射高德正二人势倾朝野,与收皆亲。收遂为其家并作传,二人不欲言史不实,抑塞诉辞,终文宣世,更不重论。

《魏书》,连同卢斐、李庶一起获罪,分别处以鞭刑,并发配到造甲胄的作坊服役,其中有人因此致死。卢思道也因讥史而被判处。但文宣帝还是因众口沸腾,令《魏书》暂不流传,让群臣广泛地讨论,允许有家事的人进官府申报,有史书记载不实的地方可写明进呈。于是人们议论纷纷,称这部史书为"秽史",投递申辩文书的人接连不断,魏收无法对付。当时左仆射杨愔、右仆射高德正二人权势极大,都与魏收关系不错。魏收于是为他们二人都作了家传,杨、高二人不愿说史书不实,就压制和阻拦他人的申诉,直到文宣帝死,没再重新讨论。

注释 ① 顿丘:县名,今河南清丰西南。 ② 蒙:蒙县,今河南商丘东北。 ③ 仪同:官名,即仪同三司,谓仪制同三公,在北魏是从一品高官。 ④ 位止:原作"位至",按官称"位至",一般是最后做到高官,若终身为小吏,一般就说"位止"。前文"仪同"是朝廷高官,此处"功曹"是地方属吏,所以前合用"至",后当用"止"。又《北齐书·魏收传》作"止",据改。

原文

又尚书陆操尝谓愔曰:"魏收《魏书》可谓博物宏才,有大功于魏室。"愔尝谓收曰:"此谓不刊之书,传之

翻译

又有尚书陆操对杨愔说:"魏收能撰成《魏书》,可称是见多识广的大才,对魏朝是立有大功的。"杨愔曾经对魏收说:"这部书可说是不朽的著作,能流

万古。但恨论及诸家枝叶亲姻,过于繁碎,与旧史体例不同耳。"收曰:"往因中原丧乱,人士谱牒遗逸略尽,是以具书其枝派。望公观过知仁,以免尤责。"……

传万代。遗憾的只是述说各家旁枝末叶的亲族姻戚,写得过于繁杂琐碎,与先前史籍的体例不合。"魏收说:"往昔由于中原大乱不断,记载人士家世的书籍几乎都散失完了,所以才详细记载他们的旁枝别系。盼望您能看到我的过失而了解我的美意,从而不致怪罪于我。"……

原文

始收比温子昇、邢邵稍为后进,邵既被疏出,子昇以罪死,收遂大被任用,独步一时。议论更相訾毁,各有朋党。收每议陋邢文,邵又云:"江南任昉,文体本疏,魏收非直模拟,亦大偷窃。"收闻乃曰:"伊常于沈约集中作贼,何意道我偷任!"任、沈俱有重名,邢、魏各有所好。武平中①,黄门郎颜之推以二公意问仆射祖珽。珽答曰:"见邢、魏之臧不②,即是任、沈之优劣。"……

其后群臣多言魏史不

翻译

最初魏收的名位比温子昇、邢邵要稍低一些,邢邵既被疏远而出外,温子昇又因罪处死,魏收就大受重用,独步一时。他们议论间常互相诋毁,各有一帮人唱和。魏收常说邢邵的文章简陋,邢邵又说:"江南的任昉,文章体制本就松散,魏收不仅仿效造作,又大量盗用别人的东西。"魏收听到这话后就说:"他这人常在沈约集中偷窃,谁知竟说我剽窃任昉!"任昉、沈约都是享有盛名的人物,邢邵、魏收对他俩是各有所好。武平年间,黄门侍郎颜之推以邢、魏二人的意见问仆射祖珽,祖珽回答说:"看出邢、魏的长短,那就是任、沈的优劣。"……

后来群臣中很多人都说《魏书》记载不真实,武成帝又令重新审定。魏收

实,武成复敕更审。收又回换,遂为卢同立传,崔绰反更附出。杨愔家传本云"有魏以来,一门而已",至是改此八字。又先云"弘农华阴人",乃改"自云弘农",以配王慧龙"自云太原人"。此其失也。寻除开府、中书监。……武平三年薨,赠司空、尚书左仆射,谥"文贞"。有集七十卷。

又加以调整,于是给卢同立了专传,崔绰反而改为附见。杨愔的家传中原说"有魏以来,一门而已",到这时就改了这八字。又先称"弘农华阴人",这时就改成"自称弘农人",以与王慧龙传中的"自称太原人"相合。这些都是魏收的过失。不久,任命魏收为开府、中书监。……武平三年(572),魏收去世,朝廷追赠他为司空、尚书左仆射,谥号"文贞"。魏收还著有文集七十卷。

注释　①武平:北齐后主高纬年号(570—575)。　②臧不(pǐ):臧否。好处和坏处。

庾 信 传

导读

　　庾信(513—581)是我国文学史上的重要人物。他从小聪慧绝伦，博览群书，十五岁便做了东宫讲读，十九岁又为东宫抄撰学士。侯景乱梁，他逃到江陵，在后梁政权任职。后梁灭亡时，他正出使西魏，遂被强留。历仕西魏、北周，官至开府仪同三司，世称庾开府。他的前期作品以宫体诗为代表，辞采艳丽，内容空泛。当时有徐陵也擅作此体，于是世称"徐庾体"。庾信后期遭遇家破国亡的厄运，伤身世之零落，哀故国之丧亡，所以常怀乡关之思，每有愁叹之吟。现实生活的感受，使他的作品具有较为充实的内容，表达了对故国政治腐败的愤慨，对自己屈节事敌的悔恨，对处于回天乏力、无可奈何境地的怅惘，每于哀惋中见悲壮，常在乡关之思中流露出爱国激情，确实感人肺腑，催人泪下。杜甫有诗赞叹说："庾信平生最萧瑟，暮年诗赋动江关。"又说："庾信文章老更成，凌云健笔意纵横。"庾信后期诗文的成就极高，五言、七言开唐代新体诗之先河，而骈文更是集六朝之大成而垂范于后世。有《庾开府集》传世，清人倪璠作注，改称《庾子山集注》，较为详备。(选自卷八三)

原文

　　庾信字子山，南阳新野人。祖易、父肩吾，并《南史》有传。

翻译

　　庾信字子山，南阳郡新野县人。祖名易、父名肩吾，他们的传记都载在《南史》。

原文

信幼而俊迈，聪敏绝伦，博览群书，尤善《春秋左氏传》。身长八尺，腰带十围①，容止颓然，有过人者。父肩吾，为梁太子中庶子，掌管记②，东海徐摛③为右卫率④。摛子陵及信并为抄撰学士⑤。父子在东宫，出入禁闼，恩礼莫与比隆。既文并绮艳，故世号为徐、庾体焉。当时后进，竞相模范，每有一文，都下莫不传诵。累迁通直散骑常侍，聘于东魏，文章辞令，盛为邺下所称。还为东宫学士，领建康令⑥。

翻译

庾信从小超群出众，聪明机敏，无与伦比，博览群书，尤其对《春秋左氏传》感兴趣。庾信身高八尺，腰带十围，容仪举止，庄重严谨，确有人所不及之处。他的父亲庾肩吾在梁朝官为太子中庶子，负责文书，东海郡人徐摛为右卫率。徐摛的儿子徐陵和庾信都担任抄撰学士。他们两家父子都在太子宫中做官，出入于禁宫之中，受到的优厚待遇，没人能和他们相比。因为他们的文笔都很华美艳丽，所以世人就称之为"徐庾体"。当时追随他们的文人都争相仿效，每作一篇文章，京邑之内无不传习背诵。庾信积官升迁至通直散骑常侍，奉命出使东魏，他的文章和应对言辞，大受邺城的人士赞赏。出使回来后，受任为东宫学士，兼任建康县令。

注释 ①八尺：当时一尺相当于现在七寸左右。十围：这里当以两手拇指和食指合拢起来的长度为一围。 ②中庶子：东宫近侍官。管记：指撰写文翰之事。 ③摛：音 chī。 ④东海：郡名，治郯，今山东郯城北。右卫率：东宫禁卫官之一。 ⑤抄撰学士：负责抄录、编纂、撰述的学士。魏晋时期学士还不是常设的职官，往往是征集名人组建一个文人班子，成员皆称学士，无定员、品秩，但声望很高。 ⑥建康：县名，今江苏南京，为当时南朝京都所在。

原文

侯景作乱①，梁简文帝命信率宫中文武千余人营于朱雀航②。及景至，信以众先退。台城陷后③，信奔于江陵④。梁元帝承制⑤，除御史中丞⑥。及即位，转右卫将军，封武康县侯⑦，加散骑侍郎，聘于西魏。属大军南讨，遂留长安。江陵平，累迁仪同三司。

翻译

侯景发动叛乱时，梁简文帝命庚信率领宫中文武一千多人到朱雀航屯守。当侯景兵到，庚信率众先退。台城陷落后，他又逃奔到江陵。时后梁元帝秉承梁帝旨意代行制命，任命庚信为御史中丞。当梁元帝即位，转任他为右卫将军，封武康县侯，加授散骑侍郎，出使西魏。正当此时，西魏大军南征荆州，庚信就留在长安任职。西魏平定江陵后，庚信在西魏一朝积官升至仪同三司。

注释 ① 侯景：侯景之名屡见于前，因与本篇关系最切，故在此处作简略介绍。侯景为怀朔镇人，后投尔朱荣，复归高欢。东魏始建，他受任河南道大行台，专制河南十三州达十四年。高欢死后，他先降西魏，后投梁朝。当梁武帝与东魏议和时，他举兵反叛，时公元548年。次年攻下京城，先后废杀几个傀儡皇帝，最后自立为帝，国号汉。公元552年，被湘东王萧绎部下击败。这场导致梁朝灭亡的大乱，史称"侯景之乱"。 ② 简文帝：名萧纲，梁武帝第三子。此时他尚为太子，是在侯景入城、废杀另一傀儡皇帝萧正德后，他才登帝位的。朱雀航：桥名，为六朝都城正南门外的浮桥。 ③ 台城：即禁城。 ④ 江陵：县名，即今湖北江陵，为梁荆州治所。 ⑤ 梁元帝：即萧绎，时为湘东王。他在平息侯景之乱前，联络西魏铲除了自己兄弟的势力，公元552年即位，史称后梁。两年后，他也为西魏所杀。 ⑥ 御史中丞：御史台长官，北朝多称御史中尉。 ⑦ 武康县：今浙江德清。

原文

周孝闵帝践阼，封临清县子①，除司水下大夫②。

翻译

北周孝闵帝即位，封庚信为临清县子，任官为司水下大夫。后出京任弘农出为弘农郡守。迁骠骑大将军、开府仪同三司、司宪中大夫③,进爵义城县侯④。俄拜洛州刺史。信为政简静,吏人安之。时陈氏与周通好,南北流寓之士,各许还其旧国。陈氏乃请王褒及信等十数人。武帝唯放王克、殷不害等,信及褒并惜而不遣。寻征为司宗中大夫⑤。明帝、武帝并雅好文学,信特蒙恩礼。至于赵、滕诸王,周旋款至,有若布衣之交。群公碑志,多相托焉。唯王褒颇与信埒⑥,自余文人,莫有逮者。

郡太守。升任骠骑大将军、开府仪同三司、司宪中大夫,进爵为义城县侯。不久,又任命庾信为洛州刺史。庾信治理州政力求简明,不妄兴事端,因此属下官吏民众都感到安宁。此时陈朝和北周通好,允许流居南北的人士回归故土。于是陈朝请将王褒、庾信等十多人放还。周武帝只放了王克、殷不害等人,对庾信、王褒却舍不得,仍留下不让回去。不久,就召庾信入朝任司宗中大夫。北周明帝、武帝都十分喜爱文学,所以庾信特别受到优待。至于赵、滕诸王都和他应酬往来,关系极其密切,有同平民交往一般。许多公卿的碑文、墓志,多嘱托他撰写。在所有的文士中,只有王褒大致与庾信等同,此外没人能和他相比。

注释 ①临清县:今山东临清。 ②司水下大夫:官名。按北周仿《周礼》改官制,朝廷设六府综理百务,略相当于后代尚书六部。其六府为天官府(如后世吏部)、地官府(户部)、春官府(礼部)、夏官府(兵部)、秋官府(刑部)、冬官府(工部)。司水属冬官府。 ③司宪中大夫:属秋官府。 ④义城县:今四川广元东南。⑤司宗中大夫:春官府属官。北周武帝时司宗改称礼部,但仍属春官府所辖的一个部门。 ⑥埒(liè):相等。

原文

信虽位望通显,常作乡

翻译

庾信虽然任居高位,名声显赫,但

关之思,乃作《哀江南赋》以致其意。大象初①,以疾去职。隋开皇元年卒②。有文集二十卷。文帝悼之,赠本官,加荆、雍二州刺史。子立嗣。

时时怀着思念故国家乡的心情,于是写了《哀江南赋》来表达自己的心意。大象初年,庾信因病离任。隋开皇元年(581)去世。著有文集二十卷。隋文帝对庾信的死很伤感,追赠他离任前的所有官职,并加赠荆、雍二州刺史。他的儿子庾立继承爵位。

注释　　① 大象:北周静帝年号,共两年,即 579 年、580 年。　② 开皇:隋文帝年号。